O PAPEL DO MINISTÉRIO PÚBLICO NAS INVESTIGAÇÕES CRIMINAIS NO MUNDO MODERNO

A inconstitucionalidade do monopólio das investigações

Fábio Ianni Goldfinger

Prefácio
Rogério Sanches Cunha

O PAPEL DO MINISTÉRIO PÚBLICO NAS INVESTIGAÇÕES CRIMINAIS NO MUNDO MODERNO

A inconstitucionalidade do monopólio das investigações

2ª edição revista, ampliada e atualizada

Belo Horizonte

FÓRUM
CONHECIMENTO JURÍDICO

2019

© 2012 Editora Contemplar Ltda.
© 2019 2ª edição Editora Fórum Ltda.

É proibida a reprodução total ou parcial desta obra, por qualquer meio eletrônico,
inclusive por processos xerográficos, sem autorização expressa do Editor.

Conselho Editorial

Adilson Abreu Dallari	Floriano de Azevedo Marques Neto
Alécia Paolucci Nogueira Bicalho	Gustavo Justino de Oliveira
Alexandre Coutinho Pagliarini	Inês Virgínia Prado Soares
André Ramos Tavares	Jorge Ulisses Jacoby Fernandes
Carlos Ayres Britto	Juarez Freitas
Carlos Mário da Silva Velloso	Luciano Ferraz
Cármen Lúcia Antunes Rocha	Lúcio Delfino
Cesar Augusto Guimarães Pereira	Marcia Carla Pereira Ribeiro
Clovis Beznos	Márcio Cammarosano
Cristiana Fortini	Marcos Ehrhardt Jr.
Dinorá Adelaide Musetti Grotti	Maria Sylvia Zanella Di Pietro
Diogo de Figueiredo Moreira Neto (*in memoriam*)	Ney José de Freitas
Egon Bockmann Moreira	Oswaldo Othon de Pontes Saraiva Filho
Emerson Gabardo	Paulo Modesto
Fabrício Motta	Romeu Felipe Bacellar Filho
Fernando Rossi	Sérgio Guerra
Flávio Henrique Unes Pereira	Walber de Moura Agra

FÓRUM
CONHECIMENTO JURÍDICO

Luís Cláudio Rodrigues Ferreira
Presidente e Editor

Coordenação editorial: Leonardo Eustáquio Siqueira Araújo
Aline Sobreira de Oliveira

Av. Afonso Pena, 2770 – 15º andar – Savassi – CEP 30130-012
Belo Horizonte – Minas Gerais – Tel.: (31) 2121.4900 / 2121.4949
www.editoraforum.com.br – editoraforum@editoraforum.com.br

Técnica. Empenho. Zelo. Esses foram alguns dos cuidados aplicados na edição desta
obra. No entanto, podem ocorrer erros de impressão, digitação ou mesmo restar
alguma dúvida conceitual. Caso se constate algo assim, solicitamos a gentileza de
nos comunicar através do *e-mail* editorial@editoraforum.com.br para que possamos
esclarecer, no que couber. A sua contribuição é muito importante para mantermos a
excelência editorial. A Editora Fórum agradece a sua contribuição.

Dados Internacionais de Catalogação na Publicação (CIP) de acordo com a AACR2

G618p	Goldfinger, Fábio Ianni O papel do Ministério Público nas investigações criminais no mundo moderno: a inconstitucionalidade do monopólio das investigações / Fábio Ianni Goldfinger. 2. ed. – Belo Horizonte : Fórum, 2019. 360p.; 14,5cm x 21,5cm ISBN: 978-85-450-0699-2 1. Direito Processual Penal. 2. Direito Constitucional. 3. Direito Penal. I. Título. CDD: 341.43 CDU: 343.1

Elaborado por Daniela Lopes Duarte – CRB-6/3500

Informação bibliográfica deste livro, conforme a NBR 6023:2018 da Associação Brasileira de
Normas Técnicas (ABNT):

GOLDFINGER, Fábio Ianni. *O papel do Ministério Público nas investigações criminais no mundo
moderno*: a inconstitucionalidade do monopólio das investigações. 2. ed. Belo Horizonte: Fórum,
2019. 360p. ISBN 978-85-450-0699-2.

Primeiramente agradeço a Deus e dedico este trabalho à minha amada esposa Ana Paula, aos meus filhos Felipe e Júlia que, ao longo desses anos, me apoiaram e entenderam a minha ausência. Amo vocês.

Dedico ainda aos meus pais, com carinho.

Também este trabalho é dedicado a todos aos meus amigos e colegas membros do Ministério Público do Estado de Mato Grosso do Sul e aos membros do Ministério Público brasileiro, em especial ao amigo e mestre Wanderley Baptista da Trindade Júnior.

Agradecimento

Agradeço imensamente à Editora Fórum pela oportunidade, em especial à pessoa de Luís Cláudio Ferreira.

A moral é o cerne da Pátria. A corrupção é o cupim da República. República suja pela corrupção impune tomba nas mãos de demagogos, que, a pretexto de salvá-la, a tiranizam. Não roubar, não deixar roubar, pôr na cadeia quem roube, eis o primeiro mandamento da moral pública.

(Ulisses Guimarães, em discurso da promulgação da Constituição da República em 05 de outubro de 1988).

SUMÁRIO

PREFÁCIO
Rogério Sanches Cunha 15

INTRODUÇÃO 17

CAPÍTULO 1
O MINISTÉRIO PÚBLICO 21
1.1   Origem histórica 21
1.2   Origem do Ministério Público brasileiro 25
1.3   O Ministério Público na Constituição de 1988 30

CAPÍTULO 2
A INVESTIGAÇÃO CRIMINAL 43
2.1   A investigação criminal 43
2.2   O inquérito policial 46

CAPÍTULO 3
O MINISTÉRIO PÚBLICO E A INVESTIGAÇÃO CRIMINAL 51
3.1   Impossibilidade da investigação criminal pelo Ministério Público: argumentos 55
3.2   Possibilidade da investigação pelo Ministério Público: argumentos 60
3.2.1   Investigação criminal pelo MP e a Resolução nº 181/17 do CNMP 88
3.2.2   Acordo de não persecução penal 92
3.2.3   Investigação criminal nos Tribunais Superiores 96
3.2.3.1   Investigação criminal judicial: STF e o Inquérito 4.781 DF 99
3.2.4   Condenação do Brasil na Corte Interamericana de Direitos Humanos – Caso Favela Nova Brasília *vs* Brasil 114
3.3   A possibilidade da investigação criminal pelo Ministério Público prevista no Código de Processo Penal 117
3.4   A investigação criminal praticada por particular 125
3.4.1   Investigação defensiva e o Provimento nº 188/2018 do Conselho Federal da Ordem dos Advogados do Brasil 129

3.5 A investigação criminal pelo Ministério Público nos Tribunais Superiores 131

CAPÍTULO 4

O MONOPÓLIO DA INVESTIGAÇÃO CRIMINAL: INCONSTITUCIONALIDADE 145

4.1 Controle externo da atividade policial 146
4.2 Titularidade da ação penal pública 152
4.3 Direito à segurança pública 154
4.4 O acesso à justiça 161

CAPÍTULO 5

O MINISTÉRIO PÚBLICO E A INVESTIGAÇÃO CRIMINAL NO MUNDO MODERNO 167

5.1 Panorâmica da investigação criminal pelo Ministério Público no direito comparado 167
5.1.1 Os Ministérios Públicos no continente da América 169
5.1.1.1 Ministério Público da Argentina 169
5.1.1.2 Ministério Público da Colômbia 171
5.1.1.3 Ministério Público da Costa Rica 172
5.1.1.4 Ministério Público da Guatemala 173
5.1.1.5 Ministério Público da Bolívia 174
5.1.1.6 Ministério Público do Chile 175
5.1.1.7 Ministério Público Cuba 177
5.1.1.8 Ministério Público de El Salvador 178
5.1.1.9 Ministério Público do Equador 181
5.1.1.10 Ministério Público de Honduras 181
5.1.1.11 Ministério Público do México 182
5.1.1.12 Ministério Público do Panamá 183
5.1.1.13 Ministério Público do Paraguai 184
5.1.1.14 Ministério Público do Peru 185
5.1.1.15 Ministério Público da Venezuela 187
5.1.1.16 Ministério Público do Suriname 188
5.1.1.17 Ministério Público da Nicarágua 188
5.1.1.18 Ministério Público da República Dominicana 189
5.1.1.19 Ministério Público nos Estados Unidos 190
5.1.2 Os Ministérios Públicos no continente da África 193
5.1.2.1 Ministério Público da Angola 193
5.1.2.2 Ministério Público de Cabo Verde 194
5.1.2.3 Ministério Público de Guiné-Bissau 196
5.1.2.4 Ministério Público de Moçambique 196

5.1.2.5	Ministério Público de São Tomé e Príncipe	198
5.1.3	Os Ministérios Públicos no continente da Europa	199
5.1.3.1	Ministério Público na Bélgica	199
5.1.3.2	Ministério Público na Rússia	199
5.1.3.3	Ministério Público da França	200
5.1.3.4	Ministério Público da Itália	203
5.1.3.5	Ministério Público da Inglaterra	207
5.1.3.6	Ministério Público da Alemanha	209
5.1.3.7	Ministério Público de Portugal	212
5.1.3.8	Ministério Público da Espanha	215
5.1.3.9	Ministério Público da Escócia	216
5.1.3.10	Ministério Público da Suécia	217
5.1.3.11	Ministério Público de Malta	217
5.1.3.12	Ministério Público da Lituânia	218
5.1.3.13	Ministério Público da Áustria	219
5.1.3.14	Ministério Público da Grécia	219
5.1.3.15	Ministério Público da Dinamarca	220
5.1.3.16	Ministério Público da Estônia	221
5.1.3.17	Ministério Público da Irlanda	222
5.1.3.18	Ministério Público do Chipre	222
5.1.3.19	Ministério Público da Polônia	223
5.1.3.20	Ministério Público da Letônia	224
5.1.3.21	Ministério Público da Eslovênia	226
5.1.3.22	Ministério Público da Eslováquia	227
5.1.3.23	Ministério Público da Hungria	230
5.1.3.24	Ministério Público da Romênia	231
5.1.3.25	Ministério Público da Bulgária	232
5.1.3.26	Ministério Público da Holanda	233
5.1.3.27	Ministério Público na Suíça	234
5.1.4	Os Ministérios Públicos no continente da Ásia	235
5.1.4.1	Ministério Público do Japão	235
5.1.4.2	Ministério Público na China	236
5.1.5	Os Ministérios Públicos no continente da Oceania	237
5.1.5.1	Ministério Público na Austrália	237
5.1.5.2	Ministério Público em Timor-Leste	237
5.2	O poder de investigação criminal pelo Ministério Público no Código Modelo de Processo Penal para a Ibero-América	238
5.3	A investigação criminal pelo Ministério Público no estatuto de Roma	243
5.4	O Ministério Público Europeu	245

CAPÍTULO 6

O TRABALHO DOS MINISTÉRIOS PÚBLICOS BRASILEIROS NAS INVESTIGAÇÕES CRIMINAIS 257

6.1	A operação Lava Jato	258
6.2	Ministério Público do Estado de São Paulo	286
6.3	Ministério Público do Estado de Minas Gerais	290
6.4	Ministério Público do Estado de Rio Grande do Sul	293
6.5	Ministério Público do Estado de Santa Catarina	296
6.6	Ministério Público do Estado do Paraná	297
6.7	Ministério Público do Estado do Espírito Santo	299
6.8	Ministério Público do Estado de Mato Grosso	300
6.9	Ministério Público do Estado do Rio de Janeiro	302
6.10	Ministério Público do Distrito Federal e Territórios	305
6.11	Ministério Público do Estado de Rondônia	306
6.12	Ministério Público do Estado de Roraima	309
6.13	Ministério Público do Estado do Acre	311
6.14	Ministério Público do Estado da Bahia	312
6.15	Ministério Público do Estado do Ceará	314
6.16	Ministério Público do Estado do Maranhão	315
6.17	Ministério Público do Estado de Alagoas	316
6.18	Ministério Público do Estado de Pernambuco	319
6.19	Ministério Público do Estado da Paraíba	321
6.20	Ministério Público do Estado do Amapá	323
6.21	Ministério Público do Estado Rio Grande do Norte	325
6.22	Ministério Público do Estado do Amazonas	327
6.23	Ministério Público do Estado de Goiás	328
6.24	Ministério Público do Estado de Sergipe	332
6.25	Ministério Público do Estado do Tocantins	333
6.26	Ministério Público Federal	334
6.27	Ministério Público Militar	337
6.28	Ministério Público do Estado de Mato Grosso do Sul	341
6.29	Ministério Público do Estado do Piauí	349

CONCLUSÃO 351

REFERÊNCIAS 355

PREFÁCIO

Recebo, emocionado, a confortável tarefa de apresentar, ainda que em rápidas palavras, o autor Fábio Goldfinger e sua obra, tratando dos poderes investigatórios do Ministério Público. Assunto mais atual impossível.

Fábio, Promotor de Justiça (dedicado e atuante) do Ministério Público do Mato Grosso do Sul, analisa a questão de forma ímpar, defendendo essa importante missão institucional.

Através de impecável interpretação sistemática, combate o erro dos argumentos expostos por aqueles que, iludidos, defendem tese contrária, enaltecendo (ultrapassado) modelo de monopólio da investigação.

Ao estudar o direito comparado, Fábio nos convence, com certa facilidade, que a tendência mundial é ter o Ministério Público como um dos (vários) protagonistas da investigação criminal. Aliás, não sem razão, explorou o Estatuto de Roma, carta internacional garantista, que atribuiu ao Promotor (Procurador) do Tribunal Penal Internacional a tarefa de investigar (e acusar) autores dos crimes contra a humanidade.

Termina a exposição brindando o leitor com notícias sobre investigações conduzidas por Promotores de Justiça e Procuradores da República, aliando, assim, seus argumentos à prática.

A obra é essencialmente didática, servindo, com imenso proveito, não apenas aos estudantes, mas aos profissionais experientes, que enxergarão neste estudo respostas às complexas questões do dia a dia.

Obrigado, Fábio, pelas preciosas lições.

Parabéns à Editora, que abraçou, sem hesitar, tão audacioso projeto.

Rogério Sanches Cunha
Promotor de Justiça no Estado de São Paulo. Professor de
Direito Penal da Escola Superior do Ministério Público
de São Paulo, da Fundação Escola Superior do Ministério
Público do Mato Grosso e do CERS (Complexo de Ensino
Renato Saraiva).

INTRODUÇÃO

O presente trabalho objetivou a realização de uma pesquisa sobre o papel do Ministério Público no mundo moderno nas investigações criminais e seu relacionamento com a polícia investigativa.

Contudo, no Brasil a questão ainda está em torno de polêmicas sobre questão da investigação criminal pelo Ministério Público.

O tema ganha mais relevância nos dias atuais, pois a sociedade brasileira se depara com uma violência e uma criminalidade em uma crescente escalada, com quadrilhas e organizações criminosas cada vez mais audaciosas e infiltradas em diversos ramos dos órgãos de segurança pública.

É certo que a questão polêmica no Brasil vem sendo travada na doutrina, jurisprudência e ainda no campo político, por meio de Emendas Constitucionais.

Com a finalidade de enfrentar as principais questões que envolvem a investigação criminal pelo Ministério Público brasileiro, no primeiro capítulo será abordada a origem da Instituição do Ministério Público, passando pelas suas origens, evolução no cenário da Instituição no Brasil, até os seus contornos atuais na Constituição Federal de 1988.

Em seguida, será tecida uma rápida análise sobre o que é a investigação e seus objetivos. O tema é importante antes de entrar na seara principal do presente trabalho, pois é preciso conhecer as finalidades da investigação criminal, sua importância e desdobramentos desta missão importante dentro do Estado Democrático de Direito.

Ainda será tratado brevemente sobre o inquérito policial um dos meios de investigação criminal utilizados pela polícia, em seu poder-dever constitucional de investigar a ocorrência de uma infração penal.

Posteriormente serão levantados os argumentos favoráveis e contra a investigação criminal realizada pelo Ministério Público brasileiro, explicando e esclarecendo todos os possíveis argumentos de ambos os entendimentos, mencionando o posicionamento dos principais processualistas e especialistas do país.

Será também realizada uma análise dentre os dispositivos que tratam do inquérito policial e da ação penal dentro do Código de Processo Penal, através de uma interpretação lógico-sistemática, de onde se poderá extrair da própria legislação processual de 1941, a possibilidade da condução investigativa pelo Ministério Público.

Serão abordados os posicionamentos dentro de ações constitucionais propostas por diversas entidades de classe contra o poder investigatório do Ministério Público, além de mencionar no momento atual, as propostas legislativas, em especial a mais recente Emenda Constitucional, a denominada PEC nº 37, referente exclusividade da investigação criminal pela polícia.

Não se deixou para trás a menção e discussão sobre as mais recentes decisões dos Tribunais Superiores que tratam sobre a questão tormentosa, explorando o pensamento de vários Ministros das mais Altas Cortes de nosso país.

De outra banda, serão ainda pesquisadas as consequências de se atribuir a um único órgão a exclusividade das investigações criminais e os seus reflexos na Constituição Federal.

O direito comparado também será de importância fundamental no trabalho, pois será demonstrada a tendência mundial em se conferir a investigação criminal e controle da polícia investigativa ao Ministério Público, passando, assim, a verificar a função em diversas Instituições dos Ministérios Públicos dos cinco continentes.

Na linha da tendência mundial das investigações criminais pelo Ministério Público, também é mencionado o Código Modelo do processo penal para a Ibero-América, pesquisado e elaborado por diversos autores, inclusive brasileiros, que têm influenciado na modificação da estrutura processual penal de diversos países na América.

Outra prova da tendência das investigações criminais pelo Ministério Público dentro do cenário internacional é a existência de um Ministério Público Internacional, no denominado Estatuto de Roma, do qual o Brasil faz parte.

Por fim, foram reunidas diversas notícias que mencionam algumas investigações criminais realizadas pelos Ministérios Públicos Brasileiro, em que será demonstrado que a atividade de investigação criminal já é realizada há algum tempo, especialmente em casos que envolvem a participação de policiais.

CAPÍTULO 1

O MINISTÉRIO PÚBLICO

1.1 Origem histórica

A doutrina controverte-se quando o assunto versa sobre as origens do Ministério Público.

Sabe-se que a origem histórica da Instituição se tornou um problema para estudiosos e pesquisadores, pois não há "(...) uma concepção única e firme sobre qual seja o papel sócio-jurídico desta instituição" (MACHADO, 1998, p. 9).

Segundo a lição de Tornaghi:

> (...) o Ministério Público, tal como numerosos órgãos do Estado, não apareceu de jato, em determinado lugar, nem foi produto de ato legislativo. Foi se formando paulatinamente, foi ajuntando em tôrno de si várias funções antes espalhadas em diferentes mãos, foi se aperfeiçoando, até que uma lei o encontrou cristalizado e o consagrou (TORNAGHI, 1967, p. 376).

Alguns autores buscam as origens na Antiguidade clássica e na civilização egípcia, sustentando que os cargos e funções públicas são parecidos com as atribuições destinadas ao Ministério Público moderno.

Na antiga Esparta, autores sustentam que o Ministério Público na figura dos *Éforos*, embora juízes, tinham a função, dentre outras, de exercer a acusação.

No Egito Antigo, há 4000 anos, a doutrina menciona a existência da figura do *magiaí* – procurador do rei – que possuía atribuições na repressão penal, a fim de castigar os rebeldes, reprimir os violentos, acusar, proteger cidadãos pacíficos, dentre outras. Parte da doutrina

(CARNEIRO, 2007) sustenta aqui o início das funções recentes do Ministério Público.

Outros sustentam que na Grécia clássica, precisamente em Atenas, existiam os acusadores públicos, chamados de *temóstetas* ou *themosteti* gregos, que eram responsáveis pelo exercício do direito de acusação.

Ainda, há outra corrente de estudiosos sustentando no direito romano o surgimento do Ministério Público, nas figuras dos *praefectus urbis* que exerciam um papel de substituto do rei, originariamente chamado de *custos urbis*, os quais julgava, administrava e legislava. Os *praesdesi* eram altos funcionários do império que exerciam funções judicantes, como a defesa dos escravos contra as crueldades excessivas. Ainda em Roma alguns apontam os *censores* romanos, 435 a.C., que examinavam a fundo a vida das pessoas e os *questores* que possuíam atribuições, dentre outras de apurar os crimes de homicídio.

Outros autores ainda sustentam a origem do Ministério Público na Lei Judaica, encarregado da função de proteção dos incapazes (PIERANGELLI, p. 181).

Rassat (SAUWEM FILHO, 1999), em sua monografia *Le Ministère Public Entre son Passé et son Avenir* afirma que a origem do Ministério Público está nos antigos oficiais romanos: os *frumentarii* que andavam a procura de crimes e os *curiosi* que andavam pelas províncias para levarem ao imperador qualquer abuso que descobrissem.

Mas, para a maior parte da doutrina, a exemplo do renomado jurista Tornaghi (TORNAGHI, 1967), a origem da Instituição do Ministério Público não está na origem romana ou grega, pois não há continuidade histórica entre estas instituições e as atribuições exercidas pelos antigos órgãos que serviam apenas para atender necessidades presentes no sistema judiciário da época, não podendo servir de paralelo às modernas instituições.

Já a doutrina de Monteiro (SAUWEN FILHO, 1999), fundado nas observações de Savigny, aponta nos *procuratores caesares* e nos *fiscus* a origem do Ministério Público.

Na Idade Média, a Igreja Católica, com a queda do império romano, tinha em mãos toda a atividade jurisdicional por meio dos *Tribunais dos bispos*, surgindo nessa época os *missus dominucus*, que alguns afirmam ser a origem do promotor de Justiça, contudo estes não exerciam funções judicantes, dificultando a semelhança.

As figuras que mais se aproximaram das funções do Ministério Público, neste período da idade média, foram os chamados *saions* ou *graffion*, do direito visigodo, que exerciam além de outras, funções criminais, denunciando quem violasse a lei. Os *saions* também executavam a sentença proferida pelo juiz, de forma a garantir o proveito econômico à coroa.

A doutrina dos italianos Manzini e Pertile (SAUWEN FILHO, 1999) faz referências à Idade Média na Itália, às vésperas do Renascimento, buscando traços que caracterizam sementes de surgimento do Ministério Público. Asseveram a existência das figuras dos acusadores criminais: *avvogadori di communi*, da Veneza medieval; do *avvocato della corte*, do Reino de Nápoles e dos *conservatori delle leggi* da Florença dos Gonfalonieri do início do século XIII, como a possível origem do Ministério Público.

Ainda a doutrina cita como origem ministerial ou de certas afinidades institucionais, como esclarece Alcalà-Zamora, o *gastaldi* do direito longobardo, que era representante do rei junto aos duques e também desempenhava o papel de polícia; o *vindex religionis* do Direito canônico e a figura do *Gemeiner Anklager*, da Alemanha, quando na omissão da vítima, exercia a acusação criminal.

Fato é que em todos os órgãos antigos estudados pela doutrina se vislumbram pouquíssimos aspectos do moderno Ministério Público.

Por tais razões, que é a França apontada pela doutrina como o berço da Instituição do Ministério Público, assim é a esmera lição do mestre Tornaghi:

> Onde, porém, o Ministério Público aparece pela primeira vez com tôdas suas características é em França, em reação dos reis contra o poderio dos senhores feudais. No momento em que o rei centralizou na mão todo poder, os seus procuradores e advogados, *gens des rois*, que antes eram apenas mandatários judiciais, especialmente nas questões que interessavam ao fisco, passaram a verdadeiros funcionários, encarregados de mover ações penais e de fiscalizar a atividade da Justiça e da Polícia. Foi a hipertrofia de poderes dos antigos procuradores do rei e a confusão entre a pessoa dêsse e o Estado que fês surgir o Ministério Público (TORNAGHI, 1967, p. 376).

Aliás, como Instituição, segundo a doutrina (SAUWEN FILHO, 1999), o Ministério Público possui uma precisa data de seu surgimento ou na expressão de Benedicto de Campos "a certidão de nascimento" do Ministério Público, qual seja em 25 de março de 1302, quando Felipe, "o Belo", através de sua *ordennance*, pela primeira vez em um diploma legal fez menção aos *gens du roi*.

Estes eram funcionários incumbidos dos interesses gerais do Estado. Como o Estado naquela época era marcado pelo absolutismo, estes agentes eram do poder real e exerciam a função da defesa dos interesses privados do soberano. Frisa a doutrina que neste período francês os procuradores do rei desempenhavam o papel de *longa manus* do soberano.

Nesta época, os processos nos tribunais leigos eram inquisitórios, portanto, havia a necessidade do rei confiar a um de seus representantes a função de acusador público, os chamados *gens du roi*.

Os reis queriam colocar seus representantes em pé de igualdade aos juízes, daí a denominação de *Parquet* aos membros do Ministério Público, como se observa de mais uma valiosa lição de Tornaghi:

> A fim de conceder prestígio e força a seus procuradores, os reis deixaram sempre clara a independência desses em relação aos juízes. O Ministério Público constitui-se em verdadeira magistratura diversa das dos julgadores. Até os sinais exteriores dessa proeminência foram resguardados; membros do Ministério Público não se dirigiam aos juízes do chão, mas em cima do mesmo estrado ("parquet") em que eram colocadas as cadeiras desses últimos e não se descobriam para lhes endereçar a palavra, embora tivessem de falar de pé (sendo por isso chamados "Magistrature debout", Magistratura de pé) (TORNAGHI, 1967 *apud* MACHADO, 1998, p. 14).

Porém, foi a *Ordonance Criminelle*, editada em 10 de agosto de 1670, pelo rei Luís XIV, que codificou o processo penal da monarquia francesa e ampliou o campo de atuação do Ministério Público como acusador público.

Segundo o referido Código de Processo Penal Francês, havia um agente em cada tribunal para que fossem perseguidos os criminosos em nome da própria instituição monárquica.

A partir da Revolução Burguesa de 1789, com a tomada do poder pela burguesia, houve uma reforma política de caráter descentralizador. A legislação da época firmou o Ministério Público como um agente do Poder Executivo perante os tribunais, fiscalizando o cumprimento das leis e julgados, dando uma garantia de independência em relação ao Parlamento e ao Judiciário.

O *Code d'Instruction Criminelle*, de 20 de abril de 1810, organizou o Ministério Público francês, ganhando a Instituição contornos novos que influenciaram quase todo o mundo, incluindo o Brasil, como, por exemplo, o vínculo com o Poder Executivo.

A feição de Instituição democrática ostentada hoje em todo mundo ocidental somente foi adquirida no final do século XIX.

Em Portugal, a primeira referência ao Promotor de Justiça aparece de forma explícita nas *Ordenações Manoelinas*, de 1521, a qual atribui as funções de fiscalizar o cumprimento da lei e de sua execução. No Título XI e XII do Livro I encontravam-se as figuras, dentre outras, do *Promotor de Justiça da Casa de Suplicação* e dos *Promotores da Justiça da Casa Civil*.

Nas Ordenações Filipinas, em 1623, aparecem o Promotor da Casa da Suplicação, Procurador dos Feitos da Coroa, Procurador dos Feitos da Fazenda e o Solicitador da Justiça da Casa da Suplicação que exerciam funções, mais tarde, contempladas ao *parquet*.

O Ministério Público evoluía na medida em que os órgãos judiciais evoluíam e estes, por sua vez, acompanhavam a evolução do poder político.

1.2 Origem do Ministério Público brasileiro

A origem do Ministério Público brasileiro confunde-se com as origens de Portugal, por razões já conhecidas. Sustenta a doutrina de José Dilermano Meireles e de Roberto Lyra (SAUWEN FILHO, 1999) que a origem do Ministério Público brasileiro possui fases distintas, classificadas em fases *colonial, imperial ou monárquica* e *republicana*.

No Brasil colonial, foi nas Ordenações Filipinas de 1603 que apareceu em um texto legislativo o *Promotor de Justiça*, de forma sistemática e concreta.

Logo no início do período imperial, a lei de 18 de setembro de 1828 criou o Supremo Tribunal de Justiça, prevendo que as funções de promotor de justiça eram exercidas por um dos membros do referido tribunal, que se apresentava como representante da soberania nacional e tinha algumas atribuições específicas, como requisitar a formação de processo-crime contra os presidentes das províncias e ministros das relações.

O Código de Processo Criminal de Primeira Instância previu a situação do Ministério Público na época, embora não fora lhe conferida a organização desejada.

Sob o regime da Lei de 3 de dezembro de 1841, o Ministério Público ganhou novos contornos, sendo que foram unificadas as atribuições incumbindo-o de acusar delinquentes e os condenarem.

O Código de Processo Penal Criminal do Império de 1832 foi o primeiro Código brasileiro a dar um tratamento sistematizado à Instituição, sendo que o art. 37 atribuía funções como a de denunciar os crimes públicos e policiais, de homicídio ou tentativa, cárcere privado, o crime de redução à escravidão de pessoas livres, ferimentos com qualificações, roubos, calúnias e injúrias contra várias pessoas.

O Ministério Público na época do império não estava devidamente organizado e não era reconhecido como instituição, razão pela qual havia críticas da doutrina da época, como nas anotações de José Antônio Pimenta, o Marquês de São Vicente:

> Nosso ministério publico, assim como quasi todas as nossas instituições, por ora é incompleto, sem centro, sem ligação, sem unidade, inspecção e harmonia. Soffre de mais a mais lacunas graves nas attribuições conferidas a seus agentes, lacunas que muito prejudicam a administração da justiça: entretanto, como a instituição está creada, ella se aperfeiçoará com o progresso crescente de nossos estudos e melhoramentos legislativos (BUENO, 1899, p. 66).

Na fase republicana, em 1890, o Ministério Público foi reconhecido como Instituição e foi integrado na organização política do Estado Brasileiro.

Manuel Ferraz de Campos Salles, então Ministro da Justiça do Governo Provisório, foi quem criou e regulamentou um dos decretos editados no governo provisório destinado ao Ministério Público, dando contorno de Instituição, estrutura e atribuições no âmbito federal. Por causa deste decreto, Campos Salles é considerado o patrono da Instituição no Brasil, sendo visto por César Salgado como o precursor da independência.

Embora a Constituição Republicana de 24 de fevereiro de 1891 silenciar a respeito do Ministério Público, o Decreto nº 848, de 11 de outubro de 1890, regulou a Justiça Federal e atribuiu aos Procuradores da República velarem pela execução das leis a serem aplicadas no âmbito da Justiça Federal e promoverem a ação pública. Estes serviriam por quatro anos, durante os quais não poderiam ser removidos, daí preconizando a garantia da independência do Ministério Público.

Na Exposição de Motivos do referido decreto, Campos Salles afirmou que o Ministério Público era necessário para a organização do Estado democrático, para zelar pela correta aplicação e execução das leis, decretos, devendo propor a ação penal onde convier.

O Ministério Público Federal sofreu alterações em sua organização algumas vezes, sempre em épocas de graves agitações populares e crises políticas, assim levando a receio de alguns juristas da época que o Ministério Público viesse a tornar-se um mecanismo de sustentação do Estado.

Contudo, a *Constituição de 1934* trouxe um significativo avanço para a Instituição, incluindo-a em capítulo distinto daqueles destinados aos Poderes do Estado.

A *Carta Constitucional de 1937*, outorgada por Getúlio Vargas, significou um verdadeiro retrocesso para a instituição, fazendo apenas referência ao Ministério Público Federal e colocando-o em seção destinada ao Supremo Tribunal Federal. Nota a doutrina que a perda da autonomia institucional seria inevitável, uma vez que para o regime da ditadura militar não interessava uma instituição autônoma com o papel de fiscalizar o cumprimento das leis e da defesa dos interesses sociais, papel este, típico de instituições que atuam com eficácia, apenas no regime democrático.

A *Constituição dos "Estados Unidos do Brasil" de 1946* retomou o trajeto democrático de 1934, destinando à Instituição capítulo próprio e lhe delineando autonomia e independência em relação aos demais poderes do Estado. Foram elevados a nível constitucional os princípios institucionais: inamovibilidade; ingresso na carreira por concurso público; estabilidade do membro após dois anos de exercício no cargo e a criação do sistema de promoção de entrância a entrância.

A *Constituição de 1967* repetiu a antidemocracia instalada no Brasil em 1937, novamente rompendo com a ideia de um Ministério Público independente. A Instituição foi colocada em um capítulo constitucional próprio do Poder Judiciário. A Instituição continuava a ser subordinada ao Executivo.

Na Emenda Constitucional nº 1, de 17 de outubro de 1969, o Ministério Público foi novamente vinculado ao Poder Executivo.

Após o final do período de ditaduras, também sentiu a necessidade de criar um órgão capaz de defender os interesses do povo, para que então, como em outros países, a democracia fosse amplamente contemplada.

Durante os anos de 1980 e seguintes, tramitou pelo Congresso Nacional algumas propostas para a criação de um *Ombusdman* brasileiro, com as seguintes denominações: "Procurador-Geral do Povo", "Procurador-Geral do Poder Legislativo", "Procurador Popular" e "Ouvidor-Geral", porém, todas as propostas apresentadas foram rejeitadas.

O Ministério Público, na época, foi contra a criação de um "Defensor do Povo", argumentando que a Instituição já estava cumprindo este papel em determinados locais e esta função deveria ser aperfeiçoada.

Partiu daí e com inspiração, principalmente, nas Constituições Portuguesa e Espanhola, a luta do Ministério Público em exercer as funções relativas ao "Defensor do Povo", sob o argumento de se equiparar aos demais modelos constitucionais democráticos que previam uma figura de defesa dos interesses do povo.

Na fase de opressão política, entre os anos de 1964 e 1984, começaram a soar ecos da necessidade de um Ministério Público independente e direcionado à defesa dos valores da democracia.

A necessidade de uma mudança institucional já se tornava marcante no início da década de 70, conforme asseverou o então Promotor Público João Benedito de Azevedo Marques, em um artigo publicado em 1980:

> Nestes tempos de abertura e de breve mudança constitucional é importante que se dê força ao Promotor de Justiça, tornando o Ministério Público efetivamente autônomo e independente, para que a sociedade tenha um órgão em condições de defendê-la contra a criminalidade e a violação da lei[1]

No início da década de 80 foi apresentada por uma comissão de juristas uma "Proposta de Constituição Democrática para o Brasil" em face do crescente movimento para elaboração de uma Assembleia Constituinte. Tal proposta traçava o Ministério Público como defensor dos valores democráticos, como assim sustentou o Desembargador Balthasar Gama Barbosa:

> No Ministério Público há a considerar a proposta de unidade do Ministério Público Federal e a independência que foi dada ao Ministério

---

[1] Ver o artigo de João Benedito de Azevedo Marques, O Papel do promotor na sociedade democrática, *Justitia*, p. 141.

CAPÍTULO 1
O MINISTÉRIO PÚBLICO

Público em geral para cumprir a sua finalidade que é a de fiscalizar e promover o cumprimento da Constituição e da Lei, e a defesa dos direitos e garantias individuais. Com esse objetivo, pode promover a nulidade de ato de qualquer Poder e requerer providências para evitar que se consumam (LOPES, 2000, p. 86).

A proposta da Constituição Democrática para o Brasil manteve o conteúdo já existente no anteprojeto, de reconhecer ao Ministério Público a possibilidade de avocar inquéritos policiais, para assim, assumir a direção dos mesmos[2] (LOPES, 2000, p.88).

Tratava-se de reconhecimento constitucional da direção do Ministério Público na polícia judiciária, fato este que ainda é uma tendência mundial.

O princípio da avocatória foi defendido na constituinte por J. B. de Azevedo Marques citado por Julio Lopes:

Titular da ação penal é o promotor público que irá fornecer as provas ao juiz. Mas isto somente poderá ser alcançado entregando-se ao Ministério Público a real responsabilidade pela atividade probatória perante os pretórios, circunstância que implica uma tomada de posição mais definida relativa a colheita de prova nos inquéritos policiais; Um outro aspecto que não pode ser esquecido é o da maior fiscalização do Ministério Público sobre a polícia, em particular a Judiciária, que produz a prova para o titular para ação penal. Se a violência e a criminalidade precisam ser eficazmente reprimida, devemos começar com o bom exemplo da administração pública, através da polícia que só deverá atuar sob o princípio da legalidade. Para isso é necessário que o aparelho policial fique sob permanente vigilância do Ministério Público e do Poder Judiciário, exercendo-se uma efetiva correição das atividades policiais e educando-se o policial para o absoluto respeito à norma legal, em qualquer circunstância. Por isso que defendemos o princípio da avocatória (...) é indispensável uma maior atuação do Ministério Público em novos campos de atividade, decorrência de vivermos numa sociedade de grande complexidade social (...) *há que se ampliar a esfera de ação e fiscalização do promotor de justiça na administração do Estado, para que os mais graves crimes praticados contra a Nação não permaneçam impunes ou sejam considerados meras infrações administrativas, com multas irrisórias, o que contribui para formar a perigosa imagem de que cadeia é para pobre* (LOPES, 2000, p. 94-95, grifo meu).

---

[2] A redação nos termos do art. 233.2 da Proposta seria: "As funções do Ministério Público serão exercidas em todas as instâncias judiciais, incumbindo-lhe de propor a ação penal pública, requisitar a instauração de inquéritos e avocá-los".

Ressaltou Benedicto de Campos, em 1985, que:

> O Ministério Público é um órgão mais dinâmico do aparelho de Estado. É um aparelho de repressão, utilizado pela sociedade para punir os transgressores das leis burguesas. Nisto não vai nenhuma ofensa mais uma coisa palpável. Porém, o Ministério Público no Brasil, foi assumindo nestes últimos anos um papel preponderante na sociedade. (...) Outras funções lhe devem ser atribuídas – ação mais eficaz no combate aos exploradores do povo (...) a representação e defesa desses interesses devem ser atribuídas ao Ministério Público (LOPES, 2000, p. 112).

A Carta de Curitiba aprovada em junho de 1986, na Capital do Paraná, tornando-se ali um marco na era moderna da Instituição, uma vez que foi preparada em vista da nova ordem constitucional que se esperava, trazendo em si as principais questões pertinentes à Instituição, como os princípios, garantias, proibições, que afinal inspirou diversos dispositivos na vigente Constituição.

Com relação à comissão de estudos constitucionais, conhecida como Anteprojeto Afonso Arinos, coube ao então Procurador-Geral da República, José Paulo Sepúlveda Pertence, propor a essa comissão um texto para o Ministério Público, onde também se consagrou a defesa do regime democrático.

A Carta de Curitiba e o Anteprojeto Afonso Arinos foram os precursores do exercício constitucional do Ministério Público na defesa do regime democrático, com vista a todas as suas atuais atribuições inerentes.

Assim, após intensas discussões e muita luta Institucional e política na época nasceu o Ministério Público na Constituição Federal de 1988, Instituição essa ainda inigualável no Mundo.

1.3 O Ministério Público na Constituição de 1988

Como visto acima, o Ministério Público sofreu diversas alterações nos textos legais e constitucionais devido a sua evolução jurídico-social, sempre provocando análises doutrinárias a respeito de sua posição constitucional.

As funções do Estado ao longo da história foram tripartidas, conferindo a órgãos distintos as funções de legislar, administrar e compor litígios, a fim de não prevalecer um dos Poderes sobre os demais, em um autêntico sistema de freios e contrapesos, garantidor da subsistência do regime democrático.

Há debate sobre o posicionamento constitucional do Ministério Público, levando-se em conta ou suas funções na estrutura tripartida do Estado ou se constitui uma posição autônoma.

A possibilidade do Ministério Público encontrar-se dentro do ramo legislativo ou judiciário é descartada, uma vez que não lhe é dada a função de editar leis, nem solucionar conflitos de interesse, salvo em algumas hipóteses na esfera administrativa previstas em lei.

Resta a análise dentro da função executiva. Em vista das atribuições conferidas à Instituição, o Ministério Público exerce a função administrativa, sem, contudo, ser uma repartição do Executivo, ou seja, não há vinculação a tal Poder.

Analisando a natureza jurídica da Instituição, Hugo Nigro Mazzilli observou que todas as funções exercidas têm natureza administrativa, porém sua posição constitucional é distinta e desvinculada do Poder Executivo (MAZZILLI, 1997, p. 19-20).

Alguns sugerem o Ministério Público como um quarto poder, assim como o fez Alfredo Valladão:

> Se o Ministério Público não é órgão do Poder Judiciário, também não o é do Poder Executivo.
> Houve, certamente, em época remota, os Advogados do Rei (...)
> Esta, porém, não é, nem pode ser, a origem do Ministério Público.
> O Ministério Público é uma instituição da França, constituindo ali em magistratura, desde o século XVI (Glasson, *Précis de Procedure Givele*, tomo I, pág. 115).
> Célere o adotaram as nações latinas. (...)
> *É hoje um órgão autônomo, com atribuições próprias, para a defesa da Sociedade e da lei. (...)*
> Ele se apresenta com a figura de um verdadeiro poder do Estado.
> Se Montesquieu tivesse escrito hoje o 'Espírito das Leis', por certo não seria tríplice, mas quádrupla, a Divisão dos Poderes (VALLADÃO, 1973, p. 30-33).

Para que o Ministério Público seja reconhecido como integrante de um dos Poderes é necessário atribuir-lhe uma parcela da soberania inerente ao Estado. Alguns autores sustentam que *a titularidade privativa da ação penal pública* (art. 129, I, da CF) é uma parcela da soberania Estatal. Outros descartam tal possibilidade, pois essa característica é tipicamente administrativa.

Certo é que a Carta Constitucional de 1988 trouxe para a Instituição do Ministério Público uma posição constitucional nunca antes vista, tornando-a, assim, uma Instituição ímpar se comparada com o perfil de outros países.

Na atual Constituição, o Ministério Público encontra-se em Seção própria do Capítulo IV – "Das Funções Essenciais à Justiça", do Título IV – "Da organização dos Poderes".

O conceito da Instituição encontra-se na própria Constituição Federal, no art. 127, *caput:*

> O Ministério Público é instituição permanente, essencial à função jurisdicional do Estado, incumbindo-lhe a defesa da ordem jurídica, do regime democrático e dos interesses sociais e individuais indisponíveis.

A Carta Magna ainda trouxe princípios institucionais do Ministério Público, como se nota do art.127, §1º, da Constituição Federal:

a) *Princípio da Unidade*: significa que os membros do Ministério Público são integrantes de um só órgão e possuem um só chefe, não existindo qualquer divisão administrativa de setor comum a órgãos públicos. A unidade existente é entre os membros de cada Ministério Público, assim não existe unidade entre os membros do Ministério Público de São Paulo e o Ministério Público do Mato Grosso do Sul;

b) *Princípio da indivisibilidade*: o Ministério Público é uno porque os membros não estão vinculados a nenhum dos processos ou feitos que atuam, quem se manifesta não é o membro personificado e sim a própria Instituição, assim podem ser substituídos uns pelos outros, conforme dispõe a lei;

c) *Princípio da autonomia funcional*: ao Ministério Público cabe a elaboração de suas próprias propostas orçamentárias, a criação e extinção de seus cargos ao Poder Legislativo, bem como a iniciativa de Projeto de Lei para sua organização e funcionamento.

O Ministério Público, em razão da autonomia funcional, deve cumprir com suas atribuições, em observância à Constituição e às leis, não se submetendo a nenhum dos Poderes, os quais também não podem interferir na gestão ou direcionamento da Instituição. Trata-se de uma verdadeira independência dentre os demais Poderes do Estado, até porque muitas vezes a Instituição poderá entrar em confronto com o posicionamento do próprio Estado;

d) *Princípio da independência funcional*: Os membros do Ministério Público são independentes no exercício das funções as quais exercem, não estando sujeitos a quaisquer ordens de seus superiores hierárquicos, no sentido de dizerem como devem atuar em um processo. A hierarquia no Ministério Público existe apenas no sentido administrativo pelo chefe da instituição, mas jamais de índole funcional;

e) *Princípio do Promotor natural:*[3] O princípio constitucional do Promotor natural foi reconhecido pelo Plenário do Supremo Tribunal Federal, entendo que a Constituição Federal determina que somente o Promotor natural é que deve atuar no processo, pois ele intervém de acordo com o seu entendimento e zelo pelo interesse público. Proibiu-se, assim, que o Procurador-Geral designe arbitrariamente para uma Promotoria ou para a função de outro Promotor, que seria afastado obrigatoriamente de suas atribuições e prerrogativas legais, ferindo desta forma a garantia de inamovibilidade, prevista no texto constitucional.

O Ministério Público possui *funções típicas* que estão previstas nos incisos do art. 129 do Texto Maior, no art. 25 da Lei Orgânica Nacional do Ministério Público (LONMP – Lei nº 8.625/93), além de outras legislações que mencionam as tarefas Institucionais, como as leis orgânicas Estaduais, Constituição Estadual, desde que sejam compatíveis com a finalidade constitucional. As *funções atípicas* são aquelas que não estão expressas, mas, por serem compatíveis com a Instituição, são exercidas pelos seus membros.

As funções típicas ou atípicas deverão voltar-se sempre ao interesse da sociedade, através dos interesses difusos, coletivos, individuais homogêneos, sempre baseados na destinação constitucional prevista no art. 127, *caput*, da CF.

A legislação municipal não pode estabelecer quaisquer tipos de atribuições ao Ministério Público, mesmo considerando a participação obrigatória em Conselhos Municipais, posto que só as leis federais e estaduais poderão estabelecer suas atribuições, sempre observando a finalidade da Instituição.

Para a segurança do cumprimento das funções Institucionais foram conferidos, constitucionalmente, deveres e garantias tanto para a Instituição, bem como aos membros do Ministério Público.

Como observa Hugo Nigro Mazzilli, "(...) para que o Ministério Público possa servir a sociedade e não aos governantes, precisa ser

---

[3] Segundo a lição de Hugo Nigro Mazzilli, este princípio não está contido no art. 127, §2º da CF, mas é um princípio constitucional da Instituição (MAZZILLI, 1997, p. 24-26).

dotado de garantias substanciais que assegurem sua independência" (MAZZILLI, 1997, p. 37).

Dentre as garantias Institucionais destacam-se a autonomia funcional, administrativa e orçamentária, todas previstas no Texto Maior. A Lei Orgânica do Ministério Público da União (arts. 22 e 23), a Lei Orgânica Nacional do Ministério Público (arts. 3º e 4º), bem como as Constituições Estaduais e Leis Orgânicas Estaduais desenvolvem todas as consequências destas autonomias.

A autonomia funcional está prevista no art. 127, §2º, da CF, já analisada acima.

Sobre a autonomia administrativa entende-se como a capacidade do Ministério Público auto-organizar-se, praticando atos necessários à sua estruturação e funcionamento, sem a interferência de nenhum dos outros Poderes. Poderá para tanto, iniciar processos legislativos para a criação e extinção de cargos e serviços auxiliares.

Contudo, a LONMP, Lei nº 8.625/93, traça outros aspectos relativos a esta autonomia, como, por exemplo, incumbindo ao próprio Ministério Público elaborar sua folha de pagamento, adquirir bens e contratar serviços, dentre outras atribuições.

A autonomia financeira (orçamentária) decorre da conjugação dos artigos 127, §§2º, 3º, 4º, 5º e 6º, 168 e 169 todos da Carta Maior. Esta autonomia consiste no poder da Instituição em elaborar sua própria proposta orçamentária, além de gerir a aplicação de recursos a ela destinados pela lei de diretrizes respectiva

Diferente do que ocorre na autonomia administrativa, aqui a proposta orçamentária deverá ser encaminhada ao Governador do Estado ou ao Presidente da República, o qual remeterá ao Poder Legislativo. Tal fato se dá porque a proposta orçamentária integrará a lei de diretrizes respectiva que é de iniciativa exclusiva do Poder Executivo (art. 165, II, da CF). Porém, o Executivo não poderá alterar o valor previsto na proposta, faculdade apenas do Legislativo, pois a ele cabe o exercício do controle externo da Instituição, inclusive o orçamentário (art. 4º, §2º, da Lei nº 8.625/93).

Com relação aos membros da Instituição, a Constituição Federal trouxe as seguintes garantias:

a) Vitaliciedade (art. 128, §5º, I, *a* da CF e art. 38, I, da LONMP). Devido à garantia de vitaliciedade, os membros do Ministério Público somente perderão seus cargos por uma decisão judicial transitada em julgado e não mais por uma decisão administrativa. A vitaliciedade somente será adquirida após dois anos de exercício da carreira (estágio probatório), mediante a aprovação em concurso público (art. 129, §3º, da CF).

A vitaliciedade possui as seguintes exceções: a prevista no art. 93, VI, da CF, que implica aposentadoria compulsória aos 70 anos de idade e a prevista no art. 38, §1º da LONMP, em que estão elencadas as hipóteses nas quais o membro vitalício do Ministério Público pode vir a perder o cargo através de decisão judicial, em uma ação civil própria e de iniciativa exclusiva do Procurador-Geral, após prévia autorização do Colégio de Procuradores de Justiça;

b) *Inamovibilidade* (art. 128, §5º, I, "b", da CF e o art. 38, II, da LONMP). Significa a impossibilidade do membro do Ministério Público, uma vez titular do cargo, ser removido compulsoriamente, ou seja, não poderá ser removido de ofício por qualquer autoridade, salvo por motivo de interesse público, mediante decisão do colegiado competente e assegurada a ampla defesa, exceção prevista constitucionalmente, o membro poderá ser removido, é a denominada remoção compulsória. Há ainda os casos em que o membro por vontade própria é removido ou promovido, ou ainda quando o Procurador-Geral de Justiça designa um Promotor para oficiar em determinado feito, contudo, deve haver a concordância do Promotor titular, exceção prevista no art. 24 da Lei nº 8.625/93;

c) *irredutibilidade de subsídios* (art. 128, §5º, I, "c" da CF e o art. 38, III, da LONMP). A irredutibilidade de subsídios de que trata a Constituição é a impossibilidade de reduzir os salários dos membros do Ministério Público, para, assim, não ser pressionado nos exercícios de suas atribuições;

d) *promoção e aposentadoria* (art. 129, §4º, da CF). A Constituição Federal garante também aos membros do Ministério Público a promoção de entrância a entrância, de forma alternada, por antiguidade e merecimento e a aposentadoria com proventos integrais (art. 55 da LONMP).

Os membros do Ministério Público possuem além de garantias, prerrogativas, que em regra estão previstas em lei, para preservarem a dignidade da função, bem como lhes facilitar o exercício. As prerrogativas aos membros estão previstas nos arts. 40, 41 e 42, da Lei nº 8.625/93. Todavia, as Leis Orgânicas Estaduais ou mesmo da União poderão trazer outras.

Prevê o art. 96, III, da CF competência originária aos Tribunais de Justiça para julgarem os membros do Ministério Público tanto nos crimes comuns, como nos de responsabilidade.

Os membros do Ministério Público da União que oficiarem diante dos Tribunais serão julgados originariamente nos crimes comuns ou de responsabilidade pelo Superior Tribunal de Justiça, nos termos do art. 105, I, "a", da CF; os demais membros serão julgados pelos Tribunais Regionais, conforme preceitua o art. 108, I, "a", da CF.

Ressalta o art. 40, IV, da Lei nº 8.625/93 que o membro da Instituição será "julgado perante o Tribunal de Justiça de seu Estado", mesmo se o crime cometido for de competência da Justiça Federal.

Contudo, uma vez praticado crimes eleitorais pelos membros dos Ministérios Públicos dos Estados ou da União que não oficiem junto aos Tribunais, a competência para julgá-los será da própria Justiça Eleitoral, conforme lei específica, exceção prevista na Carta Maior.

É também uma importante prerrogativa a manifestação em qualquer fase dos processos, atendendo a solicitação do juiz, da parte ou por sua livre iniciativa, quando entender necessária a intervenção em causa que a justifique, é o que menciona o disposto no art. 26, VIII, da Lei nº 8.625/93.

Outras prerrogativas do membro ministerial são: impossibilidade de indiciá-lo em inquérito policial; impossibilidade de prisão em flagrante pela prática de crime afiançável; na hipótese de prisão em flagrante por crime inafiançável é necessária a comunicação e apresentação do membro junto ao Procurador-Geral de Justiça, no prazo máximo de vinte e quatro horas; a prisão processual somente poderá ser determinada pelo Tribunal de Justiça competente, desde que ela se mostre extremamente necessária e uma vez determinada a prisão o membro ministerial terá custódia domiciliar ou em sala especial do Estado Maior; mesmo transitada em julgado a pena será cumprida em dependência separada das demais existentes na prisão; *quando recair suspeita de crime a um membro do Ministério Público, a investigação será incumbida ao Procurador-Geral de Justiça que poderá delegar a outro membro a função investigatória e a titularidade de uma eventual ação penal.*

Em vista de todas as garantias e prerrogativas acima apontadas, o constituinte também impôs aos membros da Instituição algumas vedações:

a) *receber honorários ou custas* (art. 128, §5º, II, a, da CF). Os membros do Ministério Público estão proibidos de receber, a qualquer título ou sob qualquer pretexto, seja como órgão agente, ou seja, interveniente, honorários, percentagens ou custas processuais;

b) *exercer a advocacia* (art. 128, §5º, II, b, da CF). O exercício da advocacia torna-se incompatível com as funções ministeriais, uma vez que as prerrogativas e poderes dos agentes ministeriais poderiam ser desviados;

c) *participação em sociedade comercial* (art. 128, §5º, II, c, da CF). A Constituição Federal veda a participação em sociedade comercial, na forma da lei. Todavia o art. 44, III, da Lei nº 8.625/93, dispõe que a vedação não atinge a participação como quotista ou acionista;

d) *outra função pública, salvo a de magistério* (art. 128, §5º, II, d, da CF). A regra constitucional prevê a impossibilidade de acumulação de dois cargos públicos, com exceção a de magistério. A atividade privada não é proibida, desde que não exista incompatibilidade com as funções ministeriais.

O art. 44, § único, da Lei nº 8.625/93 esclarece que não constituem acumulação de cargos outras atividades exercidas em organismos estatais afetos à área da Instituição, em Centros de Estudo e Aperfeiçoamento do Ministério Público, em entidades de representação de classe e o exercício de cargos de confiança na sua administração e órgãos auxiliares;

e) *atividade político-partidário* (art. 128, §5º, II, e, da CF). Atualmente, os membros do Ministério Público não podem vincular-se a nenhum partido político, nem exercer atividades partidárias. Exceção à norma são os membros que não tenham feito a opção prevista no art. 29, §3º, ADCT.

Aos membros do Ministério Público também lhes são impostos deveres, para que cumpram suas funções com melhor desempenho possível. As violações dos deveres inerentes aos membros, independente de consequências civil ou penal, acarretam falta administrativa, passíveis de uma sanção.

Os principais deveres impostos aos membros estão previstos no art. 43 da Lei nº 8.625/93, dentre eles destacam-se:

a) *obrigatoriedade de residir na Comarca*. Dispõe o art. 129, §2º, *in fine*, da CF e o art. 43, X, da Lei nº 8.625/93, impõe ao membro do Ministério Público o dever de residir na Comarca onde exerce suas funções;

b) *obrigatoriedade de declaração de suspeição e impedimentos*. Prevê o art. 43, VII, da Lei nº 8.625/93, o dever do membro do Ministério Público declarar-se suspeito ou impedido nos termos da lei. As hipóteses de suspeição e impedimentos estão previstas nas normas processuais, como o art. 258, do Código de Processo Penal e o art. 138, I, do Código de Processo Civil.

A Lei Orgânica Nacional do Ministério Público não estipulou as sanções aplicáveis ao membro da Instituição que desobedecer à vedação ou ao dever funcional, exceto o art. 38, §1º, II, que prevê a sanção da perda do cargo, mediante ação civil própria, a quem exercer a advocacia. Contudo, tais sanções estão previstas nas Leis Orgânicas Estaduais.

Segundo o art. 128, da Constituição Federal de 1988, o Ministério Público abrange o Ministério Público da União (art. 128, I, da CF) e os Ministérios Públicos dos Estados (art. 128, II, da CF).

A Lei nº 8.625, de 12 de fevereiro de 1993, instituiu a LONMP, Lei Orgânica Nacional do Ministério Público, dispondo sobre as normas gerais para a organização dos Ministérios Públicos dos Estados.

Já a Lei Complementar nº 75, de 20 de maio de 1993, instituiu a chamada LOMPU, Lei Orgânica do Ministério Público da União, dispondo sobre a organização, atribuições e estrutura do Ministério Público da União.

O Ministério Público Eleitoral não existe enquanto Instituição, portanto, há apenas as funções eleitorais exercidas pelo Ministério Público Federal, relegando ao Ministério Público dos Estados uma atuação supletiva (arts. 72, 78 e 79 da LOMPU).

O Ministério Público da União compreende o Ministério Público Federal, o Ministério do Trabalho, o Ministério Público Militar e o Ministério Público do Distrito Federal e Territórios.

Os órgãos do Ministério Público Federal são: a) o Procurador-Geral da República; b) o Colégio de Procuradores da República; c) o Conselho Superior do Ministério Público Federal; d) as Câmaras de Coordenação e Revisão do Ministério Público Federal; e) os Subprocuradores-Gerais da República; f) os Procuradores Regionais da República e os g) os Procuradores da República (art. 43 da LOMPU).

Também possuem órgãos específicos: o Ministério Público do Trabalho (art. 85 da LOMPU), o Ministério Público Militar (art. 118 da LOMPU), bem como o Ministério Público do Distrito Federal e dos Territórios (art. 153 da LOMPU).

A LOMPU dispõe a respeito, em detalhes, das atribuições de cada um dos órgãos acima citados.

O Procurador-Geral da República é nomeado pelo Presidente da República dentre os integrantes da carreira, maiores de trinta e cinco anos, após a aprovação da maioria absoluta dos membros do Senado, conforme prevê o art. 128, §1º, da CF. Prevê este mesmo artigo que o exercício do mandato é por dois anos, permitida a recondução.

Os Ministérios Públicos do Trabalho e Militar possuem Procuradores-Gerais das Justiças do Trabalho e Militar, muito embora suas funções sejam limitadas, pois quem está diante dos referidos Ministérios Públicos é o Procurador-Geral da República.

O Ministério Público do Distrito Federal e Territórios, muito embora pertença ao Ministério Público da União, tem à frente o Procurador-Geral de Justiça, escolhido nos moldes dos Ministérios Públicos Estaduais, porque assim menciona, especificamente, a Constituição Federal em seu art. 128, §3º.

O Procurador-Geral da República pode ser destituído, no curso do mandato, por iniciativa do Presidente da República, após autorização da maioria absoluta do Senado (art. 128, §1º, da CF).

Também poderá perder o cargo caso seja condenado por algum crime de responsabilidade, hipótese prevista no art. 52, II e parágrafo único, da CF – é o denominado *impeachment*. A sessão será dirigida pelo Presidente do Supremo Tribunal Federal e a condenação somente ocorrerá por maioria qualificada do Senado, implicando a imediata perda do cargo. O Procurador-Geral da República também terá foro por prerrogativa de função nos casos de crimes comuns, cuja competência será do Supremo Tribunal Federal, conforme preceitua o art. 102, I, "b", da CF.

Quando ocorrer a vacância do cargo em questão, seja por destituição, morte ou renúncia o processo de escolha será o mesmo visto acima, sendo que o escolhido iniciará mandato próprio de dois anos e não concluirá aquele já iniciado por seu antecessor. Em virtude de uma vacância do cargo o Vice-Presidente do Conselho Superior do Ministério Público Federal assumirá de forma interina.

A Lei Orgânica Nacional do Ministério Público organizou estruturalmente os principais órgãos da Instituição fixando-lhes funções, garantias, vedações, deveres, direitos, vantagens etc.

A LONMP integrou ao Ministério Público os seguintes órgãos: a) de administração; b) de execução e c) auxiliares.

Os órgãos de Administração Superior são: a) a Procuradoria-Geral de Justiça; b) o Colégio de Procuradores de Justiça; c) o Conselho Superior do Ministério Público e d) a Corregedoria-Geral do Ministério Público (art. 5º da LONMP). São também órgãos de Administração do Ministério Público as Procuradorias de Justiça e as Promotorias de Justiça (art. 6º LONMP).

Os chamados órgãos de execução do Ministério Público são: a) o Procurador-Geral de Justiça; b) os Conselheiros Superiores do Ministério Público; c) os Procuradores de Justiça e d) os Promotores de Justiça (art. 7º da LONMP).

Ainda existem os órgãos auxiliares do Ministério Público que são: a) os Centros de Apoio Operacional; b) a Comissão de Concursos; c) o Centro de Estudos e Aperfeiçoamento Funcional; d) os órgãos de apoio administrativo; e) os estagiários, além de outros criados pela lei orgânica de cada Estado (art. 8º da LONMP).

Dispõe o art. 128, §3º, da CF que a escolha do Procurador-Geral será através de uma lista tríplice dentre os integrantes da carreira, cabendo a lei orgânica local dispor sobre esta lista.

O Procurador-Geral será nomeado pelo chefe do executivo Estadual para exercer seu mandato pelo período de dois anos, permitida uma recondução.

A Constituição Federal também prevê a destituição do Procurador-Geral de Justiça "por deliberação da maioria do Poder Legislativo, na forma da lei complementar respectiva" (art. 128, §5º da CF).

Caso o cargo de Procurador-Geral de Justiça estiver vago, seja por renúncia, morte ou destituição do titular, assumirá, interinamente, o Procurador de Justiça mais antigo que integre o Conselho Superior do Ministério Público. O Conselho Superior autorizará uma nova eleição, em que o novo chefe iniciará um outro mandato e não apenas concluirá o anterior.

As atribuições e funções do Procurador-Geral de Justiça estão previstas na LONMP e nas respectivas Leis Orgânicas Estaduais.

A Emenda Constitucional nº 45 de 2004, criou o Conselho Nacional do Ministério Público, através do art. 130-A da Constituição Federal.

O Conselho Nacional do Ministério Público visa a controlar a atuação financeira e administrativa da Instituição, além do cumprimento dos deveres funcionais de seus membros.

Sua composição está prevista no Texto Magno, conforme art. 130-A e seus incisos, dispondo que o mandato do conselheiro é de dois anos, permitida uma recondução.

Dentre os membros do Conselho Nacional do Ministério Público estão: Procurador-Geral da República, que o preside; quatro membros do Ministério Público da União (sendo um de cada carreira); três do

Ministério Público dos Estados; dois juízes indicados um pelo Supremo Tribunal Federal e outro pelo Superior Tribunal de Justiça; dois advogados indicados pelo Conselho Federal da Ordem dos Advogados do Brasil; dois cidadãos de notável saber jurídico e reputação ilibada, indicados um pelo Senado Federal e outro Câmara dos Deputados.

Para o seu exercício o Conselho Nacional possui as atribuições descritas no art. 130-A, parágrafo 2º, do Texto Maior.

O Conselho ainda é composto por um Corregedor nacional, escolhido dentre os membros do Ministério Público que o integram, vedada a recondução, com as funções definidas no art. 130-A, parágrafo 3º da Constituição Federal.

Por fim, o Conselho Nacional do Ministério Público terá a participação do Presidente do Conselho Federal da Ordem dos Advogados do Brasil, nos termos do art. 130-A, parágrafo 4º da Constituição Federal.

CAPÍTULO 2

A INVESTIGAÇÃO CRIMINAL

2.1 A investigação criminal

Quando uma pessoa pratica um fato previsto como infração penal, em razão dos postulados constitucionais, em especial do princípio do devido processo legal, dentre outros, a punição do infrator só se dará por meio do processo, assegurados todos os direitos decorrentes do referido princípio.

Para isso, o Estado-Administração deve levar a notícia do fato do ilícito penal ao conhecimento do Estado-Juiz de forma que seja indicado o possível infrator, para, após o devido processo legal, dizer se é ou não fundada a pretensão do Estado, e assim, haver a condenação pela prática da infração penal.

Uma vez ocorrida a infração penal, o Estado deve procurar elementos de informação (prova) dos fatos infringentes da norma (materialidade) e quem tenha sido o autor (autoria), para então, o Ministério Público, criado constitucionalmente para esta função, postule em juízo pela condenação do acusado, na busca do denominado *persecutio criminis in judicio*.

A *investigação criminal que precede ao processo penal* é figura extremamente indispensável, pois se trata de *uma garantia processual constitucional*.

Por isso é que se conclui que a indispensabilidade é da investigação criminal, e não da existência de um *inquérito policial*.

Segundo lição de Lopes Jr. a investigação preliminar ou instrução preliminar existem basicamente por três motivos: 1 – Busca do fato oculto; 2 – Função simbólica; 3 – Evitar acusações infundadas. Continua o referido processualista esclarecendo que a busca do fato oculto resulta no fato de que a conduta criminosa é praticada às escuras, de forma oculta, com duas finalidades: "para não frustrar os próprios fins do crime e para evitar a pena como efeito jurídico" (LOPES JR., 2011, p. 227).

Ainda afirma (AURY LOPES JR., 2011) que a atividade de investigação está diretamente relacionada com a diminuição da criminalidade, quanto mais eficaz a investigação criminal menor a criminalidade. Por essa razão, o Estado tem que dispor de instrumentos eficazes para a descoberta de crimes, para que não se elevem os índices de criminalidade, podendo trazer à sociedade um sentimento de descrédito nas ações do Estado e ainda gerar a insegurança social.

Contudo, para que haja uma investigação criminal, muitas vezes há necessidade de que o cidadão inicie.

Prossegue o autor acima mencionado (LOPES JR., 2011) afirmando que a função simbólica da investigação criminal é evitar a sensação de impunidade, através da imediata atividade persecutória estatal.

Por último, o autor menciona que a investigação preliminar possui a função de se evitarem acusações infundadas, o que sem dúvida reflete em uma garantia ao cidadão.

Mas como é possível a colheita de elementos de prova para que se possa permitir o início de um processo penal, para a busca de uma condenação criminal?

Através de investigação do crime. E o que é investigar?

Investigar, segundo o dicionário:[4] "1. Seguir os vestígios, as pistas de 2. Fazer diligências para descobrir 3. Procurar descobrir (algo), com exame e observação minuciosos; pesquisar".

Permite-se, assim, concluir que investigar nada mais é do que ouvir pessoas, juntar documentos, proceder à realização de perícias e outras diligências.

Mas quem pode realizar uma investigação criminal e quais os instrumentos podem ser utilizados?

A investigação de um crime pode se desenvolver por entes do Estado ou por particulares. As investigações particulares ocorrem quando, por vezes a própria vítima colhe informações para que um delito seja esclarecido, não raras as vezes, demonstrando um inconformismo com a demora do Estado ou até mesmo visando a acelerar a elucidação de um fato criminoso (GUIMARÃES, 2009, 110-111).

---

[4] Míni Houaiss. Dicionário de Língua Portuguesa. p. 434.

A investigação particular,[5] segundo lição de Valter Foleto Santin, possui arrimo no artigo 144, *caput*, da CF e são "preparadas pela vítima, pelo indiciado, por qualquer cidadão, pela imprensa e outros meios de comunicação" (SANTIN, 2001, p. 32).

Por sua vez, quando o Estado realiza a investigação de um crime, ele o faz por intermédio da polícia investigativa, nos termos do artigo 144 e parágrafos da Constituição Federal.

Assim, quando há o conhecimento da prática de infração penal, o Estado é obrigado a iniciar a investigação nos crimes de ação penal pública e após a representação nos crimes de ação penal pública condicionada e ação penal privada.

Na verdade, mais do que obrigatória, a investigação criminal é um dever do Estado refletido em uma garantia constitucional.

Nesse contexto, o inquérito policial é apenas um dos instrumentos, criado e regulamentado pelo Código de Processo Penal, presidido por um Delegado de Polícia, para que se proceda à investigação de infração penal, com intuito de se revelar a materialidade delitiva e os indícios de sua autoria.

O inquérito policial possui somente esta finalidade, daí falar-se em procedimento de investigação típico.

Contudo, questiona-se na doutrina e jurisprudência se é possível haver a investigações criminais que não são realizadas pela polícia.

Ou seja, senão a polícia, outros agentes públicos (em sentido *lato*) podem realizar investigações criminais?

Será que o Ministério Público pode proceder na apuração de autoria e materialidade de infrações penais, utilizando-se de oitiva de pessoas, requisitando perícias, documentos, diligências investigatórias ou tal atribuição é exclusiva da polícia investigativa?

Como notamos acima a investigação criminal não é sinônimo de inquérito policial, são coisas distintas.

Nesse sentido a lição do processualista Denilson Feitoza:

> O procedimento administrativo investigatório criminal é um gênero do qual fazem parte vários procedimentos investigatórios, em que o mais o mais conhecido de todos é o procedimento conhecido como inquérito policial (FEITOZA, 2009, p. 200).

---

[5] O tema será ainda abordado no presente trabalho.

Uma questão se torna evidente e pacífica: o Ministério Público não pode presidir um inquérito policial para a investigação de um crime.

2.2 O inquérito policial

O inquérito policial é hoje um dos mais utilizados meios de investigações criminais.

Trata-se de um procedimento administrativo, presidido por uma autoridade policial, destinado a apurar uma infração penal, ou seja, possui o objetivo de angariar elementos referentes à autoria e materialidade de uma infração penal.

O inquérito policial é um procedimento administrativo, em razão de alguns motivos:

a) É instaurado e presidido por uma autoridade administrativa;

b) Os atos são discricionários;

c) Esses atos não são submetidos ao rigor das leis, nem são afetados pelo sistema das nulidades processuais.

O inquérito policial servirá de base, quando necessário, para o oferecimento da denúncia pelo Ministério Público ou mesmo para o arquivamento dos fatos, sendo por isso dispensável.

Aliás, parte da doutrina sustenta que o inquérito policial, por ter apenas caráter informativo, deve ser excluído fisicamente dos autos, com a propositura da ação penal, como ocorre na legislação italiana, para que o juiz não tome conhecimento dos atos investigatórios.

Serve o inquérito policial para que não se promovam ações penais desnecessárias, infundadas ou temerárias que pudessem atingir o chamado *status dignitatis* do indivíduo.

O inquérito policial é o principal instrumento de investigação utilizado pelas polícias federal e civil, conforme preceitua o art. 144, §1º, I e §4º da CF.

Em regra, o procedimento investigativo policial é escrito, público, inquisitório e unilateral.

São duas as razões para que o inquérito policial seja escrito:

a) Documentar atos, a fim de que posteriormente possam servir de base para a denúncia e até mesmo prova no processo;

b) Possibilitar o controle da legalidade dos atos de investigação.

A característica de ser inquisitório decorre por este se desenvolver na figura de uma única autoridade, o delegado de polícia, o qual detém a atribuição para instaurá-lo e de conduzi-lo até o final das investigações. Contudo, essa inquisitorialidade não possui um caráter absoluto, pois se reconhecem no inquérito policial os direitos e garantias fundamentais do indivíduo, porque o investigado não é tratado como um objeto de investigação, mas sim sujeito de direito.

Para o início da investigação policial o fato-crime pode ser comunicado de forma voluntária, quando a autoridade policial toma conhecimento da infração penal, ou provocada, através de representações, requerimentos ou requisições, ou ainda qualquer outra forma de recebimento da notícia criminosa.

Nesse contexto a doutrina, em geral, aponta três espécies:

a) *Cognição espontânea*

b) *Cognição provocada*

c) *Cognição coercitiva*

A *cognição espontânea, ou imediata*, é aquela em que o delegado de polícia toma conhecimento do crime através de suas próprias atividades. Exemplo: Se depara na rua com a prática de um crime, ele terá o dever de instaurar o inquérito policial para apurar o fato.

A *cognição provocada, ou mediata*: quando a notícia do crime chega através do intermédio de terceira pessoa.

Essa pessoa pode ser: a própria vítima ou seu representante legal, requerendo a instauração do inquérito policial, como pode ser qualquer pessoa delatando o crime.

Essa delação pode ser a chamada delação anônima ou apócrifa, mas caberá à autoridade policial tomar conhecimento e verificar a procedência da notícia.

A cognição também será mediata quando houver a requisição do Ministro da Justiça para a instauração de inquérito policial, nos termos do art. 7º, §3º, do CP e nos crimes contra a honra do Presidente da República e de Chefe de Estado Estrangeiro (art. 145, parágrafo único, do CP).

Os Boletins de Ocorrência lavrados pelos agentes policiais também são uma forma de chegar ao conhecimento da autoridade policial a notícia de um crime, e, por conseguinte, instaurar o inquérito policial.

Cognição coercitiva são as hipóteses de requisição pelo juiz ou pelo promotor de justiça, bem como nos casos de prisão em flagrante.

Quando a autoridade policial se depara com a cognição espontânea ou provocada ela somente irá instaurar o inquérito policial se considerar que a conduta é típica, nos casos de cognição coercitiva a instauração é automática, não restando à autoridade policial nenhuma margem de discricionariedade sobre se deve ou não instaurar o inquérito policial.

Há dispositivos que legais que obrigam, especialmente funcionários públicos, a comunicar a possível ocorrência de uma infração penal.

As requisições do Ministério Público ou mesmo a judicial para que seja instaurado um inquérito policial cria uma obrigação à autoridade policial devendo ela agir, incidindo inclusive na prática de uma infração penal, como prevaricação ou desobediência, ou mesmo uma infração administrativa.

A autoridade policial é obrigada a iniciar a investigação criminal assim que tome conhecimento, incidindo os princípios da legalidade e da obrigatoriedade.

O poder de polícia investigativa é o exercício de uma competência discricionária, na medida em que a autoridade policial possui uma liberdade de definir quais os atos de investigação que deverão ser exercidos no inquérito; contudo, alguns desses atos estão inteiramente vinculados pela lei, como por exemplo, o indiciamento do investigado, o auto de prisão em flagrante, interrogatório etc.

O art. 6º do CPP prevê de forma não exaustiva diligências básicas e iniciais que a autoridade policial poderá providenciar assim que tiver notícia do crime, instaurado inquérito policial. Esse rol não é taxativo e a autoridade policial poderá determinar outras providências peculiares em que cada caso venha reclamar.

O delegado ainda poderá: determinar a reprodução simulada do crime (art. 7º do CPP); representar pela prisão preventiva (art. 13 do CPP).

O prazo para o que o término das investigações é de 10 dias se o indiciado estiver preso e de 30 dias se solto, segundo a legislação processual penal vigente.

Porém, existem outros prazos legais para a conclusão de inquérito policial. Estão previstos: Lei de drogas, indiciado preso 30 dias, prorrogáveis mais 30 dias e solto 90 dias; ou ainda nos crimes contra a economia popular o prazo será de 10 dias estando o indiciado preso ou solto.

Após o encerramento das diligências do inquérito o Delegado deverá encerrar com um relatório, contendo um relato objetivo de tudo o que fora realizado no âmbito do procedimento investigatório.

De início é bom ressaltar que não pode o membro do Ministério Público presidir um inquérito policial, vez que este instrumento de investigação utilizado apenas pela polícia investigativa, como já, aliás, decidiu diversas vezes o Supremo. Mas o Ministério Público pode investigar a prática de uma infração penal utilizando-se de um instrumento típico[6] para a investigação criminal, qual seja, um procedimento administrativo de investigação criminal, similar ao inquérito policial?

É o objeto a ser investigado neste trabalho.

---

[6] Instrumentos atípicos para a investigação criminal são processos administrativos, comissões parlamentar de inquérito, entre outros, que não possuem a finalidade exclusiva, ou seja, típica de se investigar uma infração penal.

CAPÍTULO 3

O MINISTÉRIO PÚBLICO E A INVESTIGAÇÃO CRIMINAL

> *Formulamos uma indagação derradeira, permitindo-nos*
> *parafrasear, em parte, o dramaturgo Edward Albee: afinal*
> *de contas, quem tem medo da investigação criminal*
> *diretamente realizada pelo Ministério Público?*
> Carlos Frederico Coelho Nogueira (NOGUEIRA,
> 2002, p.185).

Debate acirrado nos dias atuais, tanto na doutrina, como nos Tribunais, refere-se ao poder de investigação criminal pela Instituição do Ministério Público.

Antes de entrar na discussão doutrinária do tema, é importante destacar algumas passagens no campo político que abordam a questão.

Em 1995, foi proposta uma Emenda à Constituição, denominada de PEC nº 109, de 1995, de autoria do Deputado Coriolano Sales, em que seria alterado o art. 129 da Constituição da República para conferir ao Ministério Público a prerrogativa de *instaurar e dirigir o inquérito*.

A esta PEC, em 02 de dezembro de 2003, foi apensada também a PEC nº 197, de 2003, de autoria do Deputado Antônio Carlos Biscaia, que pretendia dar nova redação ao art. 129, inc. VIII, da CF:

> Art. 129. ....
> VIII – promover investigações, requisitar diligências investigatórias e a instauração de inquérito policial, indicados os fundamentos jurídicos de suas manifestações processuais.

A proposta da PEC nº 109 ficou paralisada no Congresso Nacional por dez anos, quando em 06 de outubro de 2005 foi apresentada pelo Deputado Cezar Schirmer, então relator das PECS nº 109 e nº 197. Ao fundamentar a admissibilidade constitucional da PEC nº 109, o Deputado Relator justifica:

> Entretanto, na área criminal, onde historicamente a função do Promotor Público é conhecida, o sistema vigente concede competência para a instauração do inquérito à polícia, limitando o trabalho do promotor e, consequentemente, da própria justiça criminal. (...).

Além disso por estar mais bem aparelhados orçamentariamente (art. 127, §2 e 3º da CF), exercendo suas competências em verdadeiras simbiose com o Poder Judiciário, o Ministério Público está constitucionalmente mais legitimado para instaurar e promover, até o final, o inquérito.

O Ministério Público deve ser dotado de mais poderes cabendo a ele orientar a polícia na busca de provas, tendo plena liberdade para apreciar esses elementos investigatórios, pois, pela sua formação e competências, o promotor sabe se deve ou não oferecer a denúncia, requerer novas diligências ou simplesmente encerrar o caso, dando mais agilidade ao processo judicial.

Já na justificação da PEC nº 197, que expressamente previa a possibilidade de investigação criminal pelo Ministério Público:

> A proposta de Emenda à Constituição em epígrafe visa a permitir, de forma expressa, que o Ministério Público promova procedimentos investigatórios.
>
> O tema diz respeito a uma das mais importantes atribuições dessa Instituição e de fundamental importância para a persecução penal: a investigação de infrações penais.
>
> Vivemos tempos em que as tendências de criminalidade se definem por um acréscimo de condutas delituosas e por fenômenos de organização e internacionalização que sofisticaram o *modus operandi* dos criminosos obrigando os Estados a aperfeiçoarem as estruturas de resposta.
>
> Acrescente-se a isso, as transformações operadas nas condições tecnológicas e culturais, com a velocidade imprimida à circulação de informação, à globalização do conhecimento e o reforço do papel reconhecido à opinião pública, constituindo uma nova realidade, para a qual são necessários diferentes instrumentos de diagnóstico e intervenção.
>
> Por essa razão, a Organização das Nações Unidas, o Conselho da Europa e instituições como a Associação Internacional para o Direito

Penal, têm aprovado princípios ou recomendações que apontam para a necessidade de as polícias realizarem a investigação criminal sob a direção de uma autoridade judiciária ou de um órgão encarregado do exercício da ação penal.

Ressalta-se que a investigação criminal inclui-se nas funções de defesa da legalidade e de garantia da segurança e dos direitos dos cidadãos, não aplicando-se à investigação criminal a discricionariedade que caracteriza, em geral, os poderes de polícia, realizando-se sempre de forma vinculada. Isto porque, a repressão criminal comporta riscos graves de erosão dos direitos individuais e exige, portanto, instrumentos processuais que ao permitam que se converta em arbítrio.

Cumpre mencionar, também, que a Constituição Federal em seu art. 144, §4º, atribui à Polícia Civil a apuração de infrações penais, exceto as de natureza militar ressalvada a competência da União. Entretanto, tal atribuição não se dá em caráter privativo, sendo esta a correta interpretação desse dispositivo.

A Constituição não deu exclusividade na apuração de infrações penais apenas a uma Instituição, basta referir que em outro dispositivo (art. 58, §3º) dá poderes a Comissão Parlamentar de Inquérito para investigação própria.

Nesse sentido, como titular do Jus Puniendi, nada deve impedir que o Ministério Público, além de requisitar informações e documentos para instruir procedimentos, promova atos de investigação para a apuração de ilícitos penais.

Assim, a presente proposição tem suporte no reconhecimento de que nos tempos atuais, a soma de esforços no combate à criminalidade é imprescindível para vencê-la, e a circunstância de a Constituição expressamente prever esta competência atende à necessidade de fortalecimento do papel do Estado, ante o enfraquecimento gradual, mas inevitável, do controle social exercido pela família, pelos grupos e pelas instituições.

Os pareceres, em 07 de março de 2006, foram aprovados pelas suas admissibilidades à unanimidade pelos então Deputados à época.[7]

---

[7] Darci Coelho – Presidente em exercício (art. 40, *caput*, do RI), Antonio Carlos Biscaia, Benedito de Lira, Bosco Costa, Carlos Mota, Cezar Schirmer, Claudio Rorato, Edmar Moreira, Edna Macedo, Gonzaga Patriota, Ivan Ranzolin, Jamil Murad, José Carlos Araújo, José Eduardo Cardozo, Juíza Denise Fossard, Lino Rossi, Luiz Carlos Santos, Luiz Eduardo Greenhalgh, Marcelo Ortiz, Mendes Ribeiro Filho, Nelson Pellegrino, Nelson Trad, Ney Lopes, Odair Cunha, Osmar Serraglio, Paes Landim, Paulo Afonso, Paulo Magalhães, Sandra Rosado, Sigmaringa Seixas, Zenaldo Coutinho, Alex Canziani, André de Paula, Ann Pontes, Átila Lira, Coriolano Sales, Enio Tatico, Fernando Coruja, Iara Bernardi, Jaime Martins, João Fontes, José Pimentel, Júlio Delgado, Luciano Zica, Luiz Couto, Mauro Benevides, Moroni Torgan e Ricardo Barros.

A proposta de emenda à Constituição não prosseguiu em razão da morosidade do Congresso Nacional em apreciar a matéria, e, por haver terminado a legislatura dos Deputados Federais, a proposta foi arquivada, nos termos do art. 105 do Regimento Interno da Câmara dos Deputados.

Contudo, em data mais recente foi apresentada outra Proposta de Emenda à Constituição Federal nº 37/2011 em 08 de junho de 2011, de autoria do Deputado Federal Lourival Mendes, em que, ao contrário da Emenda anterior, esta pretende reforçar, constitucionalmente, através da inserção do parágrafo 10, no art. 144 da CF, a tese de que a investigação criminal é privativa da polícia, deixando, assim, claro que não detém esta função o Ministério Público.

Diferente da proposta anterior, esta não obteve a unanimidade do parecer pela admissibilidade: os Deputados Luiz Couto, Paes Landim, Onyx Lorenzoni, Vieira da Cunha, João Paulo Lima, Mendonça Filho, Alessandro Molon e Marina Santanna apresentaram votos contrários à constitucionalidade da proposta.

Por fim, a referida proposta foi rejeitada pelo Plenário da Câmara dos Deputados por 430 votos a 9 e ainda com 2 abstenções, e todos os partidos políticos recomendaram a sua extinção.

Várias outras propostas legislativas encontram-se em andamento no Congresso Nacional para fim de disciplinar a investigação criminal, a fim de que seja permitida a investigação criminal direta pelo Ministério Público.

Recentemente, o *Projeto de Lei do Senado nº 135/2018* foi proposto para a alteração do Código de Processo Penal, com a finalidade de prever a competência do Ministério Público para investigar crimes cometidos por agentes dos órgãos de segurança pública, no exercício das funções, e para permitir que o ofendido participe efetivamente da investigação criminal.

O Projeto de Lei prevê a inserção do art. 5º A, com a seguinte redação:

> Art. 5º-A. A investigação da infração penal será atribuição do órgão do Ministério Público competente se houver suspeita de autoria por parte de agentes dos órgãos da segurança pública, no exercício de suas funções. §1º O Ministério Público poderá requisitar os exames periciais necessários à apuração do fato diretamente à polícia técnico-científica. §2º Caso a suspeita de que trata o *caput* deste artigo se verifique após iniciado o inquérito, a autoridade policial encaminhará os autos,

em até quarenta e oito horas, ao Ministério Público, que assumirá a investigação. §3º Caso, na hipótese do §2º, não ocorra o encaminhamento, o Ministério Público avocará a respectiva investigação e a autoridade policial responderá pela omissão.

O embate sobre o tema em voga, seja no campo político, no campo jurídico, ou nos Tribunais, é motivo de acaloradas discussões.

Dissertando a respeito, foram criadas, basicamente, duas correntes doutrinárias que discutem juridicamente a possibilidade dos membros do Ministério Público realizar investigações criminais independentes.

Abaixo, será feita uma abordagem dos principais fundamentos existentes sobre a investigação criminal pelo Ministério Público, apontando ao final os seguidores de cada corrente.

3.1 Impossibilidade da investigação criminal pelo Ministério Público: argumentos

Ao longo do tempo formaram-se argumentos que tentam impedir a investigação criminal direta pelo Ministério Público, sendo esses argumentos utilizados em diversas ações constitucionais que buscam impedir a atribuição ministerial.

Primeiro menciona-se que a atividade investigatória é exclusiva da polícia, como prevê o art. 144, §1º, inc. IV e §4º da CF., pois para tanto se utiliza do inquérito policial para tal função, com exceções previstas na própria Constituição Federal, ou seja, a polícia possui *o monopólio constitucional da investigação criminal*.

Esse argumento defendido, dentre outros, pelo constitucionalista José Afonso Da Silva, em parecer à consulta do IBCCRIM – Instituto Brasileiro de Ciências Criminais,[8] em que argumenta que a Polícia Judiciária não possui o monopólio das investigações criminais, mas suas exceções estão previstas constitucionalmente e em nenhuma delas confere ao Ministério Público o poder de investigação criminal, como, por exemplo, as comissões parlamentares de inquérito, previstas no art. 58, §3º da CF.

Prossegue o ilustre constitucionalista afirmando que qualquer lei infraconstitucional ou mesmo ato normativo que confere poderes

---

[8] Parecer extraído da ADI nº 3806 em trâmite pelo STF.

de investigação criminal ao Ministério Público afrontam as normas e princípios constitucionais.

Outro argumento, menos radical do que o anterior, é a *necessidade de previsão expressa de lei*, permitindo a investigação pelo Ministério Público.

Argumento proferido com bastante afinco pelo constitucionalista Luis Roberto Barroso,[9] em parecer a pedido da Secretaria Especial de Direitos Humanos, afirmando que não há vedação da investigação criminal pelo Ministério Público; contudo, não há atualmente legislação infraconstitucional que discipline de forma clara e específica as investigações criminais pelo Ministério Público, bem como quais as hipóteses de atuação, formas de desempenho e controle dessa função.

Ainda há o argumento de que o membro do Ministério Público perderia *sua imparcialidade para que pudesse exercitar a ação penal em juízo.*

O argumento foi suscitado por Miguel Reale Júnior e Eduardo Reale Ferrari[10] em consulta ao Presidente do Sindicato dos Delegados de Polícia do Estado de São Paulo.

Ressaltam os juristas de renome que o Ministério Público é um mero órgão acusatório, por isso precisa atuar de forma imparcial, desvinculados de quaisquer atos pré-processuais para não influenciar o seu poder de convencimento, e aí *garantir a igualdade das partes* e o *devido processo legal.*

Conclui os juristas acima que na investigação criminal, sem qualquer controle, a sociedade ficará a mercê de um órgão que escolherá o que investigar, quando investigar e ainda determinar que provas serão juntadas para embasar a denúncia.

Na mesma linha acima apontada, ainda se argumenta que a investigação criminal pelo Ministério Público provocará *o desequilíbrio do sistema processual penal*, havendo a quebra na paridade de armas, pois a Instituição deve fiscalizar, ou mesmo acompanhar as investigações produzidas pela polícia judiciária.

---

[9] Ver o artigo de Luis Roberto Barroso. Investigação pelo Ministério Público. Argumentos contrários e a favor. A síntese possível e necessária. Parecer disponível em: http://webserver. mp.ac.gov.br/wp-content/files/Investigacao-pelo-Ministerio-Publico.pdf. Acesso em: 20 ago. 2011.

[10] Parecer extraído da ADI nº 3806 em trâmite pelo STF. Conferir no site: http://www.stf.jus. br/portal/processo/verProcessoAndamento.asp?incidente=2425006. Acesso em: 08 ago. 2012.

Sustenta NUCCI que a investigação criminal, sem fiscalização, sem participação do indiciado, "significaria quebrar a harmônica e garantista investigação de uma infração penal" (NUCCI, 2008, p. 147).

Sustenta-se, ainda, como obstáculo à investigação pelo Ministério Público, que há afronta às garantias individuais asseguradas a quem se está investigando, com a *violação expressa ao princípio do contraditório, ampla defesa e devido processo legal*.

A corrente contrária à investigação criminal pelo Ministério Público ainda alega que *as provas produzidas na investigação criminal são ilícitas*.

Argumenta Miguel Reale Júnior e Eduardo Reale Ferrari, que as provas produzidas pelo Ministério Público, através de procedimento próprio, são ilegais, são produzidas por um meio inconstitucional, bem como as provas delas derivadas também devem ser consideradas ilegítimas em razão da *doutrina da árvore envenenada*.

Ainda se menciona o fato de que membros do Ministério Público *não possuem capacidade, nem técnica para investigação criminal*.

Tal conclusão surgiu na Justificação da proposta da PEC nº 37/2011, em trâmite junto a Câmara dos Deputados, em que se pretende atribuir à polícia como única fonte de investigação criminal.

Na justificativa da proposta acima mencionada, o Deputado Lourival Mendes, citando o jurista Alberto José Tavares Vieira da Silva, afirma que os membros do Ministério Público não possuem cabedal técnico-científico para chegar ao êxito em investigações.

A *manipulação das investigações ou a ditadura do Ministério Público* é outro argumento que obsta a condução de investigações independentes.

Afirma Antônio Evaristo de Moraes Filho,[11] então advogado criminalista, em palestra proferida na Escola Superior do Ministério Público da Bahia, que, se o Ministério Público efetuasse a investigação em fase preliminar, poderia dar-lhe direcionamento, favorável ou não, ao indiciado, e na fase seguinte, pela fragilidade de provas colhidas, pediria o arquivamento, que, nos termos do art. 28 do CPP, assim, caberia decidir a própria Instituição, instalando-se, assim, a ditadura do Ministério Público e comprometimento ao princípio da obrigatoriedade da ação penal.

---

[11] Parecer extraído da ADI nº 3806 em trâmite pelo STF.

Sobre a ditadura do Ministério Público menciona Mauro Fonseca Andrade:

> Segundo a corrente doutrina que a sustenta, o simples fato de o Ministério Público investigar em âmbito criminal faria com que estivesse comprometida a efetividade do princípio da obrigatoriedade da ação penal, pois o Parquet poderia direcionar o curso das investigações que viesse a realizar, a fim de criar algum tipo de favorecimento ao investigado (ANDRADE, 2008, p. 156).

Ainda a *falta de estrutura* da Instituição para a realização de procedimentos investigativos constitui outro argumento.

Suscitam os opositores a investigação criminal pelo Ministério Público que a Instituição não possui condições estruturais para procederem às investigações criminais.

Ocorre que tal argumento não é suficiente para que se impeça a atividade investigatória pelo Ministério Público, pois se trata de um defeito ou desvantagem apenas circunstancial que pode e deve ser *corrigido com a ampliação e com o gradual incremento dos meios disponíveis ao Parquet.*[12]

Argumenta-se, finalmente, que os membros dos Ministérios Públicos *cometem abusos nos procedimentos administrativos de investigação*, principalmente na exposição de fotos à imprensa dos investigados, além de realizarem promoção pessoal.

Consta ainda do rol de argumentos para impedir a possibilidade do Ministério Público investigativo o fato da *instituição somente atuar em casos que possuem repercussão na mídia.*

Sustenta-se que os membros do Ministério Público cederam aos encantos da exposição midiática, atuando de modo inconveniente junto à imprensa, buscando autopromoção ou de forma proposital expor publicamente a figura do investigado.

Argumenta-se que *pelo sistema acusatório, adotado pelo Código de Processo Penal, tem que haver a divisão de investigar (polícia), acusar (Ministério Público) e julgar (magistratura).* Por essa razão, não se pode conferir ao Ministério Público o poder de investigar, em face de patente violação ao sistema acusatório.

Ainda há a alegação de que a investigação criminal pelo Ministério Público caracteriza-se *em desvio de função*, pois tal função não é prevista

---

[12] CALABRICH, 2007, p. 131-132.

na Instituição. Alega-se que a função do Ministério Público é de controle externo da atividade policial, e não a função de substituí-la.

Também há o argumento de que inexistirá um *mecanismo de controle interno* da investigação pelo Ministério Público, pois quando a polícia investiga, o Ministério Público fiscaliza, e quando o Ministério Público investigar, quem fiscalizará?

Por último, alega-se que diversos *projetos de emendas à Constituição foram apresentados e não foram aprovados*, pois o legislador entende que por tradição jurídica, a investigação criminal está a cargo da polícia.

São adeptos de que o Ministério Público não poderá investigar criminalmente de forma direta: a doutrina de Luiz Flávio Gomes;[13] de Guilherme de Souza Nucci; Sylvia Helena de Figueiredo Steiner e Marcio Henrique Guimarães Pereira; o constitucionalista José Afonso da Silva; os professores Miguel Reale Júnior e Eduardo Reale Ferrari; o professor e advogado criminalista Antônio Evaristo de Morais Filho; o Professor Luis Guilherme Vieira e o professor Sérgio Marcos Moraes Pitombo.

Manifesta-se contrário ao poder de investigação pelo Ministério Público Fábio Motta Lopes,[14] em artigo publicado na Revista Ibero-Americana de Ciências Penais, em 2005, e ainda menciona outros autores que seguem o mesmo posicionamento: Geraldo Prado e Rubens Casara, Orlando Miranda Ferreira, José Armando da Costa, Eneida Orbage de Britto Taquary, Luís Vieira Guilherme, Marcelo Caetano Guazzelli Peruchin, José Carlos Fragoso, Jacinto Nelson de Miranda Coutinho, Rui Antônio da Silva e Marta Saad.

Ainda, Reinaldo Guimarães cita outros que são contrários: Rogério Lauria Tucci, Célio Jacinto dos Santos, Delegado da Polícia Federal; Marcos Antônio Marques da Silva, Professor Titular de Direito Processual Penal da PUC/SP e a Juíza Denize Frossard (CARNEIRO, 2007, p. 93-95).

Por fim, ainda podemos mencionar: Nélio Roberto Seidl Machado, Luiz Vicente Cernicchiaro e Juarez Tavares (RANGEL, 2003, p. 219-223).

---

[13] Ver o artigo de Luiz Flávio Gomes, Ministério Público não tem poder para presidir investigação, *Revista Consultor Jurídico*, 20 de maio de 2004.

[14] Conferir o artigo do autor: O Ministério Público na Investigação Criminal, publicado na *Revista Ibero-Americana de Ciências Penais*, ano 6, nº 11, jan.-jun. 2005, p. 137-166.

3.2 Possibilidade da investigação pelo Ministério Público: argumentos

Os defensores da atribuição do Ministério Público no exercício da investigação criminal esposam a tese em diversos fundamentos, de ordem legal, filosófica e interpretativa.

Além de exporem argumentos para sustentar a tese da investigação criminal pelo Ministério Público, os defensores ainda rebatem os argumentos da corrente contrária.

Por primeiro *não há exclusividade na investigação criminal para a apuração de infrações penais.*[15]

Como visto acima, alguns se utilizam do art. 144, §1º, inc. IV, da CF para basear a exclusividade da polícia nas investigações criminais. Contudo, tal argumento não possui interpretação constitucional sistêmica, pois no referido artigo utiliza-se a *expressão exclusividade,* com a finalidade de *retirar das polícias estaduais* a *função de polícia judiciária da União.*[16]

Além do mais, a própria Constituição Federal prevê a atribuição da investigação criminal para a polícia militar, através do inquérito policial militar, bem como para as Comissões Parlamentares de Inquérito (art. 58, §3º, da CF).

Mas não é só.

O Código de Processo Penal, no art. 4º, parágrafo único do CPP, dispõe que existem outras autoridades administrativas que permitem recolher elementos informativos, ou seja, investigar a prática de um crime.

Precisa a lição de Tourinho Filho, a respeito do citado dispositivo processual penal, lembrando Tornaghi, "o parágrafo quis, apenas, ressaltar a competência de outras autoridades administrativas para procederem inquéritos" (TOURINHO FILHO, 1999, p. 199).

Daí porque a afirmação de que uma das características do inquérito policial é a sua dispensabilidade, para que possa ser iniciada uma ação penal (arts. 27, 39, §5º, 46, §1º e 47, todos do Código de Processo Penal).

---

[15] Sobre o monopólio da investigação criminal ainda será o tema aprofundado no Capítulo 4 deste trabalho.

[16] Nem mesmo a Polícia Federal possui exclusividade nas investigações de suas atribuições, pois observamos que em matéria de direito eleitoral a Polícia Civil Estadual possui atuação supletiva, nos termos da Resolução 11.494/82 do TSE.

Dessa forma, conclui-se que a atividade de investigação criminal não é exclusiva da polícia, pois outras Instituições possuem a possibilidade de investigar criminalmente, embora não seja esta sua atividade fim.

O próprio Ministério Público também possui um mecanismo de investigação atípico, qual seja o inquérito civil, previsto na Lei de Ação Civil Pública, em que nas apurações de ilícitos investigados pode-se originar uma ação penal pública.

Outros exemplos de órgãos que realizam investigações criminais de forma atípica são os agentes fiscais tributários, previsto na Lei Complementar nº 105/2001, que em seu art. 6º autorizam a realizar investigações.

Outras instituições que possuem atividades investigatórias atípicas são, como menciona Fernando Capez: ABIN (Agência Brasileira de Inteligência), CVM (Comissão de Valores Mobiliários), o Ministério da Justiça, por meio do COAF (Conselho de Controle de Atividade Financeira), Tribunais de Contas (CAPEZ, 2010).

A Portaria nº 335/06 que regulamenta o Sistema de Correição do Poder Executivo Federal trata da *investigação preliminar* "procedimento sigiloso, instaurado pelo Órgão Central e pelas unidades setoriais, com objetivo de coletar elementos para verificar o cabimento da instauração de sindicância ou processo administrativo disciplinar"; da *sindicância investigativa ou preparatória*: "procedimento preliminar sumário, instaurada com o fim de investigação de irregularidades funcionais, que precede ao processo administrativo disciplinar, sendo prescindível de observância dos princípios constitucionais do contraditório e da ampla defesa;" da *sindicância acusatória ou punitiva*: procedimento preliminar sumário, instaurada com fim de apurar irregularidades de menor gravidade no serviço público, com caráter eminentemente punitivo, respeitados o contraditório, a oportunidade de defesa e a estrita observância do devido processo legal; *processo administrativo disciplinar*: instrumento destinado a apurar responsabilidade de servidor público federal por infração praticada no exercício de suas atribuições, ou que tenha relação com as atribuições do cargo em que se encontre investido; da *sindicância patrimonial:* "procedimento investigativo, de caráter sigiloso e não-punitivo, destinado a apurar indícios de enriquecimento ilícito por parte de agente público federal, à vista da verificação de incompatibilidade patrimonial com seus recursos e disponibilidades;" da *inspeção*: "procedimento administrativo destinado a obter diretamente informações e documentos, bem como verificar o cumprimento de recomendações ou determinações de instauração de sindicância, inclusive patrimonial, e processos administrativos disciplinares, a fim de aferir a regularidade, a eficiência e a eficácia dos trabalhos.". São instrumento utilizado pelo Poder Executivo para fins de verificar e combater fraude e a corrupção dentro dos órgãos públicos.

Na mesma linha menciona ainda Carlos Frederico os artigos 143 a 173 da Lei nº 8.112/90 (Disciplina o Regime Jurídico Único dos Servidores Públicos Civis da União, das Autarquias e das Fundações Públicas Federais); os artigos 7º e 14 a 16 da Lei nº 8.429/92, que estabelecem o procedimento para apuração de atos de improbidade; o Código Florestal, Lei nº 4.771/65, no art. 33, b; da Lei de Crimes Ambientais (Lei nº 9.605/98), procedimento previsto no parágrafo 1º do art. 70; o Decreto nº 861, de 9.7.1993, regulamentou o SNDC, criado pelo Código de Defesa do Consumidor; os artigos 66 a 68 da Lei nº 12.529/11 (Lei Antitruste), procedimento para apurar infrações contra ordem econômica; o artigo 45 da Lei nº 6.538/78, que regula procedimentos de Apuração de crimes contra o serviço postal e telegráfico; Lei nº 9.472/97, Lei Geral das Telecomunicações, conferiu a ANATEL a missão de realizar processos administrativos; o art. 22 da Lei Complementar nº 64/90 regulou a chamada investigação judicial com fins eleitorais.

Aliás, a Lei nº 12.529/11 prevê o art. 66, §8º, que a "Superinten-dência-Geral poderá solicitar o concurso da autoridade policial ou do Ministério Público nas investigações.". Ou seja, está prevista expres-samente a possibilidade do Ministério Público realizar investigações, em concurso da Superintendência-Geral, apurar as infrações à ordem econômica.

As recentes alterações do Código de Processo Penal indicam a tendência de se legitimar a possibilidade da investigação criminal direta pelo Ministério Público. A Lei nº 13.344/2016 incluiu os arts. 13.A[17] e 13.B,[18] prevendo a possibilidade de providências a fim de prevenir ou

---

[17] Art. 13-A. Nos crimes previstos nos arts. 148, 149 e 149-A, no §3º do art. 158 e no art. 159 do Decreto-Lei nº 2.848, de 7 de dezembro de 1940 (Código Penal), e no art. 239 da Lei nº 8.069, de 13 de julho de 1990 (Estatuto da Criança e do Adolescente), o membro do Ministério Público ou o delegado de polícia poderá requisitar, de quaisquer órgãos do poder público ou de empresas da iniciativa privada, dados e informações cadastrais da vítima ou de suspeitos.

[18] Art. 13-B. Se necessário à prevenção e à repressão dos crimes relacionados ao tráfico de pessoas, o membro do Ministério Público ou o delegado de polícia poderão requisitar, mediante autorização judicial, às empresas prestadoras de serviço de telecomunicações

reprimir crimes relacionados ao tráfico de pessoas, para fins de localizar vítimas ou *suspeitos do delito em curso*.

A Lei nº 12.850/13 que trata sobre a organização criminosa, em seu art. 1º, §7º, dispõe que na hipótese de "houver indícios de participação de policial nos crimes de que trata esta Lei, a Corregedoria de Polícia instaurará inquérito policial e comunicará ao Ministério Público, que designará membro para acompanhar o feito até a sua conclusão.". Note-se a preocupação do legislador quando houver a participação de policiais em organização criminosa.

Ainda a Lei nº 12.850/13 prevê diversos instrumentos de investigação criminal, direcionados à polícia e ao Ministério Público. A ação controlada (art. 8º, *caput*), por exemplo, é um mecanismo de investigação criminal direcionado a retardar tanto a intervenção policial, como a administrativa, relativa à ação praticada por organização criminosa ou a ela vinculada. Nota-se que o instrumento é destinado de investigação não só destinado à polícia.

Também referente à Lei nº 12.850/13, a infiltração de agentes de polícia pode ser representada pelo delegado de polícia ou requerida pelo Ministério Público, porém quando for requerido no curso do inquérito policial deverá haver manifestação técnica do delegado de polícia (art. 10, *caput*). Assim, a legislação admite que haja a infiltração de agentes de polícia em tarefas de investigação, em procedimentos investigatórios fora do curso de inquérito policial, ou seja, outros procedimentos investigatórios.

Lembra ainda Rodrigo Régnier que o Conselho de Defesa dos Direitos da Pessoa Humana, criado pela Lei nº 4.319/64, ainda com atuações, possui atribuições de investigação de delitos, sendo que a lei prevê que o Código de Processo Penal possui aplicação subsidiária e tipifica como crime impedir o regular funcionamento do Conselho (GUIMARÃES, 2009).

Por fim, podemos mencionar a existência do inquérito administrativo, previsto no art. 54 e seguintes da Lei nº 13.445/17, que prevê a expulsão de estrangeiro.

A polícia militar ainda possui o inquérito militar, previsto no art. 9º e seguintes do Código de Processo Penal Militar. O art. 14 do Código

---

e/ou telemática que disponibilizem imediatamente os meios técnicos adequados – como sinais, informações e outros – que permitam a localização da vítima ou dos suspeitos do delito em curso.

de Processo Penal Militar dispõe que "em se tratando de apuração de fato delituoso de excepcional importância ou de difícil elucidação, o encarregado do inquérito poderá solicitar do procurador-geral a indicação de procurador que lhe dê assistência".

Ou seja, dentro da legislação processual penal brasileira já existe norma que prevê a possibilidade da investigação criminal pelo Ministério Público, ainda que seja uma investigação conjunta.

Segundo esclarece Valter Foleto já em 1972, quando o Ministério Público não possuía a ação penal de forma privativa, o TSE já reconhecia o princípio da *universalização da investigação* (TSE, Min. Raphael de Barros Monteiro, RHC 54, Acórdão nº 4985, j. em 18.05.1972, v.u., BEL nº 250, tomo 1, p. 558; www.tse.gov.br/jur/) (SANTIN, 2001, p. 243).

Salienta Valter Foleto que o princípio da universalização da investigação criminal decorre do sistema constitucional vigente e existe em razão da democracia participativa, bem como a transparência dos órgãos administrativos, devendo haver a ampliação de órgãos habilitados a investigar, facilitando o acesso ao Judiciário (SANTIN, 2001).

A exclusividade de investigação criminal pela polícia (se é que já existiu) há anos vem sendo afastada, inclusive por Tratados Internacionais já pactuados pelo Brasil, referentes à proteção de direitos humanos.

O artigo 12[19] da Convenção contra tortura e outros tratamentos ou penas cruéis, desumanas ou degradantes, retificado pelo Brasil em 28 de setembro de 1989, dispõe que *autoridades competentes* procederão imediatamente a investigação.

Da mesma forma a Convenção das Nações Unidas Contra o Crime Organizado Transnacional, adotada em Nova York, em 15 de novembro de 2000, aprovada pelo Congresso Nacional, por meio do Decreto Legislativo nº 231, de 29 de maio de 2003, promulgado pelo Decreto nº 5.015/04 da Presidência da República, prevê que dentre as medidas para combater a lavagem de dinheiro, no artigo 7º, 1. b) que as "autoridades responsáveis pelo combate à lavagem de dinheiro (incluindo, quando tal esteja previsto no seu direito interno, as autoridades judiciais)" sejam capacitadas e informadas para o enfrentamento a este tipo de crime.

---

[19] Cada Estado-parte assegurará que suas autoridades competentes procederão imediatamente a uma investigação imparcial, sempre que houver motivos razoáveis para crer que um ato de tortura tenha sido cometido em qualquer território sob sua jurisdição.

Além do mais, a investigação criminal realizada diretamente pelo Ministério Público já foi inclusive *recomendação da ONU*, durante a visita ao país, em razão do relatório sobre Execuções Sumárias, Arbitrárias e Extrajudiciais, apresentado por Sr. Philip Alson (Recomendação nº 95):[20]

> PROMOTORES DE JUSTIÇA
> 95. A participação do Ministério Público no desenvolvimento de ações penais deve ser fortalecida:
> (a) Os governos estaduais devem garantir que a polícia civil notifique os promotores de justiça no inicio do inquérito para que os promotores possam prestar orientações no momento certo sobre quais provas precisam ser colhidas para lograr uma condenação.
> (b) A atribuição legal dos promotores de justiça de colherem provas de modo independente para serem apresentadas perante a justiça deve ser inequivocamente atestada.
> (c) Os promotores de justiça devem, rotineiramente, conduzir as suas próprias investigações sobre a legalidade das mortes por policiais.

Fundando ainda no direito internacional, a investigação criminal a cargo do Ministério Público possui previsão nas denominadas regras de Havana, aprovadas em 1990 pelas Nações Unidas, conhecidas como *Princípios Orientadores Relativos à função dos Magistrados do Ministério Público*:

> 14. Os magistrados do Ministério Público não encetam nem continuam investigações criminais ou fazem o possível para as suspender se um inquérito imparcial revelar que a acusação não é fundada.
> 15. Os magistrados do Ministério Público obrigam-se em especial a encetar investigações criminais no caso de delitos cometidos por agentes do Estado, nomeadamente actos de corrupção, de abuso de poder, de violações graves dos direitos do homem e outras infracções reconhecidas pelo direito internacional e, quando a lei ou a prática nacionais a isso os autoriza, a iniciar procedimento criminal por tais infracções.

Pondera-se como argumento favorável a investigação criminal pelo Ministério Público é o fato de *haver previsão legal* para tanto.

Ao abordar o assunto, é preciso esclarecer que o Ministério Público *não possui atribuição de presidir o inquérito policial*, como já mencionado

---

[20] Recomendações ao Brasil dos Relatores Especiais da ONU que visitaram o país 1995-2010. Conferir no site: http://www.monitoramentodhi.org/arquivos/recomendacoes/Procedimentos-especiais-para-Brasil.pdf. Acesso em: 02 jun. 2012.

em decisões do STF, como nos julgamentos RE nº 233.072-4/RJ, relator Min. Nelson Jobim e o RE nº 205.473-9/AL, de relatoria do Ministro Carlos Veloso.

O inquérito policial é exclusivo da polícia, mas não é o único meio de investigação criminal.[21]

De fato, a atribuição constitucional para a apuração de infração penal fora concebida à polícia, nos termos do art. 144 da Constituição Federal, e exatamente por isso o Ministério Público não assumirá o lugar da atividade policial, poderá servir apenas como um canal de escoamento de situações não resolvidas pela polícia, de modo a garantir o acesso à justiça e o efetivo exercício da titularidade da ação penal.

Diversas passagens dentro do texto Constitucional e de textos infraconstitucionais apontam pela previsão legislativa do poder de investigação criminal ou sua possibilidade pelo Ministério Público.

O art. 129, e seus incisos I, VI, VIII e IX da Constituição Federal,[22] os artigos 7º e 8º da Lei Complementar nº 75/93 (Lei Orgânica do Ministério Público da União), bem como o art. 38 desta mesma lei, e o art. 26, inc. I, II e V, da Lei Orgânica Nacional do Ministério Público (Lei Federal nº 8.625/93), conferem ao *parquet* a autorização para a condução de procedimentos investigatórios, pois esses dispositivos, interpretados de forma sistemática, atribuem a Instituição a possibilidade de investigar uma infração penal.

Seguindo a orientação constitucional e legal acima mencionada, outras leis procedimentais esparsas preveem atribuição de investigação criminal, como o art. 29, *caput* da Lei nº 7.492/86, que dispõe de crimes específicos contra o sistema financeiro nacional.[23]

Lembra ainda Carlos Frederico que o Código Eleitoral (Lei nº 4.737/65) não possui previsão de inquérito policial para investigações de crimes eleitorais, sendo que o referido Código dispõe em seu §2º do

---

[21] Embora o Ministro do STJ VICENTE LEAL, no julgamento do H.C. 8.025-PR, em que foi relator, j. em 02.12.98, DJ de 18.12.1998, consignou expressamente que o Ministério Público possui competência para instaurar inquérito policial para investigar (CHEMIM, 2009, p. 138-139).

[22] Em relação ao art. 129, inc. III, também fundamenta o poder de investigação o Min. Joaquim Barbosa, no julgamento do famoso *Caso Remi Trinta*, e ainda o art. 129, inc. VII, que prevê o controle externo da atividade policial, abordaremos a questão logo abaixo.

[23] O órgão do Ministério Público Federal, sempre que julgar necessário, poderá requisitar, a qualquer autoridade, informação, documento ou diligência, relativa à prova dos crimes previstos nesta lei.

art. 356 que a investigação criminal será feita pelo Ministério Público (NOGUEIRA, 2002, p. 182).

Da mesma interpretação, extrai-se do art. 2º da Lei de Abuso de Autoridade, em que prevê a atuação do Ministério Público na apuração dos crimes de abuso de poder descritos na referida lei. Observa-se que desde antes da Constituição Federal o legislador não confiou os casos de abuso de poder só à investigação policial, estabelecendo a lei de 1965 que o Ministério Público possui atribuição para proceder às investigações e promover a responsabilização penal, nos termos dos artigos 2º, 12 e 13 da Lei nº 4.898/65, dentre outros dispositivos.

Com a mesma característica acima, contempla o Estatuto da Criança e do Adolescente, no art. 201, VII e o art. 74 do Estatuto do Idoso.

As Leis Orgânicas do Ministério Público (art. 41, parágrafo único, da Lei nº 8.625/93) e da Magistratura (art. 33, parágrafo único, da Lei Complementar nº 35/79), arregimentam que, se no curso das investigações criminais, houver indícios da participação de membros do Ministério Público ou magistratura, os autos devem ser encaminhados aos respectivos Órgãos para fins de prosseguimento das investigações.

Mas não é só. Ainda pode-se sustentar o poder de investigação criminal pelo Ministério Público através do próprio Código de Processo Penal, conforme análise logo a seguir.

Com a finalidade de regulamentar o disposto na Constituição Federal e nas legislações infraconstitucionais dos Ministérios Públicos acima mencionadas, o Conselho Nacional do Ministério Público havia editado a Resolução nº 13, de 2 de outubro de 2006, disciplinando o procedimento investigatório criminal. Porém, tal Resolução foi revogada e substituída pela Resolução nº 181/17 do CNMP, também disciplinando sobre o procedimento de instauração e tramitação da investigação criminal a cargo do Ministério Público.

Porém, insta advertir que tanto a OAB (ADI 5793) como a Associação dos Magistrados Brasileiros – AMB (ADI 5790) questionam, entre outras, normas da referida Resolução do CNMP que trata da investigação criminal.

Com efeito, sustenta Antônio Alberto Machado que a disciplina de procedimentos de investigação criminal deve ser prevista em lei, pois a atribuição implicará a restrição a direitos fundamentais, não sendo possível tal regulamentação a partir de resoluções, como a do CNMP, em razão do princípio da legalidade (MACHADO, 2010, p. 93).

No sentido contrário, Denilson Feitoza afirma que as resoluções, sejam do CNMP, sejam outras dos Ministérios Públicos não estão criando novos poderes, direitos ou faculdades, mas, ao contrário, tais resoluções restringem, por isso são admissíveis, pois estão assegurando direitos fundamentais (FEITOZA, 2009).

Não só o Ministério Público tem a legitimidade para proceder às investigações criminais, mediante a utilização de um procedimento típico para tal desiderato, mas também outros órgãos públicos estão legitimados a proceder às investigações, em expedientes considerados atípicos, como já exemplificado acima.

Do exposto, pode-se concluir que há autorização tanto constitucional, como legal, para a investigação criminal a ser realizada pelo Ministério Público.

Todos os procedimentos investigatórios acima mencionados sejam típicos ou atípicos, *não violam garantias constitucionais, tampouco há abusos nas investigações.*

Muitos se utilizam da teoria do garantismo de Ferrajoli para afastar a atividade de investigação do Ministério Público, contudo, Fischer, afirma que Ferrajoli não vê problemas na investigação criminal, pois, em resumo, "o Ministério Público está vinculado aos preceitos fundamentais garantistas insertos na Constituição quando realiza atos de investigação" (FISCHER, 2009, p. 53).

Assim como a polícia, o Ministério Público deverá respeitar a todos os direitos e garantias constitucionais e legais que são conferidas aos investigados.

Nesse sentido, o Ministro Celso de Mello, em voto-vista, no HC 93.939-RJ, afirma que ao Ministério Público poderão ser opostos durante a investigação criminal todos os direitos e garantias previstos na Constituição Federal, que inclusive já estão assegurados a toda e qualquer investigação criminal promovida pelo Estado (inquérito policial ou qualquer outro procedimento de investigação).

Dentre os direitos e garantias ressalta o eminente ministro do STF: direito ao silêncio; direito a não produzir provas contra o próprio indiciado, como não pode obrigar o investigado a realizar a reconstituição do crime ou reprodução simulada dos fatos; não pode ser negado ao investigado o conhecimento das razões que levaram o início da investigação; não se pode negar ao investigado o direito a advogado se solicitado; deve o procedimento de investigação conter todas as peças da investigação, sendo que não poderá escolher, negar ou subtrair qualquer peça da investigação, bem como estas peças e seu conteúdo devem ser acessível ao investigado. Mesmo em sigilo, o advogado do constituído poderá ter acesso a todas as peças da investigação criminal. Também não poderá intimar o advogado do acusado para ser testemunha sobre os fatos, os quais ele defende seu cliente.

Caso haja um abuso nas investigações criminais, que podem também ocorrer nas investigações policiais, o membro do Ministério Público pode ser sancionado na medida das ilegalidades cometidas, não se esquecendo de que há um tríplice controle sobre os atos dos membros do Ministério Público: a própria corregedoria da Instituição; o próprio juiz (através dos remédios constitucionais ou outras ações) e o Conselho Nacional do Ministério Público.

Da mesma forma, acaso fosse ventilado que o Ministério Público poderia selecionar as provas que seriam apresentadas, desprezando outras, à polícia na condução das investigações criminais poderia também agir no mesmo sentido. A polícia poderia também selecionar as provas e direcionar as investigações para onde bem entendesse, entregando ao Ministério Público apenas quem a Instituição policial gostaria de ver processada e condenada criminalmente.

Também *não subsiste a pretensa alegação da quebra da paridade de armas* quando há a investigação pelo Ministério Público.

Não há que se falar em desigualdade das partes, pelo simples fato de que esta paridade de armas não existe, pois ao acusado vigora o princípio da presunção de inocência, sendo que o ônus de se provar o fato criminoso é todo da acusação.

Aliás, a pretendida *paridade de armas* servirá como argumento favorável ao poder de investigação criminal pelo Ministério Público, pois o autor do crime sempre está em vantagem em relação ao Estado que o investiga, vez que o criminoso conhece o fato praticado, já o Estado não (GUIMARÃES, 2009).

Por sua vez, a *teoria dos poderes implícitos* é outro argumento que sustenta a investigação criminal pelo Ministério Público, muito bem explanada pelo Ministro Joaquim Barbosa, do STF, no julgamento do caso Remi Trinta. Afirma o Ministro Joaquim Barbosa, em síntese, que quando uma Constituição atribui funções a seus órgãos, são igualmente atribuídos os meios e instrumentos necessários para o cumprimento do que fora determinado constitucionalmente.

Também o Ministro Celso de Mello, em seu voto-vista, no HC 93.930, com muita propriedade aplica a teoria dos poderes implícitos para justificar a possibilidade de investigação criminal pelo Ministério Público, fazendo uso da lição proferida por Rui Barbosa (Comentários a Constituição Federal Brasileira, v. I. p. 203-225, coligidos e coordenados por Homero Pires, 1932, Saraiva):[24]

> Não são as Constituições enumerações das faculdades atribuídas aos poderes dos Estados. Traçam elas uma figura geral do regime, dos seus caracteres capitais, enumera as atribuições principais de cada ramo da soberania nacional e deixam à interpretação e ao critério de cada um dos poderes constituídos, no uso dessas funções, a escolha dos meios e instrumentos com que os tem de exercer a cada atribuição conferida. A cada um dos órgãos da soberania nacional do nosso regime, corresponde, implicitamente, mas inegavelmente, o direito ao uso dos meios necessários, dos instrumentos convenientes ao bom desempenho da missão que lhe é conferida. (...)
>
> Nos Estados Unidos, é, desde Marshall, que essa verdade se afirma, não só para o nosso regime, mas para todos os regimes. Essa verdade fundada pelo bom senso é a de que – em se querendo os fins, se hão de querer, necessariamente, os meios; a de que se conferimos a uma autoridade uma função, implicitamente lhe conferimos os meios eficazes para exercer essas funções. (...).
>
> Quer dizer (princípio indiscutível) que, uma vez conferida uma atribuição, nela se consideram envolvidos todos os meios necessários para a sua execução regular. Este, o princípio; esta, a regra.
>
> Trata-se, portanto, de uma verdade que se estriba ao mesmo tempo em dois fundamentos inabaláveis, fundamento da razão geral, do senso universal, da verdade evidente em toda a parte – o princípio de que a concessão dos fins importa a concessão dos meios (...).
>
> A questão, portanto, é saber da legitimidade quanto ao fim que se tem em mira. Verificada a legitimidade deste fim, todos os meios que foram apropriados a ele, todos os meios que a ele forem claramente adaptáveis, todos os meios que não forem proibidos pela Constituição, implicitamente se têm concedido ao uso da autoridade a quem se conferiu poder.

Devemos ainda ponderar que a *falta de conhecimento técnico para investigação criminal pelo Ministério Público* falece, no mínimo, de propriedade técnica e desconhecimento das funções institucionais do Ministério Público.

A Instituição do Ministério Público há tempos lida com instrumentos de investigação. Para não nos perdermos ao longo dos anos,

---

[24] Trecho transcrito do HC 93930, do voto-vista do Min. Celso Mello.

retornaremos ao ano de 1985, com advento da Lei de Ação Civil Pública (Lei nº 7.347/85), que previu o denominado inquérito civil, sob a presidência de membros do Ministério Público, com o objetivo de colher elementos para a propositura de ação civil pública.

Desde a edição desta Lei, a doutrina sustenta que o Ministério Público pode-se valer das normas previstas no Código de Processo Penal relativas ao inquérito policial para, de forma subsidiária, instruir o inquérito civil.

Portanto, há mais de 26 anos que a Instituição investiga, utilizando-se, rotineiramente, de instrumentos utilizados pela Polícia investigativa.

Não raras são as vezes que, com as conclusões das investigações do inquérito civil, pode-se de imediato propor uma ação penal. Assim, leciona Mazzilli, mencionando Nery Júnior (MAZZILLI, 1999, p. 142) que:

> (...) se ao fim das investigações, o Ministério Público apurar que existe apenas infração penal a apurar, e se nele já vislumbrar os elementos que bastem ao oferecimento da denúncia, poderá apresentá-la com base apenas no inquérito civil.

Aliás, já decidiu o STF, a unanimidade, em 28.10.2010, quando do julgamento da Ação Penal 396, que há validade na ação penal proposta com base nas provas colhidas em inquérito civil.

A questão da *ofensa à imparcialidade do membro do Ministério Público* que participa de atos de investigação, também não constitui óbice legal para a realização de procedimentos administrativos de investigação.

Se tal argumento prevalecesse, o Ministério Público também não poderia sequer requisitar outras diligências à polícia, pois tais ordens emanam do órgão de acusação e refletem no direcionamento da investigação, para reunir elementos faltantes de autoria e materialidade do crime.

Portanto, qual seria a diferença de expedir uma ordem para que determinada diligência seja feita ou a própria autoridade que expediu a ordem fazê-la? Ora, se nunca foi questionada a ofensa à imparcialidade do membro do Ministério Público nas requisições de diligências às autoridades policiais, é porque tal argumento não prospera, não existe.

Sobre esse assunto, no âmbito do STJ a questão já se encontra pacificada, através da Súmula nº 234:

A participação de membro do Ministério Público na fase investigatória criminal não acarreta o seu impedimento ou suspeição para o oferecimento da denúncia.

A imparcialidade do membro do Ministério Público, diga-se de passagem, não está presente somente nas investigações criminais, mas ela também deve existir durante e depois da ação penal, trata-se na verdade, como *custos iuris*, uma obrigação institucional.

Há que se ponderar também que se houver a proibição do Ministério Público em dirigir investigações criminais haverá *reflexos na impunidade de criminosos, pela via da prescrição penal.*

Nas hipóteses em que a polícia não a realize ou não conclua as investigações em tempo razoável, ficará então em poder da autoridade policial decidir sobre a existência ou não de uma condição para o regular exercício da ação penal, perdendo a sociedade o direito de ver o criminoso punido.

O impedimento do Ministério Público de investigar *ofende ao princípio da inafastabilidade da jurisdição.*[25]

A vítima de um crime e a sociedade possuem o direito constitucional da pretensão punitiva ser exercida pelo Ministério Público via ação penal, sendo que não pode existir qualquer obstáculo a esta pretensão, sob pena de ofensa ao princípio da inafastabilidade da jurisdição ou do direito de ação, previsto no art. 5º, inc. XXXV, da CF.

A polícia, em razão de possível negligência ou outras motivações, pode impedir o Ministério Público de promover o exercício constitucional da ação penal, sendo um ou alguns criminosos beneficiados em detrimento de toda uma sociedade.

A *falta de estrutura para que o Ministério Público* realize investigações criminais não representa argumento técnico-jurídico capaz de proibir uma relevante função constitucional. Os Ministérios Públicos, em razão da autonomia funcional e financeira, puderam se equipar de profissionais de diversas áreas científicas para subsidiar a atuação dos promotores de justiça na área de direito difusos, permitindo a atuação firme da Instituição através de inquéritos civis e ações civis públicas.

Ora, compete agora aos Ministérios Públicos deste País, através do planejamento Institucional, investir na área penal, equipando e instalando Promotorias Criminais e Promotorias especializadas em

---

[25] O argumento ainda será melhor explicado no Capítulo IV deste trabalho.

investigação criminal,[26] com condições de cumprir o papel constitucional que lhe foi outorgado, incluindo as investigações criminais.

A vitrine do Ministério Público conhecido mundialmente sempre foi a atuação na área penal, contudo, no Brasil, após a promulgação da Carta Republicana de 1988, a proteção na área de difusos ganhou os holofotes e atenção da Instituição por todo o Brasil.

É preciso relembrar as origens da Instituição e aliá-la ao contexto constitucional hoje vigente (especialmente no controle externo da atividade policial), sob pena de a Instituição se perder no tempo e se distanciar, cada vez mais, de suas origens.

O inverso também não se justifica, pois não poderia alegar falta de estrutura humana ou material da própria polícia, para justificar a possibilidade de investigação criminal pelo Ministério Público.[27]

Contudo, na visão de José Reinaldo Guimarães, o assunto não pode ser diminuído:

> É flagrante a falta de estrutura e independência dos organismos policiais. Senão é pela questão da grande incidência de corrupção, justificativa que não agrada parte dos doutrinadores, não se pode esquecer que ao confiar a exclusividade na busca da verdade real à polícia judiciária, com a opção virá o risco muito evidente de manipulação de dados, justamente decorrente da inexistente independência daquela estrutura, que hoje, como sempre, permanece como mero apêndice do poder político, suscetível de interferências variadas de grupamentos partidários e econômicos (CARNEIRO, 2007, p. 138-139).

A estruturação do Ministério Público para a área de investigação criminal já foi inclusive *recomendada pela ONU*, durante a visita ao país, em razão do relatório sobre Tortura e outra forma de tratamentos cruéis, desumanos e degradantes de punição apresentado por Nigel Rodley (Recomendação nº 12):[28]

---

[26] José Reinaldo Guimarães menciona a criação no Ministério Público de São Paulo a criação dos *agentes de promotoria*, que segundo ele são funções deste cargo a investigação. (CARNEIRO, 2007, p. 155).

[27] Aliás, é comum pelo Ministério Público a instauração de inquéritos civis e o ajuizamento de ações civis públicas contra a omissão do Estado, com a finalidade de estruturar a polícia civil, instalar Delegacias de Polícia, aumentar efetivo da polícia civil etc.

[28] Recomendações ao Brasil dos Relatores Especiais da ONU que visitaram o país 1995-2010. Conferir no site: http://www.monitoramentodhi.org/arquivos/recomendacoes/Procedimentos-especiais-para-Brasil.pdf. Acesso em: 02 jun. 2012.

12. Os promotores deveriam formalizar acusações nos termos da Lei Contra a Tortura de 1997, com a frequência definida com base no alcance e na gravidade do problema, e deveriam requerer que os juízes apliquem as disposições legais que proíbem o uso14de fiança em benefício dos acusados. Os Procuradores Gerais, com o apoio material das autoridades governamentais e outras autoridades estaduais competentes, deveriam destinar recursos suficientes, qualificados e comprometidos para a investigação penal de casos de tortura e maus tratos semelhantes, bem como para quaisquer processos em grau de recurso. Em princípio, os promotores em referência *não deveriam ser os mesmos que os responsáveis pela instauração de processos penais ordinários* (Grifo meu).

Aliás, não é de hoje que se reclama a estruturação da instituição para desenvolver com maior vigor a investigação criminal; já em 1937, Roberto Lyra já o fazia com a propriedade de sempre:

No entanto, enquanto o Ministério Público não dispuser de meios técnicos e administrativos, sob o seu direto controle, para a investigação e comprovação de crimes, essa separação se torna impossível. A ação do Promotor Público depende imediatamente e exclusivamente do trabalho policial. No México, o Ministério Público já dispõe de um laboratório científico de investigações, com as seguintes seções: datiloscopia, criptografia, balística, fotografia, biologia química e médico-forense. *É preciso, portanto, aparelhar nosso Ministério Público* (LYRA, 1989, p. 128).

E continua o *Príncipe dos Promotores Públicos brasileiros*:

Interessa, pois, fundamentalmente, à defesa social garantir ao Ministério Público o alto controle da organização repressiva, não só policial, como judiciária e administrativa. Por outro lado, deve pertencer aos seus representantes a liderança na coordenação das atividades que, visando ao mesmo fim, atuam, dispersas ou passivamente, em consequência da rotina burocrática e da inconsistência técnica (LYRA, 1989, p. 128).

Ainda podemos complementar que a investigação criminal pelo Ministério Público se traduz em *uma das vertentes do controle externo da atividade policial*,[29] atribuição também constitucional da Instituição, conforme prevê o art.129, inc. VII da CF.

---

[29] A questão ainda será enfrentada e debatida no Capítulo IV deste trabalho.

Para o exercício do controle externo da atividade policial, a Instituição conta com diversos instrumentos e mecanismos, dentre eles a própria investigação criminal.

Para o cumprimento do dever de prestar segurança pública, nos termos do art. 144, *caput*, da CF, *a polícia tem o dever de preservar a ordem pública e a incolumidade das pessoas e patrimônio,* sendo que para tanto foi atribuído à polícia a função de apurar as infrações penais, através da polícia de investigação criminal.

Ao Ministério Público, como se viu, foi incumbido de exercer o controle externo da atividade policial, nos termos da Lei Complementar. A lei referida pela Constituição Federal é a Lei Orgânica do Ministério Público da União, Lei complementar nº 75 de 20 de maio de 1993, nos artigos 3º, 9º e 10, aplicável aos Ministérios Públicos nos Estados, nos termos do artigo 80 da Lei Orgânica Nacional do Ministério Público.

No art. 3º da Lei Orgânica do Ministério Público da União, Lei complementar nº 75 de 20 de maio de 1993, prevê que o Ministério Público exercerá o controle externo da atividade policial levando-se em conta *a preservação da ordem pública, da incolumidade das pessoas e patrimônio e com a competência dos órgãos incumbidos da segurança pública.*

Portanto, nada mais natural a afirmação de que como dentre as funções do controle externo da atividade policial, o Ministério Público possui a mesma finalidade das polícias, este pode utilizar dos mesmos instrumentos dos órgãos de segurança pública, em especial a possibilidade do exercício da investigação criminal.

A investigação criminal pelo Ministério Público *supera o obstáculo causado ao acesso à justiça na esfera criminal: a investigação criminal,*[30] vez que com a ampliação do rol de legitimados para que se promova a investigação criminal tal obstáculo é, ao menos, minimizado.

É bom ainda esclarecer *que não há vedação constitucional explícita ou implícita* proibindo a investigação criminal pelo Ministério Público, aliás, pelo contrário, o art. 129, inc. IX, da CF, permite dizer que a investigação criminal pelo Ministério Público é possível, pois se enquadra, perfeitamente, como atribuição compatível com a finalidade da Instituição.[31]

---

[30] O tema ainda será estudado e explicado no Capítulo IV deste trabalho.

[31] O tema será ainda melhor explicado no Capítulo IV deste trabalho.

Outro argumento que não se sustenta é a afirmação de que a investigação criminal pelo Ministério Público *contraria o sistema acusatório adotado pelo Código de Processo Penal.*[32]

Os principais sistemas processuais existentes são, basicamente, três: os *sistemas inquisitivos*, o *acusatório* e o denominado *misto*.

A definição de sistema processual penal segundo Paulo Rangel é:

> o conjunto de princípios e regras constitucionais e processuais penais, de acordo com o regime político de cada Estado, que estabelece diretrizes a serem seguidas para a aplicação do direito penal em cada caso concreto (RANGEL, 2003, p. 195).

O direcionamento do tipo de sistema processual penal depende do regime político adotado pelo Estado, ou seja, no Estado Democrático de Direito o sistema acusatório garante ao cidadão a proteção de qualquer tipo de ação arbitrária do Estado, enquanto no Estado totalitário é marcante a concentração de poder, onde se impera a restrição de direitos e garantias individuais, é a marca do sistema inquisitivo.

O *Sistema Inquisitivo* fora utilizado no passado tanto pela monarquia, como pela Igreja Católica, para manter o seu poder contra o povo, em razão da concentração das funções em única pessoa, além do uso da força.

Nesse sistema processual reúne-se a figura do acusador e do julgador, que também acaba acumulando a figura do defensor. Os pilares da Justiça, o acusador, defensor e o julgador, ficavam reunidos em uma única pessoa: o inquisitor.

O inquisitor era, de forma exclusiva, quem realizava a gestão da prova. Como o poder era concentrado em uma única pessoa, ele poderia agir como bem entendesse, inclusive de forma arbitrária.

A imparcialidade desse sistema é caracterizada pelo fato de o juiz funcionar como acusador e julgador, retirando das mãos do particular o poder de acusar.

O sistema inquisitivo era um processo escrito, sigiloso e sem possibilidade de contraditório, pois a pessoa que realizava a acusação, também realizava a defesa.

---

[32] Sobre os sistemas processuais ver excelente trabalho de Paulo Cezar Passos: Uma visão crítica da iniciativa acusatória. Dissertação para conclusão do Curso de Mestrado, UNIPAR, 2007. Conferir no site: http://newsite.unipar.br/pos_graduacao/mestrado. php?desc=Disserta%E7%F5es&template=14&pagina=60. Acesso em: 01 jun. 2011.

O acusado ainda era tido como objeto de investigação, sem qualquer direito, e muito raramente era defendido pelo inquisitor.

Nos tempos ainda do sistema inquisitivo, o sistema de provas era o tarifado, ou seja, cada prova possuía um valor, sendo que a confissão era considerada a rainha das provas, além de que, para obtê-la, admitia-se a tortura aplicada pelo inquisitor.

O ápice do sistema inquisitivo foi durante os séculos XIII ao XVIII quando imperava o *Tribunal do Santo Ofício da Inquisição*, da Igreja Católica Romana.

Nesse sistema não se conhece a figura do Ministério Público como órgão autônomo de acusação, bem como não há a dissociação da polícia do juiz.

O *Sistema Acusatório* foi inspirado na Inglaterra, pela chamada Magna Carta do Rei João Sem-Terra, na qual havia a previsão de vários direitos, dentre eles a regulamentação da cobrança de impostos, proibição de pesca, direito de ir e vir, acesso à justiça para todos, indicar elementos preliminares para a acusação, entre outros direitos (GUIMARÃES, 2009, p. 178-179).

No sistema acusatório há a distinção da pessoa que acusa da que julga, sendo que o processo é público, ora, com contraditório, admitindo tanto para a defesa, como para acusação a igualdade de armas para a colheita das provas, e ao réu está assegurado o direito a sua ampla defesa.

O julgador somente se permite presidir o processo, sem qualquer interferência na colheita da prova, está a cargo exclusivo das partes.

Também é característica desse tipo de sistema a publicidade dos atos processuais e a adoção do sistema de provas do livre convencimento do juiz, para que este proceda na livre apreciação das provas dentro do processo.

No sistema acusatório, ao contrário do anterior, o acusado é um sujeito de direitos, e não um objeto do processo, sendo que a tortura não é permitida. Surge então, nesse sistema, a separação das funções de acusar, defender e julgar.

Já o *Sistema Misto*, surgido na França, após a Revolução Francesa, adotando o Código Napoleônico (1808) um processo bifásico, com forte influência inquisitória. Criou ainda o famigerado juizado de instrução, cujo procedimento investigatório era presidido por um juiz.

A denominação de *sistema misto* ou *sistema reformado* é imprópria, pois não se trata de características de um verdadeiro sistema, pois na verdade trata-se de um aproveitando dos sistemas acusatório e inquisitório, tendo em vista a compreensão da legislação processual.

Explica Rodrigo Régnier que o modelo napoleônico não criou um novo sistema, apenas adotou o sistema inquisitório camuflado com o sistema acusatório, pois a produção das provas permanecia nas mãos do órgão julgador (GUIMARÃES, 2009, p. 183).

Ainda explica que:

> De resto, hoje, na prática, não se encontram mais os sistemas acusatório e inquisitório, em sua forma pura. Alguns países adotam um sistema processual com acentuada influência acusatória (a exemplo da Inglaterra e dos Estados Unidos), enquanto outros utilizam um sistema voltado para as raízes inquisitórias (a exemplo dos países europeus continentais, a par de, agora, alguns deles estarem revendo tais influências, como se verá adiante), sem, contudo, prevalecer a forma pura e originária dos dois sistemas vistos acima (GUIMARÃES, 2009, p. 183).

As características do sistema misto são as seguintes:

a) Uma fase de investigação preliminar produzida para um magistrado, que com auxílio da polícia judiciária, investiga;
b) Esse procedimento de investigação realizado pelo magistrado é secreto, escrito, o investigado é mero objeto da investigação, e não há contraditório e nem ampla defesa;
c) A acusação é feita pelo Ministério Público, em que há contraditório com a plena igualdade entre a acusação e defesa;
d) Há, na fase judicial, a necessidade do Ministério Público provar a culpa do acusado, através do devido processo legal;
e) Vige o princípio da presunção de inocência, pois na fase judicial o acusado é sujeito de direitos;
f) Ainda a fase judicial é marcada pelo contraditório, ampla defesa, pela publicidade e concentração dos atos em uma audiência.

No Brasil discute-se *qual o sistema processual vigente no processo penal brasileiro.*

Na análise da exposição de Motivos do Código de Processo Penal, é possível identificar a clara opção pelo princípio acusatório:

> V – O projeto atende ao princípio *ne procedat judex ex officio*, que, ditado pela evolução do direito judiciário penal e já consagrado pelo novo

Código Penal, reclama a completa separação entre o juiz e o órgão da acusação, devendo caber exclusivamente a este a iniciativa da ação penal.

Grande parte da doutrina processual penal sustenta que o sistema processual vigente entre nós é do *tipo acusatório*.[33]

É certo que não se trata do sistema acusatório puro, com alguns ranços do sistema inquisitivo.

Um dos resquícios do sistema inquisitivo, como o início do processo penal pelo Juiz, nos processos de contravenção penal, hoje se encontra revogado em razão da titularidade da ação penal pública pelo Ministério Público.

O principal ponto destacado pela doutrina para afirmar que a o sistema acusatório adotado não é o puro *é a gestão da prova pelo judiciário*, dentre outras medidas que são determinadas de ofício pelo Juiz, sem o requerimento das partes.

Fato é que o sistema processual acusatório não impede a investigação criminal pelo Ministério Público, como ressalta Paulo Rangel:

> Se a estrutura acusatória tem como escopo afastar o juiz da persecução penal e assegurar ao acusado a imparcialidade do órgão jurisdicional, dando ao Ministério Público a titularidade da *persecutio criminis in judicium*, é intuitivo que a investigação poderá ser feita pelo Parquet (RANGEL, 2003, p. 208).

Ademais, o inquérito policial (realizado pela polícia), ou a investigação criminal (realizado pelo Ministério Público ou outro órgão) não é argumento capaz de influenciar seja no tipo de sistema vigente no processo penal, seja para justificar a impossibilidade de investigação criminal, pois sequer poderá esta, por si só, ensejar a condenação do acusado.

Nesse sentido Paulo Cézar dos Passos:

> Mas ainda, é desse sistema que as provas produzidas sem a realização do contraditório devem ser descartadas, sendo que aquelas realizadas na fase pré-processual não podem ser consideradas como elemento de valor para um édito de condenação (PASSOS, 2007, p. 60).

---

[33] Conferir: Denilson Feitoza (FEITOZA, 2009, p. 65); Carlos Frederico Coelho (NOGUEIRA, 2002, p. 451); Eugênio Pacelli (OLIVEIRA, 2008, p. 8); Julio Fabbrini (MIRABETE, 1998, p. 41), entre outros.

Primeiro porque o caráter inquisitivo que possui o inquérito policial, não é o mesmo do sistema inquisitivo acima mencionado, mas tem o sentido apenas de significar a contraposição do contraditório. Nesse sentido Carlos Frederico:

> Manteve o inquérito policial com caráter inquisitivo (termo aqui empregado em contraposição a contraditório e não a acusatório, pois não possui o inquérito natureza processual) (NOGUEIRA, 2002, p. 450-451).

Segundo, porque o Ministério Público investigando não afronta o sistema acusatório, ou melhor, a investigação criminal pelo Ministério Público evidencia e confirma o sistema acusatório, pois reforça a tarefa de acusação e gestão de provas pelo próprio Ministério Público, diferenciando da atividade do magistrado, bem como a defesa.

Nesse sentido Aury Lopes Jr., atestando ainda que a investigação criminal pelo Ministério Público representa algumas vantagens, dentre outras mencionadas pelo Ilustre processualista:

> 1) Representa uma aproximação à estrutura dialética do processo, apesar de algumas naturais limitações da publicidade e do contraditório (que seriam inerentes à própria natureza da investigação preliminar).
> 2) Essa investigação preliminar do acusado é uma imposição do sistema acusatório, pois mantém o juiz longe da investigação e garante a sua imparcialidade (ao juiz cabe julgar e não investigar). Com isso, cumpre-se com os postulados garantistas do *nullun iudicium sine accusatione e ne procedat iudex ex officio*. Em última análise, o sistema fortalece a figura do juiz, cuja atividade de investigação fica reservada a julgar (decidindo sobre as medidas restritivas e a admissão da própria acusação) (LOPES JR., 2010, p. 245-247).

A divisão das funções pretendida por parte da doutrina para justificar a impossibilidade de investigação criminal pelo Ministério Público não corresponde a qualquer um dos sistemas processuais vistos, especialmente o sistema acusatório.

O que caracteriza a adoção de um sistema processual penal ou o outro são os *actum trium personarum*, ou seja, é a distinção de quem acusa, de quem defende e de quem julga.

Nesse sentido Eugênio Pacelli:

> No que se refere à fase investigativa, convém lembrar que a definição de um sistema processual há que se limitar-se ao exame do processo, isto é, da atuação do juiz no curso do processo. E porque, decididamente,

inquérito policial não é processo, misto será o sistema processual, ao menos sob tal fundamentação (OLIVEIRA, 2008, p. 11).

A investigação criminal, na forma em que se encontra hoje no Código de Processo Penal brasileiro, não pertence à discussão do tipo de sistema processual penal, bem como não existe a separação pretendida por parte da doutrina, qual seja, *quem investiga* (policial), quem acusa (Ministério Público), quem defende (advogado) e quem julga (magistratura).

Também não se caracterizam desvio de função dos membros do Ministério Público as investigações criminais, pois se trata de um poder-dever da Instituição, com fundamento na Constituição Federal e nas Leis, conforme já visto.

O argumento de que *diversas propostas, dentre elas a de emendas a Constituição Federal, foram rejeitas pelo Congresso Nacional*, também não se mostra verdadeiro.

As propostas à Emenda à Constituição Federal, a exemplo da PEC nº 109 de 1995 e a PEC nº 197 de 2003, que conferiam o poder de investigação criminal ao Ministério Público não foram rejeitadas, pelo simples fato de que não chegaram a serem apreciadas pelo Congresso Nacional, em razão do desinteresse da matéria e o término da legislatura.

Como já mencionado acima, a proposta da PEC nº 109 de 1995 ficou por mais de 10 anos estancada no Congresso Nacional, mas, ao ser apreciada, o parecer da Comissão, a unanimidade, foi pela *constitucionalidade*.

É fato que o Ministério Público sempre foi, e ainda é, alvo de políticos na tentativa de reduzir as suas importantes funções, como ressalta Ivana Farina Navarrete:

> Com relação ao Ministério Público, os trabalhos da Revisão Constitucional foram acompanhados ininterruptamente por Comissão Permanente instituída pela CONAMP, em atividade que redundou na apresentação de centenas de destaques a Propostas de Emendas Revisionais que traduziam retrocesso institucional, não logrando aprovação nenhuma Emenda de Revisão atinente à Instituição. De frisar-se que dentre as Propostas relacionadas ao Ministério Público diversas eram as que, a pretexto de conferir "mais autonomia às polícias", retiravam da Instituição a atribuição de controle externo da atividade policial (PENA, 2010, p. 403).

Sobre o argumento de que *o Ministério Público somente investiga casos midiáticos*, também não se sustenta, pelo simples fato de que o

Ministério Público atua em casos em que a polícia, principalmente não cumpre com sua função, por várias razões, ou nos casos em que a própria polícia é investigada.

Além do mais, os casos mais complexos, em que envolvem autoridades dos altos escalões dos governos ou mesmo poderosos empresários, a polícia sempre se socorre ao Ministério Público para que realizem o trabalho de forma conjunta.

Portanto, a questão do excesso de mídia deve ser considerada um problema tanto para a polícia, como para o Ministério Público, além do que a mídia sempre aparece e aparecerá quando há uma investigação criminal bem-feita, e pessoas poderosas são presas, contrariando, assim, a máxima brasileira de que a impunidade reina para as autoridades e pessoas poderosas economicamente.

Como argumento favorável à investigação criminal pelo Ministério Público pode-se mencionar *a confiabilidade da população na Instituição do Ministério Público*.

Recente pesquisa realizada pela Fundação Getúlio Vargas, denominada de Índice de Confiança na Justiça do Brasil *ICJ Brasil*, 4º Trimestre/2011, aponta o Ministério Público como a terceira Instituição de maior confiança, com 51% dos entrevistados, atrás das Forças Armadas e da Igreja Católica, enquanto a polícia ocupa o oitavo lugar, com 38% dos entrevistados.

Em outra pesquisa, realizada pela CONAMP em 2004, 68% da população quer que o Ministério Público investigue todos os crimes e 19% quer o Ministério Público investigando somente quando necessário, demonstrando dessa forma alta confiabilidade que possui a Instituição.[34]

Outra pesquisa realizada pela Fundação Getúlio Vargas, denominada de Índice de Confiança na Justiça do Brasil *ICJ Brasil*, 1º Trimestre/2012, aponta que 62% dos entrevistados não possuem confiança na polícia.[35]

Ainda menciona Thiago Pierobom outro argumento:

> 6) Finalmente, há argumentos de ordem prática a justificar uma necessidade de haver investigação pelo Ministério Público, como evitar

---

[34] Conferir no artigo de Valter Foleto Santin, Universalização da investigação e Ministério Público.

[35] RELATÓRIO DO ICJ DO 1º TRIMESTRE DE 2012. Conferir no site: http://bibliotecadigital. fgv.br/dspace/bitstream/handle/10438/9282/Relat%c3%b3rio%20ICJBrasil%204%c2%ba%20 Trimestre%20-%202011.pdf?sequence=1. Acesso em: 18 fev. 2012.

eventuais pressões internas que venha sofrer o investigador policial (já que se encontra dentro da estrutura do Poder Executivo, sem as mesmas garantias de inamovibilidade do Ministério Público e da magistratura), evitar eventual ineficiência em decorrência da infiltração do crime organizado na estrutura policial, suprir uma eventual ineficiência concreta diante da omissão reiterada em realizar diligências investigativas pela Polícia (ainda que justificadas pela falta de estrutura), ou a urgência concreta na obtenção de informações investigativas para subsidiar uma medida cautelar de urgência (v.g., uma medida de proibição de aproximação da vítima ou uma prisão preventiva).[36]

Ainda há o *argumento criminológico*, citado por Odone Sanguiné e Paloma de Maman Sanguiné, justificando que o modelo vigente de investigação criminal confiado à polícia já não é mais tão eficaz na investigação e elucidação dos crimes.

> A criminologia demonstrou ser em absoluto irrealista qualquer expectativa de *total enforcement*, isto é, a resposta policial contra toda e qualquer criminalidade. Para isso influem, seguramente, a escassez de meios, as resistências decorrentes das concepções ideológicas e das representações teóricas dos próprios policiais, bem como das várias formas de corrupção. As investigações empíricas revelam as elevadíssimas cifras negras (*dark number*) da criminalidade não investigada ou não esclarecida pela polícia. (...)
> Esse quadro estatístico concernente à criminalidade global, em que predominam os denominados crimes de rua (*street crimes*), agrava-se em virtude da escassa apuração e/ou punição da criminalidade não convencional, ou seja, dos crimes corporativos (*corporate and white-collar crimes*), do crime organizado (*organized crime*) e do crime organizado transnacional (*transnational organized crime*), cometidos com especial conhecimento técnico e profissional por agentes que desfrutam de elevada posição de poder socioeconômico dificultando, assim, a investigação e punição dessas atividades criminosas.[37]

São defensores da possibilidade de investigação criminal pelo Ministério Público: Lênio Luiz Streck e Luciano Feldens (STRECK E FELDENS, 2006), Hugo Nigro Mazzilli (MAZZILLI, 1997, p. 155),

---

[36] ÁVILA, 2016, p. 388-389.

[37] Ver o artigo "A investigação criminal pelo Ministério Público no direito comparado e o retrocesso do Projeto de Emenda Constitucional (PEC) nº 37" Disponível em: https://www.ibccrim.org.br/tribunavirtual/artigo/13-A-investigacao-criminal-pelo-Ministerio-Publico-no-direito-comparado-e-o-retrocesso-do-Projeto-de-Emenda-Constitucional-(PEC)-n.-37. Acesso em: 03 fev. 2019.

Aury Lopes Júnior, (LOPES JÚNIOR, 2010), Júlio Fabrinni Mirabette (MIRABETTE, 1998, p. 75), Antônio Alberto Machado (MACHADO, 2010, p. 88), Paulo Rangel (RANGEL, 2003, p. 208), Denilson Feitoza (FEITOZA, 2009, p. 200) e Thiago André Pierobom de Ávila (ÁVILA, 2016, p. 377/397).

Bruno Calabrich[38] também defende o poder investigatório do Ministério Público (CALABRICH, 2007, p. 119) e ainda menciona outros autores: Marcos Kac, José Eduardo Sabo Paes, Denise Neves Abade, Flávio Eduardo Turesi, Nicolao Dino, Valtan Furtado, Eder Segura, Antônio de Pádova Marchi Júnior, Caroline Scofield Amaral, Guilherme Costa Câmara e Carlos Roberto Siqueira Castro. Também concorda com a investigação criminal do Ministério Público Renato Brasileiro (LIMA, 2015, p. 180).

Com o brilhantismo que lhe era peculiar, Roberto Lyra já esboçava o entendimento de que a atividade de investigação criminal está impregnada nas raízes do Ministério Público:

> Assim como os criminosos vão, por assim dizer, socializando os meios de produção do crime, concentrando-se em organizações, às vezes perfeitas, torna-se mister que o aparelho repressor ofereça a correspondente eficiência para provar e punir os crimes, descobrindo e segregando os delinquentes. *À Promotoria Pública compete, mais do que à Polícia, a responsabilidade dessa missão, constituindo a força dinâmica da Justiça Criminal.* Sem independência, estabilidade, cabedal, liberdade de ação e recursos técnicos, como administrativos, não seria possível atingir aos seus fins. Interessa, pois, fundamentalmente, à defesa social garantir ao Ministério Público o alto controle da organização repressiva, não só policial, como judiciária e administrativa (LYRA, 1989, p. 128, grifo meu).

Douglas Fischer defende a investigação criminal pelo Ministério Público, e ainda menciona Mauro Fonseca Andrade e Marcelo Bastos Lessa como defensores (FISCHER, 2009, p. 60).

Ainda Emerson Garcia defende a tese e ainda menciona José Geraldo Rodrigues Marques, Abel Fernandes Gomes, Arnaldo de Carvalho Machado, João Lopes Guimarães, Adilson Rodrigues, Gláucia Maria da Costa Santana, Cristiano Chaves de Farias, Guilherme Soares Barbosa, Walberto Fernandes de Lima e Mendelsohn Erwin K. Cardona Pereira, Ricardo Ribeiro Martins e Sérgio Demoro Hamilton (GARCIA, 2005, p. 377 e 378).

---

[38] CALABRICH, 2007, p. 122.

Valter Foleto em brilhante trabalho, posiciona-se favoravelmente e ainda arrebata outros defensores da tese do Ministério Público investigativo: Frederico Marques, Hélio Bicudo, Márcio Antonio Inacarato, Ubirajara do Mont'Serrat Faria Salgado, René Ariel Dotti, Vasco Della Giustina, Márcio Freysleben, Ludgero Francisco Sabella, Eduardo Araújo da Silva, Marcelo Batlouni Mendroni, Artur Pinto de Lemos Júnior, Aluísio Firmo Guimarães da Silva, Maria Emília Moraes de Araújo, Paulo Fernando Correa, Hilton Cortese Caneparo, Rosângela Gasparini, Vani Antônio Bueno, Cláudia Cristina Rodrigues Martins, Domingos Thadeu Ribeiro da Fonseca, Luis Eduardo Silveira de Albuquerque e Paulo José Kesser (SANTIN, 2001, p. 251-255).

Por sua vez, Rodrigo Régnier acolhe com brilhantismo a tese do Ministério Público investigativo e ainda menciona outros autores favoráveis: Ela Wiecko V. de Castilho, Luiz Pinto Ferreira, José Damião Pinheiro Machado, Carlos Alexandre Marques, Ertulei Laureano Matos, Maurício José Nardini, José Firmino de Oliveira, Francisco de Assis do Rêgo Monteiro Rocha, José Fernando Marreiros Saranbando, João Estevam da Silva (GUIMARÃES, 2009, p. 136-137).

Ainda Cláudio Fonteles posiciona-se favorável no artigo Investigação Preliminar: significado e implicações, escrito na Revista Fundação Escola Superior do Distrito Federal e Território, Brasília, ano 9, vol. 17, p. 52-62, jan/jun de 2001.

Também são favoráveis à tese do Ministério Público investigativo renomados autores e doutrinadores como Rogério Greco (GRECO, 2010, 85); Marcellus Polastri Lima (LIMA, 1998, p. 86); Eugênio Pacelli de Oliveira (OLIVEIRA, 2008, p. 67); Jorge Alberto de Oliveira Marum (MARUM, 2006, p. 422); Diaulas Costa Ribeiro (RIBEIRO, 2003, p. 455); Alexandre de Moraes, (MORAES, 2011, p. 1590); Afrânio Silva Jardim (JARDIM, 2002, p. 327); Fernando Capez (CAPEZ, 2010, p. 145); Pedro Henrique Demercian e Jorge Assaf Maluly (DERMERCIAN E MALULY, 2010, p. 88) e Carlos Frederico Coelho Nogueira (NOGUEIRA, 2002, p. 184).

Clémerson Merlin Clève,[39] advogado constitucionalista, também se posiciona favoravelmente ao poder investigatório do Ministério Público, compartilhando a autorização constitucional da investigação

---

[39] Ver o artigo Investigação Criminal e Ministério Público. Revista Eletrônica de Direito do Estado, Salvador, Instituto de Direito Público da Bahia, nº 1, janeiro, 2004. Disponível em: http://www.direitodoestado.com. Acesso em: 10 maio 2012.

criminal em excepcional artigo publicado na Revista Eletrônica de Direito do Estado.

Ainda Mario Luiz Bonsaglia, Procurador Regional da República e Conselheiro do Conselho Nacional do Ministério Público, também se manifesta favorável à investigação criminal pelo Ministério Público, em artigo publicado no Boletim dos Procuradores da República, ano 1, nº 11, em março de 1999.

Também Fauzi Hassan Choukr[40] sustenta a possibilidade de o Ministério Público investigar criminalmente, tese defendida no artigo Investigação Criminal e Ministério Público.

Carlos Roberto de C. Jatahy também se posiciona favorável e ainda menciona Luiz Gustavo Grandinetti Castanho Carvalho (JATAHY, 2007, p. 98).

Em artigo publicado na revista AJUFERGS, a Juíza Federal Márcia Vogel Vidal de Oliveira defende o poder de investigação criminal pelo Ministério Público.[41]

Ainda o trabalho apresentado pela Procuradora de Justiça do Ministério Público de Goiás Ivana Farina Navarrete Pena manifesta a importância da investigação criminal pelo Ministério Público (PENA, 2010, p. 401-413).

O advogado criminalista Daniel Messias da Trindade também se posiciona favoravelmente a investigação criminal pelo Ministério Público (TRINDADE, 2012, p. 58).

O Defensor Público Manoel Sabino Pontes,[42] em trabalho interessante, também defende os poderes investigatórios do Ministério Público.

O Desembargador do Tribunal de Justiça de São Paulo José Damião Pinheiro Machado Cogan[43] também é favorável ao poder de investigação ministerial.

---

[40] Ver no artigo de Fauzi Hassan Choukr a Investigação criminal e Ministério Público. Âmbito Jurídico, Rio Grande, VIII, nº 22, ago 2005. Disponível em: http://www.ambito-juridico.com. br/site/index.php?n_link=revista_artigos_leitura&artigo_id=435. Acesso em: 5 maio 2012.

[41] Artigo extraído da internet através do site: http://bdjur.stj.jus.br/xmlui/bitstream/ handle/2011/18746/O_Poder_Investigat%C3%B3rio_do_Minist%C3%A9rio_P%C3%BAblico. pdf?sequence=2. Acesso em: 02 maio 2012.

[42] Conferir seu artigo: Investigação criminal pelo Ministério Público: uma crítica aos argumentos pela sua inadmissibilidade. Jus Navigandi, Teresina, ano 11, nº 1013, 10 abr.2006 . Disponível em: http://jus.com.br/revista/texto/8221. Acesso em: 12 jun. 2012.

[43] Ver o artigo Do poder investigatório do Ministério Público no Brasil e no mundo. Publicado no site da Associação Paulista do Ministério Público em 21.09.2004. Disponível em: http:// www.apmp.com.br/juridico/artigos/art_juridicos2004.htm. Acesso em: 12 jun. 2011.

Renato Guimarães Junior[44] também sustenta a possibilidade da investigação criminal pelo Ministério Público.

Odone Sanguiné e Paloma Maman Sanguiné[45] defendem também o poder de investigação pelo Ministério Público.

A renomada processualista Ada Pelegrini Grinover[46] também se manifesta favorável ao poder investigatório do Ministério Público.

O Professor Antonio Scarance posiciona-se favoravelmente, ao afirmar que o poder de investigação pelo Ministério Público, cuida-se:

> (…) de ação especial, destinada a casos determinados, quando necessária para o Ministério Público melhor aparelhar a sua futura acusação. (…) Entre nós, depende-se ainda de previsões específicas no ordenamento jurídico positivo, evitando-se incerteza a respeito dos poderes do promotor durante a investigação (FERNANDES, 2010, p. 239).

Ainda precisa a lição de Vladimir Aras posicionando-se favorável ao poder de investigação do Ministério Público:

> No moderno processo penal, o Ministério Público investiga ou supervisiona a investigação criminal; promove a acusação em juízo; negocia acordos penais; busca a condenação ou a absolvição do acusado; recorre; e promove direitos e o fiel cumprimento da lei, dos tratados e da Constituição.[47]

É fato que a maioria da doutrina brasileira respalda a possibilidade da investigação criminal direta pelo Ministério Público.

---

[44] Conferir o artigo: Juristas estrangeiros repudiam STF proibir promotor de investigar. Publicado no site da Associação Paulista do Ministério Público em 04.10.2004. Disponível em: http://www.apmp.com.br/juridico/artigos/art_juridicos2004.htm. Acesso em: 12 jun. 2011.

[45] Ver o artigo "A investigação criminal pelo Ministério Público no direito comparado e o retrocesso do Projeto de Emenda Constitucional (PEC) nº 37" Disponível em: https://www.ibccrim.org.br/tribunavirtual/artigo/13-A-investigacao-criminal-pelo-Ministerio-Publico-no-direito-comparado-e-o-retrocesso-do-Projeto-de-Emenda-Constitucional-(PEC)-n.-37. Acesso em: 03 fev. 2019.

[46] Conferir o pronunciamento de Ada Pelegrini Grinouver ao participar da Mesa Redonda: O Papel do Ministério Público entre as Instituições que compõe o Sistema Brasileiro de Justiça, ver: Maria Tereza Sadek (Org.). *O Ministério Público e a justiça no Brasil*. São Paulo: Sumaré: Idesp, 1997. p.13.

[47] ARAS, 2019, p. 280.

3.2.1 Investigação criminal pelo MP e a Resolução nº 181/17 do CNMP

A Resolução nº 181/17 do CNMP dispõe sobre a instauração e tramitação do procedimento investigatório criminal a cargo do MP.

O Conselho Nacional do Ministério Público, fundando nas decisões do STF, em especial o RE 593727, Relator Min. Cézar Peluso, julgado em 14.05.2015, ainda entende a necessidade de aprimorar as investigações criminais do Ministério Público, com vista a assegurar a agilidade das investigações, efetivar a proteção de direitos fundamentais, seja dos investigados ou das vítimas, bem como das prerrogativas dos advogados, elaborou a Resolução que dispôs sobre o procedimento de investigação do Ministério Público.

Abaixo, destaque de alguns pontos sobre a Resolução que estipula parâmetros e condições para possibilitar uma investigação criminal no âmbito do MP brasileiro.

É certo que nas investigações criminais conduzidas pelo Ministério Público, como por qualquer outro órgão de investigação deverão ser observados os direitos e as garantias individuais consagrados na Constituição da República Federativa do Brasil, bem como as prerrogativas funcionais do investigado.

Em seu art. 1º, há a definição conceitual do procedimento investigatório criminal:

> O procedimento investigatório criminal é instrumento sumário e desburocratizado de natureza administrativa e investigatória, instaurado e presidido pelo membro do Ministério Público com atribuição criminal, e terá como finalidade apurar a ocorrência de infrações penais de iniciativa pública, servindo como preparação e embasamento para o juízo de propositura, ou não, da respectiva ação penal.

O procedimento investigatório do MP não exclui a possibilidade da investigação de outros órgãos que também possuem legitimação.

A disposição dessa Resolução não será aplicada nas hipóteses previstas no art. 33, parágrafo único da Lei Complementar nº 35/79, em que está prevista a prerrogativa do envio da investigação, houver indício da prática de crime por parte do magistrado, ao Tribunal ou órgão especial competente para o julgamento, a fim de que este prossiga na investigação.

Caso o membro do MP possua em peças de informação, este poderá: I – promover a ação penal cabível; II – instaurar procedimento investigatório criminal; III – encaminhar as peças para o Juizado Especial Criminal, caso a infração seja de menor potencial ofensivo; IV – promover fundamentadamente o respectivo arquivamento; V – requisitar a instauração de inquérito policial, indicando, sempre que possível, as diligências necessárias à elucidação dos fatos, sem prejuízo daquelas que vierem a ser realizadas por iniciativa da autoridade policial competente.

Dispõe a referida Resolução que o membro do Ministério Público, no exercício de suas atribuições criminais, deve dar andamento, dentro do prazo de 30 (trinta) dias, contados de seu recebimento, às representações, requerimentos, petições e peças de informação que lhe sejam encaminhadas, podendo haver prorrogação, de forma fundamentada, por até 90 (noventa) dias, nos casos em que sejam necessárias diligências preliminares.

Para a instauração do procedimento, há necessidade de uma portaria fundamentada, devidamente registrada e autuada, com a indicação dos fatos a serem investigados e deverá conter, sempre que possível, o nome e a qualificação do autor da representação e a determinação das diligências iniciais.

É possível ainda que haja investigações em conjunto com outros Ministérios Públicos, conforme previsão do art. 6º, §1º da Resolução 181/17:

> Poderá também ser instaurado procedimento investigatório criminal, por meio de atuação conjunta entre Ministérios Públicos dos Estados, da União e de outros países.

A atuação do MP na investigação criminal deverá observar as normas constitucionais que preservam a garantia de direitos fundamentais do cidadão (reserva constitucional de jurisdição).

Poderá o membro do MP no exercício da investigação criminal:

> I – fazer ou determinar vistorias, inspeções e quaisquer outras diligências, inclusive em organizações militares; II – requisitar informações, exames, perícias e documentos de autoridades, órgãos e entidades da Administração Pública direta e indireta, da União, dos Estados, do Distrito Federal e dos Municípios; III – requisitar informações e documentos de entidades privadas, inclusive de natureza cadastral; IV – notificar testemunhas e vítimas e requisitar sua condução coercitiva, nos casos de ausência injustificada, ressalvadas as prerrogativas legais;

V – acompanhar buscas e apreensões deferidas pela autoridade judiciária; VI – acompanhar cumprimento de mandados de prisão preventiva ou temporária deferidas pela autoridade judiciária; VII – expedir notificações e intimações necessárias; VIII – realizar oitivas para colheita de informações e esclarecimentos; IX – ter acesso incondicional a qualquer banco de dados de caráter público ou relativo a serviço de relevância pública; X – requisitar auxílio de força policial.

Para fins da condução das investigações, nenhuma "autoridade pública ou agente de pessoa jurídica no exercício de função pública poderá opor ao Ministério Público, sob qualquer pretexto, a exceção de sigilo, sem prejuízo da subsistência do caráter sigiloso da informação, do registro, do dado ou do documento que lhe seja fornecido, ressalvadas as hipóteses de reserva constitucional de jurisdição" (art. 7º, §1º da Resolução nº 181/17).

As requisições realizadas pelo MP serão feitas fixando-se prazo razoável de até 10 (dez) dias úteis para atendimento, podendo ser prorrogada em razão de solicitação devidamente justificada.

No caso de comparecimento, as notificações, que devem mencionar o fato investigado, salvo em hipótese de sigilo e a faculdade do notificado de se fazer acompanhar por defensor, devem ser efetivadas com antecedência mínima de 48 horas, respeitadas, em qualquer caso, as prerrogativas legais pertinentes.

É possível que o autor do fato investigado, possa apresentar as informações que considerar adequadas, facultado o acompanhamento por defensor. Ainda no âmbito do princípio da ampla defesa, poderá o defensor poderá examinar, mesmo sem procuração, autos de procedimento de investigação criminal, findos ou em andamento, ainda que conclusos ao presidente, podendo copiar peças e tomar apontamentos, em meio físico ou digital, devendo apresentar procuração quando decretado o sigilo das investigações, no todo ou em parte.

É possível que haja a delimitação do acesso, pelo presidente do procedimento investigatório, do defensor aos elementos de prova relacionados a diligências em andamento e ainda não documentados nos autos, quando houver risco de comprometimento da eficiência, da eficácia ou da finalidade das diligências.

O procedimento de investigação criminal possui o prazo de 90 dias, podendo ser o mesmo prorrogado de forma sucessiva, por igual prazo, desde que de forma fundamentada.

A Resolução ainda decreta a publicidade das investigações, como regra, ou seja, salvo se houver disposição legal em contrário ou ainda por razões de interesse público ou conveniência da investigação.

Para fins de publicidade das investigações deverá ser observado o seguinte:

I – na expedição de certidão, mediante requerimento do investigado, da vítima ou seu representante legal, do Poder Judiciário, do Ministério Público ou de terceiro diretamente interessado;

II – no deferimento de pedidos de extração de cópias, com atenção ao disposto no §1º do art. 3º desta Resolução e ao uso preferencial de meio eletrônico, desde que realizados de forma fundamentada pelas pessoas referidas no inciso I, pelos seus procuradores com poderes específicos ou por advogado, independentemente de fundamentação, ressalvada a limitação de acesso aos autos sigilosos a defensor que não possua procuração ou não comprove atuar na defesa do investigado;

III – no deferimento de pedidos de vista, realizados de forma fundamentada pelas pessoas referidas no inciso I ou pelo defensor do investigado, pelo prazo de 5 (cinco) dias ou outro que assinalar fundamentadamente o presidente do procedimento investigatório criminal, com atenção à restrição de acesso às diligências cujo sigilo tenha sido determinado na forma do §4º do art. 9º desta Resolução.

IV – na prestação de informações ao público em geral, a critério do presidente do procedimento investigatório criminal, observados o princípio da presunção de inocência e as hipóteses legais de sigilo.

Caso seja decretado o sigilo das investigações, seja no todo ou em parte, terá que ser através de decisão fundamentada, nas hipóteses em que a elucidação do fato ou interesse público exigir, garantido o acesso aos autos ao investigado e ao seu defensor, desde que munido de procuração ou de meios que comprovem atuar na defesa do investigado, cabendo a ambos preservar o sigilo sob pena de responsabilização.

Quando houver pedido da parte interessada para a expedição de certidão a respeito da existência de procedimentos investigatórios criminais, registra a Resolução a vedação para se faça constar qualquer referência ou anotação sobre investigação sigilosa.

A Resolução ainda prevê o papel do Ministério Público perante a *vítima*, devendo providenciar:

1 – o esclarecimento sobre seus direitos materiais e processuais, devendo tomar todas as medidas necessárias para a preservação dos seus direitos,

a reparação dos eventuais danos por ela sofridos e a preservação da intimidade, vida privada, honra e imagem;

2 – a segurança de vítimas e testemunhas caso estas sofram ameaças ou que, de modo concreto, estejam suscetíveis a sofrer intimidação por parte de acusados, de parentes deste ou pessoas a seu mando, podendo, inclusive, requisitar proteção policial em seu favor;

3 – o encaminhamento da vítima ou de testemunhas, caso presentes os pressupostos legais, para inclusão em Programa de Proteção de Assistência a Vítimas e a Testemunhas ameaçadas ou em Programa de Proteção a Crianças e Adolescentes Ameaçados, conforme o caso;

4 – a tramitação prioritária do feito, bem como providenciará, se o caso, a oitiva antecipada dessas pessoas ou pedirá a antecipação dessa oitiva em juízo, nas situações em que houver medidas de proteção ao investigado, às vítimas e testemunhas.

5 – o encaminhamento da vítima e outras pessoas atingidas pela prática do fato criminoso apurado à rede de assistência, para atendimento multidisciplinar, especialmente nas áreas psicossocial, de assistência jurídica e de saúde, a expensas do ofensor ou do Estado.

Nas hipóteses em que houver o convencimento da inexistência de fundamento para a propositura de ação penal pública, deverá o membro do MP promover o arquivamento dos autos ou ainda das peças de informação, de forma fundamentada. Ainda, para fins de controle judicial, a promoção de arquivamento será apresentada ao juízo competente, nos moldes do art. 28 do Código de Processo Penal, ou ao órgão superior interno responsável por sua apreciação, nos termos da legislação vigente.

Nos casos omissos, no que couber, poderão ser aplicadas as normas do Código de Processo Penal, bem como a legislação penal pertinente.

3.2.2 Acordo de não persecução penal

A Resolução nº 181/17, alterada pela Resolução nº 183/2018, ambas do CNMP, prevê a possibilidade de se propor ao investigado o denominado *acordo de não persecução penal* (art. 18).

A natureza jurídica do acordo de não persecução penal não é tratada como uma norma de natureza processual penal ou penal. Não será norma de natureza processual penal, pois não está envolvido o oferecimento de denúncia, nem se exige uma prestação jurisdicional do Estado-Juiz, tampouco de natureza penal, pois não há a imposição de penas, apenas obrigações e direitos de natureza negocial, pois não há cumprimento forçado das condições acordadas, pois o investigado somente cumprirá se quiser.

Assim, o acordo de não persecução penal reveste-se em um *negócio jurídico de natureza extrajudicial*, fundamentado em razões de política criminal de atuação do Ministério Público, como titular da ação penal (art. 129, inc. I, da CF/88).

Não hipótese de *não se configurar o arquivamento*, o Ministério Público poderá propor ao investigado acordo de não persecução penal quando cominada *pena mínima inferior a (quatro) anos* e o *crime não for cometido com violência ou grave ameaça a pessoa*, desde que o investigado tiver confessado formal e circunstanciadamente a sua prática.

Para a aferição da pena mínima cominada ao delito, serão consideradas as *causas de aumento e diminuição* aplicáveis ao caso concreto.

O acordo de não persecução poderá ser celebrado na mesma oportunidade da *audiência de custódia*.

De acordo com a Resolução, a confissão detalhada dos fatos e as tratativas do acordo deverão ser *registradas* pelos meios ou recursos de gravação audiovisual, destinados a obter maior fidelidade das informações, sendo sempre a necessidade de o acusado estar na presença de seu defensor.

São *condições* a serem aplicadas ao acusado, de forma cumulada ou alternativa:

a) reparar o dano ou restituir a coisa à vítima, salvo impossibilidade de fazê-lo;

b) renunciar voluntariamente a bens e direitos, indicados pelo Ministério Público como instrumentos, produto ou proveito do crime;

c) prestar serviço à comunidade ou a entidades públicas por período correspondente à pena mínima cominada ao delito, diminuída de um a dois terços, em local a ser indicado pelo Ministério Público;

d) pagar prestação pecuniária, a ser estipulada nos termos do art. 45 do Código Penal, a entidade pública ou de interesse social a ser indicada pelo Ministério Público, devendo a prestação ser destinada preferencialmente àquelas entidades que tenham como função proteger bens jurídicos iguais ou semelhantes aos aparentemente lesados pelo delito;

e) cumprir outra condição estipulada pelo Ministério Público, desde que proporcional e compatível com a infração penal aparentemente praticada.

HIPÓTESES EM QUE NÃO SERÁ POSSÍVEL O ACORDO DE NÃO PERSECUÇÃO PENAL
▶ for cabível a transação penal, nos termos da lei;
▶ o dano causado for superior a vinte salários mínimos ou a parâmetro econômico diverso definido pelo respectivo órgão de revisão, nos termos da regulamentação local;
▶ o investigado incorra em alguma das hipóteses previstas no art. 76, §2º, da Lei nº 9.099/95;
▶ o aguardo para o cumprimento do acordo possa acarretar a prescrição da pretensão punitiva estatal;
▶ o delito for hediondo ou equiparado e nos casos de incidência da Lei nº 11.340, de 7 de agosto de 2006;
▶ a celebração do acordo não atender ao que seja necessário e suficiente para a reprovação e prevenção do crime;
▶ delitos cometidos por militares que afetem a hierarquia e a disciplina.

No acordo formalizado nos autos, assinado pelo membro do Ministério Público, pelo investigado e seu defensor, *devendo conter*: 1) a qualificação completa do investigado; 2) estipular de modo claro as suas condições; 3) eventuais valores a serem restituídos; e 4) as datas para cumprimento.

Uma vez realizado o acordo, a vítima deverá ser comunicada por qualquer meio idôneo, e os autos serão submetidos à *apreciação judicial*. Caso o juiz entenda que o acordo é cabível e as condições adequadas e suficientes, serão os autos devolvidos ao Ministério Público para sua implementação.

Uma vez considerado o acordo incabível, bem como inadequadas ou insuficientes as condições celebradas, os autos deverão ser remetidos pelo Juiz ao *procurador-geral ou órgão superior interno responsável por sua apreciação*, nos termos da legislação vigente, onde se poderá adotar as seguintes providências:

I – oferecer denúncia ou designar outro membro para oferecê-la;

II – complementar as investigações ou designar outro membro para complementá-la;

III – reformular a proposta de acordo de não persecução, para apreciação do investigado;

IV – manter o acordo de não persecução, que vinculará toda a Instituição.

Será *dever do investigado comunicar* ao Ministério Público eventual mudança de endereço, número de telefone ou e-mail, e comprovar mensalmente o cumprimento das condições, *independentemente de notificação ou aviso prévio*, devendo ainda, quando for o caso, por iniciativa própria, apresentar imediatamente e de forma documentada eventual justificativa para o não cumprimento do acordo.

Na hipótese de descumprimento de quaisquer das condições estipuladas no acordo ou não observados os deveres do acusado, no prazo e nas condições estabelecidas, o membro do Ministério Público deverá, se for o caso, imediatamente *oferecer denúncia*.

O descumprimento do acordo de não persecução pelo investigado também poderá ser utilizado pelo membro do Ministério Público como justificativa para o eventual *não oferecimento* de suspensão condicional do processo.

Quando *cumprido integralmente* o acordo, o Ministério Público deverá promover o arquivamento da investigação.

Porém, tal instituto está sendo alvo de ADI no STF. Tanto a OAB (ADI 5793), como a Associação dos Magistrados Brasileiros – AMB (ADI 5790) questionam, entre outras normas da referida Resolução, o art. 18 que trata do acordo de não persecução penal.

Com o intuito de *defender a constitucionalidade* do acordo de não persecução penal, argumenta-se, em resumo, que: 1) o STF na ADC 12 MC que as Resoluções do CNJ possuem um caráter normativo primário, aplicando-se tal posicionamento ao CNMP; 2) busca-se apenas aplicar os princípios constitucionais da eficiência, proporcionalidade, celeridade e do acusatório; 3) não se trata de normas de caráter processual, pois regulam questões prévias ao processo penal; 4) a norma regulamenta dispositivos constitucionais diretamente à atuação do Ministério Público; 5) O STF já reconheceu a constitucionalidade formal de atos bem parecidos, como, por exemplo, a regulamentação, por resolução do CNJ, de prazos e condições para a apresentação de presos à audiência de custódia (STF – ADPF 347 MC); e 6) Item 5.1 da Regras de Tóquio, Resolução nº 45/110 da Assembleia Geral das Nações Unidas, assentou a necessidade da implementação de medidas alternativas, a serem tomadas antes do início do processo.

Embora haja questionamento, está em vigência a inovação normativa contida na Resolução nº 181/2017, com alterações promovidas com a Resolução nº 183/18.

3.2.3 Investigação criminal nos Tribunais Superiores

Na hipótese em que há foro privilegiado, o denominado foro por prerrogativa de função, a investigação criminal também deverá seguir a mesma lógica dos julgamentos na primeira instância, com algumas diferenças.

Tais situações são aplicadas às autoridades julgadas perante o Supremo Tribunal Federal, no Superior Tribunal de Justiça e nos demais tribunais com competência criminal (tribunais de justiça, tribunais regionais federais, tribunais regionais eleitorais e Tribunal Superior Eleitoral, tribunais de justiça militar e Superior Tribunal Militar). É certo que nessas situações o julgamento deve ser definido de forma expressa pela Constituição.

Segunda expressamente estabelece a CF/88, será de competência:

> a) do *Supremo Tribunal Federal* julgar, nos *crimes comuns*, o(a) Presidente da República, o(a) Vice-Presidente, os membros do Congresso Nacional, seus próprios ministros e o Procurador-Geral da República (artigo 102, inciso I, letra *b*) e nos *crimes de responsabilidade*, cabe-lhe julgar os ministros de Estado e os comandantes da Marinha, do Exército e da Aeronáutica, os membros dos tribunais superiores, os do Tribunal de Contas da União (TCU) e os chefes de missão diplomática de caráter permanente (artigo 102, inciso I, letra *c*);
>
> b) ao *Superior Tribunal de Justiça* julgar, nos *crimes comuns*, governadores de Estado e do Distrito Federal e, nestes e nos *crimes de responsabilidade*, desembargadores de tribunais de justiça e juízes membros de outros tribunais, membros dos tribunais de contas e os do Ministério Público da União que atuem perante tribunais (artigo 105, inciso I, letra *a*).

Nesses casos a acusação do Ministério Público também será de competência a autoridade específica, sendo do STF e do STJ ao *Procurador-Geral da República* (PGR), que é o Chefe do Ministério Público da União.

É possível que no âmbito do STJ, o PGR delegue a um *Subprocurador-Geral da República* (membro da classe final da carreira do Ministério Público Federal).

Já nos *tribunais de justiça* (estaduais), a parte acusatória é encarregada ao *Procurador-Geral de Justiça* (chefe do Ministério Público estadual), sendo que nas hipóteses dos *tribunais regionais federais*, caberá aos *procuradores regionais da República* (membros da classe intermediária do Ministério Público Federal).

Nas hipóteses de investigação criminal perante o STF, há entendimento de que o próprio STF deverá autorizar o início da investigação, quando requerido pelo Procurador-Geral da República. Caso o PGR entender existir necessidade de coletar provas, ou seja, investigar criminalmente, para decidir quanto à acusação, deve requerer ao STF instauração de inquérito, a qual será determinada ao Departamento de Polícia Federal. Porém, pode o PGR realizar de forma direta a investigação criminal, mediante procedimento investigatório criminal.

Já decidiu o STJ que não é o simples fato de haver o foro por prerrogativa de função, que haverá necessidade de autorização junto ao foro competente para as investigações, como na hipótese em relação a deputados estaduais:

> (...) 1. Hipótese em que a instância de origem determinou o arquivamento da investigação criminal em relação a deputados estaduais, sob o fundamento de que a autoridade policial não possui atribuição para iniciar o procedimento investigatório, que seria exclusiva do Parquet, mediante requerimento ao Tribunal, em se tratando de autoridades com foro por prerrogativa de função. 2. O Código de Processo Penal prevê, como primeira hipótese, a instauração de inquérito policial *ex officio* pela Polícia Judiciária, em cumprimento de seu dever constitucional, sem necessidade de requerimento ou provocação de qualquer órgão externo. 3. O Supremo Tribunal Federal, no julgamento do Recurso Extraordinário nº 593.727/MG, assentou a concorrência de atribuição entre o Ministério Público e a Polícia Judiciária para realizar investigações criminais, inexistindo norma constitucional ou federal que estabeleça exceção à regra enunciada no referido julgamento em relação aos deputados estaduais. 4. Sendo assim, a mesma sistemática é válida tanto para procedimentos investigatórios ordinários quanto para investigações que envolvam autoridades com prerrogativa de função. 5. Por constituírem limitações ao poder de investigação conferido pela Constituição Federal à Polícia Judiciária e ao Ministério Público, as hipóteses em que a atividade investigatória é condicionada à prévia autorização judicial

exigem previsão legal expressa. (…) (REsp 1697146/MA, Rel. Ministro Jorge Mussi, Quinta Turma, julgado em 09/10/2018, DJe 17/10/2018).

Em outra decisão, o STJ também esclareceu no mesmo sentido:

(…) 1. No julgamento do REsp 1.563.962/RN, esta colenda Quinta Turma firmou o entendimento de que, embora as autoridades com prerrogativa de foro devam ser processadas perante o tribunal competente, a lei não excepciona a forma como devem ser investigadas, devendo ser aplicada, assim, a regra geral prevista no artigo 5º do Código de Processo Penal. 2. Na ocasião, esclareceu-se que a jurisprudência tanto do Pretório Excelso quanto deste Sodalício é assente no sentido da desnecessidade de prévia autorização do Judiciário para a instauração de inquérito ou procedimento investigatório criminal contra agente com foro por prerrogativa de função, dada a inexistência de norma constitucional ou infraconstitucional nesse sentido, conclusão que revela a observância ao sistema acusatório adotado pelo Brasil, que prima pela distribuição das funções de acusar, defender e julgar a órgãos distintos. 3. No caso dos autos, conquanto o recorrente, então Prefeito Municipal, tenha sido diretamente investigado pelo Ministério Público, o procedimento apuratório foi acompanhado por Desembargador do Tribunal de Justiça do Estado do Maranhão, que, inclusive, exerceu o controle jurisdicional sobre os atos nele praticados, deferindo, por exemplo, o pedido de busca e apreensão formulado pelo órgão ministerial, não havendo que se falar, assim, em ofensa à prerrogativa de foro prevista no inciso X do artigo 29 da Constituição Federal. Precedentes. INSTAURAÇÃO DE PROCEDIMENTO INVESTIGATÓRIO CRIMINAL. ELEMENTOS DE CONVICÇÃO COLHIDOS PELO MINISTÉRIO PÚBLICO. POSSIBILI-DADE. ILICITUDE NÃO CARACTERIZADA. 1. O Supremo Tribunal Federal, no julgamento do RE 593.727/MG, analisado sob o regime de repercussão geral, reconheceu a legitimidade do Ministério Público para promover, por autoridade própria, procedimentos investigatórios de natureza penal. 2. Dessa forma, nada impede que o órgão ministerial colha elementos de convicção para subsidiar a propositura de ação penal, exatamente como ocorreu na espécie, só lhe sendo vedada a presidência do inquérito, que compete exclusivamente à autoridade policial. (…) (RHC 59.593/MA, Rel. Ministro Jorge Mussi, Quinta Turma, julgado em 19/04/2018, DJe 27/04/2018).

É possível ainda que o PGR obtenha provas de crimes por outros meios legais e ofereça de forma imediata uma denúncia ao STF, para então recebê-la se apta, para dar início à *ação penal*.

A ação penal que tramita diretamente em tribunal chama-se *ação penal originária* e é regulamentada pelos artigos 1º a 12 da Lei nº 8.038, de 28 de maio de 1990. A ação penal na primeira instância rege-se principalmente pelo Código de Processo Penal.

Enfim, na essência, na hipótese de investigações de pessoas com foro privilegiado, a diferença é a supervisão da investigação, que será feita por um membro do tribunal competente (ministro, desembargador ou juiz), sendo que algumas decisões são tomadas coletivamente pelo plenário do tribunal ou por vezes pelos seus órgãos (turmas, câmaras, seções etc., conforme a organização da corte).

3.2.3.1 Investigação criminal judicial: STF e o Inquérito 4.781 DF

A investigação criminal deve ser submetida à apreciação do Poder Judiciário, órgão imparcial, assim considerado dentro do sistema acusatório, onde, posteriormente, os fatos serão julgados de acordo com procedimento previsto nas Leis.

Porém, há *hipóteses excepcionais* previstas no ordenamento jurídico brasileiro, em que a *magistratura* possui atribuição para conduzir investigações.

Em uma dessas hipóteses se valeu o Min. Dias Toffoli, na presidência do STF, instaurando, através da Portaria GP nº 69, de 14 de março de 2019, o Inquérito 4781/DF para apurar fatos que envolvem denunciação caluniosas, ameaças e infrações que atingiram a honra e a segurança do STF.

Primeiramente, insta esclarecer que não é o primeiro inquérito aberto pelo STF, com suporte em seu Regimento Interno, conforme abaixo será melhor esclarecido. Contudo, esse Inquérito, em específico, trouxe à baila novamente a questão da investigação conduzida por magistrados.

Como fundamento para a instauração desse Inquérito, o Min. Dias Toffoli, se valeu do Regimento Interno do STF, em especial o disposto no art. 13, I, e art. 43, assim dispostos:

> Art. 13. São atribuições do Presidente:
> i – velar pelas prerrogativas do Tribunal;

Art. 43. Ocorrendo infração à lei penal na sede ou dependência do Tribunal, o Presidente instaurará inquérito, se envolver autoridade ou pessoa sujeita à sua jurisdição, ou delegará esta atribuição a outro Ministro.

Para a condução do inquérito foi designado o Min. Alexandre de Moraes, permitindo que fosse requerida toda a estrutura necessária.

No despacho inicial do Inquérito 4781/DF, o Min. Alexandre de Moraes designou Delegados de Polícia para auxiliar nas investigações. Nesse despacho inicial, não há qualquer menção ao encaminhamento dos autos à Procuradoria-Geral da República.

Diante dessas investigações, a Procuradoria-Geral da República, ainda que sem vistas das investigações, *promoveu o arquivamento* do Inquérito 4.781/DF, mediante os seguintes argumentos:

a) ofensa ao sistema penal acusatório e violação em razão da ausência de intervenção do Ministério Público (art. 129, inc. I, II, VII, VIII e §2º, da Constituição, o art. 38, inc. II, da LC nº 75/93 e o art. 52 do RISTF), os quais impõem a sua participação como destinatário da prova e como instituição de controle externo da atividade policial;

b) afronta ao juiz natural, em razão da prévia escolha na distribuição do Inq. 4781/DF;[48]

c) ofensa à questão da competência da STF, pois não há indicação de quem sejam os investigados;

---

[48] O princípio da naturalidade do juízo representa uma das mais importantes matrizes político-ideológicas que conformam a própria atividade legislativa do Estado e condicionam o desempenho, pelo Poder Público, das funções de caráter penal-persecutório, notadamente quando exercidas em sede judicial. O postulado do juiz natural, em sua projeção político-jurídica, reveste-se de dupla função instrumental, pois, enquanto garantia indisponível, tem, por titular, qualquer pessoa exposta, em juízo criminal, à ação persecutória do Estado, e, enquanto limitação insuperável, representa fator de restrição que incide sobre os órgãos do poder estatal incumbidos de promover, judicialmente, a repressão criminal. – É irrecusável, em nosso sistema de direito constitucional positivo – considerado o princípio do juiz natural – que ninguém poderá ser privado de sua liberdade senão mediante julgamento pela autoridade judiciária competente. Nenhuma pessoa, em consequência, poderá ser subtraída ao seu juiz natural. A nova Constituição do Brasil, ao proclamar as liberdades públicas – que representam limitações expressivas aos poderes do Estado – consagrou, de modo explícito, o postulado fundamental do juiz natural. O art. 5º, LIII, da Carta Política prescreve que "ninguém será processado nem sentenciado senão pela autoridade competente". (HC 81963, Relator(a): Min. CELSO DE MELLO, Segunda Turma, julgado em 18/06/2002, DJ 28-10-2004 PP-00050 EMENT VOL-02170-01 PP-00153 RTJ VOL-00193-01 PP-00357 RJADCOAS v. 6, nº 63, 2005, p. 558-564).

CAPÍTULO 3
O MINISTÉRIO PÚBLICO E A INVESTIGAÇÃO CRIMINAL | 101

d) a portaria inaugural da investigação pelo STF não especifica de forma objetiva os fatos criminosos a apurar.

Ainda alegou que a referida *promoção de arquivamento seria irrecusável*, nos termos já debatidos na Questão de Ordem do Inquérito nº 2341:

> A jurisprudência do Supremo Tribunal Federal assevera que o pronunciamento de arquivamento, em regra, deve ser acolhido sem que se questione ou se entre no mérito da avaliação deduzida pelo titular da ação penal. Precedentes citados: INQ nº 510/DF, Rel. Min. Celso de Mello, Plenário, unânime, DJ 19.4.1991; INQ nº 719/AC, Rel. Min. Sydney Sanches, Plenário, unânime, DJ 24.9.1993; INQ nº 851/SP, Rel. Min. Néri da Silveira, Plenário, unânime, DJ 6.6.1997; HC nº 75.907/RJ, Rel. Min. Sepúlveda Pertence, 1ª Turma, maioria, DJ 9.4.1999; HC nº 80.560/GO, Rel. Min. Sepúlveda Pertence, 1ª Turma, unânime, DJ 30.3.2001; INQ nº 1.538/PR, Rel. Min. Sepúlveda Pertence, Plenário, unânime, DJ 14.9.2001; HC nº 80.263/SP, Rel. Min. Sepúlveda Pertence, Plenário, unânime, DJ 27.6.2003; INQ nº 1.608/PA, Rel. Min. Marco Aurélio, Plenário, unânime, DJ 6.8.2004; INQ nº 1.884/RS, Rel. Min. Marco Aurélio, Plenário, maioria, DJ 27.8.2004; INQ (QO) nº 2.044/SC, Rel. Min. Sepúlveda Pertence, Plenário, maioria, DJ 8.4.2005; e HC nº 83.343/SP, 1ª Turma, unânime, DJ 19.8.2005. 6. Esses julgados ressalvam, contudo, duas hipóteses em que a determinação judicial do arquivamento possa gerar coisa julgada material, a saber: prescrição da pretensão punitiva e atipicidade da conduta. Constata-se, portanto, que apenas nas hipóteses de atipicidade da conduta e extinção da punibilidade poderá o Tribunal analisar o mérito das alegações trazidas pelo PGR. 7. No caso concreto ora em apreço, o pedido de arquivamento formulado pelo Procurador-Geral da República lastreou-se no argumento de não haver base empírica que indicasse a participação do parlamentar nos fatos apurados. 8. Questão de ordem resolvida no sentido do arquivamento destes autos, nos termos do parecer do MPF. (Inq 2341 QO, Relator(a): Min. Gilmar Mendes, Tribunal Pleno, julgado em 28/06/2007, DJe-082 DIVULG 16-08-2007 PUBLIC 17-08-2007 DJ 17-08-2007 PP-00024 EMENT VOL-02285-02 PP-00387 LEXSTF v. 29, nº 344, 2007, p. 504-512 RT v. 96, nº 866, 2007, p. 552-555).

Em decisão, o Min. Alexandre de Moraes indeferiu o referido requerimento de arquivamento, alegando ausência de respaldo legal, intempestivo e baseado em premissas equivocadas, não permitindo que fosse interpretado o Regimento Interno da Corte e ainda anulasse decisões judiciais com referido requerimento.

Em diligências investigatórias, o Min. Alexandre de Moraes determinou a busca e apreensão em relação a alguns investigados, de computadores, *tablets*, celulares e outros dispositivos eletrônicos, e ainda a quaisquer outros materiais relacionados à disseminação de mensagens de cunho ofensivo ou ameaçador. Ainda determinou o bloqueio de contas das redes sociais dos envolvidos e ainda a determinação de depoimento de todos os envolvidos.

Tais medidas foram determinadas sem o conhecimento e a participação do Ministério Público.

Em razão das circunstâncias acima descritas, é possível observar, *ictu oculi*, a violação ao sistema acusatório. O sistema acusatório já foi reconhecido em decisões do STF, com a rígida separação das tarefas de investigar, defender e julgar. Assim, há patente enfraquecimento da autonomia e da separação dos poderes e suas respectivas funções estatais.

> Nesse sentido o STF: "(...) A Constituição de 1988 fez uma opção inequívoca pelo sistema penal acusatório. Disso decorre uma separação rígida entre, de um lado, as tarefas de investigar e acusar e, de outro, a função propriamente jurisdicional. Além de preservar a imparcialidade do Judiciário, essa separação promove a paridade de armas entre acusação e defesa, em harmonia com os princípios da isonomia e do devido processo legal. Precedentes. 3. Parâmetro de avaliação jurisdicional dos atos normativos editados pelo TSE: ainda que o legislador disponha de alguma margem de conformação do conteúdo concreto do princípio acusatório – e, nessa atuação, possa instituir temperamentos pontuais à versão pura do sistema, sobretudo em contextos específicos como o processo eleitoral – essa mesma prerrogativa não é atribuída ao TSE, no exercício de sua competência normativa atípica. 4. Forte plausibilidade na alegação de inconstitucionalidade do art. 8º, da Resolução nº 23.396/2013. Ao condicionar a instauração de inquérito policial eleitoral a uma autorização do Poder Judiciário, a Resolução questionada institui modalidade de controle judicial prévio sobre a condução das investigações, em aparente violação ao núcleo essencial do princípio acusatório. 5. Medida cautelar parcialmente deferida para determinar a suspensão da eficácia do referido art. 8º, até o julgamento definitivo da ação direta de inconstitucionalidade. Indeferimento quanto aos demais dispositivos questionados, tendo em vista o fato de reproduzirem: (i) disposições legais, de modo que inexistiria fumus boni juris; ou (ii) previsões que já constaram de Resoluções anteriores do próprio TSE, aplicadas sem maior questionamento. Essa circunstância afastaria, quanto a esses pontos, a caracterização de *periculum in mora* (ADI 5104 MC, Relator(a): Min. Roberto Barroso, Tribunal Pleno, julgado em 21/05/2014, Processo Eletrônico DJe-213 DIVULG 29-10-2014 PUBLIC 30-10-2014).

CAPÍTULO 3
O MINISTÉRIO PÚBLICO E A INVESTIGAÇÃO CRIMINAL | 103

Também por essa razão, o STF já havia *declarado a inconstitucionalidade* do dispositivo que permitia que o juiz fizesse diligências pessoalmente, como havia previsto o art. 3º da Revogada Lei nº 9.034/95:

> Superveniência da Lei Complementar 105/01. Revogação da disciplina contida na legislação antecedente em relação aos sigilos bancário e financeiro na apuração das ações praticadas por organizações criminosas. Ação prejudicada, quanto aos procedimentos que incidem sobre o acesso a dados, documentos e informações bancárias e financeiras. 2. Busca e apreensão de documentos relacionados ao pedido de quebra de sigilo realizadas pessoalmente pelo magistrado. Comprometimento do princípio da imparcialidade e consequente violação ao devido processo legal. 3. Funções de investigador e inquisidor. Atribuições conferidas ao Ministério Público e às Polícias Federal e Civil (CF, artigo 129, I e VIII e §2º; e 144, §1º, I e IV, e §4º). A realização de inquérito é função que a Constituição reserva à polícia. Precedentes. Ação julgada procedente, em parte. (ADI 1570, Relator(a): Min. Maurício Corrêa, Tribunal Pleno, julgado em 12/02/2004, DJ 22-10-2004 PP-00004 EMENT VOL-02169-01 PP-00046 RDDP nº 24, 2005, p. 137-146 RTJ VOL-00192-03 PP-00838).

No RE 593.727 MG do STF, em que se discutia o poder de investigação do Ministério Público, o voto-vista do Min. Marco Aurélio foi contrário ao poder de investigação do Ministério Público. Esses argumentos, a *contrario sensu*, com maior razão, deveriam ser aplicados ao Poder Judiciário:

> (...) O que se mostra inconcebível é um membro do Ministério Público colocar uma estrela no peito, armar-se e investigar. Sendo o titular da ação penal, terá a tendência de utilizar apenas as provas que lhe servem, desprezando as demais e, por óbvio, prejudicando o contraditório e inobservando o princípio da paridade de armas. A função constitucional de titular da ação penal e fiscal da lei não se compatibiliza com a figura do promotor inquisitor. O direito alienígena também não auxilia na solução da questão, pois os órgãos e atividades envolvidas possuem regras constitucionais próprias, bem estabelecidas, que não deixam margens a interpretações evolutivas. (...). (RE 593727, Relator(a): Min. Cezar Peluso, Relator(a) p/ Acórdão: Min. Gilmar Mendes, Tribunal Pleno, julgado em 14/05/2015, Acórdão Eletrônico Repercussão Geral – MÉRITO DJe-175 DIVULG 04-09-2015 PUBLIC 08-09-2015).

Também, no mesmo RE 593.727 do STF, no voto do então relator, Min. Cezar Peluso, embora favorável à investigação criminal pelo

Ministério Público, mediante condições, as observações consignadas no voto de igual sorte também devem ser estendidas ao Poder Judiciário:

> (…) Abrindo parêntese, é preciso convir em que considerar o membro do Ministério Público, ao mesmo tempo, como "advogado sem paixão" e "juiz sem imparcialidade", segundo a expressiva qualificação de Calamandrei, fora exigir-lhe demais. Na condição de parte acusadora, seria humano e natural que nem sempre pudesse conduzir, com objetividade e isenção suficientes, a primeira fase da *persecutio criminis*, acabando, nesse papel, por causar prejuízos ao acusado e à sua defesa: "A acusação formal, clara e fiel à prova é garantia da defesa, em Juízo, do acusado. Espera-se, então, do acusador público imparcialidade. Tanto que se permite arguir-lhe a suspeição, impedimento, ou outra incompatibilidade com determinada causa penal. É o que se encontra na Lei do Processo. Dirigir a investigação e a instrução preparatória, no sistema vigorante, pode comprometer a imparcialidade. Desponta o risco da procura orientada de prova, para alicerçar certo propósito, antes estabelecido; com abandono, até, do que interessa ao envolvido. Imparcialidade viciada desatende à justiça".
>
> Neste ponto, é de rigor lembrar notável precedente desta Corte, representado do julgamento do RHC nº 48.728 (Rel. Min. Luiz Gallotti, j. 26/05/1971). Ainda sob regramento constitucional de viés autoritário, os Ministros expressaram funda preocupação com a hipótese de se concentrarem os poderes de investigar e de denunciar na mesma autoridade pública.
>
> Transcrevo, ao propósito, excerto do voto do Min. AMARAL SANTOS: "Mas entre a investigação e a denúncia vai a formulação de um juízo de valor: a estimação da investigação. Por outras palavras, na denúncia há o resultado de um juízo sobre a investigação. Esta é um opus, um processo de natureza administrativa, desprovido de elementos (fatos e provas) para oferecer à apreciação de quem vai formular o juízo. Da investigação o mais que se pode concluir é que o órgão encarregado dela, relatando-a, a ofereça ao órgão incumbido do poder de representação judicial. Este, independente e autônomo, segundo seu próprio juízo, encontrará ou não na investigação elementos fáticos e probatórios suficientes para a formulação e oferecimento da denúncia. Há, pois, um autor da investigação e um destinatário da investigação, que em razão mesmo de suas atribuições não podem se unipessoalizar. Permitir que o autor da investigação, isto é, seu dirigente, orientador ou executor, ele próprio, aprecie os seus resultados e lhe confira idoneidade bastante para, com fundamento nela, propor a ação penal, corresponde a entregar à mesma pessoa o poder de ajuizar dos seus próprios atos, o que repugna à consciência jurídica. (…) Em suma, no sistema brasileiro, em que o Ministério Público oferecerá a denúncia quando encontrar elementos

suficientes para ela, podendo até mesmo recusar-se a denunciar por não encontrá-los, existe veemente a incompatibilidade jurídica entre o autor da investigação e o órgão estatal titular do direito de ação penal". E concluiu S. Ex²:

"O promotor é parte, mas não parte para apreciar suas próprias investigações."

Sobre o impedimento do promotor que atue como presidente de sindicância para investigar os fatos, sublinhou o Min. Antônio Neder: "Resumo, pois, os fundamentos deste voto: (...) o terceiro (que, aliás, deveria ser indicado em primeiro lugar), é o de que o procurador, ele mesmo, fez a sindicância ou investigação e ofereceu a denúncia com base no que investigou, anomalia esta que não se harmoniza, como é óbvio, com o processo penal entre nós vigente, que comete a uma autoridade o poder de investigar a existência de crime e a outra o poder de denunciar o autor que for indiciado em tal investigação, isto para a garantia do indiciado, que pode ser perseguido pelo investigante que, ao mesmo tempo, seja o acusador. (...) O funcionário que faz a investigação, a sindicância, não pode acusar."

O Min. Thompson Flores, citando outros precedentes do Tribunal, não foi menos incisivo:

"Tenho como ilegítimo o representante do Ministério Público que ofereceu a denúncia contra o paciente e outros. Correta estaria a delegação para a sindicância, nos termos da lei e da Portaria nº 1.320. E sua execução já contraindicaria o delegado para o exercício da ação penal, como se tem reconhecido e acentuou o julgado desta Corte no RHC 34.827, do qual foi Relator o eminente e saudoso Ministro Nelson Hungria (Rev. Jurídica do Rio Grande do Sul, vol. 29, p. 80-1). [Também publicado na RTJ 1/694-695.] Sua ementa dispõe, verbis: 'O C. Pr. Pen. não autoriza a deslocação de competência, ou seja a substituição da autoridade policial pela judiciária e membro do Ministério Público, na investigação de crime.' E o eg. Tribunal de Justiça do Rio Grande do Sul, em acórdão de que fora Relator o ilustre Desembargador Celso Afonso Pereira, destacara em sua ementa, Rev. Justiça, vol. 31, p. 269: 'A boa administração da justiça criminal exige que haja formal separação entre o Ministério Público e a política [rectius: polícia?] judiciária. O encargo de acusador oficial é incompatível com a autorização de proceder ele mesmo a atos de instrução, embora preparatória.' (...) Penso que não poderia fazê-lo, usando o próprio sindicante, o ilustre Procurador, essa dupla atribuição. Não o quer o próprio Código, art. 28, pelo sistema que nele se insculpe, e, ademais, em seu desfavor ocorreria o impedimento a que se refere o art. 252, I, c/c o art. 258, do citado Diploma".

Por todas essas razões, as quais me avigoram o convencimento, é que, fechando o parêntese, deixo registradas também minhas sérias dúvidas quanto à conveniência política e adequação jurídica da adoção de tal modelo de *iure condendo*. (…) (RE 593727, Relator(a): Min. Cezar Peluso, Relator(a) p/ Acórdão: Min. Gilmar Mendes, Tribunal Pleno, julgado em 14/05/2015, Acórdão Eletrônico Repercussão Geral – Mérito Dje-175 Divulg 04-09-2015 Public 08-09-2015).

Ainda a designação de Ministro para que presida uma investigação, sem que haja uma distribuição por sorteio, assim determinado pelo Regimento Interno do STF, conforme preceitua o art. 66 e seguintes, fere o princípio do juiz natural e a impessoalidade (art. 5º, inc. XXXVII e 37, *caput*, ambos da CF/88).

Além do arquivamento proposto pela Procuradoria-Geral da República, outras medidas judicias foram propostas questionando a legalidade das investigações promovidas pelo STF.

A Portaria GP nº 69/2019, de autoria do Presidente do STF, foi alvo de uma *Arguição de Descumprimento de Preceito Fundamental nº 572*, proposta pela Rede Sustentabilidade, para fins de ser suspensa a eficácia da Portaria referida e no mérito a declaração de sua inconstitucionalidade.

A mencionada ADPF arguiu a violação de preceitos fundamentais como o devido processo legal, a dignidade da pessoa humana, a prevalência dos direitos humanos, a legalidade e à existência de juízes ou tribunais de exceção (arts. 1º, inc. III; 4º, inc. II; 5º incisos II, XXXVII e LIV, todos da CF/88), além de violação ao sistema acusatório e a separação dos poderes. Argumenta finalmente, a ausência de justa causa para a instauração do inquérito, violando a legalidade estrita, contemplando a violação a garantia de imparcialidade.

Outro argumento presente na ADPF mencionada é a de que pessoas jurídicas e entes despersonalizados não poderiam ser sujeitos passivos de crimes contra a honra, e na hipótese de pessoas naturais, a investigação deveria ser precedida de representação do ofendido.

A Advocacia-Geral da União, manifestando-se nessa ADPF, realizou a defesa do Inquérito 4781/DF, sustentando que é atribuição do Presidente do STF instaurar inquérito em defesa das prerrogativas do STF, podendo delegar a investigação a outro Ministro, a teor do que dispõe o art. 12, parágrafo único,[49] do Decreto nº 200/67, como foi

---

[49] Art. 12. É facultado ao Presidente da República, aos Ministros de Estado e, em geral, às autoridades da Administração Federal delegar competência para a prática de atos administrativos, conforme se dispuser em regulamento.
Parágrafo único. O ato de delegação indicará com precisão a autoridade delegante, a autoridade delegada e as atribuições objeto de delegação.

feito no caso em questão, não sendo correto sustentar a violação dos princípios do juiz natural e da impessoalidade.

Sustenta ainda a AGU que não há que se falar em violação de imparcialidade, vez que não há a atuação de juízes acusadores, mantendo incólume todos os direitos e garantias constitucionais previstas, vez que o Presidente do STF atuou em nome e defesa dos ofendidos, conforme prevê o art. 13, inc. I e II do RISTF.

Firma a AGU o entendimento de que o STF não viola o sistema acusatório na medida em que não oferecerá denúncia, sustendo-se tratar de uma fase prévia, de cunho investigativo, para colher a correta formação da *opinio delicti*.

Sustenta também que o termo *sede* e *dependências* contido no art. 43 do RISTF deve ser interpretado de forma sistêmica, pois na espécie, os fatos que atingiram a Corte e seus Ministros ocorreram na internet, especialidade de crime não prevista na época da edição do RISTF. Conclui a AGU que a abrangência da previsão regimental do STF equivale a jurisdição de sua Corte, ou seja, todo território nacional.

Reforçando a *legalidade da instauração de investigações pelo STF*, menciona a AGU o Inquérito 4.696 do STF, em que foram determinadas diversas diligências investigatórias:

> Inquérito instaurado por determinação da Segunda Turma do STF. 2. Transferência de Preso. 3. Abuso no uso de algemas. Violação à Súmula Vinculante nº 11 do STF. 4. Remessa de cópia do inquérito à Procuradoria-Geral da República, ao Ministério da Segurança Pública, ao Conselho Nacional de Justiça, ao Conselho da Justiça Federal e Conselho Nacional do Ministério Público. 5. Manutenção da competência desta Corte para a supervisão dos atos subsequentes a serem praticados." (Inquérito 4696, Relator(a): Min. GILMAR MENDES, Segunda Turma, julgado em 14/08/2018, ACÓRDÃO ELETRÔNICO DJe-219 DIVULG 11-10-2018 PUBLIC 15-10-2018).

Em seu relatório, nos autos acima referidos, o Min. Gilmar Mendes, Relator, consignou:

> O Regimento Interno do STF confere ao relator a adoção de medidas para a preservação de suas decisões, conforme dicção dos arts. 21-A e 70. Além disso, o art. 43 do RISTF estabelece a possibilidade de instauração de inquérito no âmbito do Supremo Tribunal Federal.

Para instruir o feito, designei o juiz-instrutor de meu Gabinete, Dr. Ali Mazloum, e oficiei à PGR para, querendo, acompanhar a apuração.

O juiz-instrutor colheu as declarações de SERGIO CABRAL, que foi ouvido na sede do TRF/2ª Região no Rio de Janeiro. Na sequência, em Curitiba, na Superintendência Regional da Polícia Federal, ouviu sete agentes que participaram da escolta do preso, desde a custódia da PF até o Instituto Médico Legal e, dali, ao Complexo Médico Penal de Pinhais. Outros elementos foram produzidos, tais como inspeções, fotografias e registros documentais, todos juntados aos autos físicos do presente inquérito.

Em suas considerações incidentais no voto acima mencionado, o Min. Gilmar Mendes pontuou:

> Por isso, Senhores Ministros, estou trazendo estas considerações. E gostaria de dizer que, na sessão em que decidimos sobre a abertura deste inquérito, nós discutimos, com bastante intensidade, há a necessidade de que esta Corte – ela mesma – abra os inquéritos para fazer as investigações e que passe a tomar deliberações nesses casos. Aqui, tínhamos percebido que se abriu um inquérito, em Curitiba, para investigar eventuais abusos. Mas nada se fez, simplesmente se abriu o inquérito. Um mero faz de conta. Inclusive a Doutora Raquel disse isso e se manifestou contra a abertura do inquérito. Esta Corte precisa preservar as suas competências e a sua autoridade. A toda hora, temos procuradores, por exemplo, no *twitter*, atacando esta Corte, desqualificando os seus magistrados, criticando decisões do Supremo Tribunal Federal. Nenhuma providência se toma. Eles que são partes interessadas. É preciso que nós respondamos, e o art. 43 dá a base para isto de maneira clara, evitando que em pouco tempo nós tenhamos tortura em praça pública, Ministro Fachin, porque caminha-se para isso. Esse é um caso que nos enche de vergonha. Quem perpetra esse tipo de coisa e a concebe não é órgão de Estado, é delinquente, tem espírito de delinquente, é celerado.

Manifestou-se a PGR pelo deferimento da medida cautelar e pela procedência da ADPF, em argumentos já mencionados em razão da promoção do arquivamento do Inquérito 4781/DF.

A ADPF nº 572 encontra-se concluso ao Relator, Min. Edson Fachin.

Ainda a Associação Nacional dos Procuradores da República (ANPR), impetrou *HC Coletivo e Preventivo*, em favor de todos os associados da ANPR, bem como os indivíduos que foram sujeitos dos

CAPÍTULO 3
O MINISTÉRIO PÚBLICO E A INVESTIGAÇÃO CRIMINAL | 109

mandados de busca e apreensão por decisão do Min. Alexandre de Moraes.

Entre os argumentos contrários à mencionada portaria estão:

a) violação do sistema acusatório, não podendo o mesmo ser conduzido por um magistrado;

b) o STF deve permanecer com a supervisão das investigações;[50]

c) ofensa à imparcialidade;

d) violação ao princípio da impessoalidade, em razão da distribuição direta ao Min. Alexandre de Moraes;

e) inconstitucionalidade do art. 43 do RISTF, em razão da não recepção pela Carta da República;

f) incompatibilidade da Portaria de instauração do INQ. 4.781 e os atos do RISTF, pois não restou descrita que a infração ocorreu na sede ou dependência do STF, bem como a autoridade ou a pessoa sujeita à investigação, esteja sujeita à esfera de competência de julgamento pelo STF;

g) violação ao art. 2º da Lei nº 8.038/90 que prevê os processos de competência originária do STF, deverá ser realizado segundo o disposto neste capítulo, no Código de Processo Penal, no que for aplicável, e no Regimento Interno do Tribunal. Não sendo, dessa forma, observado o art. 5º, §1º, "a" e "b", do CPP, que prevê as exigências que a requisição feita à autoridade policial deve conter, essencialmente, a narração do fato e todas as circunstâncias, bem como a individualização do indiciado ou os motivos de impossibilidade de o fazer;

h) violação ao art. 3º, "a" e "b", da Lei Complementar nº 75/1993, vez que é obrigação do Ministério Público o controle externo da atividade policial para assegurar os direitos previstos na Carta da República e a preservação da incolumidade das pessoas, tem-se que direitos

---

[50] Se a Constituição estabelece que os agentes políticos respondem por crime comum, perante o STF (CF, art. 102, I, b), não há razão constitucional plausível para que as atividades diretamente relacionadas à supervisão judicial (abertura de procedimento investigatório) sejam retiradas do controle judicial do STF. A iniciativa do procedimento investigatório deve ser confiada ao MPF contando com a supervisão do Ministro Relator do STF. 10. A Polícia Federal não está autorizada a abrir de ofício inquérito policial para apurar a conduta de parlamentares federais ou do próprio Presidente da República (no caso do STF). No exercício de competência penal originária do STF (CF, art. 102, I, "b" c/c Lei nº 8.038/1990, art. 2º e RI/STF, arts. 230 a 234), a atividade de supervisão judicial deve ser constitucionalmente desempenhada durante toda a tramitação das investigações desde a abertura dos procedimentos investigatórios até o eventual oferecimento, ou não, de denúncia pelo dominus litis. 11. Segunda Questão de Ordem resolvida no sentido de anular o ato formal de indiciamento promovido pela autoridade policial em face do parlamentar investigado. 12. Remessa ao Juízo da 2ª Vara da Seção Judiciária do Estado do Mato Grosso para a regular tramitação do feito. (Pet 3825 QO, Relator(a): Min. Sepúlveda Pertence, Relator(a) p/ Acórdão: Min. Gilmar Mendes, Tribunal Pleno, julgado em 10/10/2007, DJe-060 DIVULG 0304-2008 PUBLIC 04-04-2008 Ement Vol-02313-02 PP-00332 RTJ Vol-00204-01 PP-00200).

fundamentais são violados através da INQ. 4.781, notadamente o art. 5º, XXXVII e LIII, CR/88, de modo que ocorre, efetivamente, usurpação da competência do Ministério Público.

Também a Associação Nacional dos Procuradores da República (ANPR), ingressou com *Mandado de Segurança Coletivo*, em face da Portaria nº 69, de 14 de março de 2019, do Gabinete da Presidência deste Supremo Tribunal Federal, com a finalidade de declarar a ilegalidade e inconstitucionalidade da mencionada Portaria nº 69/19, pois o mesmo teria o escopo de inibir a atuação dos Procuradores da República.

Os fundamentos do referido MS Coletivo são assemelhados às questões fáticas e teóricas até aqui já explanados.

Todas as medidas judiciais aqui mencionadas ainda carecem de enfrentamento de decisão judicial a ser emanada pela Corte Suprema.

Observa-se até aqui, que a questão da Portaria nº 69, de 14 de março de 2019, do Gabinete da Presidência deste Supremo Tribunal Federal, que culminou no INQ. 4.781, possui algumas discussões teóricas sobre a possibilidade de uma investigação criminal ser realizada diretamente pelo Poder Judiciário.

O juiz não possui função constitucional para investigar delitos, não contemplando nosso sistema a figura do *juiz-instrutor*, sendo esta figura extinta nos países que adotavam tal figura, como Portugal, abolida em 1988.

Atualmente, em nosso sistema há a previsão do *art. 33, parágrafo único da Lei Complementar nº 35/1979 (LOMAN)*, em que estabelece a investigação preliminar por juízes na hipótese de delito atribuído a magistrado.

Para essa hipótese, há quem sustente que essas espécies de investigação preliminar dos delitos que sejam praticados por agentes com foro de prerrogativa de função teria natureza judicial (CAVALCANTI, 2011, p. 211), devendo ser conduzida pelo Ministro ou Desembargador Relator, no Tribunal.

Além da hipótese prevista no *art. 43, caput, do RISTF*, conferindo a investigação pelo Presidente do STF nas hipóteses lá mencionadas, como já exaustivamente tratado acima, o *art. 58 e parágrafos do Regimento Interno do STJ* prevê:

> Art. 58. Ocorrendo infração à lei penal na sede ou dependências do Tribunal, o Presidente instaurará inquérito, se envolver autoridade

ou pessoa sujeita à sua jurisdição, ou delegará esta atribuição a outro Ministro.

§1º Nos demais casos, o Presidente poderá proceder na forma deste artigo ou requisitar a instauração de inquérito à autoridade competente.

§2º O Ministro incumbido do inquérito designará secretário dentre os servidores do Tribunal.

Pois bem. Resta agora esclarecer: é possível o Poder Judiciário conduzir investigações criminais?

A figura de um *juiz investigador* é caracterizada pela presença do denominado *juiz-instrutor*.

O juiz-instrutor pode de ofício, sem pedido do MP ou do acusador privado, realizar as seguintes diligências, entre outras: a) proceder interrogatório; b) utilizar medidas cautelares pessoais ou reais; c) conceder liberdade provisória; d) realizar oitiva de testemunhas, vítima, etc.; e) fazer reconhecimento de pessoas ou coisas; f) ordenar perícias; g) realizar inspeções.

O juiz instrutor possui a iniciativa e gestão da prova, marcando o caráter iminentemente inquisitorial do sistema. Nesse sistema de juiz-instrutor busca a imparcialidade, buscando-se elementos não só para uma acusação futura, mas também para uma eventual defesa.

Contudo, a imparcialidade nessas hipóteses resta afetada sobremaneira.

O juiz deverá ser *impartial e imparcial*, pois para resolver a questão com exatidão e justiça, o mesmo deverá despir-se de quaisquer tipos de influências de caráter subjetivo. Aury Lopes Jr. e Ricardo Jacobsen Gloeckner afirmam que, seguindo W. Goldschmidt, "o termo *partial* expressa a condição de parte na relação jurídica processual e, por isso, a *imparcialidade* do julgador constitui uma consequência lógica da adoção da heterocomposição, por meio da qual um terceiro *impartial* substitui a autonomia das partes. Com essa substituição, impede-se o uso da força, a resignação e a rendição."

"Por outro lado, *parcialidade* significa um estado subjetivo, emocional, e tem como antítese a *imparcialidade*, que consiste em colocar entre parênteses todas as considerações subjetivas do julgador, que deve submergir no objeto, ser objetivo, olvidando sua própria personalidade. Por isso, consideramos a imparcialidade um *estado anímico do julgador*" (LOPES JR; GLOECKNER, 2013, p. 137).

Nos casos em que se admite o juiz-instrutor, Aury Lopes Jr. e Ricardo Jacobsen Goleckner apontam as seguintes vantagens para a hipótese:

a) a imparcialidade e independência do juiz instrutor são as garantias de que a instrução preliminar não servirá – por exemplo – como instrumento de perseguição política por parte do Poder Executivo;

b) o fato de ser a investigação conduzida por um órgão suprapartes;

c) maior efetividade da investigação e qualidade (credibilidade) do material recolhido;

d) o produto final poderá servir tanto para a acusação como, também, à defesa, pois advém de um órgão imparcial e preocupado em aclarar o fato, tanto buscando as provas de cargo como também as de descargo;

e) garantia de que o juiz que instrui não julga e a observância do princípio de *nullum iudicium sine accusatione*;

f) na investigação é necessário adotar medidas que limitam direitos fundamentais (cautelares, busca e apreensão etc.) e que, por essa razão, necessitam que sejam adotadas por um órgão com poder jurisdicional. Logo, nada melhor que seja o próprio titular da instrução dotado desse poder;

g) por se tratar de decisão exarada a partir de órgão jurisdicional, a possibilidade recursal se afigura como consequência sistemática do modelo orgânico de processo, algo que seria impossível na investigação a cargo do Ministério Público ou da polícia, uma vez que, quando conduzidas por tais entes, a investigação teria a natureza meramente administrativa, diversa, portanto, da natureza judicial da investigação conduzida por magistrado.1 Da mesma maneira, a existência de um recurso propriamente dito permite que se possam atacar fundamentos de maneira que a cognição não quede limitada aos elementos de legalidade, como seria o caso da impugnação de ato de inquérito policial pela via do *habeas corpus*." (LOPES JR; GLOECKNER, 2013, p. 148-149).

Porém, há também os diversos inconvenientes que apresentam o denominado *juiz da instrução*:

a) É um modelo superado e intimamente relacionado à figura histórica do *juiz inquisidor*, pois sua estrutura outorga a uma mesma pessoa as tarefas de (*ex officio*) investigar, proceder à imputação formal (o que representa uma acusação *lato sensu*) e inclusive defender, remontando a estrutura do Code Napoleônico.

b) O grave inconveniente que representa o fato de uma mesma pessoa decidir sobre a necessidade de um ato de investigação e valorar sua legalidade.

CAPÍTULO 3
O MINISTÉRIO PÚBLICO E A INVESTIGAÇÃO CRIMINAL | 113

c) Transforma o processo penal *(lato sensu)* em uma luta desigual entre o inquirido, o juiz inquisidor, o promotor e a polícia judiciária. Essa patologia judicial acaba por criar uma grave situação de desemparo, pois, se o juiz é o investigador, quem atuará como *garante?*

d) Por vício inerente ao sistema, a instrução judicial tende a se transformar em plenária, comprometendo seriamente a celeridade que deve nortear a fase pré-processual.

e) Representa uma gravíssima contradição lógica, pois o juiz investiga para o promotor acusar e, o pior, muitas vezes contra ou em desacordo com as convicções do titular da futura ação penal. Em definitivo, se a instrução preliminar é uma atividade preparatória que deve servi, basicamente, para formar a *opinio delicti* do acusador público, deve estar a cargo dele, e não de um juiz, que não pode e não deve acusar.

f) Gera uma confusão entre as funções de acusar e julgar, com inegável prejuízo para o processo penal.

g) A fim de se acelerar o procedimento, determinados atos são delegados (em alguns ordenamentos pelo legislador) à polícia, pelo que se procede ao reconhecimento (ou validação judicial) de atos sabidamente administrativos, somando-se que, a partir de então, o controle de tais diligências (sequer judiciais) se imuniza de qualquer verificação de regularidade, vez que determinados pelo próprio órgão investigante;

h) Por fim, outro grave problema da instrução judicial está no fato de converter a instrução preliminar em uma fase geradora de provas, algo absolutamente inaceitável diante do seu caráter inquisitivo. A maior credibilidade que normalmente geram os atos do juiz instrutor pode levar a que a prova não seja produzida no processo, mas meramente ratificada. O resultado final é a monstruosidade jurídica de valorar na sentença elementos recolhidos em um procedimento preliminar em que predominam o segredo e a ausência do contraditório e defesa. Não se pode olvidar que a investigação preliminar serve para aclarar o fato em grau de probabilidade, estando dirigida a justificar o processo ou o não processo. Jamais deve servir para amparar um juízo condenatório (LOPES JR; GLOECKNER, 2013, p. 152-153).

Como já mencionado nesse trabalho, o sistema acusatório, vigente no ordenamento jurídico brasileiro, não comporta que investigações sejam realizadas pelo Poder Judiciário, devendo o mesmo se manter distante das apurações dos fatos criminais, para assim, se necessário, preservar os direitos e garantias individuais, além de apreciar todos eventuais pedidos relacionados com os fatos investigados, controlando a legalidade da investigação criminal e exercendo sua exata função constitucional dentro do sistema: julgar.

3.2.4 Condenação do Brasil na Corte Interamericana de Direitos Humanos – Caso Favela Nova Brasília *vs* Brasil

O Brasil foi submetido à Corte Interamericana de Direitos Humanos, em 19 de maio de 2015, em razão do caso *Cosme Rosa Genoveva, Evandro de Oliveira e outros (Favela Nova Brasília)*.[51] O caso se refere às "falhas e à demora na investigação e punição dos responsáveis pelas supostas 'execuções extrajudiciais de 26 pessoas (...) no âmbito das incursões policiais feitas pela Polícia Civil do Rio de Janeiro em 18 de outubro de 1994 e em 8 de maio de 1995 na Favela Nova Brasília", alegando-se que essas mortes foram justificadas pelas autoridades policiais mediante o levantamento de "atos de resistência à prisão" e ainda que três mulheres, duas delas menores, teriam sido vítimas de tortura e atos de violência sexual por parte de agentes policiais.

Ou seja, as investigações criminais realizadas pela polícia falharam conforme detectado na decisão acima mencionada, fato constatado em um trecho da sentença (p. 60):

> Além disso, a investigação conduziu muito poucas diligências, as quais foram irrelevantes; e não se registrou nenhum avanço que ajudasse a determinar a responsabilidade pelas execuções. Essas falhas na investigação fizeram com que ela não constituísse um recurso efetivo, uma vez que não houve os avanços mínimos necessários para que se pudesse considerar como efetiva essa investigação, independentemente dos resultados a que se pudesse ter chegado. Essa situação constituiu uma denegação por parte do Estado de um recurso efetivo contra atos que violaram seus direitos humanos, ou seja, foi violado o próprio direito de acesso à justiça.". http://www.itamaraty.gov.br/images/Banco_de_imagens/SENTENCIA_FAVELA_NOVA_PORTUGUESfinal.pdf.

Em 16 de fevereiro de 2017 o Brasil foi sentenciado pela Corte. Ao Estado a Comissão recomendou, entre outras:

> a. conduzir uma investigação exaustiva, imparcial e efetiva das violações descritas no Relatório de Mérito, em prazo razoável, por autoridades judiciais independentes da polícia, com vistas a determinar a verdade e punir os responsáveis. A investigação levará em conta os vínculos existentes entre as violações de direitos humanos descritas no Relatório

---

[51] Conferir sentença em: http://www.itamaraty.gov.br/images/Banco_de_imagens/SENTENCIA_FAVELA_NOVA_PORTUGUESfinal.pdf. Acesso em: 02 fev. 2019.

e o padrão de uso excessivo da força letal por parte da polícia. Também considerará as possíveis omissões, atrasos, negligências e obstruções na justiça provocadas por agentes do Estado;

Na decisão de mérito, constou da referida decisão que (p. 47 e 48):

187. A esse respeito, a Corte considera que o elemento essencial de uma investigação penal sobre uma morte decorrente de intervenção policial é a garantia de que o órgão investigador seja independente dos funcionários envolvidos no incidente. Essa independência implica a ausência de relação institucional ou hierárquica, bem como sua independência na prática. Nesse sentido, nas hipóteses de supostos crimes graves em que *prima facie* apareçam como possíveis acusados membros da polícia, a investigação deve ser atribuída a um órgão independente e diferente da força policial envolvida no incidente, como uma autoridade judicial ou o Ministério Público, assistido por pessoal policial, técnicos em criminalística e pessoal administrativo, alheios ao órgão de segurança a que pertençam o possível acusado ou acusados. (...)
189. O acima exposto não significa que o órgão investigador deva ser absolutamente independente, mas que deve ser "suficientemente independente das pessoas ou estruturas cuja responsabilidade esteja sendo atribuída" no caso concreto. A determinação do grau de independência se faz à luz de todas as circunstâncias do caso.

A sentença (pág. 54) esclarece:

216. A respeito dessas tendências na condução das investigações mencionadas anteriormente, como já se salientou, exige-se do órgão investigador de uma morte causada por uma intervenção policial a independência real e concreta em relação aos supostos homicidas (par. 183 a 191 supra), como uma autoridade judicial ou o Ministério Público, assistido por pessoal policial, técnico e administrativo alheio ao órgão de segurança a que pertença o possível acusado.

A sentença (p. 77) ainda prevê que o Estado possui o prazo de um ano, a partir da edição da sentença, deve adotar medidas necessárias para que sejam implementadas as referidas normas e asseguradas investigações independentes:

319. No entanto, embora a Resolução No 129 do CNMP determine as medidas a ser adotadas pelo Ministério Público em casos de morte decorrente de intervenção policial, considerando que a violência policial é normalmente investigada pela própria polícia, a Corte considera

necessário que o controle externo do Ministério Público em casos de violência policial se projete além da prática de supervisão à distância das investigações realizadas por delegados da própria polícia. Nesse sentido, é fundamental que em hipóteses de supostas mortes, tortura ou violência sexual decorrentes de intervenção policial em que prima facie policiais apareçam como possíveis acusados, o Estado tome as medidas normativas necessárias para que desde a *notitia criminis* se delegue a investigação a um órgão independente e diferente da força policial envolvida no incidente, tais como uma autoridade judicial ou o Ministério Público, assistido por pessoal policial, técnico criminalístico e administrativo alheio ao órgão de segurança a que pertençam os possíveis acusados, ou o possível acusado. Para tanto, o Estado deve adotar as medidas necessárias para que esse procedimento seja implementado no prazo de um ano a partir da emissão desta Sentença, em conformidade com as normas de investigação independente mencionadas nos parágrafos 183 a 191 supra.

A Corte condenou o Estado, a unanimidade (p. 89):

16. O Estado, no prazo de um ano contado a partir da notificação da presente Sentença, deverá estabelecer os mecanismos normativos necessários para que, na hipótese de supostas mortes, tortura ou violência sexual decorrentes de intervenção policial, em que *prima facie* policiais apareçam como possíveis acusados, desde a *notitia criminis* se delegue a investigação a um órgão independente e diferente da força pública envolvida no incidente, como uma autoridade judicial ou o Ministério Público, assistido por pessoal policial, técnico criminalístico e administrativo alheio ao órgão de segurança a que pertença o possível acusado, ou acusados, em conformidade com os parágrafos 318 e 319 da presente Sentença.

Trata-se da 6ª condenação do Brasil pela Corte Interamericana de Direitos Humanos, sendo que o Brasil, desde 2002, submete-se à jurisdição obrigatória da Corde-IDH, em razão de fatos (ações ou omissões) ocorridos após 1998.

Esse é o caminho do tratamento a respeito do poder de investigação criminal pelo Ministério Público. A comunidade jurídica internacional vem apontando pela direção de que o Ministério Público seja amparado juridicamente para que se proceda à investigação criminal, funcionando, também, de modo eficaz, como um controle das atividades investigatórias das polícias, impedindo que haja violação de elementares e básicos direitos humanos de sua sociedade.

3.3 A possibilidade da investigação criminal pelo Ministério Público prevista no Código de Processo Penal

Apesar de tudo o que já foi discutido acima, é possível afirmar que o poder de investigação criminal sempre esteve previsto no Código de Processo Penal Brasileiro de 1941.

É certo que nas legislações processuais criminais anteriores a 1941 a função do Ministério Público e a investigação criminal não eram claras, e por razões de tradição, então, o Código de Processo Penal de 1941 também não é.

O Código de Processo Criminal de 1832 previu a figura do promotor público para o oferecimento da denúncia, mas ainda possuía fragilidade nas normas de organização judiciária e a regulamentação do júri.

Por isso, com o objetivo de se criar instrumentos para o Governo imperial combater a impunidade e impor a sua autoridade, foi criada a famigerada Lei de 3 de dezembro de 1841 e seu regulamento 120, de 31 de janeiro de 1842.

Criou-se um "aparelhamento policial altamente centralizado, e armar, assim, o Governo de poderes suficientes para levar a bom termo a tarefa a que se propunha, de tornar efetiva a autoridade legal" (MARQUES, 1998, p. 101).

Contudo, tal situação foi criticada à época, pois as funções da polícia se misturavam com as funções judiciárias. Daí porque sustenta a doutrina na época que todas as autoridades polícias, "além das funções normais de polícia judiciária, tinham competência para a formação da culpa (regimento nº 120, artigo 198, parágrafo 5º), vigorava o policialismo mais arbitrário em matéria de processo criminal" (MARQUES, 1998, p. 102).

José Antônio Pimenta Bueno, o Marquês de São Vicente, ao estudar o Processo Criminal brasileiro, por volta do ano de 1857, ressalta a dificuldade do incipiente Ministério Público em suas atribuições, incluindo a persecução criminal na época:

> O ministerio publico tem, não a simples faculdade, sim a obrigação positiva de denunciar os crimes públicos, policiaes, e inafiançáveis, (...). Posto que em face d'esse dever e natureza das coisas, taes denuncias não estejam sujeitas a todas as condições dos art. 78 e seg. do cód., é fora de

duvida que o promotor deve rodeal-as de todos os esclarecimentos que puder obter, e que muito facilitam o procedimento criminal.

Entretanto, o nosso ministerio publico está, como já observá-mos, mal organisado, e por isso mesmo não póde prestar todos os úteis serviços que a sociedade tem de direito de esperar d'essa instituição. Há somente um promotor por comarca, e sem agentes seus termos; sua acção não póde pois ter ubiqüidade; não póde haver uma vigilância e actividade na provocação da acção criminal, como convinha: resta somente a cooperação da policia judiciaria (BUENO, 1899, p. 109-110).

A reforma de 1871 colocou fim à lei de 3 de dezembro, separando o Judiciário da Polícia, incluindo a criação do até hoje vigente inquérito policial.

Com a República o processo penal foi regulamentado pelo Decreto nº 4.824 e pela Lei nº 2033, de 20 de setembro de 1871.

Após a Constituição republicana de 1891 conferiu competência a todas as unidades federativas para legislarem o processo penal, bem como as organizações judiciárias.

Na época, o inquérito policial servia de instrumento da denúncia ou queixa apenas nos crimes comuns, destacando-se que desde 1871 o inquérito policial não era único meio de investigação. Salienta Frederico Marques que dentre os diversos códigos estaduais, alguns suprimiram o inquérito policial (MARQUES, p. 105).

Enfim, em 3 de outubro de 1941, foi promulgado pelo decreto-lei nº 3.689, o Código de Processo Penal do Brasil.

Pela exposição de motivos do Código de Processo Penal de 1941, nota-se que a "conservação do inquérito policial", tal como herdado do império em 1871, não foi com o objetivo de dar exclusividade das investigações criminais à polícia, mas sim, foi com o objetivo de sustentar o afastamento do juizado de instrução.

O que desejou o legislador é que haja, antes de um processo, uma instrução provisória, *como* o inquérito policial. Percebe-se que na própria exposição de motivos do CPP, o inquérito policial foi utilizado a título de exemplo, deixando claro que não é, e nem poderá ser, a única forma de investigação criminal.

Pretendeu o legislador à época, manter a investigação criminal prévia, para evitar erros de juízos ou o erro de orientação investigativo despercebido, impedindo acusações infundadas e preservando o *status dignitatis* do cidadão.

Ao que parece, desde os primeiros diplomas legislativos, o problema do Ministério Público investigativo sempre foi mais uma questão de estrutura e de situação política da época, do que a observação de suas finalidades institucionais.

Assim, ao observar os dispositivos do Código de Processo Penal, parece que a questão da investigação criminal pelo Ministério Público gera uma discussão jurídica, digamos, nímia, pois há uma preocupação excessiva com termos, sem que se atentasse para a finalidade da investigação criminal e a lógica sistematizada pelo *Codex* de 1941.

Pela legislação processual penal de 1941, conclui-se que o inquérito policial é um dos meios, e não o único, de investigação criminal, de caráter preparatório para a propositura da ação penal.

O legislador processual à época, apesar de não denominar a atuação funcional do Ministério Público antes de propor a ação penal, *lhe conferiu legalmente instrumentos para que agisse independentemente do inquérito policial.*

O Código de Processo Penal prevê em seu Livro I, Título II, que trata especificamente do inquérito policial, que tal procedimento policial servirá para apurar infrações penais e sua autoria (art. 4º CPP). Em seguida, o *Codex* Processual, no parágrafo único do art. 4º, não exclui a *competência* de outras autoridades administrativas para a apuração de infrações penais.

Pois bem. O art. 16 do CPP dispõe que se necessário, haverá devolução do inquérito policial ao Ministério Público para que se proceda outras diligências, desde que imprescindíveis ao oferecimento da denúncia.

O art. 13, inc. II, do CPP disciplina que a autoridade policial possui a obrigação de realizar diligências requisitadas pelo Ministério Público.

Não se pode deixar de observar que, quando utilizado o art. 13, inc. II, do CPP, há um direcionamento dado pelo Ministério Público na investigação criminal, ou seja, o Ministério Público está investigando através da polícia, determinando quais as diligências investigatórias serão realizadas.

Dessa forma, o Ministério Público está efetivamente participando da investigação, determinando diligências, tornando-se a polícia um instrumento pela qual a investigação se materializa.

Repisa-se que tanto o disposto no art. 16, como no art. 13, inc. II estão previstos no Título II, que trata do inquérito policial.

Já no Título III, quando trata da ação penal, o CPP disciplina o art. 27 que qualquer do povo *pode provocar a iniciativa do Ministério Público*, levando ao conhecimento do membro do Ministério Público notícias que se referem à infração penal.

No mesmo sentido, o art. 40 prevê que juízes ou tribunais quando tiverem conhecimento de crimes de ação pública devem encaminhar ao Ministério Público cópias e documentos necessários para o oferecimento da denúncia. Trata-se de uma comunicação obrigatória.

Questiona-se, iniciativa prevista no art. 27 do CPP é para quê?

Iniciativa para requisitar a autoridade policial a instauração de inquérito policial? Para arquivar os fatos? Para oferecer denúncia? Ou para investigar o que lhe foi noticiado?

A resposta encontra-se no próprio Código de Processo Penal:

1 – Se for necessário *requisitará a instauração de um inquérito policial*, nos termos do *art. 5º, inc. II do CPP*, iniciando-se um inquérito policial para apuração da infração penal;

2 – Os fatos podem ser *arquivados*, caso a evidência não se constitua infração penal, passando o arquivamento pelo crivo do poder judiciário, nos termos do *art. 28 do CPP*.

3 – Poderá ser proposta a *denúncia, art. 39, §5º do CPP*, iniciando-se a ação penal respectiva;

4 – Poderá o Ministério Público *iniciar a investigação criminal*, para escorreita apuração da notícia dos fatos, nos termos do *art. 47 do CPP*.

Não se pode dizer que no art. 47 do CPP a requisição do Ministério Público refere-se a esclarecimentos e documentos complementares ou novos elementos de convicção referentes ao inquérito policial já em andamento, por duas simples razões:

Primeira, porque tanto o art. 13, inc. II e 16, ambos do CPP, tratados pelo legislador, quando disciplina as regras do inquérito policial, já preveem a realização de diligências requisitadas pelo *Parquet*.

Pois bem, se o art. 47 do CPP fosse interpretado da forma acima mencionada, teríamos *uma repetição de fundamento legislativo*, o que implicaria na *inutilidade do art. 47 do CPP*.

Segundo o art. 47 do CPP, afirma-se que o Ministério Público *deverá* requisitá-lo, diretamente, de quaisquer autoridades ou funcionários para a obtenção de maiores elementos ou documentos para formar a sua convicção.

Ora, o imperativo *deverá* não é para o inquérito policial, pois, como visto acima, se o dispositivo Processual Penal estivesse tratando do inquérito policial, o termo "deverá" estaria em contradição com os artigos 13, inc. II e 16 do CPP.

Muito menos este *deverá* será útil se a ação penal já tiver iniciada, pois o complemento probatório poderá ser requisitado pela acusação de forma facultativa, senão, ser requerido ao juiz, após o início da ação penal, durante a instrução processual penal.

Caso contrário, seria a afirmação de que o Ministério Público para apresentar um complemento de prova, *sempre* seria obrigado a requisitá-lo diretamente.

Mas a expressão *deverá*, contida no art. 47 do CPP não foi colocado pelo legislador de forma despropositada, há uma coerência sistemática e lógica para expressão no dispositivo processual penal.

Explico.

O termo *deverá* servirá para preservar o *princípio da obrigatoriedade*, que informa a atividade persecutória do Ministério Público, pelo qual a Instituição tem a obrigação de agir caso tenha notícia do crime e não exista nada que o impeça de atuar.

O art. 47 do CPP impede que o membro do Ministério Público, nos termos do art. 27 do CPP, ao receber a notícia de um fato que seja considerada infração penal não tome as providências legais necessárias, afrontando o princípio da obrigatoriedade.

Impede o art. 47 do CPP que o membro do Ministério Público arquive em seu gabinete notícias de fatos criminosos. Assim, ou deve promover desde logo o início da ação penal ou investigar os fatos para a propositura da ação penal.

Na dúvida, o membro do Ministério Público não pode reter a notícia de fatos criminosos em seu poder, sob pena de responsabilização penal ou administrativa, conforme o caso.

Como se nota, o disposto no art. 47 do CPP *prevê a obrigatoriedade (ou a indesistibilidade) da investigação criminal pelo Ministério Público*, caso, é claro, senão houver a requisição para que a polícia investigativa realize seus trabalhos.

Pois bem.

O dispositivo do art. 47 do CPP refere-se às situações que qualquer cidadão (art. 27 do CPP) ou mesmo quaisquer autoridades noticiem ao Ministério Público fatos considerados infrações penais.

Quando o Código de Processo Penal, no art. 47 diz que o Ministério Público poderá *buscar maiores esclarecimentos* sobre a infração penal, permite o Ministério Público que investigue o fato que lhe fora apresentado.

O que significa investigação criminal senão a pesquisa, a busca de esclarecimento sobre os fatos? Em verdade, o art. 47 do Código de Processo Penal traça um abreviado conceito do que é a investigação criminal.

Outras leis especiais possuem semelhante texto legal do art. 27 do CPP, que possibilitam levar ao conhecimento do Ministério Público notícias de infrações penais, como os seguintes exemplos, art. 6º da Lei nº 1.508/1951, segundo qual qualquer pessoa pode levar ao conhecimento do Ministério Público, por escrito, a prática de jogo do bicho, apostas em cavalos fora as hipóteses autorizadas, ou ainda, apostas em competições esportivas; art. 33 do CPPM, com relação a fatos que envolvam o Ministério Público Militar; art. 101 da Lei nº 8.666/93, lei das licitações, que prevê a denúncia oral reduzida a termo sobre crimes da referida lei; art. 16 da Lei nº 8.137/90, que tipifica os crimes contra a ordem tributária, ordem econômica e relações de consumo; o parágrafo 1º do art. 2º do Decreto-Lei nº 201/67, que responsabiliza prefeitos e vereadores e o art. 22 da Lei de Improbidade Administrativa (Lei nº 8.429/92).

Ainda, há casos previstos em lei, em que obrigatoriamente, há o *dever de levar ao conhecimento do Ministério Público a ocorrência de uma infração penal*:

a) art. 66, I, da Lei de Contravenções Penais, obriga os funcionários públicos a comunicar infrações penais; b) art. 141 do Decreto-Lei nº 5.844/1943, mencionando que servidores federais ligados a administração tributária comunicar delitos; c) o art. 2º do Decreto nº 2730, de 1998, onde deve ser comunicado ao Ministério Público Federal os procedimentos administrativos em possam ocorrer em tese crimes contra a ordem tributária (art. 1 e 2º) e crimes de contrabando e descaminho; d) art. 45, da Lei nº 6.538/1978, que determina as autoridades administrativas levar ao conhecimento do Ministério Público Federal a ocorrência de crimes relacionados ao serviço postal ou telegráfico; e) art. 7º da Lei nº 4.729/65, determina que as autoridades administrativas que tiverem conhecimento de crimes contra a ordem tributária, devem encaminhar ao Ministério Público, sob pena de responsabilidade; f) art. 171 da Lei nº 8.112/90, determina que todo procedimento disciplinar que também configurar crime, será remetido ao Ministério Público para instaurar a ação penal; g) art. 102 da Lei nº 8666/93, determina que por ocasião dos autos ou documentos de que os magistrados, os membros dos Tribunais ou Conselhos de Contas ou os titulares dos órgãos integrantes do sistema de controle interno de qualquer dos Poderes conhecerem e verificarem a existência dos crimes definidos nesta Lei, remeterão ao Ministério Público as cópias e os documentos necessários ao oferecimento da denúncia; h) art. 66, inc. II, da Lei de Contravenções Penais, os médicos devem comunicar crimes que tenha conhecimento; i) art. 28, da Lei nº 7.492/86, pelo qual o Banco Central do Brasil e a Comissão de Valores Mobiliários têm o dever de comunicar ao Ministério Público as ocorrências de crimes contra o sistema financeiro nacional; j) art. 9º da Lei Complementar nº 105/2001, que regulamenta o sigilo bancário e sua quebra, determina que o Banco Central do Brasil e a Comissão de Valores Mobiliários devem comunicar ao Ministério Público a ocorrência de crimes referidos nesta lei; l) art. 9º, §2º, da Lei nº 12.529/11, determina que as decisões do Tribunal devem ser enviadas ao Ministério Público para as medidas legais cabíveis; m) a Lei nº 10.001, de 4.9.2000, dispõe que as Comissões Parlamentares de Inquérito deverão encaminhar ao Ministério Público o relatório para as providências; n) art. 26 do Estatuto da Pessoa com deficiência, prevendo que nas hipóteses de suspeita ou de confirmação de violência praticada contra a pessoa com deficiência serão objeto de notificação compulsória pelos serviços de saúde públicos e privados ao Ministério Público; o) o Estatuto do Idoso, em seu art. 19, dispõe que nos casos de suspeita ou confirmação de violência praticada contra idosos serão objeto de notificação compulsória pelos serviços de saúde públicos e privados à autoridade sanitária, bem como serão obrigatoriamente comunicados por eles ao Ministério Público.

Então, chegando ao conhecimento do membro do Ministério Público a notícia de um fato criminoso, ele terá as opções que já nos referimos acima.

Como se nota, o termo *deverá*, contido no art. 47 do CPP, não é desprovido de um significado importante a toda sistemática do processo penal, assim, pode-se afirmar que ao lado do art. 42 e 572, ambos do CPP, o art. 47 também figura no rol dos dispositivos que são exemplos do princípio da obrigatoriedade.

Pouco aborda a doutrina sobre tão importante dispositivo processual, sendo que o disposto do artigo 47 do CPP, nos precisos ensinamentos de Mirabete, visa a "possibilitar ao *órgão do Ministério Público os elementos necessários para promover a ação penal pública e a efetiva aplicação da lei penal*" (2000).

Mas não é só. Ainda sobre o disposto no art. 47 do CPP, podemos esclarecer o significado da palavra *convicção* prevista no artigo.

A formação da *convicção* somente pode ser analisada com a possibilidade de se propor uma ação penal, através da denúncia, pois não se trata de norma de cunho procedimental, vez que o Código de Processo Penal tem um Livro específico para tratar de procedimentos (conforme artigos 394 e seguintes do CPP), ou seja, não se trata da convicção da existência ou não da infração penal durante o procedimento penal.

Outrossim, na fase do processo, quem formará a convicção é o juiz, nos termos do art. 155 do CP, e não o Ministério Público.

Ademais, o art. 47 do CPP está situado no Título destinado a *Ação Penal*, e não se refere ao Título sobre Provas ou dos Processos em Espécie.

Ao observar a sequência do CPP percebe-se que o art. 41 traça os requisitos para o oferecimento da denúncia, e posteriormente o art. 44 e 45 tratam sobre a queixa-crime, sendo que o art. 46 trata do prazo para o oferecimento da denúncia, inclusive o prazo se houver a devolução do inquérito à autoridade policial.

No mesmo art. 46, o §1º trata do prazo para o Ministério Público oferecer a denúncia, sem o inquérito policial.

E por fim, chega-se novamente ao art. 47 do CPP que prevê a requisição de elementos pelo Ministério Público para formar sua convicção, e assim, pela sequência de dispositivos legais não se chega a outra conclusão senão que o termo *convicção* é utilizado para a *propositura ou não da ação penal*, nos termos do art. 41, obedecendo-se dessa forma os prazos previstos no art. 46, §1º do CPP.

Então, essa opinião firme (convicção) só pode ser a respeito da presença de indícios de autoria e materialidade de uma infração penal, para permitir ao Ministério Público propor a ação penal pública.

Não é por outra razão que o artigo 39, *caput*, do CPP, dispõe que a representação poderá ser feita diretamente ao Ministério Público, procedendo na forma do art. 39, §5º do CPP.

Logo, *conclui-se que o art. 47 do CPP se refere à investigação criminal direta pelo Ministério Público, para a colheita de peças de informação, e por consequência viabilizar a propositura de uma ação penal.*

Aliás, o que é o inquérito policial senão um conjunto de peças de informação?

Segundo lição de Mirabete, não "*é o inquérito 'processo', mas procedimento administrativo informativo, destinado a fornecer ao órgão de acusação o mínimo de elementos necessários à propositura da ação penal.*" (2000).

Ainda o próprio Código de Processo Penal, em seu art. 155, *caput*, trata de "elementos informativos colhidos na investigação", que não podem, por si só, formar a convicção do juiz para sua decisão.

Como se nota, prevê o artigo *elementos informativos colhidos na investigação*, sendo que estes podem ser produzidos tanto através do *inquérito policial*, que possui exatamente essa finalidade, ou pelas *peças de informação*, sendo estas formadas pelo próprio Ministério Público (art. 28 do CPP).

Enfim, observamos que *o Código de Processo nomeou as peças de informação da polícia de inquérito policial*, mas *não nomeou as peças de informação do Ministério Público*, nem de qualquer outro órgão, e nem por isso o Ministério Público deixará de proceder a investigação criminal, para a propositura da ação penal que é de sua inteira e constitucional atribuição.

A dúvida refletida no poder de investigação pelo Ministério Público perante o Código de Processo Penal parece mais um giro de discurso em torno de uma nomenclatura, do que no seu próprio sentido normativo e de análise sistemática do Código de Processo Penal.

Pois como visto, o inquérito policial não é, bem como nunca foi, o único meio para se proceder às investigações criminais.

Quanto às regras de investigação, também óbice não haverá, pois se não houver disposição legal em contrário, poderá se valer o Ministério Público da analogia dos dispositivos do Código de Processo Penal referentes ao inquérito policial, por força do art. 3º do *Codex* Processual Penal (GUIMARÃES, 2009).

Como se nota, todos os dispositivos processuais penais acima mencionados, apesar de os mesmos serem de 1941, encontram-se em perfeita harmonia com os dispositivos constitucionais vigentes, portanto, todos foram recepcionados, especialmente pelo disposto nos arts. 127, *caput*; 129, inc. VII e IX do Diploma Máximo.

Outros argumentos que possivelmente possam ser obstáculos à investigação criminal já foram mencionados e exaustivamente discutidos acima.

3.4 A investigação criminal praticada por particular

Sobre a investigação criminal, ainda se discute a possibilidade da investigação criminal pelo particular.

Frederico Marques afirma ser possível a investigação criminal realizada por particular:

> Trata-se, no caso, de *notitia criminis* informativa, que se assemelha à verdadeira investigação realizada por órgãos não estatais. É o que sucede, por exemplo, com o estabelecimento bancário que consigna averiguar, por meio de exame contábil, o desfalque praticado por um de seus empregados. Podem os elementos dessa investigação particular serem enviados ao Ministério Público, diretamente, e só com isso provocar a acusação contra o indigitado autor daquele delito (MARQUES, 1998, p. 143).

O Professor Julio Fabbrini Mirabete entende que:

> As investigações particulares, salvo em casos específicos, não encontram amparo no ordenamento jurídico. A Lei nº 3.099, de 24-2-57, permite a colheita de informações comerciais ou particulares, mas veda a prática de quaisquer atos ou serviços estranhos à sua finalidade e os que "são privativos das autoridades policiais", devendo os investigadores absterem-se de atentar inviolabilidade e o recanto dos lares, a vida privada ou a boa fama das pessoas (art. 3º). Não podem, assim, extrapolar o seu campo de ação para o crime (MIRABETE, 1998, p. 76).

Ainda Valter Foleto admite a possibilidade da investigação criminal por particular:

> Caracteriza investigação criminal os documentos e elementos probatórios apresentados pela vítima ou qualquer do povo em representação, requerimento ou outra forma de notícia, informando a ocorrência de crime. Também a imprensa e os meios de comunicação podem traduzir matérias jornalísticas contendo dados e informes suficientes para permitir o embasamento à ação penal (SANTIN, 2001, p. 46).

Sobre a questão, Valter Foleto ainda divide as atividades de investigação criminal em privadas e estatais: as estatais são aquelas exercidas por agentes públicos; as investigações criminais de particulares "são as preparadas pela vítima, pelo indiciado, por qualquer cidadão, pela imprensa e outros meios de comunicação" (SANTIN, 2001, p. 32).

Como se nota, Valter Foleto menciona a participação da imprensa e dos meios de comunicação nas investigações criminais, afirmando que "a função jornalística é um trabalho destinado à sociedade e deve ser considerado e aproveitado pelo Estado para a melhoria da persecução penal" (SANTIN, 2001, p. 176).

Menciona também a possibilidade da investigação particular Rodrigo Régnier:

> As investigações particulares também se mostram presentes, seja diretamente pela vítima, seja através da contratação de detetives particulares, em casos de crimes contra a honra ou mesmo em crimes eleitorais. Também era bastante comum em casos de adultério, mas este deixou de ser delito com a edição da Lei 11.106/05.
>
> Além da vítima, também se pode referir à imprensa, como corriqueira investigadora de delitos, valendo, por todos, o exemplo do intimorato Tim Lopes (GUIMARÃES, 2009, p. 111).

Já Antonio Scarance sustenta a possibilidade de investigação pela defesa:

> No Brasil, o art. 14 do Código de Processo Penal permite ao indiciado requerer diligências, ficando a sua realização na dependência do arbítrio da autoridade policial. Não há previsão sobre a possibilidade de o investigado obter elementos de prova para a sua defesa. Nem está ele impedido de investigar (FERNANDES, 2010, p. 241).

Bruno Calabrich (CALABRICH, 2007, p. 66-67) leciona que nada impede que o particular se esforce para recolher diretamente os elementos preliminares e os encaminhe ao Ministério Público (ou a qualquer outro legitimado para a propositura da ação penal).

Contudo, prossegue Bruno Calabrich as investigações promovidas pelo Estado são diferentes das investigações promovidas pelos particulares:

> O que diferencia as investigações estatais das investigações privadas é, essencialmente, a imperatividade, ou, mais marcante, o poder de coerção (e, eventualmente, de coação), existente apenas na primeira espécie de investigação. Quando o particular investiga, contará apenas com seus esforços pessoais e com a colaboração de outras pessoas e de entes públicos (CALABRICH, 2007, p. 69-70).

Ainda diferencia Bruno Calabrich que a investigação estatal é obrigatória nas hipóteses em que há uma notícia de um crime, enquanto a investigação particular é meramente facultativa (CALABRICH, 2007, p. 70).

Hidejalma Muccio sustenta que não pode haver investigações particulares, pois quem se intitula como *detetive particular* e se dispõe a fazer investigações no campo criminal usurpa funções públicas, uma vez que a prerrogativa de investigações só pode ser realizada pelo Estado (MUCCIO, 2000, p. 387).

No mesmo sentido são os ensinamentos de Arthur Cogan:

> Temos para nós que quem se intitula *detetive particular* e se dispõe a fazer *investigações* pratica o delito de *usurpação de função pública*, pois só ao Estado, através de seu corpo de funcionários, é dado praticar atos de polícia judiciária, uma vez que é "criminosa, a atividade individual que se opõe em contraste com essa indeclinável prerrogativa e conveniência do poder estatal".
>
> Pouco importa se na categoria dos policiais civis inexista função com a denominação de *detetive*. O que importa é que *detetive particular* pratica atos pertinentes a funcionários públicos legalmente investidos na atividade de investigar e a ilicitude decorre da atuação de quem "indébita e ilegalmente executa ato de ofício" e "objeto da tutela jurídica e a administração pública, no particular aspecto de regularidade dos serviços públicos, que se protege contra o exercício abusivo e ilegal de cargos e *funções*, por pessoas estranhas" (COGAN, 1985, p. 141).

Sobre a profissão de detetive particular, a Lei nº 13.432/17 a regulamentou.

Segundo a mencionada Lei, considera-se detetive particular "o profissional que, habitualmente, por conta própria ou na forma de sociedade civil ou empresarial, planeje e execute coleta de dados e informações de natureza não criminal, com conhecimento técnico e utilizando recursos e meios tecnológicos permitidos, visando ao esclarecimento de assuntos de interesse privado do contratante".

O detetive particular poderá auxiliar no inquérito policial, a critério do Delegado de Polícia, que poderá admiti-lo ou rejeitá-lo a qualquer tempo.

Nota-se, assim, que a investigação criminal promovida por particulares, por não ser obrigatória, não há impedimento legal ou constitucional para seu exercício. Qualquer cidadão pode-se valer do direito de petição, previsto constitucionalmente, e outros recursos legais para obter documentos ou provas de infrações criminais.

Os objetivos das investigações criminais particulares são de instruir e auxiliar as investigações da polícia e do Ministério Público, sempre de forma dependente e subsidiária.

Fundado no preceito constitucional de que a segurança é direito e responsabilidade de todos (art. 144 da CF) e havendo o respeito dos direitos inerentes aos cidadãos, parece que não há obstáculos ao exercício investigativo do particular, lembrando que o mesmo não possui ao seu dispor mecanismos e instrumentos de coerção (como por exemplo, a condução coercitiva; o dever do compromisso legal do testemunho, dentre outros) para realizar atos investigativos, podendo infringir em normas penais se realizarem atos de investigação exclusivos de autoridades ou agentes públicos com tal atribuição.

3.4.1 Investigação defensiva e o Provimento nº 188/2018 do Conselho Federal da Ordem dos Advogados do Brasil

A investigação defensiva é um instituto, segundo seus defensores, fundado no princípio da ampla defesa, com objetivo de possuir uma maior participação na fase pré-processual, como fonte de se contrapor à investigação oficial, com vistas a elucidar os fatos.

A paridade de armas é outro argumento sustentado para fundamentar a existência de eventual investigação defensiva.

Aponta-se como finalidade da investigação defensiva:

(I) comprovação do álibi ou de outras razões demonstrativas da inocência do imputado;
(II) desresponsabilização do imputado em virtude da ação de terceiros;
(III) exploração de fatos que revelam a ocorrência de causa excludente de ilicitude ou de culpabilidade;
(IV) eliminação de possíveis erros de raciocínio a que possam induzir determinados fatos;
(V) revelação da vulnerabilidade técnica ou material de determinadas diligências realizadas na investigação pública;
(VI) exame do local e a reconstituição do crime para demonstrar a impropriedade das teses acusatórias;
(VII) identificação e localização de possíveis peritos e testemunhas.[52]

Concretizando materialmente a investigação defensiva, o Conselho Federal da OAB elaborou o *Provimento nº 188/2018* em que previu a denominada *investigação defensiva* como atividade privativa da advocacia.

---

[52] Francisco da Costa (OLIVEIRA, 2004, p. 58).

Segundo o art. 1º do Provimento nº 188/2018, a investigação defensiva compreende por investigação defensiva "o complexo de atividades de natureza investigatória desenvolvido pelo advogado, com ou sem assistência de consultor técnico ou outros profissionais legalmente habilitados, em qualquer fase da persecução penal, procedimento ou grau de jurisdição, visando à obtenção de elementos de prova destinados à constituição de acervo probatório lícito, para a tutela de direitos de seu constituinte".

Segundo o Provimento tal investigação pode ser desenvolvida em forma de investigação preliminar, no decorrer da instrução processual em juízo, na fase recursal em qualquer grau, durante a execução penal e, ainda, como medida preparatória para a propositura da revisão criminal ou em seu decorrer.

A investigação defensiva possui a finalidade de produzir prova para emprego em:

I – pedido de instauração ou trancamento de inquérito;
II – rejeição ou recebimento de denúncia ou queixa;
III – resposta a acusação;
IV – pedido de medidas cautelares;
V – defesa em ação penal pública ou privada;
VI – razões de recurso;
VII – revisão criminal;
VIII – *habeas corpus*;
IX – proposta de acordo de colaboração premiada;
X – proposta de acordo de leniência;
XI – outras medidas destinadas a assegurar os direitos individuais em procedimentos de natureza criminal.

A investigação defensiva do advogado pode incluir a realização de diligências investigatórias para obter elementos destinados à produção de prova para o oferecimento de queixa, principal ou subsidiária.

Para conduzir a investigação defensiva, o advogado pode promover diretamente todas as diligências investigatórias necessárias ao esclarecimento do fato, como colheita de depoimentos, pesquisa e obtenção de dados e informações disponíveis em órgãos públicos ou privados, determinar a elaboração de laudos e exames periciais, e realizar reconstituições, ressalvadas as hipóteses de reserva de jurisdição. Ainda o advogado poderá valer-se de colaboradores, como detetives particulares, peritos, técnicos e auxiliares de trabalhos de campo.

CAPÍTULO 3
O MINISTÉRIO PÚBLICO E A INVESTIGAÇÃO CRIMINAL | 131

Prevê o art. 5º do Provimento que Durante a realização da investigação, o advogado deve preservar o sigilo das informações colhidas, a dignidade, privacidade, intimidade e demais direitos e garantias individuais das pessoas envolvidas.

Na condução da investigação defensiva o advogado e os outros profissionais que prestarem assistência na investigação não possuem o dever de informar à autoridade competente os fatos investigados.

Para fins de eventual comunicação e publicidade do resultado da investigação exigirão expressa autorização do constituinte.

3.5 A investigação criminal pelo Ministério Público nos Tribunais Superiores

> *Enfim, penso ser o dilema que se abre ao Ministério Público, no caso dramático. É investigar, ou morrer. É investigar para sair daquela triste condição de que falava Vinícius de Moraes: há certas situações para as quais o suicídio é a mais doce das soluções.*
> Ministro do STF Ayres Britto, em voto no HC 97.969-RS.

A questão não está sendo travada apenas em sede doutrinária ou política, mas também ganhou relevância de ordem prática em diversos casos, causando deste modo, acirradas discussões, especialmente nos Tribunais Superiores do País.

No *Superior Tribunal de Justiça* (STJ) nos parece que a tese do Ministério Público investigativo predomina na Corte.

No início do ano de 2011, em decisão recente a 5ª Turma admite a possibilidade de procedimentos investigatórios realizados pelo Ministério Público. Vejamos:

A Turma deu provimento ao recurso por entender, entre outras questões, que o Ministério Público possui legitimidade para proceder à coleta de elementos de convicção no intuito de elucidar a materialidade do crime e os indícios da autoria. Proceder à referida colheita é um consectário lógico da própria função do *Parquet* de promover, com exclusividade, a ação penal. A polícia judiciária não possui o monopólio da investigação criminal. O art. 4º, parágrafo único, do CP não excluiu a competência de outras autoridades administrativas ao definir a competência da polícia judiciária. Assim, no caso, é possível ao órgão ministerial oferecer denúncias lastreadas nos procedimentos investigatórios realizados pela Procuradoria de Justiça de combate aos crimes praticados por agentes políticos municipais. Precedentes citados do STF: RE 468.523-SC, DJe 19/2/2010; do STJ: HC 12.704-DF, DJ 18/11/2002; HC 24.493-MG, DJ 17/11/2003, e HC 18.060-PR, DJ 26/8/2002. (REsp 1.020.777-MG, Rel. Min. Laurita Vaz, julgado em 17/2/2011.)

No mesmo sentido, também em recente julgado, decidiu a 6ª Turma do STJ, pela possibilidade da investigação direta pelo Ministério Público:

Trata-se de *habeas corpus* impetrado em benefício próprio em que o paciente, condenado pelo crime de extorsão (seis anos e oito meses), alega constrangimento ilegal na apuração do crime pelo Ministério Público, visto que, sendo policial civil, estaria subordinado à corregedoria da Polícia Civil, detentora da atribuição de apurar as infrações cometidas pelos integrantes da corporação. O Min. Relator fez considerações sobre as funções do MP como titular da ação penal pública de proceder e efetuar diligências de investigação, que são consentâneas com a sua finalidade constitucional prevista no art. 129, VI e VIII, da CF/1988, LC nº 75/1993 e art. 26 da Lei nº 8.625/1993. Ainda com base em precedentes do STF e do STJ, afirmou não haver óbice para que o MP requisite esclarecimentos ou diligencie diretamente a obtenção da prova para formar seu convencimento de determinado fato, inclusive aqueles que envolvem policiais. No caso, o Min. Relator esclareceu que a colheita de declarações pelo MP serviu de fundamento para instalação de inquérito policial cuja presidência coube à autoridade policial que, inclusive, representou pela interceptação telefônica e outras diligências. Diante do exposto, a Turma denegou a ordem. Precedentes citados do STF: RE 468.573-SC, DJe 19/2/2010; do STJ: HC 33.682-PR, DJe 4/5/2009; HC 84.266-RJ, DJ 22/10/2007, e HC 94.810-MG, DJe 13/10/2008. (HC 133.818-SP, Rel. Min. Og Fernandes, julgado em 21/10/2010).

Em julgados mais recentes, o STJ mantém-se firme no entendimento sobre o poder de investigação criminal do Ministério Público:

1. O Supremo Tribunal Federal, no julgamento do Recurso Extraordinário nº 593.727/MG, assentou a concorrência de atribuição entre o Ministério Público e a Polícia Judiciária para realizar investigações criminais, inexistindo norma constitucional ou federal que estabeleça exceção à regra enunciada no referido julgamento (REsp 1697146/MA, Rel. Ministro Jorge Mussi, Quinta Turma, julgado em 09/10/2018, DJe 17/10/2018). 2. O art. 6º da Lei nº 9.296/1996, não restringe à polícia civil a atribuição

(exclusiva) para a execução da medida restritiva de interceptação telefônica, ordenada judicialmente. 3. Nessa linha de raciocínio, vale a pena lembrar: o fato da quebra de sigilo telefônico ter sido requerida pela polícia militar, que cooperava em investigação do MP, não se constitui em nulidade, pois o art. 144 da Constituição Federal traz as atribuições de cada força policial, mas nem todas essas atribuições possuem caráter de exclusividade. Há distinção entre polícia judiciária, responsável pelo cumprimento de ordens judiciais, como a de prisão preventiva, e polícia investigativa, atinente a atos gerais de produção de prova quanto a materialidade e autoria delitivas. A primeira é que a Constituição Federal confere natureza de exclusividade, mas sua inobservância não macula automaticamente eventual feito criminal derivado (PGR). A Constituição da República diferencia as funções de polícia judiciária e de polícia investigativa, sendo que apenas a primeira foi conferida com exclusividade à polícia federal e à polícia civil, o que evidencia a legalidade de investigações realizadas pela polícia militar e da prisão em flagrante efetivada por aquela corporação (HC 332.459/SC, Rel. Ministra Maria Thereza de Assis Moura, Sexta Turma, DJe 30/11/2015). No mesmo diapasão: RHC 67.384/ES, Rel. Ministro Ribeiro Dantas, Quinta Turma, julgado em 27/02/2018, DJe 05/03/2018. 4. De qualquer modo, a constitucional definição da atribuição de polícia judiciária às polícias civil e federal não torna nula a colheita de indícios probatórios por outras fontes de investigação criminal (HC 343.737/SC, Rel. Ministro Nefi Cordeiro, Sexta Turma, julgado em 18/08/2016, DJe 29/08/2016). 5. No caso, não há ilegalidade na atuação investigatória da GAECO (Grupo de Atuação Especial de Combate ao Crime Organizado) em parceria com a SSINT/SESEG. Não procede, com efeito, a insurgência quanto aos atos de investigação realizados pela Subsecretaria de Inteligência da Secretaria de Estado de Segurança, sob o argumento de que caberia à autoridade policial militar a condução dos procedimentos. 6. Além disso, o Ministério Público, órgão incumbido de exercer o controle externo da atividade policial (art. 129, VII, CF), conduziu e fiscalizou a tempo e modo as investigações, o que afasta o apontado constrangimento ilegal. A propósito, inexiste qualquer mácula na interceptação telefônica realizada pelo Ministério Público, por meio do Grupo de Atuação Especial de Combate ao Crime Organizado – GAECO, tendo em vista que, considerando o caso dos autos, em que se percebe a atuação de articulada organização criminosa, com envolvimento, inclusive, de policiais civis e militares, não há outro meio de se manter a integridade e o sigilo das investigações sem sua condução por órgão especializado em delitos dessa natureza (RHC 58.282/SP, Rel. Ministro Ericson Maranho (Desembargador Convocado do TJ/SP), Sexta Turma, julgado em 01/09/2015, DJe 07/10/2015). (…) (RHC 78.743/RJ, Rel. Ministro Reynaldo Soares da Fonseca, Quinta Turma, julgado em 13/11/2018, DJe 22/11/2018).

Contudo, no *Supremo Tribunal Federal*, apesar de algumas discussões sobre o poder investigativo do Ministério Público, a Corte vem se inclinando na possibilidade desse poder investigatório.

O Supremo Tribunal, no *Habeas Corpus* nº 96986/MG, julgado em 15 de maio de 2012, o Ministro Gilmar Mendes, relator, afirmou ser possível que a polícia militar, através de supervisão do Ministério Público, demonstrando o caminho da Corte Suprema nas investigações criminais pelo Ministério Público.[53]

No julgamento da Ação Penal 396, o Plenário do STF, julgado em 28.10.2010, embora não tenha decidido sobre o poder de investigação do Ministério Público, ao menos ficou consignada pela Corte Suprema que para o início da ação penal não há a necessidade de se anteceder a um inquérito policial, podendo valer o Ministério Público de outros elementos de informação.

No caso da Ação Penal acima mencionada, discutiu-se a legalidade da propositura da ação penal, valendo-se das peças de um inquérito civil, onde se questionou, em preliminar, que houve um "inquérito" instaurado e dirigido pelo próprio Ministério Público.

Contudo, nos termos do voto da Relatora, a Ministra Cármem Lúcia, o Pleno, a unanimidade,[54] rejeitou a preliminar, consignando a Relatora que a "jurisprudência deste Supremo Tribunal firmou-se no sentido de que o Ministério Público pode oferecer denúncia com base em elementos obtidos em inquérito civil".

Ao menos, por enquanto, a característica da dispensabilidade do inquérito policial está preservada pela Corte Suprema.

Já a discussão sobre o *poder de investigação criminal do Ministério Público* iniciou no julgamento do denominado *Caso Remi Trinta*, através do Inquérito 1.968-2, do Distrito Federal, em que o ministro Marco Aurélio de Mello, relator, submeteu o julgamento do caso ao Plenário do Supremo Tribunal Federal.

O Ministro Marco Aurélio decidiu que o Ministério Público não tem atribuições de investigação criminal. Antecipando seu voto, o Ministro Nelson Jobim, seguiu o relator.

Na sequência o Ministro Joaquim Barbosa preferiu voto memorável no sentido da possibilidade de investigação criminal pelo Ministério

---

[53] Conferir o INFORMATIVO DO STF nº 666.

[54] Votaram, além da Relatora, os Ministros Cezar Peluso, Ellen Grace, Gilmar Mendes, Ayres Britto, Joaquim Barbosa, Ricardo Lewandowski e Dias Toffoli.

Público. O Julgamento seguiu com a tese de legitimidade favorável ao Ministério Público com os votos dos Ministros Eros Roberto Grau e Carlos Ayres de Britto.

Em seu voto-vista o Ministro Joaquim Barbosa utiliza o art. 129, inc. III, da CF, explica que a razão que fundamenta o poder de investigação criminal ao Ministério Público não é a natureza do ato que resulta da investigação, e sim em razão dos bens jurídicos que são confiados a guarda pela Constituição Federal ao *parquet*.

Sustenta ainda a teoria dos poderes implícitos e a falta de exclusividade da atuação da polícia nas investigações criminais são fundamentos que justificam a atuação do Ministério Público.

Em razão da extinção do mandato federal do parlamentar Remy Trinta, o STF deixou de apreciar o caso, sendo o feito retirado de pauta.

Contudo, a discussão é antiga na Corte Suprema, pois em outros julgamentos, mais antigos, já se chegou a julgar pela impossibilidade da condução de investigação criminal pelo Ministério Público, como no julgamento do RE nº 205.473-9-Alagoas – 2ª Turma do STF – Relator Ministro Carlos Velloso.

Também no ano de 2002, o Ministro Nelson Jobim decidiu que o Ministério Público não tem competência para instaurar procedimento administrativo para apurar crimes, amparando sua decisão na posição do Ministro Carlos Velloso, mencionando ainda precedentes dos Ministros Ilmar Galvão e Maurício Correa. No mesmo sentido foi outra decisão, agora em 2003, também envolvendo o ministro Nelson Jobim (RHC nº 81.326/DF).

Porém, em decisões recentes, após alteração considerável da composição dos ministros do STF, o posicionamento da Corte parece mudar.

No HC 97.969-RS decidido recentemente, em 01.02.2011, o relator Ministro Ayres Britto prolatou brilhante voto, no que foi acompanhado pelos Ministros Gilmar Mendes, Celso de Mello, Ellen Gracie e Joaquim Barbosa, tendo, assim, *a 2ª Turma, a unanimidade, reconhecido a legitimidade da investigação direta pelo Ministério Público.*

O Ministro Ayres Britto afirma que ao Ministério Público é autorizado pela Constituição Federal a promover todas as medidas necessárias para que sejam efetivos os direitos registrados pelo Texto Constitucional, salientando ainda que é da natureza da Instituição investigar fatos.

Ainda, em seu voto, o Ministro Relator do HC 97.969-RS, Sr. Ayres Britto invoca o art. 129, inc. II e VII da CF, para legitimar o Ministério Público a condução de investigações criminais. Com propriedade destaca o Eminente Relator:

> I – o inciso II do art. 129 deixa até literalmente dado que é próprio dos agentes ministeriais públicos promover os meios ou as medidas que se fizerem necessárias ao seu mister de zelar pela integridade dos direitos assegurados pela Constituição, perante, justamente, os Poderes Públicos e os serviços de relevância pública – entre tais incluo a saúde e a educação; II – já no inciso VII desse mesmo art. 129, a Constituição faz uso do vocábulo "controle externo", como fez a propósito da atuação do Poder Legislativo e do Tribunal de Contas da União (arts. 74 e 74): atividade estatal que se desempenha mediante ação de ver, fiscalizar, diligenciar, inspecionar, observar, aferir, enfim, sem o que não se forma um livre convencimento; não se atua com plena consciência das coisas.

Em outro julgamento, também pela 2ª Turma do STF, no HC 93.930, onde fora relator e Ministro Gilmar Mendes, julgado em 07.12.2010, mais uma vez fora vencedora a tese das investigações de infrações penais pelo Ministério Público.

O Ministro Gilmar Mendes, em seu voto, afirma que é lícito ao Ministério Público investigar, porém deve haver controle e limites, não podendo a Instituição utilizar deste exercício de forma ampla e irrestrita, sob pena de ofensa a direitos e garantias fundamentais.

Ainda, esclarece que o poder de investigação criminal decorre da atividade do controle externo da atividade policial, sendo que tal investigação deve se materializar em um ato formal de instauração de procedimento de investigação.

Nesse mesmo julgamento, o Ministro Celso de Mello profere voto favorável à tese, ressaltando que o inquérito policial não é condição de validade para a propositura da ação penal, bem como o inquérito policial é dispensável, podendo se valer a acusação de outros elementos informativos para iniciar a ação penal.

No brilhante voto, o Ministro Celso de Mello refere-se às informações prestadas pelo então Presidente da Câmara dos Deputados, Michel Temer, por ocasião da ADI 2.202-MC/DF, as quais é extremamente oportuno ao trabalho:

> Por outro lado, acredito que nada poderia obstar que o membro do Ministério Público apresentasse ou produzisse as provas de que

dispusesse, tanto em juízo como no curso de investigações criminais ou inquérito policial. Em nenhum destes momentos o Membro do Ministério estaria usurpando as atribuições daqueles que presidam os atos de produção da prova, o juiz e o delegado de polícia.

Não haveria, destarte, invasão de atribuições e competência decorrente das expressões legais alusivas à apresentação de provas pelo Ministério Público no curso de diligências investigatórias ou de inquérito policial. Creio que a Lei Complementar nº 75, de 1993, preconizou uma necessária interação de atividades, em prol da eficiência da persecução penal, na concepção de que o Ministério Público, *dominus litis* da ação penal é, em última análise, o destinatário dos elementos produzidos no curso da investigação criminal e do inquérito policial.

É do interesse do Estado que as infrações penais sejam devidamente apuradas e responsabilizados os seus autores, o que só pode ocorrer com o concurso dos órgãos de polícia e do Ministério Público.

Creio, assim, que não restaram ofendidos os dispositivos constitucionais apontados na petição inicial, nem tampouco nenhuma outra da Constituição Federal.

Já pela 1ª Turma do STF, no julgamento do *Habeas Corpus* nº 96.638 da Bahia, com decisão proferida em 02.12.2010, o relator Ministro Ricardo Lewandowski ressaltou que o Ministério Público pode realizar diligências para a sua formação de convicção sobre uma infração penal, sem que haja ilicitude nas provas colhidas no procedimento adotado pelo *Parquet*.

Neste *HC* nº 96.638, o relator Ministro Ricardo Lewandowski ressalta que o inquérito policial não é prescindível para o início da ação penal, conforme já jurisprudência firmada no Supremo Tribunal Federal. Explica ainda que pelo art. 27 do CPP o Ministério Público pode se utilizar de outros meios para trazer elementos de convicção para a propositura da ação penal.

Por fim, no julgamento, o *habeas corpus* foi indeferido, por maioria, vez que os Ministros Dias Toffoli e Cármen Lúcia acompanharam o voto do relator, e o Ministro Marco Aurélio, vencido, decidiu pelo sobrestamento do feito, e se vencido, pela concessão da ordem.

O Ministro Marco Aurélio, no HC 96.638, acima mencionado, manifestou-se no mesmo sentido do HC 84548/SP, em que fora relator, rejeitando a tese que possibilita ao Ministério Público a investigação criminal.

Em síntese, o Ministro Marco Aurélio disse que não se pode realizar uma leitura ampliativa nos incisos do art. 129 da Carta Magna, pois chegaremos a um conflito com o texto constitucional, pois o papel de investigação é da polícia, nos termos do art. 144 da Constituição Federal, e não do Ministério Público.

Aliás, é exatamente este HC 84548/SP que envolve uma pessoa de codinome *Sombra*, que teria, em tese, participado do homicídio do prefeito de Santo André, foi posto em julgamento ao Plenário do STF, para que, assim, seja decidido o poder de investigação criminal pelo Ministério Público.

Nesse mesmo caso, o Ministro Sepúlveda Pertence adiantou seu voto, acompanhando, em parte, o Ministro Marco Aurélio, afirmando que, como titular da ação penal, pode o Ministério Público suplementar atos de informação. Afirmou ainda que não existe inviabilidade de ação penal, se os elementos de informação forem colhidos pelo Ministério Público (Informativo 471 do STF).

O HC 84548/SP foi julgado em 04/03/2015, decidindo o STF em sua maioria que *o Ministério Público pode realizar diligências investigatórias para complementar a prova produzida no inquérito policial* (HC 84548, Relator (a): Min. Marco Aurélio, Relator(a) p/ Acórdão: Min. Gilmar Mendes, Tribunal Pleno, julgado em 04/03/2015, DJe-067 Divulg 09-04-2015 Public 10-04-2015 Ement Vol-02768-01 PP-00001).

Ainda o STF em sede de repercussão geral, fixou, através do RE 593727/MG, a seguinte tese: "O Ministério Público dispõe de competência para promover, por autoridade própria, e por prazo razoável, investigações de natureza penal, desde que respeitados os direitos e garantias que assistem a qualquer indiciado ou a qualquer pessoa sob investigação do Estado, observadas, sempre, por seus agentes, as hipóteses de reserva constitucional de jurisdição e, também, as prerrogativas profissionais de que se acham investidos, em nosso País, os Advogados (Lei 8.906/94, artigo 7º, notadamente os incisos I, II, III, XI, XIII, XIV e XIX), sem prejuízo da possibilidade – sempre presente no Estado democrático de Direito – do permanente controle jurisdicional dos atos, necessariamente documentados (Súmula Vinculante 14), praticados pelos membros dessa instituição". (RE 593727, Relator (a): Min. Cezar Peluso, Relator(a) p/ Acórdão: Min. Gilmar Mendes, Tribunal Pleno, Julgado em 14/05/2015, Acórdão Eletrônico Repercussão Geral – Mérito Dje-175 Divulg 04-09-2015 Public 08-09-2015).

Ainda no âmbito do STF, apesar da tese fixada em Repercussão Geral, ainda há outras ações, em especial de controle de constitucionalidade, debatendo a investigação criminal do MP, a serem julgadas:

1) ADI 2838, rel. min. Alexandre de Moraes:

Tema

1. Trata-se de ação direta de inconstitucionalidade, com pedido de medida cautelar, ajuizada pelo Partido Social Liberal/PSL, na qual se questiona a validade constitucional dos artigos 1º; 2º, §§2º, 3º e 4º; 3º; 4º, III, VII, e §§2º e 3º; e 6º da Lei Complementar nº 119/2002-MT, bem como do inciso VIII do art. 23 da Lei Complementar nº 27/1993-MT (Lei Orgânica do Ministério Público do Mato Grosso).

2. A parte requerente aponta ofensa aos arts. 5º, LIII, LIV; 25; 74, II; 84, VI; 129, I e VIII; e 144, §1º, I, II, IV, e §§4º, 5º e 6º, da Constituição, sob o fundamento de que (a) "a requisição da Administração Pública de serviços temporários de servidores civis ou policiais militares e meios materiais necessários para a realização de atividades específicas (arts. 23, VIII, da LCE 27/93 e 2º, §§2º, 3º e 4º, da LCE 119/2002) é prerrogativa do Poder Executivo", conforme consignado no julgamento da medida cautelar na ADI 2534-MG, e não há correspondência na lei orgânica nacional do Ministério Público; (b) os arts. 1º, 3º e 6º da LCE 119/2002 são inconstitucionais, porquanto estabelece subordinação hierárquica entre servidores da polícia civil ou militar e membros do Ministério Púbico; (c) os arts. 4º, III, VII, e §§2º e 3º, da LCE 119/2002 são inconstitucionais, porque a Constituição Federal não atribui ao Ministério Público a função de investigação criminal, mas apenas a possibilidade de requisitar a instauração de inquérito policial.

3. Adotou-se o rito do art. 12 da Lei nº 9.868/99.

4. O governador do Estado do Mato Grosso e a Assembleia Legislativa estadual se manifestaram pela constitucionalidade das normas impugnadas.

2) ADI 3034, rel. min. Marco Aurélio:

Tema

1. Trata-se de ação direta de inconstitucionalidade, com pedido de medida cautelar, proposta pela Confederação Brasileira de Trabalhadores Policiais Civis/COBRAPOL, questionando a expressão 'ou criminal' constante no art. 35, inciso XII, da Lei Complementar nº 106/2003, do Estado do Rio de Janeiro, que possui a seguinte redação:

Art. 35 – No exercício de suas funções, cabe ao Ministério Público:

XII – representar ao órgão jurisdicional competente para a quebra de sigilo, nas hipóteses em que a ordem judicial seja exigida pela Constituição da República, sempre que tal se fizer necessário à instrução de inquérito policial e à investigação cível ou criminal realizada pelo Ministério Público, bem como à instrução criminal.

2. O recorrente afirma que "a expressão impugnada em relação ao tema 'investigação criminal a cargo do Ministério Público' não tem correspondência na Lei Federal nº 8.625/93 (Lei Orgânica Nacional do Ministério Público)". Sustenta que "a jurisprudência pátria aplicável à espécie, vem se orientando, majoritariamente, após a Constituição de 1988, que não cabe ao membro do Ministério Público realizar, diretamente, diligências investigatórias produzindo provas na área penal, e muito menos presidir autos de prisão em flagrante, ou ainda instaurar e presidir procedimentos administrativos criminais, mas lhe incumbe tão somente requisitar à autoridade policial competente diligências investigatórias e a instauração de inquéritos policiais, indicados os fundamentos jurídicos de suas manifestações processuais, podendo acompanhá-los".

3. Adotou-se o rito do art. 12 da Lei nº 9.868/99.

4. A Assembleia Legislativa estadual se manifestou pela improcedência do pedido, afirmando que "não há qualquer impeditivo constitucional à atuação direta do Ministério Público na fase investigativa a fim de possibilitar o necessário suporte fático probatório mínimo para a deflagração da ação penal, havendo, ao revés, expressa orientação da Constituição Federal em tal sentido". Destaca, ainda, que "a possibilidade de atuação direta do Ministério Público na fase investigativa decorre do próprio rol de funções institucionais que lhe foram conferidas pelo art. 129 da Constituição".

5. A governadora do Estado do Rio de Janeiro afirma que a expressão impugnada não contraria a Constituição Federal. Mas, em última instância, alvitra "seja conferida à expressão 'ou criminal', ora impugnada, interpretação conforme a Constituição, a fim de que se afaste interpretação que atribua ao Ministério Público competência para realizar, por conta própria, diligências investigatórias de competência da polícia judiciária".

2. *Tese* MINISTÉRIO PÚBLICO. ATRIBUIÇÕES. LEGITIMAÇÃO PARA CONDUZIR DILIGÊNCIAS INVESTIGATÓRIAS CRIMINAIS. ALEGAÇÃO DE QUE SE TRATA DE ATRIBUIÇÃO PRIVATIVA DA AUTORIDADE POLICIAL. LEI COMPLEMENTAR ESTADUAL Nº 106/2003-RJ, ART. 35, XII. CF/88, ARTS. 5º, LIII E LIV; 25; 58, §3º; 129, I E VIII; 144, §1º, I, II, IV E §4º.

Saber se o Ministério Público possui legitimidade para conduzir diligências investigatórias criminais.

3) ADI 3329, rel. Gilmar Mendes:

Tema

1. Trata-se de ação direta de inconstitucionalidade, com pedido de medida liminar, ajuizada pela Associação dos Delegados de Polícia do Brasil/ADEPOL-BRASIL, em face dos artigos 82, XVII, 'd'; 83, I, 'a', 'b'

CAPÍTULO 3
O MINISTÉRIO PÚBLICO E A INVESTIGAÇÃO CRIMINAL | **141**

e 'c', da Lei Complementar nº 197, de 13 de julho de 2000, do Estado de Santa Catarina (LOMP/SC), que institui a Lei Orgânica do Ministério Público, e, por arrastamento, do Ato nº 001/2004/PGJ/CGMP, de 5 de outubro de 2004, do Procurador-Geral de Justiça e do Corregedor-Geral do Ministério Público do Estado de Santa Catarina.

2. A requerente sustenta que "caracteriza ofensa frontal à Constituição, o ato normativo que atribua a órgão do Ministério Público as funções de polícia judiciária e a apuração de infrações penais". Sustenta, ainda, que "todos os artigos do ato nº 001/2004/PGJ/CGMO, do Ministério Público Estadual, caracterizam usurpação por parte do MPE da Competência do Poder Legislativo. Esse ato normativo impugnado é autônomo, genérico e impessoal, com abstração suficiente a lhe produzir eficácia vinculante. Dispõe sobre direito processual (CF., art. 22, I), bem como sobre procedimentos em matéria processual (CF., art. 24, XI). Esse ato ainda ofende, sobretudo, os princípios da legalidade (CF., art. 5º, II) e da separação de poderes (CF., art. 2º). Há, na espécie, inconstitucionalidade formal. Trata-se, portanto, de confronto direto com a Carta Magna, que deve ser decidido em sede de controle abstrato de normas, e não mera questão de ilegalidade".

3. Adotou-se o rito do art. 12 da Lei nº 9.868/1999.

4. O Procurador-Geral de Justiça do Estado de Santa Catarina e a Assembleia Legislativa estadual se manifestaram pela improcedência do pedido.

5. O governador do Estado de Santa Catarina sustentou que as normas impugnadas invadiram a competência da União, "que é a única legitimada a legislar sobre normas de processo penal (art. 22, I, da Constituição Federal)". Aduz, ainda, que, "a Constituição Federal brasileira, em seu art. 129, não especifica como função essencial do Ministério Público a investigação criminal direta realizada pelos seus membros".

6. O Conselho Nacional de Chefes de Polícia Civil/CONCPC foi admitido como *amicus curiae* e se manifestou pela procedência da ação.

2. Tese

MINISTÉRIO PÚBLICO ESTADUAL. ATRIBUIÇÕES. INSTAURAÇÃO E TRAMITAÇÃO DE PROCEDIMENTO DE INVESTIGAÇÃO CRIMINAL. REGULAMENTAÇÃO POR ATO NORMATIVO MINISTERIAL. ALEGAÇÃO DE USURPAÇÃO DE COMPETÊNCIA DO PODER LEGISLATIVO. LEI COMPLEMENTAR ESTADUAL Nº 197/2000-SC, ARTIGOS 82, XVII, "D"; E, 83, I, "A", "B" E "C". ATO Nº 001/2004/ PGJ/CGMP, DE 2004, DO PROCURADOR-GERAL DE JUSTIÇA E DO CORREGEDOR-GERAL DO MINISTÉRIO PÚBLICO DO ESTADO DE SANTA CATARINA. CF/88, ARTIGOS 2º; 5º, II, LIII e LIV; 22, I; 24, XI; 102, I, "A"; 129, I, III, VI, VII e VIII; 144, §1º, I, II E IV, e §4º.

Saber se o Ministério Público detém poderes investigatórios criminais.

4) ADI 3337, rel. Gilmar Mendes:

Tema

1. Trata-se de ação direta de inconstitucionalidade, com pedido de medida cautelar, em face do art. 6º, inciso I, alíneas "a", "b", e "c", e inciso II, da Lei Complementar nº 12, de 27 de dezembro de 1994 (LOMP/PE) e, por arrastamento, da Resolução RES-CPJ nº 003/04, de 22 de setembro de 2004, do Colégio de Procuradores de Justiça do Estado de Pernambuco, que dispõem sobre o "exercício e funções do Ministério Público".

2. Alega a requerente ofensa aos artigos 2º; 5º, II, LIII e LIV; 22, I; 24, XI; 102, I, "A"; 129, I, III, VI, VII e VIII; 144, §1º, I, II E IV, e §4º, todos da Constituição Federal.

3. Sustenta a impetrante, em síntese que: a) "ainda que eventuais dispositivos impugnados das Constituições estaduais, ou mesmo das Leis Complementares, quer do Ministério Público, quer da Defensoria Pública tenham correspondência com as Leis Orgânicas Federais, de observância compulsória pelos Estados, o Supremo Tribunal Federal vem conhecendo, no ponto, de ações diretas de inconstitucionalidade ajuizadas, decidindo que essa fiscalização abstrata incide de forma direta e não de maneira reflexa ou oblíqua, mesmo na hipótese de textos idênticos" (...), tal como decidiu na ADI 1.756, na ADI 2.831 e na ADI 2.084; b) "A unilateralidade das investigações desenvolvidas, exclusivamente, pela Polícia Judiciária (federal e estaduais) na fase preliminar de persecução penal e o caráter inquisitório que assinala a atuação privativa da autoridade policial, sob pena de grave ofensa à Constituição (ars. 5º, LIV, c/c 144, §1º, IV, e §4º), não autorizam aos membros do Ministério Público instaurar, presidir ou avocar procedimentos administrativos investigatórios penais (...)"; c) "todos os artigos da Resolução RES-CPJ nº 003/04, do Ministério Público Estadual, caracterizam usurpação por parte do MPE da Competência do Poder Legislativo. Esse ato normativo impugnado é autônomo, genérico e impessoal, com abstração suficiente a lhe produzir eficácia vinculante, dispõe sobre direito processual (CF, art. 22, I), bem como sobre procedimentos em matéria processual (CF, art. 24, XI), ofende os princípios da legalidade (CF art. 5º II) e da separação dos poderes (CF, art. 2º); d) "o Ministério Público, através de seu Órgão Especial, utilizou, inconstitucionalmente, o art. 6º, I, "a", "b", "c" e II da LC 12/94 (LOMP/PE) para regulamentar, de forma inapropriada, a instauração e tramitação do Procedimento Investigatório Criminal, tendo em vista, ressalta-se, que esse preceito versa, induvidosamente, sobre o Procedimento Investigatório Civil, conforme já foi reconhecido em caso símile, conforme documento assinado por membros do MPF".

4. Foi adotado o rito do artigo 12 da Lei nº 9.868/99.

5. Em informações, o Colégio de Procuradores de Justiça do Ministério Público do Estado de Pernambuco manifestou-se pela extinção da ação,

sem julgamento de mérito. A Assembleia Legislativa do Estado de Pernambuco manifestou-se pela improcedência da ação. O Governador do Estado de Pernambuco manifestou-se pelo reconhecimento da constitucionalidade dos diplomas normativos.

6. O Conselho Nacional de Chefes de Polícia Civil-CONCPC foi admitido nos autos como *amicus curiae* e pugna pela procedência da ação.

2. *Tese*

MINISTÉRIO PÚBLICO ESTADUAL. ATRIBUIÇÕES. INSTAURAÇÃO E TRAMITAÇÃO DE PROCEDIMENTO DE INVESTIGAÇÃO CRIMINAL. REGULAMENTAÇÃO POR ATO NORMATIVO MINISTERIAL. ALEGAÇÃO DE USURPAÇÃO DE COMPETÊNCIA DO PODER LEGISLATIVO. LEI COMPLEMENTAR ESTADUAL Nº 12/1994-PE (LEI ORGÂNICA DO MINISTÉRIO PÚBLICO DO ESTADO DE PERNAMBUCO), ARTIGO 6º, INCISO I, ALÍNEAS "A", "B", "C", E INCISO II. RESOLUÇÃO RES-CPJ Nº 0003/04, DO COLÉGIO DE PROCURADORES DE JUSTIÇA DO ESTADO DE PERNAMBUCO. CF/88, ARTIGOS 2º; 5º, II, LIII e LIV; 22, I; 24, XI; 102, I, "A"; 129, I, III, VI, VII e VIII; 144, §1º, I, II E IV, e §4º. Saber se o Ministério Público detém poderes investigatórios criminais.

Nota-se que o embate jurídico, em especial no STF, sobre o tema, ainda pode modificar o atual quadro de entendimento.

CAPÍTULO 4

O MONOPÓLIO DA INVESTIGAÇÃO CRIMINAL: INCONSTITUCIONALIDADE

> *Na visão de determinados políticos, eles criaram um monstro: o Ministério Público. Enquanto o Ministério Público processou criminalmente pretos, pobres e prostitutas, seu papel foi realçado, contudo, na medida em que alcançou pessoas ligadas à elite política do País, seu papel começou a ser questionado.*
> Paulo Rangel (RANGEL, 2003, p. 100)

É certo que qualquer tentativa de monopolizar as investigações criminais, para qualquer que seja o órgão, em especial proibindo o Ministério Público, padecerá de um vício insanável de inconstitucionalidade.

Afastar a função de investigação criminal do Ministério Público pode ser considerado um atentado à democracia e aos direitos fundamentais da pessoa humana, passíveis de medidas de controle de constitucionalidade.

A função de investigação criminal, por tradição histórica, não poderá ser desvencilhada das funções do Ministério Público, pois de forma direta atingirá direitos fundamentais da sociedade brasileira.

O Ministério Público é uma das Instituições que possui previsão constitucional de exercer as investigações criminais, conforme já mencionado no capítulo acima.

A denominada *norma de encerramento*, prevista no art. 129, IX da Constituição Federal, atribui ao Ministério Público a possibilidade de exercer outras funções previstas em lei, desde que *compatíveis com suas finalidades institucionais*, vedando-se a representação judicial e a consultoria jurídica de entidades públicas.

Não há dúvida de que a investigação criminal é totalmente compatível com as finalidades da Instituição, e tal entendimento decorre da interpretação do próprio Texto Maior.

Portanto, *o art. 129, IX, da Constituição Cidadã, permite a investigação criminal pelo Ministério Público* em razão dos seguintes fundamentos constitucionais que delimitam a finalidade da Instituição ministerial:

1 – *o exercício do controle externo da atividade policial*
2 – *a titularidade da ação penal pública*
3 – *o direito à segurança pública*
4 – *o acesso à justiça.*

Segue abaixo a explicação de cada um desses fundamentos.

4.1 Controle externo da atividade policial

O exercício do controle externo da atividade policial é uma das funções constitucionais incumbidas ao Ministério Público, com previsão no artigo 127, inc. VII do Texto Maior.

A função ministerial ainda está prevista na Lei Orgânica do Ministério Público da União (Lei complementar nº 75 de 20 de maio de 1993), nos artigos 3º, 9º e 10, que possui aplicabilidade aos Ministérios Públicos nos Estados, nos termos do artigo 80 da Lei Orgânica Nacional do Ministério Público.

Diversos outros artigos de Leis dispõem sobre a atividade do controle externo da atividade policial, tornando explicativos os conteúdos descritos nos artigos da Lei Complementar mencionada.

Exemplos do controle externo da atividade policial exercido pelo Ministério Público podem ser encontrados em vários diplomas legais, como Código de Processo Penal: os artigos 5º, inc. II; 10; 11; 13, inc. II; 27; 257, incisos I e II; 306; Lei de Drogas, artigos 32, parágrafos 1º e 2º e 72 (Lei nº 11.343/2006); Lei de Execuções Penais, artigo 68, parágrafo único; Lei de Abuso de Autoridade: artigo 2, alínea a); Estatuto da Criança e do Adolescente: artigo 201, incisos VI, VII, VIII e XI; Estatuto do Idoso, artigo 74, V e VI; Lei de Interceptações Telefônicas, art. 6º e a Resolução 36 do Conselho Nacional do Ministério Público; Lei Prisão Temporária, art. 2º; Código de Processo Penal Militar, artigos 8, b); 14; 28; 33; Lei de Identificação Criminal (Lei nº 12.037/09): artigo 3º, inc. IV e 5º; Lei Maria da Penha (Lei nº 11.340/06): artigos 8º, inciso I; 11, inciso I; 12, inciso VII e 26, incisos I e II; Lei nº 10.623/03, art. 27, inc. XIV, alínea "d", cumulado o Decreto nº 6138/07, art. 2º, que institui a Rede de Integração de informações de Segurança Pública, Justiça e Fiscalização (Rede Infoseg); Resolução 108 do CNJ: art. 2º, parágrafo 1º, dentre outras.

O Conselho Nacional do Ministério Público já editou a Resolução nº 20 que disciplinou o controle externo da atividade policial pelo Ministério Público.

Quando em vigor a Resolução 20 do CNMP, esta foi posta em dúvida sua constitucionalidade através da ADIN nº 4220, proposto pelo Conselho Federal da Ordem dos Advogados do Brasil. Em 25 de junho de 2009, *o Ministro Eros Grau, relator da ADIN, proferiu decisão monocrática final e decidiu que a Resolução 20 do CNMP constitui ato regulamentar do controle externo da atividade policial pelo Ministério Público, nos termos do art. 9º da Lei 75/93*. Porém, em 27 de fevereiro de 2012, o Ministro Luiz Fux, em agravo regimental da decisão monocrática do relator, determinou que a ADIN prosseguisse para análise do STF sobre a constitucionalidade da Resolução 20 do CNMP.

É certo que a Constituinte não definiu o que seja exatamente o controle externo da atividade policial, relegando tal tarefa ao legislador ordinário, através das Leis Orgânicas.

Sobre o que venha a ser o controle externo da atividade policial, precisos os ensinamentos de Guimarães:

> De fato, o controle externo da atividade policial deve ser compreendido como esse conjunto de normas que regulam a fiscalização exercida pelo Ministério Público em relação *à* Polícia, na prevenção, apuração e investigação de fatos tidos como criminosos, na preservação dos direitos e garantias constitucionais dos presos que estejam sob responsabilidade das autoridades policiais e na fiscalização do cumprimento das determinações judiciais (GUIMARÃES, 2009, p. 80).

Contudo, o controle externo da atividade policial é compreendido em um sentido muito mais amplo do que simples textos frios das leis. Nesse sentido Emerson Garcia:

> Há muito, a lei deixou de ser unicamente o elemento limitador da atividade estatal, passando a assumir a posição de substrato legitimador desta, o que interdita a prática de atos *contra legem* ou *praeter legem* e torna cogente a obrigação de agir *secundum legem*, conforme a conhecida fórmula de Stassinopoulos. Uma interpretação teleológico-sistemática

da legislação pátria nos permite concluir que tal conduta será legítima. A uma, o Ministério Público detém o controle externo da atividade policial e, como consequência, pode fiscalizar os atos da Autoridade Policial e representar ao seu superior hierárquico sempre que detectar alguma irregularidade. A duas, o referido registro de comunicações administrativas é o elemento aglutinador de todos os fatos relevantes ocorridos no dia, o que aconselha que ali seja consignada a desídia da Autoridade Policial, permitindo o conhecimento de seus superiores. A Três, quem fiscaliza há de consignar sua atividade em algum lugar, isto sob o risco de terceiros arguirem que fiscalização não houve. A quatro, a Lei nº 7.210/1984 (Lei de Execuções Penais) é expressa no sentido que *o órgão do Ministério Público visitará mensalmente os estabelecimentos penais, registrando a sua presença em livro próprio* (art. 68, parágrafo único), o que, *in casu*, autoriza a sua aplicação analógica. A cinco, não se tratando de atividade clandestina ou ilegal, jamais poderia ser intitulada de ilícita a conduta daquele que busca materializar e perpetuar a sua ocorrência, máxime quando tal se dá em documentos que retrata os acontecimentos ocorridos durante o dia na Unidade Penal (GARCIA, 2005, p. 245).

Por esse entendimento, Valter Foleto afirma que o sentido do controle externo da atividade policial pode ser dividido em cinco espécies:

1. respeito à democracia e princípios constitucionais; 2. segurança pública; 3. correicional; 4. indisponibilidade da ação penal; 5. preservação da competência dos órgãos da segurança pública (SANTIN, 2004, p. 202).

Registre-se ainda que o controle externo da atividade policial pode se dar de duas formas: o *controle difuso ou ordinário* e o *controle concentrado ou extraordinário*.

O *controle externo difuso* é aquele exercido na atividade ministerial diária, corriqueira, como, por exemplo, na análise dos inquéritos policiais, verificação dos cumprimentos de diligências requisitadas, visitas a Delegacias de polícias e outros locais onde se encontram pessoas presas, dentre outros.

De regra este tipo de controle é exercido por todos os membros do Ministério Público, com atuação na área criminal.

Já o *controle concentrado* se dará, por exemplo, quando há a prática de um ato ilícito de alguma autoridade policial, devendo-se nesse caso ser instaurado um procedimento investigatório para no âmbito dos Ministérios Públicos apurar o possível abuso de autoridade, por exemplo.

O controle concentrado se dá no âmbito de promotorias com atribuições específicas para o controle externo da atividade policial, sendo que neste caso há diversas funções a serem exercidas pelo Promotor de Justiça.

Há ainda que se estabelecer duas frentes de atuação do Ministério Público na função do controle externo da atividade policial.

A primeira pode ser denominada de *controle externo da atividade policial direto.*

É aquela função rotineira já conhecida e descrita nos mais variados textos legislativos, bem como na Resolução 20 do CNMP.

Trata-se de realizar visitas periódicas em repartições policiais, examinar documentos, fiscalizar medidas de quebra de sigilo de comunicação, fiscalizar inquéritos policiais, boletins de ocorrências etc.

Contudo, a atividade do controle de controle externo da atividade policial não resume as funções acima, trata-se de função mais complexa.

Ao realizar o controle externo da atividade policial o Ministério Público tem como objetivo, dentre outros, respeitar os direitos fundamentais assegurados na Constituição Federal e nas leis, prevenir a criminalidade, imprimir celeridade e aperfeiçoar a persecução penal, superar as falhas probatórias produzidas na investigação criminal, dentre outras.

Mas, somente com as ações de controle externo da atividade policial acima mencionada, o objetivo dificilmente seria alcançado. O exercício do controle externo da atividade policial é muito mais amplo do que a simples fiscalização do que faz ou deixa de fazer a polícia.

Daí porque a necessidade de outro tipo de controle, do que ora se denomina de *controle externo da atividade policial indireto.*

Trata-se de medidas e ações, sejam elas judiciais ou extrajudiciais, capazes de melhorar a eficiência da atividade fim de qualquer organismo que detenha poder de polícia relacionada com a segurança pública e a persecução criminal.

É certo que a falta de estrutura aos órgãos encarregados pela segurança pública, em especial a polícia civil e a polícia militar, inviabiliza qualquer realização de trabalho voltado para a prevenção da criminalidade, preservação da ordem pública, incolumidade das pessoas e do patrimônio, seja ele público ou particular, bem como o aperfeiçoamento na persecução penal, frustrando-se, assim, os objetivos almejados pelo Ministério Público no controle externo da atividade policial.

O Ministério Público é o encarregado do exercício da ação penal pública, razão pela qual este tem o dever de buscar, através do controle externo da atividade policial, melhorias do trabalho investigatório, evitando ou diminuindo omissões, abusos ou irregularidades nos registros de ocorrências policiais, nos inquéritos policiais, em geral nas atividades de investigação.

Para que sejam realizados os diversos tipos de controle externo da atividade policial acima mencionada, existem diversos instrumentos legais colocados à disposição do Ministério Público.

Dentre esses diversos instrumentos, Rodrigo Guimarães destaca o poder de investigação criminal pelo Ministério Público que:

> (...) resume-se na possibilidade de o Ministério Público instaurar procedimentos administrativos investigatórios para a apuração de infrações penais, principalmente quando os criminosos sejam as próprias autoridades policiais (GUIMARÃES, 2009, p. 153).

No mesmo sentido Mazzilli, ao afirmar que o controle externo da atividade policial deve ser exercido pelo Ministério Público para se apurar crimes em que são envolvidos os próprios policiais (violência, tortura, corrupção, abuso de poder), bem como nos casos em que a autoridade policial não demonstra interesse ou possibilidade de concluir as investigações (MAZZILLI, 1997, p. 66).

Como já explicado, o Ministério Público foi incumbido de exercer o controle externo da atividade policial, nos termos da lei complementar, e a lei referida pela Constituição Federal é a Lei Orgânica do Ministério Público da União (Lei complementar nº 75 de 20 de maio de 1993), conforme se vê nos artigos 3º, 9º e 10, aplicável aos Ministérios Públicos nos Estados, nos termos do artigo 80 da Lei Orgânica Nacional do Ministério Público.

O art. 3º da Lei Orgânica do Ministério Público da União, Lei complementar nº 75 de 20 de maio de 1993, prevê que o Ministério Público exercerá o controle externo da atividade policial levando-se em conta "a preservação da ordem pública, da incolumidade das pessoas e patrimônio e com a competência dos órgãos incumbidos da segurança pública".

Nesse sentido a observação de Thiago Pierobom:

> Associado a essa obrigação de fiscalização das eventuais ilegalidades está o poder de responsabilização criminal e por improbidade administrativa

CAPÍTULO 4
O MONOPÓLIO DA INVESTIGAÇÃO CRIMINAL: INCONSTITUCIONALIDADE | 151

pelos eventuais excessos. Essa função de responsabilização pelos desvios policiais é inerente à função mais ampla do Ministério Público enquanto defensor da ordem jurídica (CRFB/1988, art. 127, *caput*) e órgão responsável pela promoção da ação penal pública (art. 129, I) e da ação civil pública para a proteção de outros instrumentos difusos e coletivos (art. 129, III).

Sendo a atividade policial uma área sensível à eventual prática de desvios, os desvios mais sérios podem efetivamente vir a configurar crime e, nessa situação, será obrigação do Ministério Público promover a responsabilização do infrator (ÀVILA, 2016, p. 297-298).

Ainda, decorre do controle externo da atividade policial, segundo leciona Thiago Pierobom, a possibilidade do afastamento da Polícia das investigações. Segundo o referido autor tal situação pode decorrer de duas formas juridicamente admissíveis. A primeira consiste em o Ministério Público receber o inquérito policial e realizar diligências complementares de forma incidental. São as diligências realizadas de forma suplementar à investigação policial, realizada diretamente pelo Ministério Público (sem requisição), sendo que naquele momento a investigação estará sob o controle do Ministério Público, afastando a polícia de forma momentânea das investigações. A segunda consiste em afastar a Polícia da investigação e prosseguir no âmbito interno de investigação própria do Ministério Público. Nessa situação, ao Ministério Público receber o inquérito policial, seria retirada cópia integral do inquérito policial, instaurando-se um procedimento de investigação próprio do Ministério Público, para realizar todas as diligências necessárias para o esclarecimento dos fatos. No inquérito policial, em razão do procedimento de investigação interna, o membro do Ministério Público deverá manifestar-se pelo arquivamento, restando a polícia transmitir ao Ministério Público informações de possível interesse às investigações. Registre-se que para essa hipótese o afastamento da polícia poderá ocorrer apenas de forma excepcional, realizando-se de forma ponderada ao interesse social em se esclarecer um crime e ainda do interesse do investigado de sofrer apenas uma investigação (PIEROBOM, 2016, p. 352).

Possível a conclusão de que o Ministério Público possui a mesma finalidade e objetivos dos órgãos de segurança pública, conforme prevê a Constituição Federal, portanto, nada mais lógico que também possuir os mesmos instrumentos utilizados pelos órgãos de segurança pública, em especial a possibilidade de exercer a investigação criminal.

A evidência de que ao Ministério Público foi conferido o externo da atividade policial e dentre suas funções está a investigação criminal, concluindo que se a Instituição ficar proibida de investigar criminalmente, tal texto normativo será inconstitucional por violar diretamente o *art. 127, inc. VI, da Constituição Federal*.

4.2 Titularidade da ação penal pública

A propositura da ação penal é de titularidade privativa do Ministério Público, conforme previsão do art. 129, inc. I do Texto Supremo, razão pela qual não há dúvida de que o Ministério Público é parte na ação penal.

Se parte é, não pode existir qualquer óbice para que se ingresse em juízo com a ação penal pública, sob pena de ofensa ao princípio constitucional da inafastabilidade da jurisdição.

Nesse sentido aborda com propriedade Paulo Rangel:

> É inerente à persecução penal *in judicio* a realização prévia de diligências que, se não forem levadas a efeito pelo Ministério Público, por ausência ou impossibilidade da polícia de atividade judiciária – não importa a razão –, causará graves prejuízos *à* manutenção da ordem jurídica, pois *é* cediço por todos que nenhuma lesão ou ameaça a direito será excluída da apreciação do poder judiciário (art. 5 º, inc., XXXV da CRFB), exigindo do Ministério Público uma postura de protetor da ordem violada reintegrando-a com sua atuação (RANGEL, 2003, p.218).

Na doutrina processual penal encontra-se toda a teoria em que se estrutura a ação penal, e alguns conceitos merecem considerações neste momento.

O direito de ação penal é definido pela doutrina como um "direito público, subjetivo, abstrato, e constitucional de invocar a tutela do Estado em matéria criminal" (MACHADO, 2010, p. 95).

As condições gerais da ação penal são: a legitimidade de parte, segundo qual apenas o titular do denominado *jus puniendi* tem o direito de propor a ação penal; o interesse processual, que trata da possibilidade de se obter uma condenação, utilizando-se da via procedimental adequada e útil; e a possibilidade jurídica do pedido, em que a ação penal somente poderá ser intentada quando não houver qualquer causa que impeça a condenação.

O MONOPÓLIO DA INVESTIGAÇÃO CRIMINAL: INCONSTITUCIONALIDADE

Há ainda a condição mencionada por Afrânio Silva Jardim denominada de justa causa, prevista no art. 395, inc. III, do CPP, qual seja "suporte probatório mínimo que deve lastrear toda e qualquer acusação penal" (JARDIM, 2002, p. 92).

A justa causa, nos precisos ensinamentos de Aury Lopes, mencionando os estudos de Assis Moura,

> (...) exerce uma função mediadora entre a realidade social e realidade jurídica, avizinhando-se dos "conceitos-válvula", ou seja, de parâmetros variáveis que consistem em adequar concretamente a disciplina jurídica a múltiplas exigências que emergem da trama do tecido social.

Ainda, prosseguindo a explanação, afirma a professora mencionada por Aury Lopes que a justa causa é como um "antídoto de proteção contra o abuso de Direito" (LOPES JR., 2010, p. 363).

Por fim, pondera finalmente que:

> Evidencia assim, a autora, que a justa causa *é* um verdadeiro ponto de apoio (topos) para toda a estrutura de ação processual penal, uma inegável condição da ação penal, que, para além disso, constitui um limite ao (ab) uso do *ius ut procedatur*, ao direito de ação. Considerando a instrumentalidade constitucional do processo penal, conforme explicamos anteriormente, o conceito de justa causa acaba por constituir *numa condição de garantia contra o uso abusivo do direito de acusar* (AURY LOPES, 2010, p. 363).

Dessa forma, através do monopólio da investigação criminal, no qual as investigações só desenvolveriam através de inquérito policial, tal procedimento administrativo seria elevado a *condição da ação penal: justa causa.*

Seria a criação legislativa do inquérito policial como uma condição para a propositura da ação penal, forma equivocada de interpretação das normas constitucionais e processuais penais.

A investigação criminal nada mais é do que, quando feita por um agente público, um ato administrativo, que possui a função apenas de colher elementos para que seja viabilizada a ação penal e não se trata de matéria de processo e nem procedimento, aliás, daí porque lá não se admite o contraditório.

Caso haja um monopólio da investigação criminal, por exemplo, pela Polícia, estaria sendo criada uma *condição de ação* para que se permita a propositura das ações penais, condição esta que não existe na própria Constituição Federal, como se observa dos artigos art. 129, I, art. 5º, XXXV, art. 144, *caput*, todos da Carta Magna.

Neste contexto pondera-se o fato de que o exercício da ação penal, *não é exercido exclusivamente pelo Ministério Público*, na medida em que o Texto Constitucional confere como direito fundamental a possibilidade do cidadão proceder a acusação, através da denominada ação penal privada subsidiária da pública, com previsão no art. 5º, LIX, da CF, assim não há qualquer sentido em deixar a investigação criminal ser exercida de forma exclusiva.

Rodrigo Leite Ferreira Cabral afirma que com a criação do Ministério Público e a obrigatoriedade da ação penal, decorre naturalmente o dever correspondente de ser o titular da função investigativa, que é intrínseca e inerente à atividade de acusação (CABRAL, 2018, p. 1986).

Caso houvesse uma investigação prévia, exclusiva de um órgão que não o próprio Ministério Público, seria a criação de um obstáculo totalmente estranho à Constituição Federal e às teorias que explicam o direto de ação, aos elementos da ação ou mesmo às condições de ação.

Portanto, caso exista o monopólio da investigação criminal e o titular da ação penal, o Ministério Público, se depender de uma condição de ação estranha às suas funções, incidirá em inconstitucionalidade por violação aos *art. 5º, inc. XXXV c.c o art. 129, I, da CF.*

4.3 Direito à segurança pública

O direito à segurança pública envolve diversos outros direitos, em razão de suas características ligada às liberdades públicas, exigindo-se do Estado prestações estatais positivas e negativas, como o respeito aos cidadãos, à sua incolumidade e patrimônio alheio, bem como na preservação da ordem pública.

O direito à segurança pública está previsto expressamente no Texto Maior, conforme se observa dos arts. 5º, 6º e 144, além de sua referência constar expressamente no preâmbulo da Constituição Federal.

Esclarece Valter Foleto que o termo *segurança* previsto no art. 5º, *caput*, e art. 6º da Constituição Federal se refere ao direito à segurança pública:

> Soa estranha a consideração do termo segurança como segurança jurídica, relativa à firmeza do ordenamento legal e das relações jurídicas, porque o próprio sistema constitucional e normativo já configura a própria

segurança jurídica, embasada no estatuto fundamental, a Constituição Federal, prevendo direitos e garantias individuais e coletivas e a formatação do Estado Democrático de Direito, em que o direito tem grande importância (SANTIN, 2004, p. 81).

É certo ainda que o direito à segurança pública decorre do próprio Estado Democrático de Direito, envolvendo a cidadania e a dignidade da pessoa humana, nos termos do arts. 1º, II e III, da Constituição Federal, além de configurar como objetivos fundamentais da República, visando à garantia de uma sociedade livre, justa e solidária, conforme preceitua o art. 3º, I e IV, da Carta Magna.

Não restam dúvidas de que *o direito à segurança pública é um dos direitos fundamentais dos cidadãos*.

Em suma, o direito à segurança pública confere ao cidadão o direito ao exercício de seus direitos sociais e individuais, a liberdade, a segurança, o bem-estar, contudo, a predominância do direito à segurança pública possui um caráter difuso, visto que a pretensão é a manutenção da ordem pública e da incolumidade das pessoas e do patrimônio.

Nesse prisma, com o intuito de preservar a convivência pacífica da sociedade e manter a ordem pública, o Estado estabeleceu normas no âmbito penal.

A norma penal tem como função social: proteger os bens jurídicos, eleito pela lei como necessária à proteção penal, e estabelecer a paz social, para que a ordem reine na vida em sociedade.

Na medida em que a sociedade não está recebendo um serviço de segurança pública adequado e eficiente, o Estado não cumpre com sua função de preservar e garantir à sociedade o direito à segurança pública.

Se o Estado não cumpre com a garantia de direitos indispensáveis para o exercício da democracia, como é o caso do direito à segurança pública, cabe ao Ministério Público, por ser o guardião da democracia, utilizar-se de instrumentos Constitucionais e legais colocados à disposição para que sejam restabelecidos os direitos.

A polícia é a instituição constitucionalmente destinada, nos termos do art. 144, *caput*, da CF., a conferir ao cidadão o direito à segurança pública, qual seja, a manutenção da ordem jurídica, a preservação do patrimônio particular e público, a preservação da tranquilidade dos cidadãos, bem como ainda incumbida da prevenção, repressão, e investigação das infrações penais.

Pelo sistema constitucional[55] atual, "detecta-se que a polícia de segurança pública é o gênero enquanto as polícias de prevenção, de repressão, de investigação, de fronteiras e a polícia judiciária são suas espécies" (SANTIN, 2004, p.101).

As polícias preventiva e repressiva são exercidas por órgãos policiais destinados a evitar e prevenir a prática de crimes, bem como para que de forma imediata atue na repressão e prisão dos infratores da lei penal (art. 144, §§1º, II e 2º, 3º e 8º da CF).

Já a polícia judiciária é aquela que trabalha em cooperação e auxílio às atividades do poder judiciário e do Ministério Público, para o cumprimento de mandados e requisições, além de realização de diligências processuais (art. 144, §§1º, IV e 4º da CF).

Há também a chamada polícia de fronteiras, relacionada com a atividade de vigilância de fronteiras marítimas, aeroportuárias e terrestres, para a fiscalização de entrada e saída de pessoas, veículos e mercadoria (art. 144, §1º, III da CF).

Já polícia de investigação criminal é aquela responsável pela apuração das infrações penais, através de procedimentos, como inquérito policial, para subsidiar a ação penal proposta pelo Ministério Público, quando necessário (art. 144, §§1º, I e 4º da CF).

Pois bem.

O que interessa ao tema proposto é o serviço inadequado ou mesmo ineficiente ao cidadão através da *polícia de investigação criminal*.

Essa situação pode ocorrer em razão de diversas situações.

Dentre as diversas situações que podem acarretar o serviço inadequado e ineficiente ao cidadão pela polícia de investigação criminal, menciona Aury Lopes Jr., com a sua peculiar observação de sempre (LOPES JR., 2010, p. 238-239) as seguintes:

– *a escolha da investigação*; a polícia possui o controle da criminalidade, dispondo por isso de uma carga alta de discricionariedade de o que apurar e quando apurar condutas criminosas;

---

[55] Valter Foleto Santin ainda menciona uma função de polícia implícita, que seria a polícia de vigilância penitenciária ou polícia penitenciária, que embora não está prevista no art. 144 da CF, ela decorre do sistema policial e de segurança pública, incumbida de manter a ordem e permanência dos detentos dentro do presídio. (SANTIN, 2004)

CAPÍTULO 4
O MONOPÓLIO DA INVESTIGAÇÃO CRIMINAL: INCONSTITUCIONALIDADE | 157

- *a impunidade*; a polícia é mais atuante contra classes inferiores e contribuindo, assim, com a impunidade de classes mais elevadas;

- *suscetibilidade* à *pressão política e aos meios de comunicação*; a polícia pode ser contaminada pelas *ordens* de políticos que ocupam os governos e ainda cometerem injustiças na vontade de esclarecer crimes que possuem repercussão mediática;

- *subordinação policial em relação a política* pode tornar a investigação vulnerável a pressões externas, especialmente relacionados a grupos de forte poder econômico e grupos políticos dominantes.

Aliás, em recente pesquisa realizada pela Fundação Getulio Vargas, denominada de Índice de Confiança na Justiça do Brasil *ICJ Brasil*, 3º Trimestre/2011,[56] uma das causas de impunidade, segundo 36% dos entrevistados, está a corrupção da polícia.

A atuação da polícia pode ocasionar uma colheita de prova omissa, deturpada ou mesmo falha.

Nesse sentido, cobrando uma postura do Ministério Público foi pronunciamento da renomada processualista Ada Pelegrini Grinover:

> Por que a operação Mãos Limpas na Itália deu certo (deixando de lado os abusos cometidos pelos juízes, influenciados aí sem dúvida pelo colega do Ministério Público)? Porque o Ministério Público investiga, porque o Ministério Público está junto com a polícia, porque a polícia *é* comandada pelo Ministério Público, afinal o Ministério Público *é* o destinatário da investigação. Como *é* que ele vai ficar simplesmente aguardando que alguém faça a investigação e lhe traga o resultado mais ou menos bom, mais ou menos convincente? Este *é* um ponto sobre o qual todo o Ministério Público do país deveria refletir seriamente, e tentar vencer as resistências corporativas; afinal, polícia e Ministério Público devem estar envolvidos na mesma atuação, sobretudo quando se trata de crime organizado. Como *é* que se vai combater o crime organizado sem dados informatizados, sem uma estrutura adequada, estrutura física policial, mas também estrutura do Ministério Público? Então, me desculpem, mas acho que ao invés de tocar 90% das ações civis públicas,

---

[56] *Relatório ICJBrasil – 3º trimestre 2011-* GROSS, Luciana Cunha; BUENO, Rodrigo de Losso Silveira; OLIVEIRA, Fabiana Luci de; RAMOS, Luciana de Oliveira; GARCIA, João Marcos Bastos Vilar (2011-11-24). Disponível em: http://bibliotecadigital.fgv.br/dspace/handle/10438/6618. Acesso em: 18 fev. 2012.

o Ministério Público poderia abrir-se mais, para até orientar a sociedade a fazê-lo, e concentrar-se realmente naquilo que hoje *é* doloroso, naquilo que hoje *é* revoltante, que *é* a maneira pela qual se chega *à* impunidade, exatamente por força de falhas nas investigações. Depois o juiz *é* acusado. Mas foi a polícia que conclui o inquérito, foi o Ministério Público que acusou. A justiça solta, mas como não vai soltar, se a investigação não foi bem feita, se a denúncia não foi bem fundada? (SADEK, 1997, p. 15).

Não são raras notícias publicadas reportando-se a fatos como estes, como por exemplo, a notícia veiculada em 03/05/2012, no site Globo.com: "Estado 'perde' mil inquéritos – papelada se perde em meio ao caos dos distritos de polícia".[57]

A Polícia Civil de Alagoas não conseguiu explicar ao Ministério Público o destino de mais de mil inquéritos policiais que apurariam mortes violentas.

A intimidação política também pode ocorrer, como nas investigações criminais no Governo do Distrito Federal, como na hipótese noticiada em 07/03/2010, no site da Folha.com: "Delegados confirmam pressão de Arruda para fornecer informações sigilosas".[58]

Em outra reportagem, mais antiga, em agosto de 1999, intitulada como "Polícia bandida"[59] noticiam-se diversos fatos criminosos em que policiais são envolvidos, como os crimes de tortura, homicídios, estupro, desaparecimento de drogas na delegacia, roubo, receptação, sequestro, além da formação de quadrilhas.

Aponta ainda o envolvimento das polícias em crime organizado, que, segundo a mesma reportagem, em São Paulo, 60% das quadrilhas investigadas em razão do crime organizado têm o envolvimento de policiais.

A baixa produtividade da polícia também foi revelada, e não difere dos índices atuais, em que apenas 2,5% dos casos criminais são elucidados no Brasil, contra 22% dos crimes esclarecidos pela polícia americana, 35% pela polícia inglesa, 45% pela polícia canadense e 58% da polícia japonesa, segundo consta na Reportagem da Revista Veja.

---

[57] Estado "perde" mil inquéritos – papelada se perde em meio ao caos dos distritos de polícia. Disponível em: http://gazetaweb.globo.com/noticia.php?c=312440&e=12. Acesso em: 07 maio 2012.

[58] Delegados confirmam pressão de Arruda para fornecer informações sigilosas. Disponível em: http://www1.folha.uol.com.br/folha/brasil/ult96u703418.shtml. Acesso em: 10 maio 2012.

[59] *Revista Veja*, 04.08.99. Reportagem disponível em: http://veja.abril.com.br/040899/p_084.html. Acesso em: 15 fev. 2011.

CAPÍTULO 4
O MONOPÓLIO DA INVESTIGAÇÃO CRIMINAL: INCONSTITUCIONALIDADE

O Ministério Público, aliás, já foi acionado, por diversas vezes, quando presente patentes violações de direitos humanos, como esclarece Ivana Farina Navarrete:

> O Brasil testemunhou, na *época,* os horrores e abusos das Chacinas do Carandiru – 2-10-1992, da Candelária – 23-7-1993, de Vigário Geral – 19-8-1993, de Corumbiara – 9-8-1995 e Eldorado dos Carajás – 17-4-1996. Era também acompanhada, desde 1995, a investigação das ações de extermínio lideradas pelo ex-Deputado Federal Hidelbrando Pascoal, no Acre. No Conselho de Defesa dos Direitos da Pessoa Humana (CDDPH), *órgão* colegiado integrante da Secretaria Especial de Direitos Humanos (SEDH), da Presidência da República, incumbido da promoção e da defesa dos direitos humanos, bem como da apuração de suas violações em todo o País, todas essas ocorrências eram noticiadas e investigadas e, a par da verificação de ações criminosas perpetradas por agentes policiais em todas elas, de forma a revelar a precariedade do controle exercido sobre os organismos de Segurança Pública, o Ministério Público sempre era acionado pelo Conselho, para que promovesse as devidas medidas de investigação e punição dos responsáveis. Era, assim, a Instituição vista como defensora dos direitos humanos e acredita no desempenho de suas funções constitucionais, ainda que se mostrassem lentos os procedimentos correlatos a seu encargo (PENA, 2010, p. 404).

Em todas as situações em que a polícia de investigação criminal não exerça sua atribuição legal de apuração de uma infração penal, através do inquérito policial ou outro procedimento, seja por que razão for, deverá tal função recair sobre o Ministério Público, para o restabelecimento da ordem pública, da paz social e da mantença do regime democrático.

Nas situações em que há a participação de policiais, a legitimidade da investigação se torna evidente, fundando no controle externo da atividade policial, pois do contrário, corríamos o risco de que as investigações criminais contra policiais dependeriam da própria Instituição, o que poderia deixar ao crivo da própria corporação quem será ou não investigado.

Aliás, a investigação criminal pelo Ministério Público nos casos em que são envolvidos policiais foi objeto de *recomendação da ONU,* durante a visita ao país, em relatório sobre Tortura e outras formas de tratamentos cruéis, desumanos e degradantes de punição apresentado por Nigel Rodley (Recomendação nº 13):[60]

> 13. As investigações de crimes cometidos por policiais não deveriam estar sob a autoridade da própria polícia. Em princípio, um *órgão* independente, dotado de seus próprios recursos de investigação e de um mínimo de pessoal – *o Ministério Público* – *deveria ter autoridade de controlar e dirigir a investigação*, bem como acesso irrestrito *às delegacias de polícia* (Grifo meu).

Não são raras, infelizmente, notícias de crimes envolvendo policiais, como bem explanado por Rodrigo Guimarães:

> E, nesse quadro, ao lado da notória corrupção e abuso de poder encontrado em certos meios policiais, e que, ainda hoje, atinge níveis elevados, mesmo estando em pleno século XXI, onde cientificismo na apuração de crimes *é* tônica nos países civilizados, a tortura, por incrível que possa parecer continua imperando em algumas delegacias de polícia brasileira (GUIMARÃES, 2009, p. 84).

Ainda José Reinaldo lembra o porquê da importância da investigação criminal:

> E tal conclusão é que melhor garante, no nosso pensamento, efetiva proteção dos direitos coletivos, permitindo uma maior, melhor e mais contundente atuação do Ministério Público, mormente nos delitos de *colarinho-branco*, notadamente os de corrupção no Poder Público, e no enfrentamento das organizações criminosas, em que a Instituição – por deficiência ou omissão dos organismos policiais – é mais solicitada (CARNEIRO, 2007, p. 130-131).

Nesse mesmo sentido observa Alexandre de Moraes:

> O que não se pode permitir é, sob falso pretexto, o afastamento da independência funcional do Ministério Público e a diminuição de suas funções – expressas ou implícitas –, sob pena de grave perigo de retrocesso no combate ao crime organizado e na fiscalização à corrupção na administração pública, pois esse retorno à impunidade, como sempre

---

[60] Recomendações ao Brasil dos Relatores Especiais da ONU que visitaram o país 1995-2010. Conferir no site: http://www.monitoramentodhi.org/arquivos/recomendacoes/Procedimentos-especiais-para-Brasil.pdf. Acesso em: 02 jun. 2012.

alertado por Norberto Bobbio, gera a ineficiência e o descrédito na Democracia (MORAES, 2011, p. 1590).

Se um policial, a título de exemplo, pratica um crime, quem investiga?

Se a própria polícia não cumprir a sua obrigação de apurar a conduta criminosa de seus pares quem irá fazer?

Se a própria polícia deter o monopólio da investigação criminal, e não investigar o resultado será a impunidade tão ventilada e questionada no democrático Estado de direito em que vivemos, será uma afronta direta a defesa dos direitos fundamentais de todos os cidadãos.

Nesse sentido Alexandre de Moraes:

> Não reconhecer ao Ministério Público seus poderes investigatórios criminais implícitos corresponde a diminuir a efetividade de sua atuação em defesa dos direitos fundamentais de todos os cidadãos, cuja atuação autônoma, conforme já reconheceu nosso Supremo Tribunal Federal, configura a confiança de respeito aos direitos, individuais e coletivos, e a certeza da submissão dos poderes à lei (MORAES, 2011, p. 1590).

Daí porque, se houver o monopólio da investigação criminal, especialmente pela polícia, o *direito à segurança pública* estará cerceado ao cidadão, pois impedirá que o Ministério Público, órgão legitimado constitucionalmente a garantir tal direito, haja quando a polícia não corresponder as suas obrigações constitucionais.

Pelas razões acima mencionadas, o impedimento ao Ministério Público investigar criminalmente acarreta *inconstitucionalidade por violar os artigos 127, caput e 129, inc. II, c.c. os artigos 1º, II e III, 3º, I e IV, 5º, caput, 6º, caput, e 144, caput*, todos da Carta Magna.

4.4   O acesso à justiça

O acesso à justiça, entendido na concepção individualista dos séculos dezoito e dezenove, é o direito formal do indivíduo de propor ou contestar uma ação. O sistema judiciário resumiu-se à formalidade, onde quem pudesse enfrentar os custos teria justiça, não havendo preocupação com a real situação da maioria da população.

À medida que as sociedades evoluíram, cresceram e tornaram-se complexas o conceito de direitos humanos passou por uma transformação radical e as ações passaram a ter um caráter coletivo e comunitário ficando para trás a visão individualista dos direitos.

Os novos direitos humanos previstos na Constituição Francesa de 1946 deveriam tornar-se acessíveis e efetivos a todos, exigindo do Estado uma atuação positiva para garantir estes direitos.

É a passagem das sociedades *laissez-faire* às sociedades do *welfare state*. Há todos, sem qualquer exceção, os direitos sociais básicos devem ser assegurados e usufruídos e, dentre os direitos sociais básicos pode-se mencionar o "acesso à justiça", pois é através dele que se garante a efetiva proteção a todos os demais direitos.

O acesso à justiça, segundo Cappelletti, "pode, portanto, ser encarado como requisito fundamental – *o mais básico dos direitos humanos* – de um sistema jurídico moderno e igualitário que pretenda garantir, e não apenas proclamar os direitos de todos" (CAPPELLETTI, 1988, p. 12, grifo meu).

Contudo, para o acesso à justiça efetivo há a necessidade de paridade de armas, pois sérios obstáculos são encontrados e por consequência deveram ser rompidos, como por exemplo, o que Cappelletti chamou de "capacidade jurídica" pessoal, relacionando os diferentes níveis de cultura, meio e *status* social com as pessoas que têm, ao menos potencialmente, direitos fundamentais e devido a tais fatores adversos impossibilitam a concretização desses direitos.

Os cidadãos que integram uma camada inferiorizada e de baixa cultura, muitas vezes ignoram seus direitos e não visualizam o problema tipicamente jurídico que possa ser solucionado pela via judicial. O meio social em que vivem tornam extremamente difícil o contato com profissionais da área jurídica, inclusive no que tange ao relacionamento com autoridades como os Delegados de Polícia, ou mesmo o Juiz ou Promotor de Justiça que se apresentam, às vezes, inalcançáveis ou até ignorada a existência dos mesmos.

É por isso que o acesso à justiça não se reporta somente à participação no processo judicial e a uma instituição judicial célere e eficaz, mas também às condições do processo de participação política, social e econômica, pois a finalidade do acesso à justiça no ordenamento jurídico, segundo Cappelletti, é *tornar acessível o sistema jurídico a todos e produzir resultados individual e socialmente justos.*

É certo que o acesso à justiça se trata dos mais valiosos instrumentos pelo qual se buscar a efetivação dos direitos humanos.

CAPÍTULO 4
O MONOPÓLIO DA INVESTIGAÇÃO CRIMINAL: INCONSTITUCIONALIDADE | 163

Contudo, em razão do tema e a questão proposta neste trabalho, o foco da questão é acesso à justiça na esfera penal, em especial no que tange a investigação criminal.

O acesso à justiça, em específico na esfera penal, pode ser compreendido "pelo aspecto econômico, da legitimidade processual, da simplificação processual e da investigação penal"[61] (SANTIN).

No aspecto econômico, trata-se da garantia ao réu em condições econômicas deficientes de se prover a assistência jurídica integral e gratuita, nos termos do art. 5º, inc. LXXXIII da CF.

No aspecto da legitimidade, o acesso à justiça na área penal refere-se à inércia da Instituição na propositura das ações penais, sendo que na própria Constituição Federal já existe um mecanismo que amplia a legitimidade de acusação e acesso à justiça: a ação penal pública subsidiária (art. 5º, inc. LIX, da CF), ou seja, a possibilidade da vítima propor a ação penal, ainda que esta seja pública.

O legislador ainda ampliou o leque de legitimados para a ação penal pública, conforme dispõe no art. 80 do Código de Defesa do Consumidor que autoriza proceder a acusação entidades, órgãos e associações de proteção de defesa ao consumidor quando do exercício da ação penal subsidiária ou nos casos de intervenção.

Pelo aspecto da simplicidade processual, Valter Foleto faz referência à Lei do Juizado Especial, Lei nº 9.099/95, esclarecendo que o procedimento relativo aos crimes de menor potencial ofensivo trouxe ao cidadão uma resposta mais rápida, vez que tal procedimento é marcado pela celeridade, informalidade e oralidade.

Por fim, enfrentemos a questão do *acesso à justiça e a investigação criminal*, que é o que mais nos interessa no presente momento.

Como levantado acima, por diversas razões, seja ela social, econômica, política, uma classe menos favorecida da população poderá encontrar obstáculo para obter uma investigação criminal, e por consequência ser impedida para que se realize um acesso à justiça pela via da ação penal pública.

Por essa razão, pessoas menos favorecidas acabam procurando pelo Ministério Público, como bem explica Mazzilli:

---

[61] Conferir o artigo de Valter Foleto Santin: A investigação criminal e o acesso à justiça. Tese apresentada e aprovada no XIV Congresso Nacional do Ministério Público em Recife, 2001. Publicado no site: http://www.apmp.com.br/juridico/santin/artigos/a%20investigacao%20criminal%20e%20o%20processo%20a%20justica.htm. Acesso em: 20 out. 2011.

Uma palavra ainda deve ser dita a respeito de quem mais comumente costuma procurar o Ministério Público.

A regra geral é a de que o promotor de Justiça é procurado por um povo sofrido e paciente, com os direitos calcados aos pés pelos poderosos; um povo extremamente pobre e carente; um povo humilde e respeitoso; um povo mal instruído e desassistido em todos os sentidos.

São aquelas longas filas pelos corredores do fórum, ou aquelas salas repletas de gente. Trata-se de pessoas vestidas com pobreza (embora algumas com suas melhores roupas), que vão, *às* vezes crédulas, *às* vezes quase totalmente descrente, buscar no promotor de Justiça seu *último* trunfo, seu *único* aliado naquilo que entendem justo, na luta que o fraco tenta empreender contra o forte; *é* o trabalhador que não recebeu seu salário ou sua indenização; *é* a mulher que foi abandonada com os filhos; *é* a vítima daquele crime que a polícia não quer ou não tem condições de apurar; *é* aquele que já bateu a todas as portas e todas as portas lhe bateram; *é* a pessoa que nunca tinha ido ao fórum e faz pela primeira vez ou então prometendo que será a *última* (MAZZILLI, 1998, p. 95).

Portanto, caberá ao Ministério Público, através do dever funcional (art. 27, parágrafo único, I e IV da Lei nº 8.625/93) do atendimento ao público possibilitar a esta classe menos favorecida a ampliação do acesso à justiça para que seja realizada uma investigação criminal, com vistas a apurar a autoria e materialidade delitiva de uma infração penal. A investigação criminal é direito da vítima, pois sob a ótica do princípio da obrigatoriedade, o Estado é obrigado a agir caso haja uma infração penal. Aliás, não podemos nos esquecer de que a vítima é a maior prejudicada na infração penal.

É certo que via Ministério Público pode-se chegar à notícia do crime de outras diversas formas: por meio de representação; carta anônima; jornais e outros meios de comunicação; ofícios de outras autoridades ou entidades informando a ocorrência de fatos delituosos, dentre outros.

Assim ensina Mazzilli:

Por meio de dito atendimento ao público, também recebe o promotor de Justiça *notitia criminis*, ora para requisitar inquérito policial ou diligências investigatórias, ora para promover diretamente diligências que visem *à* apuração de ilícitos civis ou penais no *âmbito* de sua atuação, ora para promover a ação penal ou a ação civil pública (MAZZILLI, 1998, p. 67).

Contudo, não é só pela condição marginalizada da vítima que poderá existir o obstáculo a investigação criminal, por diversas maneiras as vítimas podem ser impedidas de terem acesso a uma investigação criminal como, por exemplo, no caso de não ser recepcionada em um Distrito Policial; ter negado o direito ao registro de ocorrência; haver por parte da Autoridade Policial um total desinteresse na investigação criminal; a autoridade policial cobrar para a realização de investigações criminais; em casos de crimes praticados por policiais, dentre outras situações.

Nesses casos, o acesso à justiça via investigação criminal poderá ser sanado nas hipóteses acima através do poder investigatório pelo Ministério Público.

Além disso, nos casos acima, ainda se trata de uma situação em que há a falta do relevante serviço público de segurança pública, sendo que incumbe ao Ministério Público a tarefa prevista no art. 129, II, da CF, de zelar pelo efetivo respeito aos Poderes Públicos e dos serviços de relevância pública aos direitos assegurados nesta Constituição, promovendo as medidas necessárias à sua garantia.

Não há dúvida de que uma das medidas necessárias para a garantia da investigação criminal será a sua realização via Ministério Público.

Na prática, os membros do Ministério Público atendem diariamente a diversas pessoas trazendo notícias de infrações penais solicitando providências, inclusive para que se proceda à investigação criminal, e não raras vezes, a vítima narra um empecilho, um obstáculo encontrado dentro de uma Delegacia de Polícia.

Caso o Ministério Público, quando chegar ao seu conhecimento uma notícia de infração penal, for impedido de conduzir uma investigação criminal, ensejará em grave ofensa a um direito humano fundamental, pois estará diretamente impedindo que a vítima tenha acesso à justiça penal.

O Constituinte reformador não poderá excluir o Ministério Público de realizar investigações criminais, pois a sua finalidade encontra-se respalda na própria Constituição Federal.

A exclusão da investigação criminal pelo Ministério Público padece de insanável vício de inconstitucionalidade e trata-se de um verdadeiro atentado à democracia.

CAPÍTULO 5

O MINISTÉRIO PÚBLICO E A INVESTIGAÇÃO CRIMINAL NO MUNDO MODERNO

5.1 Panorâmica da investigação criminal pelo Ministério Público no direito comparado

A investigação criminal realizada pelo Ministério Público é uma tendência mundial.

A maioria dos países desenvolvidos ou em desenvolvimento, ou mesmo países que recentemente inauguraram uma nova ordem constitucional, se já não possuem a Instituição do Ministério Público investigando, estão a caminho de possibilitá-lo.

A Argentina, por exemplo, que ainda possui o famigerado juizado de instrução, possui uma tendência de transferir a investigação preliminar ao Ministério Público, suprimindo o arcaico juizado de instrução e colocando em seu lugar o sistema acusatório. Algumas províncias já adotam o sistema acusatório, isto porque cada província possui o seu próprio Código de Processo Penal.

No Uruguai, também apresenta a tendência de prevalecer o sistema acusatório, conferindo legitimidade ao Ministério Público à condução das investigações criminais, conforme menciona Valter Foleto, ao mencionar o Ministro da Suprema Corte Uruguaia Cairoli Martinez (SANTIN, 2001, p. 97).

A exclusividade da atuação da polícia na investigação criminal e a contramão da tendência mundial. Nessa linha, lição preciosa de Denilson Feitoza, afirmando que "no mundo, parece-nos que há apenas dois países inexpressivos em que a polícia tem exclusividade de apuração de infração penal" (FEITOZA, 2009, p. 202).

No Brasil, no início do julgamento do Supremo Tribunal Federal sobre a investigação criminal pelo Ministério Público, quando dois Ministros votaram contra o poder de investigação criminal, tal fato que repercutiu negativamente pelo mundo, conforme relata Renato Guimarães Jr:

> O Comitê da Função do Promotor da American Bar Association-ABA, espécie da OAB dos Estados Unidos, que reúne mais de 400.000 advogados – a maior do mundo – além de Juízes e Ministros de mais de 70 países, reprovou dia 6 de agosto passado, em Atlanta, na Georgia, os dois votos do Supremo Tribunal Federal que extinguem o poder investigatório do Ministério Público brasileiro.
>
> Por unanimidade de seus doze membros, o Comitê não só decidiu levar a questão ao Plenário da ABA, como também aprovou sua remessa ao Comitê de Crimes Internacionais, que igualmente censurou a votação de Brasília.
>
> Ambos os Comitês integram a Secção de Direito Criminal da ABA, cujo Presidente, o poderoso criminalista Neal R. Sonnett, que se apresenta também como defensor de criminosos do colarinho-branco, também se solidarizou com a sociedade do Brasil, disposto a falar publicamente a favor dos Promotores.
>
> O advogado inglês John Clitheroe sugeriu então que "a novidade, entre todos os países que dispõem de Promotor de Justiça", fosse encaminhada a IBA-Internacional Bar Association, sediada em Londres e da qual é um dos 12.500 membros de 160 países, inclusive cerca de 200 congêneres de quase todas as nações e, contraditoriamente, neste assunto, a OAB, federal e secção de São Paulo, e duas outras entidades de advogados brasileiros. (GUIMARÃES JR., 2004, p. 1).

A função de investigação criminal está intrinsecamente ligada a diversos Ministérios Públicos no mundo, seja pelo poder direto da investigação, seja pelo controle da polícia nos atos de investigação.

Na América Latina a investigação criminal pelos membros do Ministério Público, com a colaboração da polícia judiciária, pode ser observada em países como a Argentina, Bolívia, Chile, Costa Rica, El Salvador, Guatemala, Honduras, Paraguai, Peru e Venezuela.

Nesses países a função do juiz está limitada à decretação das medidas cautelares, funcionando como o chamado *juiz das garantias*, separando completamente as funções de investigar (Ministério Público/polícia judiciária) e a de decretar medidas cautelares.

Exceção na América Latina encontra-se na Colômbia, onde o Ministério Público assume as funções de investigação, bem como possui o poder de decretar medidas cautelares.

Já os Ministérios Públicos em países como os Estados Unidos e outros da Europa possuem forte influência nas investigações criminais, exercendo praticamente o controle da polícia investigativa.

Outros países já estão em andamento para concretizar a possibilidade da investigação criminal pelo Ministério Público.

Abaixo, alguns Ministérios Públicos em diversos países espalhados pelos cinco continentes. É bom esclarecer que, em razão do objetivo do trabalho, não foi pretensão descer as minúcias a organização e funcionamento dos Ministérios Públicos, tampouco realizar uma separação sobre o modelo de sistema processual adotado em cada país, estes apenas foram pesquisados na intenção de estabelecer suas relações e proximidades com área penal, a investigação criminal e a polícia.

5.1.1 Os Ministérios Públicos no continente da América

5.1.1.1 Ministério Público da Argentina

O Ministério Público argentino possui previsão constitucional, no título primeiro dedicado ao Governo Federal da Constituição da Argentina, promulgada em 3 de janeiro de 1995, destacando a autonomia funcional, financeira e a direção da instituição pelo Procurador-Geral da Nação.[62]

O art. 120 da Constituição Argentina de 1853 (com reformas nos anos de 1860,1866,1898,1949,1657 e 1994) prevê a autonomia e autarquia financeira (RANGEL, 2003, p. 168).

A Argentina não possui um único diploma processual penal, pois há os códigos de processo penal nacional e os das províncias.

Segundo relata Valter Foleto, "os códigos provinciais de Tucumã, Córdoba e Santiago del Estero criaram uma etapa investigatória, conduzida pelo Ministério Público, sem juizado de instrução." (SANTIN, 2001, p. 105).

Portanto, as investigações criminais são realizadas e dirigidas pelo Ministério Público, com a polícia colaborando, sendo que o juiz

---

[62] Sobre o Ministério Público na Argentina, ver: Valter Foleto Santin (SANTIN, 2001. 105-108); Diaula Ribeiro (RIBEIRO, 2003, p. 545-546) e Paulo Rangel (RANGEL, 2003, p. 168-171).

será o responsável pela guarda dos direitos e garantias individuais, além de fiscalizar o próprio Ministério Público.

Porém, no âmbito federal, embora haja investigação sob o sistema de juizado de instrução, há previsão no art. 196-bis do CPP federal argentino da possibilidade geral do juiz de instrução delegar a investigação ao Ministério Público, a investigação de crimes sem autoria certa, ou ainda para crimes de especial gravidade.

Há previsão expressa no art. 106 do CPP permitindo ao Ministério Público a direção da investigação dos delitos.

Sobre a investigação criminal no CPP federal argentino, importante as observações de Thiago Pierobom:

> O relacionamento de auxílio direto entre a Polícia e o Ministério Público na Argentina está expresso nos arts. 108, 109, 111 e 226.1, que por sua relevância merecem transcrição:
> Art. 108. *Função*. A polícia de investigação, como auxiliar direto do Ministério Público e sob a sua estrita direção e controle, investigará os delitos de ação pública e reunirá os elementos de provas úteis para dar base à acusação.
> Art. 109. *Subordinação*. Os funcionários e agentes de polícia de investigação deverão cumprir sempre as ordens do Ministério Público e as que, conforme estabelecido nesse Código, devam ser autorizados pelos juízes. A autoridade administrativa não poderá revogar, alterar ou retardar uma ordem emitida pelo Ministério Público ou por juízes.
> Art. 111. *Coordenação*. O Ministério Público emitirá as instruções gerais necessárias a coordenar o trabalho da polícia de investigações e outras forças de segurança federais, a fim de lograr maior eficácia na investigação dos delitos.
> Art. 226. *Trâmite*. Quando a notícia crime (denúncia) for apresentada perante a Polícia, esta informará imediatamente ao Promotor de Justiça, que assume a direção da investigação e indicará as diligências que devam realizar-se.[63]

Ainda o art. 227 do CPP federal argentino estabelece o prazo de 5 dias para que a polícia encaminhe ao Ministério Público as cópias das diligências realizadas podendo continuar de ofício os atos de investigação, de acordo com as instruções gerais expedidas pelo Ministério Público.

---

[63] ÁVILA, 2016, p. 119.

A instauração formal da investigação preparatória é um ato privativo do Ministério Público, possuindo o prazo de até 15 dias após recebida a notícia crime enviada pela Polícia.

5.1.1.2 Ministério Público da Colômbia

Na Colômbia,[64] segundo esclarece Santin, existem duas instituições que exercem a função do Ministério Público, nos moldes que conhecemos no Brasil. São a *Fiscalia Geral da Nação* e o Ministério Público, ambos com previsão constitucional. A *Fiscalia Geral da Nação* está disposta em um capítulo destinado ao Poder Judiciário e possui autonomia administrativa e financeira, dirigida pelo Fiscal Geral da Nação (SANTIM, 2001, p. 98-101).

Já a Instituição do Ministério Público está em um título autônomo da Constituição, nos arts. 257 e 276, dirigida pelo *Procurador General de la Nación*.

Dentre as funções do Ministério Público colombiano, previstas no art. 277, da CF, segundo Valter Foleto, está a de vigiar o cumprimento da Constituição, das leis, dos atos administrativos e decisões judiciais, além da proteção dos direitos humanos e a sua efetividade, realizar a defesa dos interesses da sociedade, realizar a defesa dos interesses coletivos dentre outros. Tem ainda as atribuições da Polícia Judiciária, podendo interpor as ações necessárias (SANTIN, 2001, p. 100).

As investigações criminais são realizadas pelo Fiscalia Geral da Nação, salvo as exceções previstas na Constituição, como os delitos praticados por membros da Força Pública, pela atuação do Ministério Público e da Controladoria.

Valter Foleto destaca os deveres da Fiscalia:

> Deve a Fiscalia assegurar o cumprimento (la comparencia) dos infratores da lei penal, adotando as medidas de asseguramento (asseguramiento). Tomar medidas efetivas para o restabelecimento do direito e indenização dos prejuízos ocasionados pelo delito (art. 250, 1). Qualificar (calificar) e declarar precluídas (encerradas) as investigações (nº 2). Dirigir e coordenar as funções de polícia judicial (Polícia Nacional e demais organismos legais) (nº 3). Velar pela proteção das vítimas, testemunhas e intervenientes nos processos (nº 4) e cumprir as demais funções legais (nº 5).

---

[64] Sobre o Ministério Público na Colômbia, ver: Valter Foleto Santin (SANTIN, 2001, p.98/101) e Diaula Ribeiro (RIBEIRO, 2003, p. 547-548).

A Fiscalia *é* obrigada a investigar os fatos, seja favorável ou desfavoravelmente ao imputado, respeitando seus direitos fundamentais e as suas garantias processuais (art. 250, CF) (SANTIN, 2001, p. 100).

O Desembargador José Damião Pinheiro Machado menciona alguns artigos do Código de Processo Penal colombiano, reforçando os poderes investigatórios do Ministério Público:

> Art. 102. Sus funciones dentro del proceso – El Ministerio Público, como representante de la sociedad, debe procurar la sanción de los infractores de la ley penal, e a defensa de las personas acusadas sin justa causa y la indemnización de los perjuicios causados por la infracción.
> "En cumplimiento de esos deberes, el Ministerio Público pedirá la práctica de las pruebas conducentes al esclarecimiento de la verdad, la detención o la libertad del procesado cuando sean pertinentes y, en general, *intervendrá* en todas las diligencias y actuaciones del proceso penal (Pág. 163/165).
> Art. 292 – Intervención del funcionario de instrucción y del Ministerio Público – Durante el proceso, la policía judicial actuará bajo las *órdenes* del respectivo funcionario de instrucción. *Este podrá asumir en cualquier momento la dirección de las diligencias de indagación que adelante la policía judicial, o aprehender directamente la instrucción.*
> "En las indagaciones que adelante la policía judicial podrá intervir el agente del ministerio público" (Nuevo Procedimento Penal Colombiano,Editorial Temis, Bogotá, 1972, Pág. 365/366) (COGAN, 2004, p. 11-12).

5.1.1.3 Ministério Público da Costa Rica

O Ministério Público da Costa Rica[65] realiza investigação criminal, além de exercer o controle da atividade policial, pois o Código de Processo Penal adotou na íntegra o Código Modelo de processo penal para a Ibero-América.[66]

Nesse país foi criado um Organismo de Investigação Judicial, Lei nº 5524, de 7 de maio de 1974, como órgão auxiliar dos Tribunais Penais e pertencente ao Ministério Público, que possui a função precípua de descobrir e fazer a verificação científica dos crimes, além de seus supostos autores. Tem a função de reunir, ordenar e assegurar cientificamente as provas e demais antecedentes necessários para a investigação.

---

[65] Sobre o Ministério Público na Costa Rica, ver: Diaula Ribeiro (RIBEIRO, 2003, p. 548-549).

[66] O Código Modelo tem como princípio que todas as investigações criminais possam ser realizadas pelo Ministério Público, sendo este possui o controle e a direção das investigações.

CAPÍTULO 5
173

Dispõe o art. 1º da referida Lei:[67]

Artículo 1º - Créase el Organismo de Investigación Judicial dependiente de la Corte Suprema de Justicia, con jurisdicción en toda la República. Tendrá su sede en la ciudad de San José, pero se podrán establecer las delegaciones provinciales o regionales que se estimen convenientes, a juicio de la Corte.

Será auxiliar de los tribunales penales y del Ministerio Público en el descubrimiento y verificación científica de los delitos y de sus presuntos responsables. Será, asimismo, cuerpo de consulta de los demás tribunales del país.

Nota-se que nesse país há um vínculo efetivo da investigação criminal pelo Ministério Público.

5.1.1.4   Ministério Público da Guatemala

A Constituição da Guatemala[68] de 1993 prevê a instituição do Ministério Público nos artigos 251 e 252.

A Instituição, segundo a Constituição, possui como objetivo assegurar a estrita observância às Leis do país, e sua organização e funcionamento dar-se-ão por meio de Lei Orgânica.

A Instituição será chefiada pelo *Fiscal General*, será nomeado pelo Presidente da República e exercerá o cargo por 4 anos, após a elaboração de uma lista de seis candidatos, preparada por uma comissão composta por diversas autoridades, dentre elas o Presidente do Supremo Tribunal.

Dentre as funções do Ministério Público da Guatemala está a realização da investigação criminal e o exercício do controle da atividade policial, pois o Código de Processo Penal adotou na íntegra o Código Modelo de processo penal para a Ibero-América.

Por essa razão, que o art. 107 e seguintes do Código de Processo Penal da Guatemala dispõe sobre a investigação criminal e as funções do Ministério Público:

Artículo 107.- (Función). El ejercicio de la persecución penal corresponde al Ministerio Público como *órgano* auxiliar, conforme las disposiciones de este Código.

---

[67] Lei de Orgânica do Organismo de Investigação Judicial. Conferir no site: http://www.oas.org/juridico/mla/sp/cri/sp_cri-int-text-loij.html. Acesso em: 01 jun. 2012.

[68] Sobre o Ministério Público da Guatemala ver: Sobre o Ministério Público na Colômbia, ver: Diaula Ribeiro (RIBEIRO, 2003, p. 552-553).

Tendrá a su cargo específicamente el procedimiento preparatorio y la dirección de la policía en su función investigativa.

No mesmo artigo, como se nota, há a previsão expressa da investigação criminal pelo Ministério Público guatemalteco, além de exercer a direção da polícia na sua função de investigação.[69]

5.1.1.5 Ministério Público da Bolívia

O Ministério Público boliviano possui previsão na Constituição da Bolívia de 2008, nos arts. 225 a 228, possuindo a responsabilidade de defender a legalidade e defender além do exercício da ação penal pública.[70]

A Instituição possui autonomia funcional, administrativa e financeira.

São princípios constitucionais do Ministério Público da Bolívia a legalidade, a oportunidade, objetividade, responsabilidade, autonomia, unidade e hierarquia.

O *Fiscal General de la Republica*, autoridade que representará a Instituição, exercerá as funções por seis anos, não podendo ser reconduzido.

Dentre as atribuições do Ministério Público está o controle das investigações criminais, conforme consta do Código de Processo Penal boliviano de 1999, vigente desde 2001, conforme consta dos arts. 69 e 70:[71]

> *Artículo 69º- (Función de Policía Judicial).* La Policía Judicial es una función de servicio público para la investigación de los delitos.
>
> La investigación de los delitos se halla a cargo del Ministerio Público, de la Policía Nacional y del Instituto de Investigaciones Forenses, de conformidad con lo previsto en la Constitución Política del Estado, las leyes y con los alcances establecidos en este Código.
>
> La Policía Nacional, en ejercicio de funciones de policía judicial, y el Instituto de Investigaciones Forenses participan en la investigación de los delitos bajo la dirección del Ministerio Público.

---

[69] Código de Processo Penal da Guatemala. Conferir no site: http://www.oas.org/juridico/mla/sp/gtm/sp_gtm-int-text-cpp.pdf. Acesso em: 01 jun. 2012.

[70] Sobre o Ministério Público da Bolívia, ver: Diaula Ribeiro (RIBEIRO, 2003, p. 546).

[71] Código de Processo Penal da Bolívia. Conferir no site: http://www.oas.org/juridico/mla/sp/bol/sp_bol-int-text-cpp.html. Acesso em: 01 jun. 2012.

CAPÍTULO 5
O MINISTÉRIO PÚBLICO E A INVESTIGAÇÃO CRIMINAL NO MUNDO MODERNO | 175

Las diligencias de policías judicial en materia de sustancias controladas serán procesadas por la Fuerza Especial de Lucha Contra el Narcotráfico bajo la dirección del fiscal de sustancias controladas.

Artículo 70º.- (Funciones del Ministerio Público). Corresponderá al Ministerio Público dirigir la investigación de los delitos y promover la acción penal pública ante los *órganos* jurisdiccionales. Con este propósito realizará todos los gastos necesarios para preparar la acusación y participar en el proceso, conforme a las disposiciones previstas en este Código y en su Ley Orgánica.

Patente a possibilidade de investigação criminal pelo Ministério Público boliviano.

5.1.1.6 Ministério Público do Chile

O Ministério Público chileno foi instituído pela última reforma constitucional de 1997, tendo a Instituição regulamentada pela Lei Orgânica Constitucional do Ministério Público, Lei nº 19.640 de 15 de outubro de 2000.[72]

O *Fiscal Nacional* é o chefe do Ministério Público que será nomeado pelo Presidente da República, por dez anos, sem reeleição, após a escolha entre uma lista quíntupla apresentada pelo Corte Suprema; o escolhido ainda deve ser aprovado pelo Senado Federal, exigindo-se a maioria de dois terços dos seus membros.

As disposições constitucionais relativas às funções e organização são muito detalhadas, sendo que expressamente há a atribuição do Ministério Público para a direção da investigação criminal, coordenação da polícia e a ação penal.

O processo penal chileno abandonou o sistema inquisitivo, dando predominância ao sistema acusatório:

O sistema que se propone separa radicalmente las funciones de investigación y juzgamiento, entregando la función de investigar a un *órgano* técnico especializado de caráter autônomo que será el Ministerio Público. A su turno, la función de juzgar se entrega a um tribunal colegiado compuesto por três jueces de derecho. La fase de instrucción estará a cargos de los fiscales del Ministerio Público, queines iniciar las investigaciones, dirigir a las polícias, coordinar las actuaciones de los *órganos* auxiliares de la administración de justiça para los efectos da

---

[72] Sobre o Ministério Público do Chile, ver: Diaula Ribeiro (RIBEIRO, 2003, p. 546-547).

la investigación de justicia para los efectos de la investigación, ejercer la acción penal en su caso y sostener la pretensión punitiva en la fase del juncio oral (Rafel Blanco, La reforma al sistema de justicia penal, Revista Detective, Santiago, nº 3, p. 4 jan. 1998) (RIBEIRO, 2003, p. 547).

Nesse sentido, dispõe o artigo 75 do Código de Processo Penal do Chile:

> Art. 75. El Fiscal de la Corte Suprema tendrá la supervigilancia del cumplimiento de las *órdenes* judiciales y podrá, en tal carácter, por sí o por medio de los oficiales del Ministerio Público, *recabar informes, hacer inspecciones*, prescribir *órdenes* para que los decretos judiciales sean legal y oportunamente acatados, *practicar indagaciones y recibir declaraciones sin juramento*, con el objeto de hacer efectiva la responsabilidad funcionaria o penal de los infractores" (Codigo de Procedimiento Penal, 11. ed., Editoria Jurídica de Chile, Santiago, 1992) (COGAN, 2004, p. 13).

O art. 3º do CPP chileno prevê que:

> *Art. 3º. Exclusividade da investigação criminal.* O Ministério Público dirigirá a investigação dos fatos que constituem crimes, os que determinarem a participação punível e os que implicarem na inocência do imputado, na forma prevista pela Constituição e pela lei.

Ainda o art. 79 do CPP chileno estabelece que:

> *Art. 79. Função da Polícia no processo penal.* A Polícia de Investigações do Chile será auxiliar do Ministério Público nas tarefas de investigação e deverá levar a cabo as diligências necessárias para cumprir os fins previstos nesse Código, em especial dos arts. 180, 181 e 187, na conformidade com as instruções que lhes sejam dirigidas pelos membros do Ministério Público.

A Polícia possui subordinação hierárquica ao Ministério Público, que é competência para dirigir e responsável pela fase investigativa, e a Polícia não poderá questionar a procedência, conveniência e oportunidade da diretiva do Ministério Público, conforme se observa do art. 80 do CPP chileno.

Caso a ordem ministerial não possa ser cumprida, há que se relatar imediatamente ao Ministério Público (art. 82 do CPP chileno).

Embora a direção da investigação seja do Ministério Público, a polícia chilena possui autorização legal para atuar em diligências

CAPÍTULO 5
O MINISTÉRIO PÚBLICO E A INVESTIGAÇÃO CRIMINAL NO MUNDO MODERNO | **177**

urgentes, com o dever de comunicar o Ministério Público imediatamente o teor do que dispõe os arts. 83 e 84 do CPP chileno.

O Ministério Público ainda possui o poder de expedição de "instruções gerais", com a finalidade de instruir em abstrato o trabalho policial para cada tipo específico de crime investigado, conforme orienta o art. 87 do CPP chileno.

A qualquer momento o Ministério Público poderá requerer vistas dos documentos de autuações policiais (art. 88 do CPP chileno).

A investigação criminal está presente junto ao Ministério Público chileno.

5.1.1.7   Ministério Público Cuba

O Ministério Público de Cuba, na Constituição de 1976, adotou o modelo soviético de defesa da legalidade socialista, segundo Carlos Jatahy, sendo um:

> (...) *órgão* do Estado ao que corresponde, como objetivos fundamentais, o controle e a preservação da legalidade, sobre a base da vigilância do estrito cumprimento da Constituição, das leis e demais disposições legais, pelos organismos do Estado, as entidades econômicas sociais e pelos cidadãos, e a promoção e o exercício da ação penal pública em representação ao Estado (JATAHY, 2007, p. 70).

O Ministério Público de Cuba possui previsão constitucional, no Capítulo X da Constituição da República, especificamente nos art. 127 a 130.[73]

Suas funções são a de zelar pela observância da Constituição cubana e promover a ação penal pública.

Ainda dentre as funções da *Fiscalia General de La República* estão o controle e a preservação da legalidade, "cujas atribuições, áreas de trabalho e objetivos, além daqueles já descritos em sede constitucional, estão especificados no título III da *Ley de La Fiscalia*" (JATAHY, 2007, p.71).

O Ministério Público cubano está organizado pela Lei nº 83, de 15 de junho de 1997, dividindo a *Fiscalia General de La República* em quatro

---

[73] Sobre o Ministério Público de Cuba, conferir o artigo do professor doutor Valdimir de Passos Freitas, "Justiça e Ministério Público em Cuba", publicado no Instituto Brasileiro de Administração do Sistema Judiciário. Conferir no site: http://www.ibrajus.org.br/revista/artigo.asp?idArtigo=144. Acesso em: 06 jun. 2012. Ainda sobre o Ministério Público do Chile, ver Diaula Ribeiro (RIBERO, 2003, p. 546-547).

unidades: *Fiscalia General; Fiscalia Provinciales; Fiscalia Municipales* e a *Fiscalia Militar.*

Segundo a Lei Orgânica do Ministério Público cubano os promotores possuem autonomia para o exercício de suas funções, inclusive podendo ter acesso *às* instalações e *órgãos* públicos, entidades econômicas e sociais, prevendo ainda a lei a proteção dos menores e dos direitos dos cidadãos.

O Procurador-Geral e os Vices fiscais-Gerais são eleitos pela Assembleia Nacional do Poder Popular, após proposta do Conselho do Estado, e os promotores ingressam no Ministério Público cubano por meio de indicação do Procurador-Geral.

O Ministério Público através do Procurador-Geral presta contas à Assembleia Nacional do Poder Popular e ao Conselho do Estado, conforme estabelece a lei.

5.1.1.8   Ministério Público de El Salvador

O Ministério Público de El Salvador está previsto na Constituição de 1983, no título pertencente aos órgãos fundamentais do governo.

O Ministério Público possui um capítulo exclusivo e é composto pelo *Fiscal General de la Republica*, pelo *Procurador General de la Republica*, pelo *Procurador para la Defensa de los Derechos Humanos*, todos eleitos pela Assembleia Legislativa, sem qualquer intervenção de outro órgão.

As funções do Ministério Público em El Salvador são: persecução penal sob o sistema acusatório; fiscal da lei; representação do Estado, inclusive em matérias tributárias.

O Fiscal ainda exerce a função de diretor da polícia única, com organização civil (RIBEIRO, 2003, p. 551).

O poder de investigação criminal do Ministério Público em El Salvador possui previsão constitucional, conforme se observa do disposto do art. 193:[74]

> *Art. 193.- Corresponde al Fiscal General de la República:*
> 1º Defender los intereses del Estado y de la Sociedad;
> 2º Promover de oficio o a petición de parte la acción de la justicia en defensa de la legalidad. (1)

---

[74]   Constituição da República de El Salvador. Conferir no site: http://www.oas.org/juridico/mla/pt/slv/index.html. Acesso em: 01 jun. 2012.

3º Dirigir la investigación del delito con la colaboración de la Policía Nacional Civil en la forma que determine la ley.

O poder de investigação criminal do Ministério Público salvadorenho ainda vem estampado em outras leis esparsas, como a Lei contra o Crime Organizado e Delitos Complexos da República de El Salvador, de 2006:

Art. 5.- En la investigación de los delitos previstos en esta ley, la Fiscalía General de la República ejercerá todas las facultades investigativas, conforme a lo dispuesto en la Constitución y las leyes, así como determinará la responsabilidad de los autores o participes y evitará ulteriores consecuencias. El fiscal del caso autorizará por escrito el empleo de métodos especiales de investigación tales como operaciones encubiertas o entregas vigiladas.

Criou-se, ainda, em 1998, com reforma em 2006, com advento da Lei Contra a Lavagem de Dinheiro e Ativos da República de El Salvador, para fins de investigação criminal do Ministério Público, uma Unidade de Investigação Financeira:

Art. 3.- Créase la Unidad de Investigación Financiera para el delito de lavado, como oficina primaria adscrita a la Fiscalía General de la República, que en el contexto de la presente Ley podrá abreviarse UIF. Los requisitos e incompatibilidades para pertenecer a la UIF, serán desarrollados en la Ley Orgánica del Ministerio Público.
Art. 17.- El Fiscal General de la República, podrá solicitar información a cualquier ente estatal, autónomo, privado o personas naturales para la investigación del delito de lavado de dinero y de activos estando *éstos* obligados a proporcionar la información solicitada.

Além do poder de investigação criminal, é notório o controle das investigações criminais exercidas pelo Ministério Público salvadorenho, como, por exemplo, os meios de investigação como a entrega vigiada, quebra de sigilos bancários ou tributários, agente infiltrado, todos previstos na Lei Reguladora das Atividades Relacionadas às Drogas da República de El Salvador, de 2003, com reformas em 2006:[75]

---

[75] Ver esta Lei e as demais acima referidas ao Ministério Público de El Salvador no site: http://www.oas.org/juridico/mla/pt/slv/index.html. Acesso em: 01 jun. 2012.

Art. 57.- Los miembros de la División Antinarcóticos, cuando sus actos sean necesarios en las investigaciones que efectúen en relación a las conductas descritas en el Capítulo IV de esta Ley, tendrán la calidad de testigos y no de imputados, siempre que actúen dentro de las *órdenes* y autorizaciones que por escrito les dé el Jefe de a División de Antinarcóticos el que haga sus veces en ese momento.

Cuando con ocasión de actos realizados en el ejercicio de sus funciones los miembros de la División Antinarcóticos, lesionaren un bien jurídico, constituirá presunción legal de que obra a favor del agente causa de justificación o inculpabilidad, el informe remitido a la Fiscalía General de la República debidamente ratificado por el Jefe de dicha división, al que aquellos pertenecieren, sobre las circunstancias en que ocurrieron los hechos.

Art. 59.- La Fiscalía General de la República, autorizará y supervisará el procedimiento de "Entrega Vigilada" prevista en el Art. 11 de la Convención de las Naciones Unidas contra el tráfico ilícito de estupefacientes y sustancias psicotrópicas.

Art. 60.- En caso de una investigación y bajo la estricta supervisión de la Fiscalía General de la República, la Policía podrá auxiliarse de colaboradores nacionales o extranjeros para que participen en una operación policial encubierta; que para el caso la Institución, deberá mantener en reserva su identificación, con el objeto de garantizarles la integridad física o personal, pudiendo adoptar las medidas que se contemplan en el Código Procesal Penal para la Protección de Testigos. (1) La División Antinarcóticos con el conocimiento de la Fiscalía General de la República, deberá llevar bajo estricta reserva un registro de los colaboradores mencionados en el inciso anterior.

Art. 61.- El Secreto Bancario, así como la discreción en materia tributaria, no operarán en la investigación de los delitos a que se refiere la presente Ley; la información que se reciba será utilizada exclusivamente como prueba en dicha investigación y sólo podrá ser ordenada por el Juez de la causa o la Fiscalía General de la República.

Art. 62.- La Fiscalía General de la República, podrá solicitar información a cualquier ente estatal, autónomo, privado o personas naturales para la investigación de delitos contemplados en la presente Ley, estando *éstos* obligados a proporcionar la información solicitada.

O Ministério Público de El Salvador possui legitimidade para a investigação criminal, como a maioria dos países do continente americano.

5.1.1.9 Ministério Público do Equador

No Equador o Ministério Público, chefiado pelo Ministro Fiscal General, com mandato de quatro anos, é o responsável pela persecução penal.

O poder de investigação do Ministério Público do Equador possui previsão expressa no art. 195 da Constituição:[76]

> *Art. 195.*- La Fiscalía dirigirá, de oficio o a petición de parte, La investigación preprocesal y procesal penal; durante el proceso ejercerá La acción pública con sujeción a los principios de oportunidad y mínima intervención penal, con especial atención al interés público y a los derechos de las víctimas. De hallar mérito acusará a los presuntos infractores ante el juez competente, e impulsará la acusación en La sustanciación del juicio penal.
>
> Para cumplir sus funciones, la Fiscalía organizará y dirigirá un sistema especializado integral de investigación, de medicina legal y ciencias forenses, que incluirá un personal de investigación civil y policial; dirigirá el sistema de protección y asistencia a víctimas, testigos y participantes en el proceso penal; y, cumplirá con las demás atribuciones establecidas en la ley.

Como se nota, o Ministério Público equatoriano além de possuir poderes investigatórios na Constituição, ainda possui um sistema especializado de investigações, para auxiliar e contribuir na incumbência constitucional que lhe foi atribuída.

5.1.1.10 Ministério Público de Honduras

A Constituição de Honduras apenas faz uma breve referência ao Ministério Público, delegando a lei o seu funcionamento.

A *Procuradoria General da Republica* integra o Poder Legislativo, cujas funções são de propor a ação penal e civil.

O Código Processo Penal de Honduras, vigente desde fevereiro de 2002, destina a atribuição das investigações criminais pelo Ministério Público, em razão da adoção do Código Modelo para a Ibero-América.[77]

---

[76] Conferir no site: http://www.oas.org/juridico/mla/sp/ecu/sp_ecu-int-text-const.pdf. Acesso em: 04 jun. 2012.

[77] O Código Modelo tem como princípio que as investigações criminais ficam a cargo do Ministério Público que recebe o auxílio da polícia.

A possibilidade de investigação criminal pelo Ministério Público hondurenho está expressamente prevista nos arts. 92 e seguintes do Código de Processo Penal de Honduras.

Assim dispõe o art. 92 do CPP de Honduras:

> Corresponderá al Ministerio Público, por medio de sus funcionarios y *órganos* auxiliares, investigar los hechos punibles y promover la acción penal pública en representación de la sociedad, sin perjuicio de la legitimación de la Procuraduría General de la República, para ejercitar la acción penal en materias propias de su competencia. Con tal propósito, realizará todos los actos que sean necesarios para preparar la acusación y participar en el proceso, de conformidad con las disposiciones de su respectiva ley y del presente Código.

Para fins de investigação, o Ministério Público poderá, em caso de urgência, utilizar as seguintes medidas cautelares: *Aprehensión o captura*; *Detención preventiva*; *Prohibirle al imputado salir del país, del lugar de su residencia o del* ámbito *territorial que el* órgano *jurisdiccional determine*; *Prohibirle al imputado comunicarse con personas determinadas, siempre que con ello no se afecte el derecho de defensa; El internamiento provisional en un establecimiento psiquiátrico, previo dictamen*. Contudo, há que de forma imediata informar ao órgão jurisdicional, indicando os motivos que impediram a obtenção dessa autorização. Após, será ouvida a pessoa acusada e sua defesa, para validar ou deixar sem efeito, a medida adotada pelo Ministério Público (art. 173 do CPP de Honduras).

As investigações criminais estão a cargo da Polícia Nacional, do Ministério Público ou ainda de outras autoridades competentes que podem praticar todos os procedimentos necessários para fins de investigação, de acordo com as Leis.

Diversos outros dispositivos conferem ao Ministério Público poderes para o exercício de investigações criminais.

5.1.1.11 Ministério Público do México

O Ministério Público do México está inserido no capítulo do *Poder Judicial* da Constituição de 1917, contudo, a Instituição é órgão que possui vínculo ao Poder Executivo para a nomeação e demissão de membros.[78]

---

[78] Sobre o Ministério Público do México, ver: Valter Foleto Santin (SANTIN, 2001, p.101/103) e Diaula Ribeiro (RIBEIRO, 2003, p. 554).

O Ministério Público possui diversas funções, dentre elas, aponta Valter Foleto, a de velar e tutelar os direitos fundamentais, vigiar o Estado de Direito e o cumprimento das regras constitucionais, além de desenvolver "a investigação e a persecução dos delitos, atividade rotulada como garantia individual do cidadão (art. 21, da Carta Magna)" (SANTIN, 2001, p. 102).

Ainda a Constituição prevê que "O Ministério Público e as instituições policiais dos três níveis de governo deverão coordenar-se entre si para cumprir os objetivos de segurança pública e constituirão o Sistema Nacional de Segurança Pública (...)".

A Polícia, no sistema processual penal mexicano, é vista como um órgão auxiliar do Ministério Público, com funções previstas no art. 3º do CPP federal mexicano, como por exemplo, informar ao Ministério Público as comunicações de fatos que constituem crime que chegarem ao seu conhecimento, bem como deixarão de atuar quando determinado pelo Ministério Público. Assim, a polícia mexicana atuará na averiguação preliminar até orientação em sentido diferente apontado pelo Ministério Público.

O Ministério Público mexicano possui uma divisão semelhante ao Brasil, composto por um Ministério Público Federal, comandado pela Procuradoria-Geral da República, com a atribuição de apurar delitos federais, que atingem os mexicanos em geral, a exemplo dos delitos federais eleitorais, contra a saúde, porte ilegal de arma de fogo, e para os Ministérios Públicos dos Estados estão incluídos os delitos comuns, que atingem um mexicano ou um grupo de pessoas, como os delitos de roubo, lesões, homicídio dentre outros.

5.1.1.12 Ministério Público do Panamá

O Ministério Público do Panamá está previsto na Constituição de 2004, em um título destinado à Administração da Justiça, conforme se vê dos arts. 219 e 224.[79]

O Ministério Público está composto na Constituição da seguinte forma: o chefe, o *Procurador General de la Nación*; o *procurador de la Administratión*, os *fiscales* (promotores de justiça) e os *personeros* (advogados do Estado).

---

[79] Conferir a Constituição do Panamá no site: http://www.oas.org/juridico/mla/sp/pan/sp_pan-int-text-const.pdf. Acesso em: 10 jun. 2012.

As nomeações do procurador-geral e do procurador da administração são feitas pelo Poder Executivo, através do Conselho do Gabinete, pertencente ao Presidente da República, além dos vice-presidentes e pelos ministros de Estado, com a aprovação do Poder Legislativo.

Suas funções são de representação do Estado e seus Municípios e a persecução penal, em total independência com o poder judiciário.

As atribuições do Ministério Público panamenho estão previstas no art. 220 da Constituição, dentre elas podemos mencionar defender os interesses do Estado e do Município, promover a execução das leis e decisões judiciais, perseguir os delitos e contravenções previstos na constituição e nas leis, além de exercer outras funções previstas em lei.

O Código de Processo penal panamenho dispõe,[80] em seu art. 1992, que o Ministério Público ao receber a notícia de um crime, por qualquer meio, deverá imediatamente iniciar as investigações:

> Cuando un agente del Ministerio Público tenga noticia, por cualquier medio, que en el territorio donde ejerce sus funciones se ha cometido un delito, deberá iniciar, de inmediato, la investigación sumaria respectiva, a no ser que se trate de delito que exija querella para la iniciación del sumario.

As autoridades policiais possuem o dever de cooperar nas investigações, conforme preceitua o art. 2042 do Código de Processo penal panamenho.

Nota-se que no Panamá também é possível a investigação criminal.

5.1.1.13 Ministério Público do Paraguai

O Ministério Público paraguaio[81] realiza as investigações criminais, auxiliado pela Polícia Nacional, podendo praticar todos os atos necessários, ficando o controle e a fiscalização do judiciário, da legalidade, das investigações e a decisão de medidas cautelares.

A Polícia Nacional do Paraguai realizará as primeiras diligências investigatórias, devendo comunicar ao Ministério Público e ao juiz no prazo de 6 horas.

---

[80] Conferir o Código de Processo do Panamá no site: http://www.oas.org/juridico/mla/sp/pan/sp_pan-int-text-cj-lib3.pdf. Acesso em: 10 jun. 2012.

[81] Sobre o Ministério Público do Paraguai, ver: Valter Foleto Santin (SANTIN, 2001, p.126/128) e Diaula Ribeiro (RIBEIRO, 2003, p. 555-556).

CAPÍTULO 5
O MINISTÉRIO PÚBLICO E A INVESTIGAÇÃO CRIMINAL NO MUNDO MODERNO | 185

A finalidade da etapa preliminar de investigação tem por objetivo demonstrar a existência do delito, da autoria, bem como todos os elementos necessários para fundamentar a acusação da ação penal, cuja responsabilidade também fica a cargo do Ministério Público (Art. 52, *caput*, do Código de Processo Penal Paraguaio).

O Ministério Público será incumbido do controle das repartições da Polícia Nacional, designados para as investigações (art. 52).

O *parquet* poderá praticar todas as diligências que não necessitem de autorização judicial, devendo qualquer funcionário público prestar informações necessárias ao órgão de investigação (Art. 316, do Código de Processo do Paraguai).

O Ministério Público pode permitir a presença das partes nos atos investigatórios por ele praticado, desde que não haja prejuízo aos atos de investigação, sendo que as partes poderão requerer diligências e o Ministério Público as realizarem se entenderem úteis e pertinentes, além de que a recusa deverá ser motivada (Art. 318 do Código de Processo Penal do Paraguai).

5.1.1.14 Ministério Público do Peru

O Ministério Público do Peru é presidido pelo *Fiscal de la Nación*, e se trata de um órgão autônomo do Estado.

Possui diversas funções: promover a ação da justiça, dentre elas a ação penal; representar a sociedade em processos judiciais; a condução das investigações criminais, desde o início, expedindo, nesses casos, ordens a Polícia Nacional que é obrigada a cumpri-las; emitir pareceres em processo em casos pré-determinados pela lei, dentre outras atribuições.

O *Fiscal de la Nación* é eleito pela *Junta de Fiscales Supremos*, para mandado de três anos, podendo ser reconduzido a mais dois, após novas eleições.

O chefe da Instituição ainda possui as seguintes funções: convocar e presidir a *Junta de Fiscales Supremos*; integrar outros órgãos e Conselhos expressos na lei; promover ações de inconstitucionalidade; promover ações penais e civis contra determinados funcionários; propor ações contra servidores e funcionários públicos que tenham enriquecimento ilícito; pode ainda autorizar a quebra de sigilo fiscal e bancário.

Para o cumprimento de suas funções, ressalta Diaulas Costa que:

> Há, por fim, uma característica muito especial do Ministério Público peruano, que *é* a integração de *órgãos* de suporte técnico na sua estrutura:

o Instituto de Medicina Legal, a Divisão Central Científico-Forense (criminalística) e a Divisão Central de Exames Tanatológicos (RIBEIRO, 2003, p. 557).

A Constituição peruana[82] prevê expressamente o poder de investigação criminal pelo Ministério Público, em seu art. 159.

Segundo a Constituição do Peru o Ministério Público deverá conduzir desde o início a investigação de um delito, sendo que a Polícia Nacional está obrigada a cumprir suas determinações no âmbito de sua função.

O Código de Processo peruano dispõe no art. 60 que o Promotor realize a investigação criminal desde o início, e a Polícia Nacional é obrigada a cumprir os mandados do Ministério Público no exercício de sua função.

O Ministério Público peruano realiza a investigação preparatória ou ainda determina a realização dos atos de investigação, devendo ser investigado não só as circunstâncias do crime, mas também aquelas que sirvam para isentar ou ainda mitigar a responsabilidade do acusado, requerendo ao juiz as medidas necessárias (art. 61 CPP peruano).

Na condução da investigação criminal, o Ministério Público deverá obter os elementos necessários para a condenação. O Ministério Público deverá, assim que tomar conhecimento do crime, executar as medidas necessárias para a investigação ou providenciar para que a Polícia Nacional realize.

Ainda prevê o CPP peruano que a coordenação da função investigativa da Polícia Nacional estará a cargo do Ministério Público.

Caberá ao Ministério Público decidir qual será a melhor estratégia para investigação adequada para cada caso, coordenando as diretrizes, as técnicas e os meios adequados para a sua eficácia, garantindo a direito de defesa do acusado e outros direitos fundamentais.

O Ministério Público poderá utilizar da condução coercitiva para os fins da investigação criminal, conforme prevê o art. 66 do CPP peruano:

> En caso de inconcurrencia a una citación debidamente notificada bajo apercibimiento, el Ministerio Público dispondrá la conducción compulsiva del omiso por la Policía Nacional.

---

[82] Constituição do Peru. Conferir no site: http://www.oas.org/juridico/mla/sp/per/sp_per-int-text-const.pdf. Acesso em: 01 jun. 2012.

Segundo previsão do art. 67 do CPP peruano, a polícia é obrigada a auxiliar o Ministério Público para a investigação preparatória.

Ainda prevê o CPP peruano que a Polícia Nacional poderá estabelecer um *órgão* especializado responsável pela coordenação das funções de investigação da referida instituição junto ao Ministério Público, para estabelecer os mecanismos de comunicação com os *órgãos* dirigentes do Ministério Público, para centralizar a informação sobre o crime violento e organizado, para contribuir experiência na preparação de programas e ações para a adequada busca de criminalidade e desenvolver programas de proteção e segurança (art. 333).

5.1.1.15 Ministério Público da Venezuela

O Ministério Público da Venezuela possui tratamento constitucional, sendo incluído no Título VII da Constituição vigente, que também trata do Poder Judicial. Sua Chefia é exercida pelo *Fiscal General de la República*, eleito pelo Congresso Nacional, e possui um mandato igual aos dos parlamentares.

Todos os demais membros do Ministério Público venezuelano, com atuação na jurisdição ordinária, serão nomeados para um mandato de 5 anos indicados pelo próprio fiscal, podendo ser destituídos do cargo se houver prova de incapacidade, negligência, má conduta e outras infrações aos deveres do cargo.

As funções do Ministério Público na Venezuela são: a persecução penal; a fiscalização do cumprimento da lei; a defesa de direitos e garantias da Constituição; a defesa dos direitos humanos; e a fiscalização dos estabelecimentos prisionais, sendo que a Constituição prevê a possibilidade da ampliação das atribuições ministeriais mediante lei.

O poder de investigação criminal está inserto no Código de Processo Penal da Venezuela, conforme se infere da apresentação dos motivos do Código Orgânico de processo penal:

> No que se refere aos *órgãos* de investigação penal da polícia, destaca-se seu caráter de auxiliares do Ministério Público quanto à prática das diligências pertinentes a fim de fundamentar a acusação. Cabe aqui destacar que as pessoas requeridas pelos procuradores na fase de investigação podem pertencer organicamente a qualquer setor da administração pública ou

da administração da justiça; porém, para fins práticos, levam a cabo o trabalho de investigação sob a direção do Ministério Público.[83]

É possível, então, o Ministério Público venezuelano investigar.

5.1.1.16 Ministério Público do Suriname

O Ministério Público do Suriname possui previsão constitucional, especificamente nos arts. 145, 146, 147 e 148 do Texto Constitucional do Suriname,[84] de 1987.

O chefe do Ministério Público é o Procurador-Geral, a quem compete chefiar a Instituição e também, segundo a Constituição, é o encarregado da polícia judiciária.

O Procurador-Geral tem o poder de dar aos oficiais encarregados da polícia as instruções para a prevenção e a investigação de atos delituosos que considere necessários ao interesse da justiça.

Nos termos do art. 147 da Constituição do Suriname, o Procurador-Geral supervisiona a execução correta das tarefas da Polícia.

Segundo consta do art. 148 o Governo poderá, em determinados casos específicos, dar ordens ao Procurador-Geral no que diz respeito à acusação, no interesse da segurança do Estado.

5.1.1.17 Ministério Público da Nicarágua

O Código de Processo Penal da Nicarágua prevê que o Ministério Público tem o dever de esclarecer os fatos para o processo penal, com o auxílio da Polícia, conforme dispõe o art. 90:[85]

> *Arto. 90. Objetividad.* El Ministerio Público, con el auxilio de la Policía Nacional, tiene el deber de procurar el esclarecimiento de los hechos en el proceso penal, cumpliendo estrictamente con los fines de la persecución penal.

---

[83] Código Orgânico processual penal – Apresentação dos motivos do Código Orgânico de Processo Penal. Conferir no site: http://www.oas.org/juridico/MLA/sp/ven/sp_ven-int-descodepenal.html. Acesso em: 01 jun. 2012.

[84] Conferir a Constituição do Suriname no site: http://www.oas.org/juridico/mla/en/sur/en_sur-int-text-const.pdf. Acesso em: 03 jun. 2012.

[85] Código de Processo Penal da Nicarágua disponível no site: http://www.oas.org/juridico/mla/sp/nic/sp_nic-int-text-cpp.pdf.

Para el éxito de la investigación y el ejercicio de la acción penal ambas instituciones deberán coordinar sus acciones. Para tal efecto, la Policía Nacional podrá solicitar al Ministerio Público asesoramiento jurídico que oriente su labor investigativa.

En el ejercicio de su función, el Ministerio Público adecuará sus actos a un criterio objetivo, velando únicamente por la correcta aplicación de la ley penal. Deberá formular los requerimientos e instancias conforme a este criterio, aun a favor del imputado.

Ainda prevê o Código de Processo Penal que o Ministério Público nicaraguense pode dar as orientações à Polícia Nacional as diretrizes jurídicas para as investigações criminais, bem como pode, se entender conveniente, participar do desenrolar das investigações, conforme prescreve o art. 248 do CPPN:

> *Arto. 248. Colaboración y participación directa.* El Ministerio Público, en su condición de *órgano* acusador, podrá dar a la Policía Nacional directrices jurídicas orientadoras de los actos de investigación encaminadas a dar sustento al ejercicio de la acción penal en los casos concretos.
> Cuando el Ministerio Público lo considere conveniente, podrá participar en el desarrollo de las investigaciones y en el aseguramiento de los elementos de convicción, sin que ello implique la realización de actos que, por su naturaleza, correspondan a la Policía Nacional.

O Ministério Público da Nicarágua possui participação importante nas investigações criminais, como se nota das disposições legais desse país.

5.1.1.18 Ministério Público da República Dominicana

O Ministério Público da República Dominicana possui previsão na Constituição de 2010, nos artigos 169 ao 175.[86]

Nos termos do art. 170, o Ministério Público possui autonomia funcional, administrativa e orçamentária, e os membros exercem suas funções conforme os princípios da legalidade, objetividade, unidade de atuação, hierarquia, indivisibilidade e responsabilidade.

O Presidente da República nomeará o Procurador-Geral da República, nos termos do art. 171 da Constituição da República Dominicana.

---

[86] Ver a Constituição da República Dominicana no site: http://www.oas.org/juridico/mla/sp/dom/sp_dom_const.pdf. Acesso em: 01 jun. 2012.

O art. 174 da Constituição prevê o Conselho Superior do Ministério Público e sua composição, dispondo no art. 175 as funções do referido Conselho.

Dentre as funções do Ministério Público dominicano há a formulação e implementação de política do Estado contra a criminalidade e o exercício da ação pública, conforme dispõe o art. 169 da Constituição.

Ainda, como previsão Constitucional está a função ministerial da direção das investigações criminais:

> *Artículo 169. Definición y funciones.* El Ministerio Público es el órgano del sistema de justicia responsable de la formulación e implementación de la política del Estado contra la criminalidad, dirige la investigación penal y ejerce la acción pública en representación de la sociedad.

No mesmo sentido o Código de Processo Penal da República Dominicana, conforme previsão do art. 88:[87]

> *Art. 88. Funciones.* El ministerio público dirige la investigación y practica u ordena practicar las diligencias pertinentes y *útiles* para determinar la ocurrencia del hecho punible y su responsable.

Prevê ainda o Código de Processo Penal, nos termos do art. 159, a possibilidade de o Ministério Público dominicano formar uma equipe de investigação criminal, para fins de cooperação judicial internacional:

> *Art. 159. Investigaciones conjuntas.* El ministerio público puede coordinar la investigación con las autoridades encargadas del Estado interesado, pudiendo formarse a tales efectos equipos de investigación, dirigidos por el ministerio público y sometidos al control de los jueces.

É clara e evidente a possibilidade de investigação criminal pelo Ministério Público na República Dominicana.

5.1.1.19 Ministério Público nos Estados Unidos

O processo penal americano possui duas fases: a primeira é a preparatória, destinada à investigação criminal, elaborada tanto pelo

---

[87] Conferir o Código de Processo Penal da República Dominicana no site: http://www.oas. org/juridico/mla/sp/dom/sp_dom_const.pdt. Acesso em: 02 jun. 2012.

CAPÍTULO 5
O MINISTÉRIO PÚBLICO E A INVESTIGAÇÃO CRIMINAL NO MUNDO MODERNO | 191

Ministério Público, como pela polícia; a segunda fase é o julgamento, quando as provas são produzidas sob o crivo do contraditório, podendo inclusive, serem apresentadas as provas anteriores que serão submetidas ao contraditório.

O Ministério Público nos EUA[88] possui atribuições nas esferas federal, estadual, regional e municipal.

Na esfera federal, a acusação pública nos Estados Unidos funciona em 94 ofícios distritais, chefiados por um representante do Ministério Público federal conhecido por *U. S. Attorney General*, nomeado exclusivamente pelo Presidente da República, através de um processo político, que inclusive conta com a aprovação do Senado (Sabatina).

O Ministério Público Federal tem legitimidade de atuação em todo território nacional, atuando na punição e repressão aos crimes considerados como federais, definidos em uma legislação federal própria, como crimes financeiros, crime organizado, corrupção oficial e tráfico de drogas.

Ressalta a doutrina que há o entrosamento e a atuação conjunta entre o Ministério Público e a Polícia na esfera federal:

> De qualquer sorte, neste nível federal, ambos – Polícia e Ministério Público – atuam de forma coordenada, o que já não ocorre com a mesma frequência nos diversos Estados americanos, até em razão do excessivo volume de organizações policiais independentes que chegam a atingir o expressivo montante de 17.000 (dezessete mil) entes policiais autônomos (GUIMARÃES, 2009, p. 202).

Nos Estados o Ministério Público é dirigido pelo *State Attorney General*, cujo cargo é político, eleito pelo voto popular e um mandato de 4 anos. A atribuição no campo penal é realizada em conjunto com os Ministérios Públicos dos Condados (âmbito regional) no combate aos crimes estaduais, sendo que o *State Attorney General* escolhe e nomeia livremente seus assistentes, os chamados *Assistants Attorney General* (SANTIN, 2001, p.123).

O Ministério Público Estadual nos Estados Unidos acompanha a estrutura do sistema judiciário do respectivo estado federado, daí o porquê de cada Ministério Público estadual apresentar acentuadas

---

[88] Sobre o Ministério Público dos Estados Unidos da América, ver: Valter Foleto Santin (SANTIN, 2001, p. 121-125); João Francisco Sauwen Filho (SAUWEN FILHO, 1999, p. 51-61); Carlos Roberto (JATAHY, 2007, p. 66-67); Reinaldo Guimarães (CARNEIRO, 2007, p. 75-77) e Rodrigo Régnier (GUIMARÃES, 2009, p. 199-205).

diferenças entre si, impossibilitando o estudo particular de cada um dos cinquenta estados que compõem a federação americana.

A título de exemplo Rodrigo Régnier explica resumidamente o Ministério Público do Estado da Filadélfia:

> Na Filadélfia, o Ministério Público vem estruturado em diversas divisões administrativas, cabendo à Divisão de Investigação (*Investigation Division*) a apuração dos crimes que chegam ao conhecimento do Ministério Público. Esta divisão compreende, ainda, as seguintes unidades de ação: Crimes Econômicos (*Economic Crimes Unit*); Investigações Especiais (*Special Investigations Unit*); Fraudes Contra Seguro (*Insurance Fraud Unit*); Fraudes Contra o Governo (*Government Fraud Unit*). Para o desempenho de suas funções, desde 1873, o Ministério Público, na Filadélfia, tem o poder de designar detetives distintos daqueles pertencentes ao Departamento de Polícia, com o intuito de auxiliá-los nas investigações (GUIMARÃES, 2009, p. 205).

Os representantes do Ministério Público nos Estados Unidos são eleitos diretamente pelo povo, portanto a carreira de promotor de justiça é transitória e, via de regra, um mecanismo para entrar nas atividades políticas ou atingir cargos mais elevados. A organização funcional e o preenchimento de cargos no Ministério Público norte-americano são uma estrutura eminentemente política.

O *prosecutor* americano, como lá é conhecido, funciona como um *longa manus* do povo e é interessado principalmente na manutenção de seus interesses políticos-funcionais, preocupado com sua reeleição e promoção política.

O comando da atividade policial é tarefa do Ministério Público que pode desautorizar ou interromper as atividades criminais da polícia, todas as vezes que não coincidem com o interesse da comunidade.

O Promotor pode *negociar* a liberdade do acusado, por isso ele pode barganhar, transigir, acomodar, conciliar, em outras palavras, acorda com a defesa e evita que o caso chegue ao conhecimento da justiça.

Esta prática é exercida constantemente pelos agentes ministeriais norte-americano, sem o controle de qualquer Tribunal, que se limita apenas em homologar o acordo feito entre a defesa e a acusação.

Porém, o instituto do *plea bargaining* na ótica da democracia é um instrumento perigoso, na medida em que os pobres terão menor poder de barganha, pois não terão advogados adequadamente remunerados para pleitear seus interesses.

CAPÍTULO 5
O MINISTÉRIO PÚBLICO E A INVESTIGAÇÃO CRIMINAL NO MUNDO MODERNO | **193**

A experiência política é a principal característica do *parquet* norte-americano e que não rara às vezes é maior que a experiência jurídica.

5.1.2 Os Ministérios Públicos no continente da África

5.1.2.1 Ministério Público da Angola

O Ministério Público angolano possui previsão na Constituição de Angola, de 2010, nos art. 185 e seguintes.[89]

O Procurador-Geral da República, chefe da Instituição, é nomeado pelo Presidente da República, após uma proposta do Conselho Superior da magistratura do Ministério Público, para um mandato de cinco anos, possível uma recondução, conforme art. 189 da Constituição.

Da mesma forma se dá a nomeação dos Vice Procuradores-Gerais, bem como dos Procuradores-Gerais Adjuntos da República.

O art. 185 da Constituição dispõe que o Ministério Público é autônomo e possui estatuto próprio.

Algumas das funções estão previstas na Constituição, nos termos do art. 186, como o exercício da ação penal, promover o processo penal, a representação do Estado e o controle da legalidade democrática, defender os interesses coletivos e difusos, promover a execução das decisões judiciais, sendo que outras funções podem ser atribuídas por lei.

Expressamente a recente Constituição de Angola de 2010 prevê a possibilidade da investigação criminal pelo Ministério Público angolano, em seu art. 186, letra f, quando dispõe a competência do Ministério Público em dirigir a fase preparatória do processo penal, sem prejuízo da fiscalização dos direitos fundamentais dos cidadãos, nos termos da lei.

Assim, a alínea "f" do artigo 186 da CRA reconhece a competência de dire*ção* da instrução preparatória ao Ministério Público, titular da *ação* penal, atuando na fase prévia do processo *coadjuvado pelos órgãos de polícia criminal.*[90]

---

[89] Conferir a Constituição da República de Angola no site: http://www.governo.gov.ao/Arquivos/Constituicao_da_Republica_de_Angola.pdf. Acesso em: 3 maio 2012.

[90] Ainda sobre o Ministério Público de Angola conferir: *Manual de gestão para a investigação criminal no âmbito da criminalidade organizada, corrupção, branqueamento de capitais e tráfico de estupefacientes,* José Mouraz Lopes, Camões, I.P. – Projeto de Apoio à Consolidação do Estado de Direito (Lisboa, 2017).

Em razão dos poderes conferidos ao Ministério Público para atuar na investigação criminal e instrução dos processos, ainda coloca o Ministério Público poderes de direção, determinação, acompanhamento, controle e fiscalização do processo para atingir a finalidade investigatória, porém se reconhece aos órgãos de polícia criminal a autonomia técnica (faculdade de determinação dos conhecimentos, métodos e práticas de atuação) e tática (delimitação circunstancial dos parâmetros de atuação operativa – tempo, lugar, modo, meios, ativos, experiência sem qualquer dependência de ordens ou instruções superiores específicas) necessárias ao eficaz exercício das atribuições legais, com destaque para a investigação criminal, nos termos legalmente admissíveis, sempre sob a fiscalização do Ministério Público.

Ainda se registra, em Angola, o Ministério Público comporta em seu plano orgânico a Direção Nacional de Investigação e Ação Penal contando com a integração dos especialistas dos órgãos da Polícia de Investigação Criminal (a par de outras frentes), em regime de destacamento, nos termos da lei, requisitados pelo Procurador-Geral da República.

A Lei Orgânica da Procuradoria-Geral da República e do Ministério Público de Angola (Lei nº 22/12), estabelece, em seu art. 2º, "d", que são atribuições da Procuradoria- Geral da República "efectuar inquéritos preliminares destinados a averiguar a existência de infracções criminais.".

Por sua vez, também será de competência do Sub-Procurador-Geral da República a direção de investigação criminal e a instrução processual, ordenando diligência de provas, e ainda, ordenar a prisão preventiva em instrução preparatória, validá-la, prorrogá-la ou substituí-la por outras medidas de coação, nos termos da lei (art. 18º, "c" e "d"). Com a mesma função, o Procurador da República (art. 22º, "f" e "g"), além de investigar, instruir processos criminais e requisitar diligências complementares de prova nos processos instruídos por outras entidades de competência e ainda ordenar a realização de revistas, buscas, apreensões, capturas, nos termos da lei (art. 22, "h" e "i").

5.1.2.2 Ministério Público de Cabo Verde

A Constituição de Cabo Verde, de 1992, possui inspiração nas Constituições portuguesa e brasileira de 1988, possuindo, assim,

CAPÍTULO 5
O MINISTÉRIO PÚBLICO E A INVESTIGAÇÃO CRIMINAL NO MUNDO MODERNO | 195

regulamentação constitucional para o Ministério Público, possuindo uma estrutura autônoma e hierarquizada.[91]

A nomeação do procurador-geral é feita pelo Presidente da República, após proposta pelo Governo, prevendo o prazo de 5 anos de investidura, não podendo ser demitido *ad nutum*.

Em Cabo Verde, magistrado vem a ser título dos membros do Ministério Público.

Suas funções são de representar o Estado, defender a legalidade democrática e ainda os direitos dos cidadãos e o interesse público tutelado pela Constituição, incluindo o exercício da ação penal.

O Código de Processo Penal de Cabo Verde, aprovado pelo Decreto-Legislativo nº 4/2003, de 18 de novembro de 2011, prevê a titularidade da ação penal do Ministério Público (art. 58º), prevendo ainda a competência para dirigir a instrução (art. 68º) e podendo delegar aos órgãos de política criminal (art. 69º e 302º).[92]

A Lei nº 78/VII/2010 que prevê a execução de política criminal, investigação criminal e ação penal atribui ao Procurador-Geral da República a competência para aprovação de diretivas e instruções genéricas sobre as ações de prevenção da competência do Ministério Público, vinculativo aos magistrados do Ministério Público.

Por sua vez, a Lei nº 30/VII/2008, de 21 de julho, denominada Lei de Investigação criminal, prevê em seu art. 22º, que:

> A coordenação e a fiscalização dos actos de investigação dos órgãos de polícia criminal cabem ao Ministério Público, a quem incumbe designadamente: a) Dar orientações e definir metodologias de trabalho aos órgãos de polícia criminal enquanto coadjuvantes das autoridades judiciárias; b) Emitir instruções genéricas ou concretas para adopção dos mecanismos e práticas de investigação que se revelarem mais adequados e eficazes às finalidades da prevenção e investigação criminal, bem como às prioridades de política criminal definida pelos órgãos de soberania; e c) Assegurar a articulação entre os órgãos de polícia criminal.

A polícia de investigação criminal atua no processo penal, sob a direção funcional do Ministério Público, na fase de instrução.

---

[91] Sobre o Ministério Público de Cabo Verde ver: Diaulas Ribeiro (RIBEIRO, 2003, p. 542).

[92] Ainda sobre o Ministério Público de Cabo Verde conferir: *Manual de gestão para a investigação criminal no âmbito da criminalidade organizada, corrupção, branqueamento de capitais e tráfico de estupefacientes*, José Mouraz Lopes, Camões, I.P. – Projeto de Apoio à Consolidação do Estado de Direito (Lisboa, 2017).

5.1.2.3 Ministério Público de Guiné-Bissau

A Constituição de Guiné-Bissau, de 1996, possui as mesmas disposições da Constituição de Cabo Verde.

O Ministério Público[93] possui previsão constitucional, conforme dispõe o art. 125, sendo este uma estrutura hierarquizada e dirigida pelo Procurador-Geral, tendo como funções fiscalizar a legalidade, representar o interesse público e promover a ação penal.

O Código de Processo Penal guineense possui bases acusatórias, mas integrado pelo princípio de investigação. A fase pré-processual, do inquérito, é da competência do Ministério Público, podendo investigar um crime, determinando aos seus agentes o recolhimento de prova.[94]

Na grande maioria dos crimes, o Ministério Público instaura o inquérito, deduz a acusação e sustenta a instrução e julgamento, interpondo recursos e promovendo a execução.

O Ministério Público guineense, durante a fase de inquérito, pode aplicar todas as medidas, com exceção a prisão preventiva que é reservada ao judiciário.

Os órgãos de polícia criminal coadjuvam o Ministério Público para o exercício da investigação criminal, na fase do inquérito, fazendo-o sob sua orientação direta.

São poderes da direção do Ministério Público: a) exigir das polícias comunicação imediata da notícia crime e dos relatórios previstos em lei; b) avocar processo; c) imitir diretivas, ordens e instruções de natureza processual; d) apreciar os resultados das investigações; e) fiscalizar a forma como é realizada a investigação.

5.1.2.4 Ministério Público de Moçambique

A Constituição de Moçambique de 2004 prevê no art. 234 e seguintes a instituição do Ministério Público, chefiado pelo Procurador-Geral da República, gozando a Instituição de autonomia e de um estatuto próprio.

---

[93] Sobre o Ministério Público de Guiné-Bissau, ver: Diaulas Ribeiro (RIBEIRO, 2003, p. 542-543).

[94] Ainda sobre o Ministério Público de Guiné-Bissau conferir: *Manual de gestão para a investigação criminal no âmbito da criminalidade organizada, corrupção, branqueamento de capitais e tráfico de estupefacientes*, José Mouraz Lopes, Camões, I.P. – Projeto de Apoio à Consolidação do Estado de Direito (Lisboa, 2017).

Segundo o art. 239 da Constituição o Procurador-Geral da República, bem como o Vice-Procurador-Geral, serão nomeados pelo Presidente da República, para mandato de 5 anos, sendo que o Chefe da Instituição pode não pertencer a carreira, pois o Texto Constitucional diz que são condições para a nomeação a formação em direito e ter exercido por pelo menos 10 anos a função de magistrado, qualquer atividade forense ou docência em direito.

Algumas das funções estão previstas no art. 236 da Constituição de Moçambique, dentre elas a de fiscalizar e controlar a legalidade, promover o cumprimento da lei e participar na defesa da ordem jurídica, além de representar o Estado junto aos tribunais, contra a legalidade e os prazos das detenções, exercer a ação penal, assegurar a defesa jurídica de menores, ausentes e incapazes.

O Ministério Público moçambicano possui autorização constitucional de investigação criminal, previsto na função de dirigir as instruções preparatórias dos processos crime, conforme dispõe o art. 326.

A atividade de investigação criminal pelo Ministério Público é feita em colaboração com a Polícia da República de Moçambique.

A Polícia de Investigação Criminal (PIC) é um ramo da Polícia cuja função é garantir a realização de diligências que, nos termos da lei processual, se destinem averiguar sobre a existência de um crime, determinar os seus agentes e apurar a respetiva responsabilidade, certo que nos termos da lei processual. Essa é dirigida por um Diretor, um oficial da PRM com patente de Primeiro-Adjunto do Comissário da Polícia/ Inspector de Investigação Criminal, com grau mínimo de Licenciatura em Direito ou equivalente, coadjuvado por um Diretor Adjunto nomeado pelo Ministro que superintende a área da ordem e segurança (Ministro do Interior) entre oficiais da PRM com patente de Adjunto do Comissário/Inspector de Investigação Criminal com grau mínimo de Licenciatura em Direito ou equivalente.[95]

A Polícia de Investigação Criminal desempenha um papel no âmbito da investigação criminal, como auxiliar do Ministério Público, intervindo diretamente na realização de diligências cruciais em sede de instrução preparatória dos processos-crime, embora sob direção do Ministério Público.

---

[95] Ainda sobre o Ministério Público de Moçambique conferir: *Manual de gestão para a investigação criminal no âmbito da criminalidade organizada, corrupção, branqueamento de capitais e tráfico de estupefacientes*, José Mouraz Lopes, Camões, I.P. – Projeto de Apoio à Consolidação do Estado de Direito (Lisboa, 2017).

Igualmente autoriza a mesma lei que o Ministério Público delegue suas competências a esta, também aqui, sem prejuízo da sindicância do MP.

5.1.2.5   Ministério Público de São Tomé e Príncipe

A Constituição de São Tomé e Príncipe, de 2003, dispõe de um único artigo 130.[96]

O Ministério Público é dirigido pelo Procurador-Geral da República, nomeado e exonerado pelo Presidente da República, após proposta do Governo.

São funções do Ministério Público a promoção e a fiscalização do respeito à legalidade; representa, nos tribunais, o interesse público e social, bem como a titularidade da ação penal.

A Lei nº 2/2008 (Lei Orgânica da Polícia de Investigação Criminal – PIC) define nos artigos 1º e 2º a natureza, atribuição e regime funcional desta Polícia como "um órgão auxiliar da administração da justiça, com a inserção orgânica, dependências e autonomias…" nos seguintes termos: "1. A PIC insere-se organicamente no Ministério da Justiça e depende hierarquicamente do Ministro da Justiça, nomeadamente, no que diz respeito à organização e gestão de recursos humanos e materiais. 2. No âmbito do processo criminal, a PIC atua sob a direção das magistraturas e na sua dependência funcional, nos termos dos números seguintes. 3. No âmbito do processo criminal, a PIC depende: a) Do Ministério Público, a nível da instrução preparatória em atos que sejam da sua competência e das ações de prevenção criminal coordenadas por este órgão; b) Do juiz, a nível da instrução preparatória em atos que sejam da sua competência, na instrução contraditória e no julgamento. 4. Sem prejuízo do referido no número anterior, a PIC goza de autonomia no domínio do planeamento operacional, execução técnica e tática das ações de investigação, bem como de autonomia administrativa nos termos da Lei.[97]

---

[96]   Sobre o Ministério Público de São Tomé e Príncipe, ver: Diaulas Ribeiro (RIBEIRO, 2003, p. 544).

[97]   Ainda sobre o Ministério Público de São Tomé e Príncipe conferir: *Manual de gestão para a investigação criminal no âmbito da criminalidade organizada, corrupção, branqueamento de capitais e tráfico de estupefacientes*, José Mouraz Lopes, Camões, I.P. – Projeto de Apoio à Consolidação do Estado de Direito (Lisboa, 2017).

5.1.3 Os Ministérios Públicos no continente da Europa

5.1.3.1 Ministério Público na Bélgica

O Ministério Público belga[98] possui a função de representar a sociedade, defender os seus direitos, atuar na área penal, além de ser o encarregado do exercício da investigação inicial e da ação pública por delitos (artigo 22, do Código de Processo Penal da Bélgica), dentre outras funções.

Para o desempenho da propositura das ações penais, o Ministério Público belga se vale das provas e informações angariadas pela polícia e seus oficiais de polícia; contudo, a jurisprudência reconhece ao Ministério Público a possibilidade de investigar preliminarmente, com a finalidade de recolher todos os elementos necessários para o início da ação penal.

O Ministério Público belga deve ser comunicado pelos oficiais de polícia das ocorrências de todas as infrações ocorridas, bem como pode receber queixas e notícias-crimes de qualquer do povo.

Na Bélgica o Ministério Público pode realizar busca domiciliar.

Por fim, o Ministério Público da Bélgica pode dispor de forma livre se propõe ou não a ação penal, vigendo o princípio da oportunidade, que não possui previsão legal, decorre do costume.

Incumbe ainda ao Ministério Público a fiscalização dos oficiais da polícia, sendo que o "Procurador-Geral fiscaliza todos os oficiais da polícia judiciária, inclusive o juiz de instrução (art. 279, CPPB), podendo adverti-los em caso de negligência no trabalho (art. 280, CPBB)" (SANTIN, 2001, p. 95).

5.1.3.2 Ministério Público na Rússia

Quando da antiga República Socialista Soviética, o Ministério Público era previsto na Constituição, disposto em um capítulo dedicado a Instituição (arts. 162/168).

O poder do Ministério Público na URSS possuía muita força e ainda recaía sobre outros ministérios, "tendo as instruções do Procurador, desde que baseadas em Lei, força obrigatória por parte de tais órgãos" (JATAHY, 2007, p. 69).

---

[98] Sobre o Ministério Público da Bélgica, ver: Valter Foleto Santin (SANTIN, 2001, p. 93-96) e Reinaldo Guimarães (CARNEIRO, 2007, p. 74-75).

Os integrantes do Ministério Público soviético tinham a garantia da independência funcional, sendo que havia a dependência administrativa ao Procurador-Geral, que era escolhido pelo Soviete Supremo.

Uma das funções da procuradoria era o controle das investigações criminais, a legalidade das sentenças e das decisões de outros órgãos judiciais, bem como realizar a observação da legalidade nos locais de reclusão (MACHADO, 1998, p. 29).

Com o desaparecimento da União Soviética, a Constituição Russa, de 12 de dezembro de 1993, conferiu ao Ministério Público russo poderes semelhantes ao que possuía na antiga União Soviética.

A investigação criminal na Federação Russa está a cargo, de seus atos materiais, dos Oficiais de Investigação, que, além dessa função, também deverá exercer as de caráter preventivo.

Porém, o art. 211 da lei adjetiva russa prevê que caberá ao Ministério Público além da fiscalização da investigação, também a sua efetiva direção.

No exercício das atribuições ministeriais é permitido:

a) determinar que os funcionários que realizem a investigação lhe apresentem os documentos que entender necessários; b) anular as resoluções emitidas por estes funcionários, se ilegais ou injustificadas; c) determinar que as Oficinas de Investigação cumpram suas ordens para a prática de determinados atos de investigação; d) participar de atos de investigação; e) prorrogar o tempo da investigação ou da detenção do investigado; f) suspender ou dar por terminada a investigação; e g) destituir os funcionários encarregados da investigação que não cumprirem as normas legais e procedimentais durante seu curso.[99]

As prisões cautelares podem ser decretadas pelo Poder Judiciário, mas também poderão partir das Oficinas de Investigação, porém há que se obter a concordância do Ministério Público.

5.1.3.3   Ministério Público da França

A Constituição Francesa não prevê dispositivos que trate sobre o Ministério Público.

---

[99] ANDRADE, 2008, p. 82.

O Ministério Público francês,[100] assim como nas demais democracias europeias ocidentais, é incumbido, principalmente, do exercício da ação penal.

Tanto é assim que guarda as mesmas características reconhecidas pelo *Code d'Instruction Criminelle* de 1810.

Portanto, possui atribuições ainda provenientes de mandamentos do período napoleônico, ou seja, permanecem no corpo Institucional francês os diplomas legais de 1808 e 1810, sendo que até os dias atuais pouco ou quase nada mudou.

A atuação do Ministério Público francês na esfera civil existe, ora como parte, quando a ordem pública é a interessada, ou ainda de ofício na defesa de interesses de incapazes, como os alienados.

Os membros do Ministério Público, no ordenamento jurídico francês, são considerados como Magistrados e atuam ao lado dos juízes que constituem a *Magistrature du Siège*, desde os juízos de primeiro grau até os mais altos tribunais franceses. Esses magistrados são encarregados de representar a sociedade e em seu nome requerer a aplicação das leis; de observar o seu cumprimento; de executar a sentença judicial quando esta diz respeito à ordem pública e a defesa de incapazes, nos termos da lei.

É uma Instituição própria e indivisível, que atua sob o controle do Ministro da Justiça, entretanto, não vinculado ao Poder Judiciário.

O controle governamental na atuação do *Parquet* é grande, pois interessa ao Estado marcar sua posição em relação à política criminal no país.

O Ministério Público francês dispõe das mesmas prerrogativas que os juízes, salvo a inamovibilidade, podendo ser removido, demitido do serviço por simples decreto e nas hipóteses de falta grave poderá ser admoestado pelo Procurador-Geral ou mesmo pelo Ministro da Justiça sem qualquer providência processual e ainda são passíveis de serem rebaixados de categoria funcional, o que não ocorre com os juízes (art. 64 da Constituição Francesa).

O *Code de Procedure Penale* demonstra que o comando das investigações preliminares (*Enquetê Preliminaire*) está com o Ministério Público,

---

[100] Sobre o Ministério Público da França, ver: Valter Foleto Santin (SANTIN, 2001, p. 89-93); João Francisco Sauwen Filho (SAUWEN FILHO, 1999, p.72-83); Carlos Roberto (JATAHY, 2007, p. 62/64); Reinaldo Guimarães (CARNEIRO, 2007, p. 66-67) e Rodrigo Régnier (GUIMARÃES, 2009, p. 192-193).

exercendo tal mister com a direção da Polícia Judiciária (arts. 12 e 75 do CPP francês).

Ressalta Rodrigo Régnier que o Ministério Público francês ainda exerce o controle externo da atividade policial e possui um poder de investigação criminal paralelo ao da Polícia, direcionando as investigações, sendo que ainda a Polícia deve informar tudo o que está sendo investigado (GUIMARÃES, 2009, p. 193).

Esclarece ainda Rodrigo Régnier ainda que o relacionamento da polícia francesa com o Ministério Público, citando Luiz Régis Prado:

> Na fase preliminar (inquérito) o *órgão* do *Parquet* dirige toda a atividade policial, sendo os agentes da polícia judiciária postos sob sua responsabilidade (CPP, arts. 38 e 41, 2). Pode conduzir pessoalmente ou de modo indireto todos os atos investigatórios, procedendo ou determinando o que julgar para tal necessário (CPP, art. 41, 1). Em caso de flagrância, sua presença no local do crime lhe dá o controle das operações, em substituição *à* autoridade policial (delegado de polícia), podendo, então, fazer cumprir pessoalmente todos os atos, ou determinar *àquela* a sua continuidade (CPP, art. 41, 5 e 68). Também quando o juiz de instrução não tiver sido provocado, o *órgão* ministerial pode expedir mandado de condução de qualquer pessoa suspeita de ter participado da infração penal (CPP, art. 70, 1) (GUIMARÃES, 2009, p. 193).

Segundo o sistema processual penal francês toda a hipótese de flagrante deve ser comunicada imediatamente ao Ministério Público, que poderá prosseguir nas investigações ou dar as diretrizes a serem seguidas pela polícia.

A polícia francesa, quando realiza as investigações, sob supervisão do Ministério Público, utiliza-se do *enquête* ou *procedure préliminaire*, parecido com o inquérito policial brasileiro, sendo que a autonomia da polícia francesa está limitada nas infrações de menor potencial ofensivo, possuindo o prazo de 24 hora para encaminhar as investigações ao *parquet*.

Ainda segundo o Código de Processo Penal francês quando o membro do Ministério Público estiver no local do crime este assume as investigações e todos devem auxiliá-lo e se necessário, poderá decretar a prisão temporária do investigado, pelo prazo de 24 horas, podendo prorrogar o prazo por igual prazo (arts. 63, 68 e 77, CPPF).

Gozam também do chamado poder de resistência, na esfera penal, que consiste na faculdade do titular de acusação não dar seguimento a uma instrução que lhe é dada por um superior hierárquico se com ela

O MINISTÉRIO PÚBLICO E A INVESTIGAÇÃO CRIMINAL NO MUNDO MODERNO

não concorda, da mesma forma pode propor a ação penal mesmo que o Procurador-Geral não a recomende. Note-se que tal afronta é passiva de falta disciplinar da parte do membro do *Parquet*, porém traz apenas consequências administrativas, não influindo no desenvolvimento ou no andamento da ação penal proposta.

O Ministério Público pode arquivar o processo e a qualquer tempo rever sua decisão, podendo até propor a ação penal se entender necessária.

Como visto a ação penal é a marca da presença Institucional na França, sendo que sua atuação era regulada pelo princípio da obrigatoriedade, mas hoje mitigada e, portanto, regulada pela oportunidade, ou seja, conveniência ou não da propositura da ação penal.

5.1.3.4 Ministério Público da Itália

O Ministério Público italiano[101] é uma instituição de caráter muito particularizado entre as democracias europeias ocidentais.

A Constituição Italiana (*Constituzione dela Repubblica Italiana –* 1º.1.1948) dispõe sobre o Ministério Público em 4 dispositivos.

Nos termos do art. 107 da Constituição Italiana o Ministério Público é uma magistratura comum e não uma estrutura de serviço ou uma magistratura autônoma, exercendo, pois, *funções jurisdicionais e funções inerentes à carreira ministerial.*

Na Itália há duas magistraturas: a magistratura requerente (Ministério Público) e a magistratura judicante (juízes).

Por sua vez, o art. 108 estabelece a independência da Magistratura e do Ministério Público para com os demais poderes da República.

O art. 109 da Constituição Italiana assegura a disponibilidade das autoridades judiciais sobre a Polícia. Quando a Constituição Italiana se refere à autoridade judicial, também está incluso o Ministério Público, pois, como já mencionado acima, na Itália ambos pertencem a mesma Instituição, conforme se vê claramente do *Codice di Procedura Penale* Italiano fazendo várias referências ao *Magistrato del pubblico ministero.*

---

[101] Sobre o Ministério Público da Itália, ver: Valter Foleto Santin (SANTIN, 2001, p. 110-123); João Francisco Sauwen Filho (SAUWEN FILHO, 1999, p. 83-92); Carlos Roberto (JATAHY, 2007, p. 56-58); Reinaldo Guimarães (CARNEIRO, 2007, p. 68-69) e Rodrigo Régnier (GUIMARÃES, 2009, p. 194-196).

Ao Ministério Público italiano, nos termos do art. 112 da Constituição, lhe é atribuído o exercício obrigatório da ação penal, daí porque o escopo da Instituição é o combate ao crime e a punição dos delinquentes.

A Instituição italiana é derivada da França, mas com ela não se confunde. Os órgãos franceses, *Magistrature du Siège* e *Magistrature du Parquet*, são distintos e possuem independência funcional, enquanto o Ministério Público e a Magistratura italiana são carreiras únicas e sujeitas à orientação e disciplina do Conselho Superior da Magistratura. Porém, diverso do *Parquet* francês, o Ministério Público italiano goza de inamovibilidade.

A Lei de Organização Judiciária é quem, segundo a Constituição Italiana, formula as garantias a favor do Ministério Público.

O objetivo do Ministério Público na Itália é a administração da justiça, onde tradicionalmente acompanha as investigações criminais, embora estas sejam feitas pela polícia, dirigidas e acompanhadas pelos Magistrados.

O Código de Processo Penal italiano faz inúmeras referências à atuação do Ministério Público na fase de investigação pré-processual, denominado no processo penal italiano de *indagini preliminar*.

Segundo Valter Foleto, mesmo que o Ministério Público esteja investigando, a polícia pode continuar a sua investigação própria, de forma subsidiária, contudo, as novas provas e dados devem ser remetidos ao Ministério Público, constituindo "uma coinvestigação, uma investigação paralela, 'uma vera e propria indagine parallela', como salienta Vittorio Chiusano." (SANTIN, 2001, p. 111).

O Desembargador José Damião Pinheiro Machado menciona alguns artigos do Código de Processo Penal italiano de 1988, em que estão os dispositivos referentes às investigações criminais pelo Ministério Público:

> Art. 326. *Finalidade das investigações preliminares.* – 1. O Ministério Público e a polícia judiciária realizam, no *âmbito* das respectivas atribuições, as investigações necessárias para as determinações inerentes ao exercício da ação penal. [50, 358, 405, 412].
>
> Art. 327. *Direção das investigações preliminares.* – 1. *O Ministério Público dirige as investigações* e dispõe diretamente da polícia judiciária que, mesmo ainda depois da comunicação da notícia de crime, continua a realizar atividade de iniciativa própria segundo as modalidades indicadas nos sucessivos artigos (1).

Art. 358. *Atividades de investigação do Ministério Público.* – 1. O Ministério Público completa toda atividade necessária aos fins indicados no artigo 326 e realiza, outrossim, averiguações sobre os fatos e circunstâncias a favor da pessoa submetida *à* investigação.

Art. 370. *Atos diretos e atos delegados (1).* – 1. *O Ministério Público completa pessoalmente qualquer atividade de investigação.* Pode valer-se da polícia judiciária para o cumprimento da atividade de investigação e de atos especificamente delegados, aqui compreendidos os interrogatórios [375, 388] e os confrontos [211] dos quais participa a pessoa submetida *à* investigação que se encontra em estado de liberdade, com a assistência do defensor (2) (COGAN, 2004, p. 8-9).

De acordo com o código de processo penal italiano (art. 347, CPPI), a Polícia Judiciária possui vínculo orgânico com as autoridades judiciárias, incluindo o Ministério Público, que comanda as investigações criminais. Essa vinculação, segundo já decidido pela Corte Constitucional Italiana, trata-se de uma subordinação funcional, e não uma subordinação disciplinar, pois as polícias também estão subordinadas ao Poder Executivo (GUIMARÃES, 2009, p. 194-195).

Além da polícia, para o exercício das atividades investigatórias, o Ministério Público poderá utilizar qualquer força pública.

Quando as polícias executam medidas cautelares para assegurar meio de prova, devem, no prazo de 48 horas, comunicar ao Ministério Público os elementos que possuem, para que possa tomar as medidas cabíveis, que podem ser executadas pela Polícia, sempre com a supervisão ministerial. Esses procedimentos de investigação são denominados de *idagini preliminari*, uma espécie de inquérito policial, em que o Ministério Público conduz as investigações, sempre auxiliado pela polícia e a participação do defensor da pessoa acusada de crime (GUIMARÃES, 2009, p. 195).

Segundo o art. 347 do CPPI, todas as notícias de crimes deveriam ser passadas pelo Ministério Público, por escrito ou ainda oralmente, no caso de determinados crimes ou em caso de urgência, indicando elementos essenciais do fato e também dos dados reunidos até o presente momento, fontes de provas, devendo juntar a documentação da acusação e as averiguações efetuadas.

Caso seja uma hipótese em que esteja prevista a obrigatoriedade de uma intervenção imediata da defesa, o prazo para a Polícia informar ao Ministério Público será de 48 horas (art. 347.1 do CPPI).

Na hipótese de comunicação ao Ministério Público de um crime, a Polícia Judiciária pode realizar as atividades de prevenção previstas no arts. 348.1 e 348.2 do CPPI.

Depois de o Ministério Público intervir, a Polícia Judiciária deve cumprir os atos especificamente delegados a toda atividade de investigação, no âmbito das diretivas recebidas, mas também poderá realizar atos por iniciativa própria, informando imediatamente ao Ministério Público todas as atividades de investigação.

Ainda poderá o Ministério Público tomar conhecimento da notícia de um crime de ofício (art. 330 do CPPI), mediante denúncia de particulares (art. 333 do CPPI) ou ainda através dos funcionários públicos e encarregados de um serviço público (art. 331 do CPPI) e ainda mediante o parecer, denominado de *referto*, o qual os investigadores estão obrigados a elaborar, nas hipóteses elencadas no art. 334 do CPPI.

O Ministério Público italiano, durante o *indagini*, possui diversas medidas legais de persecução, como, por exemplo, nomear e ainda valer-se de consultores técnicos legais (art. 359/360); ainda promover o reconhecimento (art. 361); obter informações da pessoa suspeita (art. 362); inquirir o investigado (arts. 363/364); intimar a pessoa investigada para que preste esclarecimento (art. 375); ordenar a condução coercitiva (art. 376); e ainda solicitar que a testemunha compareça, incluindo a possibilidade de condução coercitiva (arts. 377/378).

Prevê ainda poderes ao Ministério Público para determinar a infiltração de agentes em organizações criminosas; bem como em determinadas circunstâncias, dependendo de posterior decisão judicial, determinar um sequestro preventivo, escuta telefônica e ambiental e prisão temporária.

Também nas investigações preliminares, é atribuição do Ministério Público recolher todas as circunstâncias favoráveis ao suspeito, possuindo, dessa forma, uma atuação imparcial de acusação, ainda que esteja sob a égide do princípio da obrigatoriedade da ação penal (art. 358 do CPPI).

Mesmo sem expressa autorização legal, o Ministério Público italiano intervém, atua e inicia procedimentos relacionados à proteção ambiental, seja preservando ou defendendo, evitando ameaça à sobrevivência humana ou animal.

Também há atribuições no direito falimentar, exercendo a função punitiva do falido, além de requerer a falência, ter intervenção obrigatória na homologação de concordata (art. 132, da Lei Falimentar) e poder impugnar a sentença que reabilita o falido (art. 144, da Lei Falimentar).

É marca registrada no Ministério Público italiano as participações em investigações criminais.

5.1.3.5 Ministério Público da Inglaterra

No sistema inglês e nos demais países de origem do antigo Império Britânico as atividades dos órgãos análogos às tarefas do Ministério Público resumem-se ao combate à criminalidade, apuração dos delitos e da punição dos delinquentes (SAUWEN FILHO, 1999, p. 51).[102]

As polícias na Inglaterra exerciam com exclusividade as investigações criminais até o ano de 1986, quando foi criado na Inglaterra o *Crowm Prosecution Service,* órgão que possui a função de acompanhar as investigações criminais realizadas pela polícia, resolver problemas jurídicos decorrentes da fase investigatória de crimes, providenciar e estruturar o corpo de juristas que representem os interesses da Coroa perante as Cortes de Justiça.

Contudo, o *Director of Public Prosecutions* dirige o agente acima mencionado, pois a ele cabe fiscalizar a atuação da polícia nos processos criminais e a prerrogativa de avocar processos em hipóteses previstas em lei. Esse *Director of Public Prosecutions* está submetido ao controle do Parlamento, através do *Attorney General*, que é o Parlamentar responsável pelo Ministério Público.

Compreende ainda a estrutura do Ministério Público inglês, os *Chief Crown Prosecutor*, que exercem a coordenação dos Promotores, os *Branches*, que são os órgãos de execução do Ministério Público, os *Brach Crown Prosecutor*, que seriam os Procuradores de Justiça, exercendo a coordenação das promotorias.

As investigações criminais são, inicialmente, realizadas pelas polícias que produzem a colheita das provas e encaminham, posteriormente, ao Ministério Público, sendo que, em determinados casos, a polícia consulta o Ministério Público, que poderá revisar seu trabalho, mudar o rumo das investigações ou mesmo arquivar o procedimento. Quando há discussão sobre o caso entre o Ministério Público e a Polícia, prevalece a decisão do Ministério Público.

---

[102] Sobre o Ministério Público dos Estados Unidos da América ver: Valter Foleto Santin (SANTIN, 2001, p. 118-121); Reinaldo Guimarães (CARNEIRO, 2007, p. 67) e Rodrigo Régnier (GUIMARÃES, 2009, p. 197-199).

Pode o Ministério Público inglês recomendar a atuação da investigação policial, orientar de imediato logo no início da investigação ou ainda acompanhar o caso investigado.

O *Director os Public Prosecutions* possui o poder de expedir uma regulamentação, embora esteja sujeita a anulação pelo Parlamento, para exigir que o *Chief Officers of Police* seja obrigado a comunicar os casos de crimes por ele indicado, sempre que houver o mínimo de prova para a acusação, podendo ainda requisitar informações à Polícia a qualquer tempo. Assim, poderá o *Director* estabelecer um rol de crimes mais complexos que o Ministério Público deva acompanhar a investigação de uma forma mais próxima desde o começo.

Segundo lição de Thiago Pierobom, acompanhado de Darbyshire, na prática o Ministério Público inglês não possui poderes coercitivos sobre a Polícia (PIEROBOM, p. 112, 2016).

Sobre a relação entre a Polícia e o Ministério Público no sistema inglês, ilustra Thiago Pierobom (PIEROBOM, p. 352, 2016). referindo-se ao art. 3.2 do *Code for Crown Prosecutors* (art. 7º ed., jan. 2013), expedido pelo *Director of Public Prosecutors*, que estabelece:

> A polícia e outros investigadores são responsáveis por conduzir investigações de quaisquer alegações de crimes e por decidir como aplicar os seus recursos. Isso inclui decisões de iniciar ou continuar uma investigação e a amplitude dessa investigação. Promotores devem com frequência aconselhar a Polícia e outros investigadores sobre as possíveis linhas de investigação e sobre as exigências probatórias, e auxiliar nos procedimentos anteriores à acusação. Nas investigações de grande escala (a Polícia) deve pedir ao Promotor que aconselhe o conjunto da estratégia de investigação, incluindo as decisões de diminuir ou ampliar o escopo do fato investigado e o número de suspeitos na investigação. A finalidade é auxiliar a Polícia e outros investigadores a completar a investigação num período de tempo razoável, para construir um caso de acusação o mais eficiente possível. Todavia, Promotores não dirigem a Polícia ou investigadores.

Ainda o referido autor (PIEROBOM, p. 113, 2016) menciona o art. 3.6 do mesmo Código, que esclarece a visão sobre as divisões de funções:

> Promotores devem rever todos os casos que receberam da Polícia ou de outros investigadores. A revisão é um processo contínuo e os Promotores devem exigir prestação de contas de quaisquer mudanças nas circunstâncias relativas aos casos em andamento, inclusive que possam favorecer a defesa. Sempre que possível, eles deveria (sic) conversar

com os investigadores quando se cogitar de alterar a imputação inicial ou de arquivar um caso. Promotores e investigadores devem trabalhar de forma próxima, mas a responsabilidade final pela decisão sobre se um caso deveria ou não ir adiante é exclusiva da CPS.

Aponta Thiago Pierobom que a cisão entre a Polícia e o Ministério Público é, por vezes, superada através de criação de agências autônomas para que atuem em áreas de criminalidade específica. São 42 forças policiais ordinárias e ao lado delas há outras oito agências de Polícia especializadas por temas, sendo a de "maior destaque é a *Serious Organized Crime Agency* (SOCA), integrada por policiais e procuradores, que cumula as atribuições de investigar casos de crime organizado e de promover a ação penal respectiva" (PIEROBOM, p. 114, 2016).

5.1.3.6   Ministério Público da Alemanha

A Constituição Alemã não dispõe de nenhuma palavra para o Ministério Público, somente estabelecendo normativa para o Poder Judiciário.

A esfera de atuação do órgão do *Ministério Público na Alemanha*[103] restringe-se, de forma genérica, a combater o crime e o exercício da ação penal.

A estrutura Institucional que hoje vigora na Alemanha formou-se na metade do século passado, sendo que apenas em 1879, através de uma lei, criou-se em todo o Império um Ministério Público a nível nacional, estabelecendo-se alguns princípios válidos para todos os Estados.

O ingresso à carreira do Ministério Público Alemão é o mesmo para o ingresso nas demais carreiras jurídicas. Os exames são elaborados pelos Ministros da Justiça dos Estados através de provas orais e escritas sobre a matéria jurídica. Após esta prova, todos serão submetidos a estágios de dois anos e meio em várias áreas, como, por exemplo, os Tribunais Ordinários, Procuradorias, Ofícios de Notas e demais tabelionatos, escritórios de advocacia, repartições públicas administrativas etc. Terminando este estágio o candidato será submetido à nova bateria de exames baseados na prática. São provas tanto orais como escritas.

---

[103] Sobre o Ministério Público da Alemanha, ver: Valter Foleto Santin (SANTIN, 2001, p. 115-118); João Francisco Sauwen Filho (SAUWEN FILHO, 1999, p. 64-72); Carlos Roberto (JATAHY, 2007, p. 64-66); Reinaldo Guimarães (CARNEIRO, 2007, p. 74) e Rodrigo Régnier (GUIMARÃES, 2009, p. 190-192).

Os membros do Ministério Público Alemão possuem a condição semelhante aos demais servidores públicos, sendo que em algumas unidades federadas os chefes do Ministério Público são considerados e tratados como funcionários políticos – *Politische Beamte* – podendo ser substituído a qualquer tempo, prestando obediência e controle hierárquico ao Ministro da Justiça.

Os membros do Ministério Público funcionam em vários níveis de Tribunais da Alemanha. Junto ao topo do sistema jurídico alemão, equiparado ao nosso Supremo Tribunal Federal, oficia a *Bundesanwalts-chahof*, ou seja, a Procuradoria-Geral da República alemã.

Nos Estados oficiam junto aos Tribunais de Apelação os *Generals-taatsnwatschat*, os Procuradores-Gerais Estaduais.

Junto aos Tribunais de Primeira Instância oficiam os *Staatsan-waltschaft*, membros do Ministério Público Estadual, com funções de Promotores de Justiça.

As funções onde há atuação do promotor de justiça alemão são poucas hipóteses, predominando, portanto, na área de apuração e perseguição dos delinquentes pelo exercício da ação penal.

O Ministério Público alemão, portanto, possui poderes para exercer a investigação criminal diretamente, bem como possui a fiscalização da própria polícia, em relação a sua investigação.

Os atos investigativos do Ministério Público são cumpridos pela polícia. Também são encarregados de ajudar os Promotores de Justiça durante a fase pré-processual os *Auxiliares da Promotoria*, que, de forma efetiva, pertencem à Polícia, mas são designados de forma exclusiva para o auxílio da Promotoria, possuindo várias tarefas na investigação, como por exemplo, registros, sequestros de bens móveis, realização de prova de sangue ou outra investigação corporal qualquer, entre outras.

Registre-se ainda que no sistema alemão de investigação criminal há possibilidade de o Promotor de Justiça praticar algumas medidas em situações emergenciais, que mantém a validade por tempo curto, devendo posteriormente serem confirmadas pelo Poder Judiciário, sob pena de perda da eficácia:

a) apreensão de objetos, devendo ser confirmados pelo Juiz em 3 dias (§98 do Código de Processo Penal alemão);

b) interceptação de correspondência do suspeito, devendo ser confirmada no prazo de 3 dias (§99 do Código de Processo Penal alemão);

CAPÍTULO 5
O MINISTÉRIO PÚBLICO E A INVESTIGAÇÃO CRIMINAL NO MUNDO MODERNO | 211

c) interceptação de comunicações, devendo ser confirmada pelo Juiz no prazo de 3 dias (§100b do Código de Processo Penal alemão);

d) determinação de infiltração de agentes, cuja autorização é dada pelo Promotor de Justiça (§110b do Código de Processo Penal alemão);

e) determinar prisão temporária ou "detenção provisional", desde presentes os requisitos legais, devendo o agente ser apresentado ao Juiz no dia seguinte para análise da situação (§127 do Código de Processo Penal alemão).

Sobre os poderes de investigação do Ministério Público alemão Rodrigo Régnier explica:

> Ao Ministério Público, ainda, *é* conferida uma série de poderes no *âmbito* investigatório, tais como, realizar prisões temporárias, sequestros, registros, entre outras medidas urgentes, independentemente de autorização judicial. No entanto, para a prisão provisória, necessária se faz a intervenção judicial, no caso, do chamado Juiz Instrutor (GUIMARÃES, 2009, p. 192).

Na fase de investigação preliminar, concentrada nas mãos do Promotor de Justiça, é possível negar ao Defensor constituído o acesso às evidências colhidas que não estejam constando no procedimento de investigação, desde que possa resultar em prejuízos à sequência das investigações.

Reveste do sigilo, em regra, a investigação criminal alemã, com raras exceções à publicidade, como a hipótese de oitiva de testemunha.

A Lei Alemã não permite que as diligências investigatórias fiquem a cargo exclusivo da Polícia, sendo que, embora o Ministério Público possua o poder de direção na fase de investigação e ser o responsável pela mesma, isso ocorre nas hipóteses de crimes mais graves, como o homicídio, o terrorismo, infração à ordem econômica, ficando os demais casos à Polícia, que após iniciada a investigação informa a mesma ao Promotor de Justiça.

Portanto, a investigação criminal é uma faculdade do Ministério Público alemão, sendo que a polícia não possui subordinação ao Ministério Público, mas a polícia deve cumprir as instruções do Ministério Público quando este investiga, sendo que suas ordens precedem e preferem qualquer ordem dos superiores hierárquicos policiais (SANTIN, 2001, p. 116-117).

No sistema alemão vigora o clássico princípio da exclusividade da ação penal, sendo o membro do Ministério Público compelido à propositura da ação, mas há a discricionariedade do *parquet* alemão, facultando-lhe o arquivamento do processo caso não haja elementos suficientes para oferecimento da denúncia.

Alguns artigos do Código de Processo Penal são mencionados pelo Desembargador José Damião Pinheiro Machado:

> O *Código de Processo Penal Alemão* estabelece:
>
> §160. Tan pronto el ministerio público entra en conocimiento de la sospecha de una acción punible por una denuncia o por otra vía, tiene que averiguar los hechos para tomar su decisión sobre si la acción pública debe ser promovida.
>
> §161. Para el fin designado en el parágrafo anterior el ministerio público *puede exigir información de todos los funcionarios públicos y practicar por sí mismo o hacer practicar por autoridades o funcionarios de la policía cualquier clase de diligencias con exclusión de interrogatorios bajo juramento*. Las autoridades y funcionarios del servicio de policía están obligados a satisfacer el requerimiento o comisión del ministerio público". (La Ordenanza Procesal Penal Alemana, Vol. II, organizado por Julio B. J. Maier, Ediciones Depalma, Buenos Aires, 1982) (COGAN, 2004, p. 10-11).

É legitimado o Ministério Público alemão a conduzir investigações penais.

5.1.3.7 Ministério Público de Portugal

A Constituição Portuguesa de 1976 possui um capítulo próprio dedicado ao Ministério Público português,[104] atribuindo ao Procurador-Geral da República a competência para a nomeação, promoção ou transferência dos agentes ministeriais.

O Ministério Público português é constitucionalmente um órgão do Poder Judiciário, apesar da autonomia caracterizada pela sujeição dos magistrados do Ministério Público a critérios de legalidade estrita

---

[104] Sobre o Ministério Público de Portugal, ver: Valter Foleto Santin (SANTIN, 2001, p. 112-115); João Francisco Sauwen Filho (SAUWEN FILHO, 1999, p. 92-99); Carlos Roberto (JATAHY, 2007, p. 58-62); Reinaldo Guimarães (CARNEIRO, 2007, p. 71/73) e Rodrigo Régnier (GUIMARÃES, 2009, p. 187-190).

e objetividade, como também pela independência relativa aos demais órgãos do poder estatal.

A independência e a autonomia do Ministério Público português são espelhadas na existência de um órgão de governo próprio, reforçada após a revisão constitucional de 1997, quando se ampliou a competência do Conselho Superior do Ministério Público, passando ele a deliberar e emitir diretivas em matéria de organização interna e gestão de quadros.

O Estatuto do Ministério Público Português é semelhante ao da magistratura judicial, são as mesmas incompatibilidades, prerrogativas, imunidades, sistema retributivo e inamovibilidade.

Os agentes ministeriais, em relação à inamovibilidade, sofrem uma restrição, pois se admite a substituição forçada do magistrado titular do processo sempre quando ocorrer uma questão processual complexa ou repercussão social que o justifiquem.

A nomeação do Procurador-Geral da República é feita pelo Presidente da República, mediante uma proposta do governo. O cargo de Procurador-Geral da República é um cargo que está fora da carreira e é de nomeação política, portanto, este cargo pode recair sobre qualquer cidadão, com mandato temporário de seis anos. O Procurador-Geral dirige, coordena e fiscaliza as atividades do Ministério Público, além de emitir diretivas, instruções e ordens a que deve obedecer a atuação dos magistrados.

O Vice-Procurador-Geral da República é escolhido pelo Conselho Superior do Ministério Público, após uma proposta do Procurador-Geral a partir de uma lista tríplice, elaborada com os nomes de Procuradores-Gerais Adjuntos. Sua função é de substituir e coadjuvar o Procurador-Geral.

O Conselho Superior do Ministério Público é presidido pelo Procurador-Geral e suas funções são as de exercer sobre todos os magistrados do Ministério Público a nomeação, promoção, transferência, colocação, classificação, além de exercer ações disciplinares, exceto em relação ao Procurador-Geral. Nesse Conselho Superior é admitida a presença de pessoas estranhas às carreiras jurídicas.

Nos tribunais de segunda instância e nos Supremos Tribunais o Ministério Público é representado pelo próprio Procurador-Geral da República, e os Procuradores-Gerais Adjuntos são seus substitutos. A Procuradoria-Geral da República está compreendida da seguinte forma: gabinete do Procurador-Geral, Secretaria da Procuradoria-Geral, Conselho Superior do Ministério Público, Conselho Consultivo, Gabinete de Documentação e Direito Comparado, Núcleo de Assistência Técnica e Departamento Central de Investigação e Ação Penal.

A Constituição Portuguesa atribui ao Ministério Público a representação do Estado, o exercício da ação penal, a defesa da legalidade democrática e dos interesses que a lei definir como relevantes.

As funções dos agentes ministeriais de Portugal são vastas e diversificadas, dentre elas no campo civil a função de representar os incapazes, os incertos e os ausentes em parte incerta.

Atua também na iniciativa de medição e controle na jurisdição de menores. Nos últimos anos atribuiu-se um importante papel na defesa dos interesses difusos e coletivos. Subsidiariamente compete a ele o papel de patrocínio oficioso dos trabalhadores. No que paira ao campo administrativo goza a Instituição de poderes na iniciativa de fiscalização dos atos administrativos. Intervém também na fiscalização da constitucionalidade dos atos legislativos.

No que tange a área penal, em especial a investigação criminal prévia, o Código de Processo Penal Português, de 1997, dispõe que o Ministério Público se encarregará da investigação criminal, bem como da propositura da ação penal, e a polícia é o órgão auxiliar nessa fase.

Explica Rodrigo Régnier que o Ministério Público português exerce um intenso controle da atividade policial, e a polícia possui dependência funcional do Ministério Público, além de que, ao investigar, pode o Ministério Público dispensar a atuação policial se entender conveniente (GUIMARÃES, 2009, p. 188).

Complementa ainda Valter Foleto esclarecendo que o Ministério Público exerce a direção do inquérito, nos termos do art. 53, II, b, CPPP (SANTIN, 2001, p. 114).

O Desembargador José Damião Pinheiro Machado, menciona alguns artigos do Código de Processo português, referente ao tema:

> O Código de Processo Penal Português, complementado pelo Decreto-lei nº 35.007, de 13 de outubro de 1945, na sua exposição de motivos dessa legislação complementar estabelece:
> 3. ...
> A instrução preparatória destina-se a fundamentar a acusação, logo, é ao Ministério Público que cumpre recolher ou dirigir a recolha dos elementos de prova bastantes para submeter ao Poder Judicial as causas criminais. O art. 14 é específico:
> A direcção da instrução preparatória cabe ao Ministério Público, a quem será prestado pelas autoridades e agentes policiais todo o auxílio que para esse fim necessitar.
> Parágrafo único. Para o coadjuvar directamente na instrução preparatória de qualquer processo, pode o agente do Ministério Público requisitar

CAPÍTULO 5
O MINISTÉRIO PÚBLICO E A INVESTIGAÇÃO CRIMINAL NO MUNDO MODERNO | 215

qualquer funcionário da respectiva secretaria judicial (Código de Processo Penal Anotado e Comentado por Manuel Lopes Maria Gonçalves, 5. ed., Livraria Almedina, Coimbra, 1982) (COGAN, 2004, p. 9-10).

Embora haja o registro da autonomia organizacional e técnica, há uma dependência funcional ao Ministério Público. O Ministério Público expedirá a ordem à Polícia, que é vinculada à sua obediência, porém a polícia possui a autonomia para dizer como e quando será feita a diligência, de modo a assegurar a segurança dos policiais e eficiência dos trabalhos.

O funcionamento hierárquico interno da polícia ou relacionado a questões orgânicas estão fora do poder de direção do Ministério Público.

Ao tomar conhecimento de um crime, a polícia possui o prazo máximo de 10 dias para comunicar o crime ao Ministério Público, podendo delegar a realização de diligências ou avocar a investigação para que ele mesmo conduza.

Há algumas diligências que são privativas do Ministério Público, assim, não poderão ser delegadas (art. 270.2 do CPP português).

Na hipótese de avocação das investigações pelo Ministério Público estas podem ser delegadas aos funcionários do Ministério Público ou ainda conduzidas diretamente pelos magistrados do Ministério Público.

A instauração de inquérito para que o crime seja investigado é obrigatório, não havendo investigação criminal fora do inquérito conduzido pelo Ministério Público, em obediência aos princípios da legalidade e da obrigatoriedade.

Expressa a possibilidade de investigação criminal pelo Ministério Público de Portugal.

5.1.3.8 Ministério Público da Espanha

O Ministério Público da Espanha[105] está regulamentado pela Constituição de 1978, contudo, há discussão na doutrina espanhola se a Instituição é integrante do Poder Judiciário ou não.

A Instituição é chefiada pelo *Fiscal General del Estado*, que por sua vez é nomeado pelo Rei sob proposta do Governo, após o Conselho Geral do Poder Judicial ser ouvido, e a exoneração ocorre da mesma

---

[105] Sobre o Ministério Público da Espanha, ver: Valter Foleto Santin (SANTIN, 2001, p. 104-105); Carlos Roberto (JATAHY, 2007, p. 53-56) e Reinaldo Guimarães (CARNEIRO, 2007, p. 69-71).

forma. Contudo, a chefia da Instituição pode não ser composta por um membro da Instituição.

O Ministério Público espanhol é denominado de Ministério Fiscal e possui a função de fiscalização das apurações dos fatos na instrução pelo juizado de instrução e dirige as investigações no juizado abreviado.

Prevê a Lei 7/88 (Procedimento abreviado) que a investigação será realizada pelo juiz de instrução, porém os limites da investigação serão fixados pelo Ministério Público, ou ainda outros sujeitos do processo. Ao Ministério Público é permitido fiscalizar todo o procedimento investigatório.[106]

Por sua vez, a Lei Orgânica 5/00, que regulamenta a Responsabilidade Penal dos Menores, previu que caberá ao Ministério Público Instructor toda a atividade fiscalizatória, ficando a cargo do Poder Judiciário figurar como juiz das garantias durante a fase investigativa, para fins de decidir medidas cautelares ou produção antecipada de provas.

O policial judicial, através de seus funcionários, efetua as diligências necessárias para que o delito seja comprovado, bem como sua autoria, que forem requeridas pelo Ministério Fiscal.

5.1.3.9 Ministério Público da Escócia

O Serviço da Coroa e Gabinete do Procurador-Geral Fiscal (COPFS) representa a função similar ao Ministério Público. É este o responsável pelas acusações pelos crimes, além de ser o responsável pela investigação dos crimes de homicídio e os fatos contra a polícia.[107]

O chefe do Serviço da Coroa e Gabinete do Procurador-Geral Fiscal é o *Lord Advocate*, que exerce também a função de ministro de Governo escocês, e seu adjunto é denominado de *Solicitor General* (Procurador-Geral).

Na Escócia a polícia, que não possui exclusividade nas investigações criminais, é responsável pela investigação de crimes, e ao término das investigações um relatório é apresentado ao Procurador Fiscal.

De posse do relatório, o Procurador Fiscal decidirá se dará ou não o início do processo acusatório, havendo provas suficientes.

---

[106] Ainda sobre o Ministério Público da Espanha, ver: Mauro Fonseca Andrade (ANDRADE, 2008, p. 75-81).

[107] Conferir sobre o Ministério Público na Escócia: https://e-justice.europa.eu/content_legal_professions-29-sc-pt.do?pCountryId=uk&member=1.

Já nos casos em que há processos do Júri, quem investigará, ou seja, quem recolherá as provas antes da decisão de acusar é o Procurador Fiscal, para então apresentar seu relatório ao Conselho da Coroa (Crown's Cousel).

5.1.3.10 Ministério Público da Suécia

O Ministério Público da Suécia é composto pelo Departamento de Ação Penal e a Autoridade de Luta contra a Criminalidade Econômica, estes de responsabilidade do Procurador-Geral, e ambas respondem ao Governo, por meio do Ministro da Justiça.[108]

Na Suécia os membros da magistratura do Ministério Público são nomeados por decisão do Procurador-Geral e estão divididos por distritos, que são compostos pelos procuradores judiciais.

Estocolmo, Gotemburgo e Malmo possuem um centro de desenvolvimento da magistratura, cuja função é desenvolver conhecimentos jurídicos e metodológicos em diversas áreas do direito penal. São ainda responsáveis pelos recursos contra as decisões do Ministério Público.

As principais funções do Procurador são de promover a acusação nos Tribunais, decidir se apresenta ou não a acusação e comandar as investigações criminais.

O Ministério Público sueco conduz as investigações criminais, quando há um suspeito de prática de um crime, devendo assegurar uma correta investigação criminal.

O membro do Ministério Público, através do procurador, acompanha permanentemente a instrução, e em todas as fases (nas investigações e no processo) determina quais as medidas a serem adotadas.

Na Suécia, nos crimes menos graves, as investigações são conduzidas totalmente pela polícia.

5.1.3.11 Ministério Público de Malta

O Ministério Público de Malta possui previsão constitucional, nos termos do art. 90 e 91.[109]

---

[108] Conferir sobre o Ministério Público da Suécia: https://e-justice.europa.eu/content_legal_professions-29-se-pt.do?member=1.

[109] Conferir sobre o Ministério Público de Malta: https://e-justice.europa.eu/content_legal_professions-29-mt-pt.do?member=1.

O Ministério Público maltês representa a República de Malta junto aos tribunais internacionais, além de representar o Governo em reuniões internacionais sobre cooperação jurídica e judicial.

Segundo a Constituição de Malta o Ministério Público é dirigido pelo Procurador-Geral e os requisitos para nomeação são as mesmas de um juiz.

O Procurador-Geral é o responsável pela acusação no Tribunal Penal e no Tribunal de Recurso Penal. Em determinadas acusações realizadas pela polícia há a necessidade de que o Procurador-Geral aprove previamente.

Para o desempenho de suas funções o Procurador-Geral ainda é auxiliado por um Procurador-Geral Adjunto, Procurador-Geral Assistente e outros funcionários.

No exercício dos poderes conferidos por lei para instaurar, prosseguir ou suspender os processos penais, o Procurador-Geral não está subordinado a qualquer outra autoridade.

5.1.3.12 Ministério Público da Lituânia

Na Lituânia, como em outros países do mundo, há os magistrados do Ministério Público.[110]

O Procurador-Geral, nomeado pelo Presidente da República da Lituânia, com o consentimento do parlamento, para um mandato de 7 anos, responde perante o próprio Presidente e o Parlamento.

Embora haja essa satisfação aos outros poderes da República, o Ministério Público é autônomo em relação ao Ministério da Justiça, pois entre eles não há competência comum ou mesmo relação de subordinação.

Basicamente, os magistrados do Ministério Público são:

– O Procurador-Geral;

– Os Procuradores-Gerais adjuntos territoriais;

– Magistrados do Ministério Público.

O Ministério Público lituano possui as seguintes funções:

a) organizar e dirigir a instrução dos processos;

---

[110] Conferir sobre o Ministério Público da Lituânia: https://e-justice.europa.eu/content_legal_professions-29-lt-pt.do?member=1.

b) promover a acusação penal;

c) defender o interesse público;

d) zelar pelo cumprimento da justiça;

e) prestar a assistência ao sistema judiciário.

5.1.3.13 Ministério Público da Áustria

O Ministério Público na Áustria possui a mesma organização hierárquica dos tribunais, sendo que resumido ao seguinte:[111]

- *A Procuradoria-Geral da República*: funciona junto ao Supremo Tribunal, respondendo diretamente ao Ministro Federal da Justiça. Sua função básica é atuar em grau de recurso para preservar a uniformidade de aplicação do direito e garantir a segurança jurídica em questões penais.

- *As Procuradorias da República*: têm a função de prestar apoio aos tribunais de recurso em Viena, Graz, Linz e Innsbruck, mas também são responsáveis pelas acusações nos tribunais regionais superiores, além de supervisionar as delegações da Procuradoria-Geral da República no seu distrito.

- *Os agentes do Ministério Público*: são os responsáveis pela acusação nos tribunais regionais e nos tribunais distritais da circunscrição do respectivo tribunal regional. Os procuradores de distrito são os que, em regra, apresentam a acusação nos tribunais distritais.

O Ministério Público austríaco possui as funções de zelar pelo interesse público na administração da justiça penal, promovendo as acusações penais.

Na Áustria o Ministério Público é responsável pela condução das investigações criminais (inquérito).

5.1.3.14 Ministério Público da Grécia

O Ministério Público da Grécia possui origens no modelo francês. O Ministério Público possui função essencialmente na participação

---

[111] Conferir sobre o Ministério Público na Áustria: https://e-justice.europa.eu/content_legal_professions-29-at-pt.do?member=1.

no processo penal, supervisionando inquéritos, promovendo as ações penais e interpondo recursos.[112]

O Ministério da Justiça é quem regulamenta as funções ministeriais, e os delegados do Ministério Público, como são conhecidos, não possuem especialização em qualquer área.

O Ministério Público grego é quem inicia a investigação criminal para que possa obter subsídios para o início da ação penal, contudo a função de investigação é repassada a um investigador.

As investigações só terminam por ordem do Ministério Público, e se houver provas suficientes será dado início à ação penal pelo *parquet* grego.

5.1.3.15 Ministério Público da Dinamarca

O Ministério Público dinamarquês possui uma subordinação ao Ministro da Justiça, visto que este quem supervisiona o Ministério Público.[113]

Na Dinamarca o Ministério Público é composto pelo Diretor do Ministério Público, os procuradores e os chefes de polícia.

O Diretor do Ministério Público é hierarquicamente superior aos demais membros, possuindo a função de promover os processos penais no Supremo Tribunal, participar de audiências na Comissão de Revisão dos Processos Penais e receber as queixas relativas aos membros de 1ª instância.

As funções e a organização do Ministério Público dinamarquês estão descritas na Parte 10, entre os arts. 95 a 107 da Lei da Administração da Justiça Dinamarquesa.

Dentre as funções, o Ministério Público, em cooperação com a polícia, está a de promover o processo penal.

Os procuradores regionais do Ministério Público possuem a atribuição de atuar nos processos penais, recursos e processos do júri nos Altos Tribunais; supervisionar o trabalho dos chefes de polícia; apreciar as reclamações contra os chefes de polícia e atuar nos processos relacionados à indenização decorrente do processo penal e as reclamações contra a polícia.

---

[112] Conferir sobre o Ministério Público grego: https://e-justice.europa.eu/content_legal_professions-29-el-pt.do?member=1.

[113] Ver sobre o Ministério Público da Dinamarca: https://e-justice.europa.eu/content_legal_professions-29-dk-pt.do?member=1. Acesso em: 06 jun. 2012.

O Ministério Público da Dinamarca ainda possui uma unidade para o combate a criminalidade econômica grave, possuindo atribuições de promover a ação penal nos crimes financeiros de grave envergadura nacional.

Há ainda um Procurador-Chefe que atua na promoção de ações penais contra crimes internacionais cometidos no estrangeiro, como genocídio, crimes de guerra e crimes contra a humanidade.

Por fim, os chefes de polícia atuam como membros do Ministério Público nos tribunais de primeira instância, e possuem, dentre outras funções de gerir a polícia, investigar fatos criminais ocorridos no Distrito, além de zelar pelo funcionamento do Ministério Público.

5.1.3.16 Ministério Público da Estônia

O Ministério Público da Estônia é um órgão do Governo e possui subordinação ao Ministro da Justiça. É dividido em dois níveis:[114]

– Procuradoria-Geral da República
– Procuradorias distritais

A Procuradoria-Geral da República possui competência em toda a Dinamarca, chefiada pelo Procurador-Geral, para um mandato de 5 anos, possuindo como atribuições:

a) Conduzir investigações criminais;
b) Representar o Estado nos tribunais de todas as instâncias relativamente aos crimes de fronteiras, organizado e que tenha grande impacto público;
c) Supervisionar o trabalho das procuradorias distritais;
d) Cumprir os deveres decorrentes da cooperação internacional;
e) Participar da elaboração de leis que regulamentam a atividade da Procuradoria-Geral.

As procuradorias distritais são chefiadas por um procurador-chefe, por um mandato de 5 anos, possuindo as seguintes atribuições:

a) Participar do planejamento para a prevenção de crimes;

---

[114] Ver sobre o Ministério Público da Estônia: https://e-justice.europa.eu/content_legal_professions-29-ee-pt.do?member=1. Acesso em: 04 jun. 2012.

b) Conduzir as investigações criminais (diligências pré-judiciais);

c) Representar o Estado no Tribunal;

d) Outras funções previstas no Estatuto do Ministério Público.

Ao Ministério Público estoniano por ser o responsável pela acusação e a condução do processo penal, cabe a ele investigar o fato criminoso.

5.1.3.17 Ministério Público da Irlanda

O Ministério Público da Irlanda foi criado pela lei relativa às acusações de crimes de 1974, e a Instituição goza de autonomia perante as instituições governamentais e judiciárias.[115]

Esta lei transferiu ao Procurador-Geral todas as funções que dizem respeito ao processo penal.

No art. 8º da Lei *An Garda Sìochána* de 2005, os membros da polícia irlandesa podem deduzir acusações em processo sumários, desde que o membro do Ministério Público (*Director of Public Prosecutions*) tenha fornecido orientações gerais sobre o caso.

Quando houver uma investigação criminal, a *Directing Division* da Procuradoria, órgão responsável pela acusação, procede na orientação aos *Solicitors Division*, que são os responsáveis pela condução das investigações criminais antes do julgamento.

Tanto o *Directing Division* da Procuradoria, como os *Solicitors Division*, pertencem ao Ministério Público e são parte do gabinete da Procuradoria-Geral.

5.1.3.18 Ministério Público do Chipre

O Ministério Público do Chipre (Νομική Υπηρεσία)[116] é chefiado pelo Procurador-Geral da República que exerce as funções de conselheiro jurídico do Estado e da atividade de acusação pública.

Os membros do Ministério Público do Chipre são advogados, sendo alguns especializados em direito penal e trabalham em processos nos tribunais criminais.

---

[115] Sobre o Ministério Público da Irlanda conferir no site: https://e-justice.europa.eu/content_legal_professions-29-ie-pt.do?member=1. Acesso em: 03 jun. 2012.

[116] Sobre o Ministério Público no Chipre conferir no site: https://e-justice.europa.eu/content_legal_professions-29-cy-pt.do?member=1. Acesso em: 03 jun. 2012.

O Procurador-Geral além de acompanhar os casos emite diretrizes a eles.

Os membros da Polícia de Chipre nos exercícios de suas funções dependem do Procurador-Geral e prestam contas a ele.

O Procurador-Geral possui enormes poderes, podendo encarregar um advogado notório em processos específicos, e pode intervir a qualquer momento e pode pôr fim ao procedimento penal.

5.1.3.19 Ministério Público da Polônia

O Ministério Público da Polônia[117] possui, segundo a lei de 9 de outubro de 2009, a seguinte estrutura:

– Procurador-Geral;
– Procuradorias de Justiça comum e militar;
– Procuradores do Instituto de Memória Nacional e da Comissão de Investigação contra a Nação polaca.

O Procurador-Geral, nomeado pelo Presidente da Polônia, após uma lista apresentada pelo Conselho Nacional da Magistratura e pelo Conselho Nacional de Procuradores, é o chefe do Ministério Público polaco, devendo apresentar anualmente relatórios sobre o Ministério Público ao Primeiro Ministro.

A principal função do Ministério Público na Polônia é garantir o cumprimento da lei e supervisionar o processo penal.

Dentre outras funções do Ministério Público polaco, menciona-se:

a) conduzir as investigações criminais antes da instauração da ação penal;

b) exercer as funções de procurador nos tribunais;

c) instaurar ações penais e cíveis, apresentando propostas e participando nas ações judiciais em matéria civil, laboral e de segurança social, a fim de proteger o Estado de direito, o interesse público e a propriedade ou os direitos dos cidadãos;

d) tomar as medidas previstas na lei para corrigir e uniformizar a aplicação da lei;

---

[117] Ver sobre o Ministério Público da Polônia no site: https://e-justice.europa.eu/content_legal_professions-29-pl-pt.do?member=1. Acesso em: 06 jun. 2012.

e) investigar questões relacionadas com o crime e o seu controle e prevenção;

f) recolher, tratar e analisar os dados resultantes das investigações realizadas ou supervisionadas;

g) cooperar com o Governo no intuito de prevenir o crime e outras violações da lei;

h) cooperar e participar em processos coordenados por autoridades internacionais no domínio da aplicação da lei e prevenção do crime.

O Ministério Público na Polônia possui hierarquia, contudo os membros no exercício de suas funções oficiais gozam de independência, agem sob o princípio da imparcialidade e a igualdade entre todos os cidadãos. Não podem exercer a atividade política e nenhuma outra atividade remunerada, além de serem obrigados a constantemente melhorar as suas qualificações.

5.1.3.20 Ministério Público da Letônia

O Ministério Público da Letônia[118] é dividido na seguinte forma:

– Procurador-Geral
– Procuradores-adjuntos das regiões judiciárias
– Procuradores-gerais adjuntos dos distritos (municípios)
– Procuradorias especializadas.

Caso o Procurador-Geral entenda necessário poderá criar outras procuradorias especializadas, que terá a função de procuradoria do distrito ou de região judiciária, e já existem seis procuradorias especializadas:

– crime organizado;
– vários crimes;
– questões aduaneiras;
– reabilitação e questões relacionadas a serviços especiais;

---

[118] Ver sobre o Ministério Público da Letônia no site: https://e-justice.europa.eu/content_legal_professions-29-lv-pt.do?member=1. Acesso em: 03 junho 2012.

- transportes rodoviários;
- investigações de crimes econômicos e financeiros.

O Ministério Público letão encontra-se dentro do sistema judiciário, e possui total independência do executivo e do legislativo.

O Procurador-Geral e os procuradores-gerais adjuntos podem participar de reuniões do Conselho de Ministros.

A Lei do Ministério Público traça algumas das funções da Instituição:

a) supervisionar o trabalho dos órgãos de investigação e as operações de investigação de outros órgãos;

b) organizar, gerir e executar as investigações na fase de instrução, bem como dar as instruções necessárias aos órgãos de investigação na condução do inquérito e a instrução no processo;

c) Promover as ações penais;

d) Proteger os direitos e interesses dos cidadãos e do Estado, nos termos da lei;

e) Apresentar pedidos ou queixas ao Tribunal, nos termos da lei.

O Código de Processo Penal da Letônia, nos termos do art. 36, nº 1, tem a atribuição de supervisionar as investigações, efetuar as investigações, dirigir as ações judiciais e intervir nos processos penais e representar a acusação no tribunal, além de exercer outras funções previstas em Lei.

O Procurador Supervisor é aquele responsável pela supervisão das investigações penais em casos específicos e possui poderes para:

- Revogar as decisões tomadas pelo responsável pela investigação por membros do grupo de inquérito;
- Solicitar ao superior imediato do investigador que substitua o responsável pelo procedimento ou que modifique a equipe do inquérito, caso as instruções não forem cumpridas ou as violações processuais comprometerem as investigações;
- Examinar as reclamações dirigidas contra o responsável pelas investigações ou pelas ações ou decisões de um dos membros do grupo de inquérito, além das reclamações do superior

imediato do investigador ou das pessoas que executam as tarefas processuais;

- Tomar decisões de instauração de ações judiciais e transferir as investigações para outra autoridade;

- Executar pessoalmente as tarefas processuais, informando de forma antecipada o responsável pelo procedimento.

Já o Procurador-Geral Adjunto, nos termos da lei, deverá verificar se os membros do Ministério Público estão cumprindo com suas obrigações, podendo ele:

- Revogar as decisões de um investigador, ou de qualquer um membro do grupo de investigação, ou ainda de um Procurador de grau inferior;

- Nomear ou substituir o Procurador Supervisor ou o Procurador responsável pelo processo se as funções de supervisão ou de acusação não estiverem sendo bem desempenhadas;

- Criar um grupo de investigação, se o volume de trabalho estiver comprometendo a conclusão do processo penal dentro de um prazo razoável;

- Solicitar a nomeação de outro supervisor do inquérito ou atribuir o inquérito criminal a outra autoridade de investigação.

Ainda o Procurador-Adjunto pode incluir um Procurador em uma equipe de investigação.

5.1.3.21 Ministério Público da Eslovênia

O Ministério Público da Eslovênia[119] está disposto no art. 135 da Constituição da República da Eslovênia, dispondo que o Procurador da República exerce e promove a ação penal e outras funções previstas em lei.

A organização e a função do Ministério Público esloveno estão disciplinadas pela Lei da Procuradoria-Geral da República (*Zakon o*

---

[119] Ver sobre o Ministério Público da Eslovênia no site: https://e-justice.europa.eu/content_legal_professions-29-si-pt.do?member=1. Acesso em: 04 junho 2012.

državnem tožilstvu) e pela Lei do Processo Penal (*Zakon o kazenskem postopku*).

A Procuradoria Suprema é a mais elevada do país, sendo dividida da seguinte forma:

- Procuradores Supremos e Superiores;
- Procuradores Distritais destacados;
- Delegados do Ministério Público pertencente à Procuradoria do Estado, que trata de assuntos ligados ao crime organizado.

A função do Procurador da República é responsável pelo processo penal judiciário e a instrução do processo que antecede o julgamento.

Na fase de investigação (fase de instrução) a polícia possui independência em termos de organização, mas mantém uma estreita ligação quando executa suas funções. O Procurador começa a partilhar a responsabilidade pela investigação na fase do inquérito, no momento em que a polícia informa que foi cometido determinado crime.

A Procuradoria Suprema desempenha ainda algumas funções fora do direito penal, matéria cível e administrativa.

5.1.3.22 Ministério Público da Eslováquia

O Ministério Público da Eslováquia[120] possui previsão na Constituição da República eslovaca (art. 149). A Lei nº 153/2001 prevê a regulamentação dos poderes do Procurador-Geral e dos outros Procuradores-Adjuntos. Ainda a Lei nº 154/2004 dispõe sobre os direitos e responsabilidades dos Procuradores e dos Procuradores estagiários.

O Ministério Público da Eslováquia possui independência governamental e ainda possui autonomia orçamentária.

A hierarquia é marca do Ministério Público eslovaco, pois os Procuradores Individuais estão subordinados aos Procuradores com maior antiguidade, e todos os demais estão subordinados ao Procurador-Geral da República Eslovaca.

---

[120] Conferir a estrutura do Ministério Público na Eslováquia no site: https://e-justice.europa.eu/content_legal_professions-29-sk-pt.do?member=1. Acesso em: 05 junho 2012.

São atribuições do Ministério Público:

a) Promover a acusação criminal, supervisionar o cumprimento da legalidade antes do início da acusação criminal e durante os procedimentos preliminares;

b) Supervisionar o cumprimento da lei em estabelecimentos ou mesmo situações em que se encontrem indivíduos presos ou indivíduos cuja liberdade pessoal tenha sido restringida com base numa decisão judicial ou numa decisão de outro órgão estatal autorizado;

c) O exercício das suas competências nos processos em tribunal;

d) A representação do Estado nos processos judiciais, nos termos da lei;

e) A supervisão, na medida definida por lei, do cumprimento da lei por qualquer autoridade da administração pública;

f) A participação na preparação e aplicação de medidas preventivas da violação da lei e outros regulamentos com força vinculativa geral:

g) A participação na eliminação das causas e situações decorrentes de atividades criminosas, bem como na prevenção e supressão do crime;

h) A participação no processo legislativo;

i) O cumprimento de outros deveres estabelecidos na lei.

No exercício de suas funções os membros do Ministério Público eslovaco devem aplicar a Constituição da República da Eslováquia, as leis constitucionais, as leis, tratados internacionais e outros regulamentos com força vinculativa geral; proteger o interesse público; agir com justiça, imparcialidade e sem demoras injustificadas; respeitar e proteger a dignidade humana e os direitos humanos.

O Ministério Público da Eslováquia é constituído pelos seguintes órgãos:

1) O *Gabinete do Procurador-Geral* é a maior autoridade do Ministério Público e quem dirige o sistema de acusação.

É composto por:

– Gabinete Especial do Procurador, criado para investigar e promover a acusação de casos de corrupção e crime organizado;

- Seção Militar;
- Procuradorias Regionais e a Militar Superior do Ministério Público;
- Procuradorias Distritais (subordinado às Procuradorias Regionais) e às Procuradorias Militares do Círculo (subordinado à Procuradoria Militar Superior).

2) *Ministério da Defesa*, responsável por fornecer material e recursos financeiros necessários à Seção Militar e todas às Procuradorias Militares.

Os Procuradores têm competência para supervisionar o cumprimento da Lei antes da promoção da acusação e durante os procedimentos preliminares, durante o exercício do poder de supervisão os Procuradores podem:

- Emitir instruções de caráter vinculativo aos membros da polícia antes do início dos processos penais e durante as investigações;
- Solicitar documentos, materiais, arquivos, relatórios sobre o andamento das investigações criminais quando a ação penal já tiver sido proposta, com a finalidade de se verificar o prazo em que as polícias trabalham;
- Participar das atividades de execuções da polícia, conduzir pessoalmente as investigações, nos termos previstos na Lei;
- Remeter as investigações à polícia com as instruções para complementar as investigações, determinado um prazo razoável para cumprimento;
- Anular decisões consideradas injustas ou injustificadas da polícia e substituí-las por suas decisões.

O Procurador ainda tem autoridade de:

- Promover a acusação penal;
- Estabelecer um acordo com o acusado quanto a culpa e à pena e submeter esse acordo ao Tribunal para homologação;
- Suspender um processo penal;
- Interromper uma acusação com ou sem condições;
- Aprovar a conciliação ou um acordo pré-judicial e interromper a acusação;

- Emitir a ordem de apreensão de bens da pessoa acusada;
- Emitir ordem de exumação de cadáver;
- Levar a cabo uma investigação preliminar em processo de extradição, salvo disposição contrária em lei, dentre outras funções.

5.1.3.23 Ministério Público da Hungria

O Ministério Público húngaro[121] possui previsão constitucional, estabelecendo que a Procuradoria-Geral (*Ügyészség*) exerce funções previstas na Lei relacionadas com investigações, deduzir acusações em tribunais e verificar a legalidade de medidas penais.

O Procurador-Geral é quem chefia o Ministério Público, sendo que este responde perante o Parlamento.

Os Procuradores são nomeados e dependentes hierarquicamente do Procurador-Geral pelo prazo inicial de 3 anos, e, posteriormente, por um período indeterminado.

As funções, responsabilidades e organização dos Procuradores são definidas em Lei.

São funções da Procuradoria-Geral (*Ügyészség*):

a) proceder às investigações nos casos previstos na legislação processual penal;

b) fiscalizar se a investigação é conduzida de acordo com a lei;

c) exercer outras funções relacionadas com as investigações;

d) promover a ação penal e recorrer nos casos definidos por lei;

e) fiscalizar se as sanções são executadas nos termo da lei;

f) participar de processos cíveis, laboral, administrativo e comercial; competindo ao Procurador participar de processos regulados pelo Código de Processo Civil (polgári perrendtartás) se, por qualquer motivo, o titular dos direitos não estiver habilitado a defender os seus direitos;

g) garantir obediência à lei;

h) promover as necessárias medidas de proteção de menores em relação a crimes cometidos contra eles;

---

[121] Ver sobre o Ministério Público da Hungria no site: https://e-justice.europa.eu/content_legal_professions-29-hu-pt.do?member=1. Acesso em: 10 jun. 2012.

CAPÍTULO 5
O MINISTÉRIO PÚBLICO E A INVESTIGAÇÃO CRIMINAL NO MUNDO MODERNO | 231

i) executar tarefas decorrentes de obrigações internacionais, em particular de assistência jurídica;

j) contribuir para garantir que todos os organismos sociais e governamentais, e os cidadãos cumpram a lei e atuar em defesa do Estado de Direito sempre que a lei for violada.

Os Procuradores da República têm a função de garantir a proteção dos direitos dos cidadãos e o julgamento de todos os fatos que prejudiquem ou coloquem em perigo a ordem constitucional ou a segurança, competindo-lhes:

– conduzir as investigações criminais em processos específicos, além de exercer a supervisão da legalidade das investigações;

– promover a acusação em juízo;

– exercer a supervisão a fim de garantir a legalidade da execução de sentenças.

5.1.3.24 Ministério Público da Romênia

O Ministério Público da Romênia[122] possui duas Procuradorias: a cível e a militar.

A Procuradoria-Geral da República é hierarquicamente superior às demais procuradorias e é constituída por procuradorias especializadas, como o Departamento Nacional contra a Corrupção e o Departamento de Investigação do Crime Organizado e do Terrorismo. Ainda a Procuradoria-Geral é ligada ao Supremo Tribunal de Cassação e Justiça.

O Serviço Nacional contra a Corrupção é responsável pelas investigações e acusações relacionadas aos crimes de corrupção, dirigido por um Procurador-Chefe.

O Serviço de Investigação do Crime Organizado e Terrorismo é responsável pelas investigações e acusações relacionadas ao crime organizado e ao terrorismo, dirigido por um Procurador-Chefe.

O Ministério Público romeno possui dois tipos de Procuradores:

a) Procuradores Cíveis;

b) Procuradores Militares.

---

[122] Sobre o Ministério Público da Hungria ver o site da Comissão Europeia: https://e-justice. europa.eu/content_legal_professions-29-ro-pt.do?member=1. Acesso em: 10 jun. 2012.

Os Procuradores Cíveis são responsáveis pelas investigações e as acusações de crimes praticados por civis.

Os Procuradores Militares são responsáveis pelas investigações e as acusações a crimes cometidos, em geral, por militares.

Os membros do Ministério Público da Romênia devem exercer suas funções baseando-se nos princípios da legalidade e imparcialidade, em obediência à hierarquia. Ainda as atuações devem pautar-se em conformidade com as leis, devendo ser respeitada a dignidade humana e os direitos dos cidadãos.

Quando necessário o Ministro da Justiça poderá, de ofício ou a pedido do Conselho da Magistratura, nomear Procuradores indicados pelo Procurador-Geral romeno ou pelo Procurador-Chefe do Serviço Nacional contra a Corrupção, para verificar a eficiência administrativa dos Procuradores, o desempenho dos Procuradores e o cumprimento de suas funções e a qualidade das relações de trabalhos dos Procuradores com os cidadãos e outras Entidades.

5.1.3.25 Ministério Público da Bulgária

O Ministério Público na Bulgária[123] é chefiado pelo Procurador-Geral que é nomeado e destituído pelo Presidente da República, após uma proposta do Conselho da Magistratura, pelo período de 7 anos, não sendo possível a recondução.

A hierarquia é marca registrada do Ministério Público na Bulgária, sendo todos os procuradores subordinados ao Procurador-Geral.

A nomeação dos membros do Ministério Público búlgaro é feita pelo Conselho Superior da Magistratura, sendo que não há necessidade de experiência jurídica para o exercício da função e a titularização ocorre depois de 5 anos de serviço e uma avaliação positiva do membro do *parquet*.

O Conselho Superior da Magistratura ainda pode promover, despromover, transferir, destituir os membros do Ministério Público.

As funções do Ministério Público búlgaro são: a atuação em fases antes do julgamento, na fase de julgamento, reabertura de processos crimes, processos relativos à cooperação internacional de matéria penal, dentre outras.

---

[123] Sobre o Ministério Público na Bulgária conferir o site: https://e-justice.europa.eu/content_legal_professions-29-bg-pt.do?member=1. Acesso em: 03 jun. 2012.

5.1.3.26 Ministério Público da Holanda

A atuação do Ministério Público na Holanda[124] resume a esfera penal, possuindo o monopólio da ação penal, vigendo ao *parquet* holandês o princípio da oportunidade das ações penais, decidindo qual ação é ou não proposta, nos termos do arts. 141 e 148, alínea 2, do Código de Processo Penal neerlandês.

Na Holanda a polícia está sob controle da autoridade do prefeito e do promotor de justiça: quando a polícia está atuando para impor a ordem pública ou prestar socorro, a responsabilidade é do prefeito; quando a polícia atua com a finalidade de respeitar as leis penais, a responsabilidade é do promotor de justiça.

As ações policiais preventivas e repressivas, bem como a política policial podem ser realizadas pelo promotor de justiça, o prefeito e o chefe da corporação, nos termos da Lei de Polícia de 1993.

O Ministério Público da Holanda é responsável pela investigação criminal, nos termos do art. 141 do Código de Processo Penal neerlandês, devendo proceder nas apurações dos fatos delituosos que tomou conhecimento, dentro da circunscrição do território que ele esteja lotado.

O Ministério Público dirige diretamente as investigações de crime graves, pois em relação aos demais a polícia é responsável pela parte prática, devendo a mesma reportar suas ações ao Ministério Público.

Ainda o Ministério Público *é* responsável pela supervisão das investigações de outras autoridades, como os serviços sociais municipais, o Fiscal *Intelligence and Investigation Service and Economic Investigation Service (FIOD-ECD)* e o *Investigation Department of the General Inspection Service (AID)*.

O membro do Ministério Público pode delegar suas atribuições a outros funcionários do Ministério Público, como secretarias das promotorias, para se ocuparem das citações.

Durante as investigações realizadas pela polícia, incumbe ao promotor de justiça dar instruções aos policiais, sejam elas verbais ou escritas, sobre os inquéritos de fatos precisos.

Desde o início das investigações o promotor de justiça deve estipular os métodos de investigação mais apropriados.

---

[124] Sobre o Ministério Público da Holanda conferir o artigo de Antoinette Verhage e Paul Ponsaers: Do secretário de Polícia à Unidade de Justiça Criminal: as relações entre o Ministério Público e a Polícia nos Países Baixos e na Inglaterra, publicado na Revista do Conselho Nacional do Ministério Público, Brasília: CNMP, v. 1, nº 2, julho/dezembro, 2011.

Caso seja necessário o Ministério Público poderá autorizar a Polícia a aplicação de medidas coercitivas, como confiscar os bens roubados ou ainda deter um suspeito, ainda que não seja caso de flagrante delito. Certo que há outras medidas que só podem ser realizadas com a autorização do Poder Judiciário, como prisão preventiva, busca em domicílios, escutas telefônicas, limitando, assim os poderes investigatórios.

Na Holanda, o art. 126 da Lei de Organização Judiciária criou uma figura chamada de *hopper* ou secretário de polícia, um funcionário com uma função mista entre a polícia e o Ministério Público.

O secretário de polícia é um funcionário da Polícia, trabalhando para o Ministério Público, com a função de supervisionar os autos de infração registrados, dispondo de diversos poderes, como fazer uma citação, arquivar uma ação ou propor uma transação, atuando sempre em casos de natureza simples.

Sobre o secretário de polícia, esclarece Antoinette Verhage e Paul Ponsaers:

> Hoje em dia, a função do secretário de polícia (ou *politiesecretaris*) evoluiu e ele se encarrega de supervisionar a qualidade do afluxo das ações penais e de melhorar a qualidade destas. Ele atua como posto avançado para fazer conhecer e aplicar a política do Ministério Público no campo policial.

No Ministério Público holandês é marcante a proximidade da Instituição com a Polícia.

5.1.3.27 Ministério Público na Suíça

A Suíça, em recente elaboração de um Código de Processo Penal, permite que a investigação criminal seja conduzida pelo Ministério Público.

Pelo Código Processual Penal são considerados como *autoridades de persecução penal* a Polícia e o Ministério Público, sendo considerado como *procedimento preliminar* tanto o procedimento de investigação policial, como a instrução conduzida diretamente pelo Ministério Público.

O art. 61, alínea "a", do CPP Suíço prevê que o Ministério Público será responsável pela direção da fase das investigações, até a acusação formal ou o arquivamento, incluindo ainda a possibilidade de impor multa em caso de descumprimento de suas determinações.

Para fins das investigações policiais, prevê o art. 142 do CPP suíço, há necessidade de que determinados policiais sejam especificamente habilitados pelo Ministério Público para que sejam realizados atos de investigação, sob o mandato do MP.

O Ministério Público tem a prerrogativa de, em caso de não comparecimento nas hipóteses de intimação de pessoas para prestar depoimento, ou ainda para interrogar, ou para realizar a identificação criminal de suspeitos, a expedição de mandado de condução coercitiva (art. 206 do CPP suíço).

Na Suíça há a *colaboração* entre o Ministério Público e a Polícia, tendo a mesma a possibilidade e a liberdade de investigar, porém com o dever de comunicar imediatamente os casos mais relevantes para que este acompanhe a investigação, ou ainda tenha a possibilidade de avocá-la. Nos casos de avocação pelo Ministério Público, sua investigação criminal direta é denominada de *instrução*, sendo possível a realização direta dos atos ou ainda é possível que haja uma delegação pontual à Polícia (art. 308 e seguintes do CPP suíço).

Nas demais hipóteses, consideradas ordinárias, há um dever de acompanhamento e direcionamento à distância das investigações pelo Ministério Público (art. 307 do CPP suíço).

Prevê ainda o CPP suíço que na hipótese de arquivamento será possível a interposição de recurso junto ao Procurador-Geral ou ainda outro procurador de grau superior, conforme prevê o art. 322 do CPP suíço.

5.1.4 Os Ministérios Públicos no continente da Ásia

5.1.4.1 Ministério Público do Japão

No Japão o Ministério Público possui o poder de investigação criminal, além de direcionar as investigações criminais se necessários for, conforme se nota do Código de Processo Penal Japonês:

> Art. 191. *Um promotor público pode, se ele julgar necessário, investigar a ofensa ele mesmo.*
> Art. 193. Um promotor público pode, na sua jurisdição, dar necessárias sugestões gerais aos oficiais da polícia judiciária tendo em vista suas investigações.
> (...)

3. Um promotor público pode, quando isso for necessário em um caso, ele mesmo investigar a ofensa, instruir os oficiais da polícia judiciária e compeli-los a auxiliar na investigação.

4. No caso dos três parágrafos precedentes, os oficiais da polícia judiciária seguirão as sugestões e instruções do promotor público.

O art. 194 prevê remoção da polícia judiciária e punição disciplinar pela não observância das orientações dadas pelo Ministério Público (Código de Processo Penal – Lei nº 131/48, emendada pelas Leis nº 260/48, 116/49, 240 e 268/52, 172 e 195/53 e 57 e 163/54) (COGAN, 2004, p.11-14).

A investigação criminal pelo Ministério Público ainda possui previsão na Lei que rege o Ministério Público no Japão:

> Art. 6. Os promotores públicos podem investigar qualquer ofensa criminal. 2. O relacionamento entre os promotores públicos e outras pessoas que, de acordo com outras leis e decretos também têm o poder de investigação criminal, será estabelecido pelo Código de Processo Criminal. (Lei nº 61/47, emendada pela Lei nº 195/47; Leis nº 31 e 260/48; Lei nº 138/49, Lei nº 96/50 e lei nº 268/52). (Textos extraídos do livro *The Constitution of Japan and Criminal Statutes*, publicação original do Ministério da Justiça Japonês e republicado pela University Publications of América, Inc., Washington D.C., USA, 1979, págs. 130, 131, 403, 404) (COGAN, 2004, p. 14).

5.1.4.2   Ministério Público na China

Sobre o Ministério Público da China, menciona André Luis Alves de Melo:[125]

> *Ministério Público na China:* os seus membros são selecionados por concurso. O Ministério da Justiça *é* conhecido como Ministério do Outono, pois nesse período eram julgados os casos mais importantes. A partir de 2003 iniciaram os julgamentos com jurados para causas cíveis e penais, após críticas internacionais ao rigor nos julgamentos com penas de morte. A Constituição em vigor *é* de 1982.
>
> Apenas 30% dos julgamentos criminais contam com advogados, carreira que foi reestruturada e fortalecida apenas a partir de 1980. Com ou sem advogado a condenação *é* praticamente certa. O advogado pode quase sempre *apenas* pedir clemência na execução penal. Um quarto dos crimes prevê pena de morte, mesmo que seja apenas envenenar gado.

---

[125] Ver o artigo de André Luís Alves de Melo, Promotor de Justiça em Minas Gerais: O Ministério Público no Mundo, conferir no site: http://www.idcb.org.br/documentos/OMinisterioPubliconoMundo.pdf. Acesso em: 04 jun. 2012.

CAPÍTULO 5
O MINISTÉRIO PÚBLICO E A INVESTIGAÇÃO CRIMINAL NO MUNDO MODERNO | 237

O Judiciário pode prender até 3 meses sem acusação formal, além de prender parentes de foragidos até que se apresentem.

5.1.5 Os Ministérios Públicos no continente da Oceania

5.1.5.1 Ministério Público na Austrália[126]

O Ministério Público na Austrália é conhecido como *Procurador da Coroa*, sendo que sua atuação se dá em casos criminais complexos.

Nos casos de delitos pequenos, o órgão de acusação é denominado de *Promotor de Polícia*, o qual exerce a função de acusação, tal cargo é geralmente ocupado por advogado, pois não há esta necessidade. Este cargo é ligado diretamente à Polícia.

O modelo do Ministério Público australiano segue ao inglês.

Na Austrália ainda há um conflito Institucional entre os Procuradores da República e a Polícia no que tange às investigações criminais.

5.1.5.2 Ministério Público em Timor-Leste[127]

O Ministério Público timorense possui previsão constitucional nos artigos 132 a 134 da Constituição da República.[128]

O art. 132 da Constituição timorense prescreve que o Ministério Público é uma magistratura, subordinada à Procuradoria da República, que possui a função de representar o Estado, exercer a ação penal, defender a legalidade democrática e promover a defesa da lei, além de defender ausentes, menores e incapazes.

Já o art. 133 trata da Procuradoria-Geral da República, dispondo sobre seu funcionamento, organização e nomeação, sendo que o art. 134 trata sobre o Conselho Superior do Ministério Público.

Segundo a Constituição da República o Ministério Público é um órgão independente e integrado à organização judiciária, possui Estatuto próprio e tendo como Chefe o Procurador-Geral da República que é nomeado pelo Presidente da República.

---

[126] Ver o artigo de André Luís Alves de Melo, Promotor de Justiça em Minas Gerais: O Ministério Público no Mundo, conferir no site: http://www.idcb.org.br/documentos/OMinisterioPubliconoMundo.pdf. Acesso em: 04 jun. 2012.

[127] O Timor-Leste é um país transcontinental, possui parte na Ásia e parte na Oceania.

[128] Conferir a Constituição do Timor-Leste no site: http://pascal.iseg.utl.pt/~cesa/Constituicao%20Timor%20Leste.pdf. Acesso em: 05 jun. 2012.

A Lei nº 14/2005, de 16 de setembro, regulamentou o modelo atual do Ministério Público do Timor-Leste.

O Ministério Público timorense possui diversas funções, como as já definidas pela Constituição e ainda: participar na execução da política criminal definida pelos órgãos de soberania; promover a execução das decisões dos tribunais para que tenha legitimidade; promover e realizar ações de prevenção criminal, nos termos da lei; requerer a fiscalização da constitucionalidade dos atos normativos, nos termos da lei; fiscalizar a atividade processual dos órgãos de polícia criminal no decurso do inquérito; recorrer sempre que a decisão seja efeito de conluio das partes no sentido de defraudar a lei ou tenha sido proferida com violação de lei expressa; exercer as demais funções conferidas por lei.

Por fim, também é função do Ministério Público timorense dirigir a investigação criminal, ainda quando realizada por outras entidades.[129]

O art. 48 do Código de Processo Penal do Timor-Leste prevê que é competência do Ministério Público dirigir o inquérito e avocar os processos que entenda que deva orientar diretamente nesta fase.

Já o art. 57 do Código de Processo Penal timorense dispõe que é de competência do Ministério Público a direção e realização do inquérito, como também se pode deferir a competência para a realização do inquérito ou de atos do inquérito à polícia ou a funcionários da justiça.[130]

5.2 O poder de investigação criminal pelo Ministério Público no Código Modelo de Processo Penal para a Ibero-América

O projeto final do Código Modelo de Processo Penal para a Ibero-América foi apresentado no ano de 1988, no Rio de Janeiro, na XI Jornada Ibero-Americana de Direito Processual.

A elaboração desse Código Modelo foi realizada pelos maiores especialistas em processo penal da América Latina, juristas renomados e referenciados inclusive nos dias atuais, como, por exemplo: Niceto Alcalá-Zamora, Clariá Olmedo, Vélez Mariconde, Victor Farién-Guillén,

---

[129] Ver sobre a organização e funções do Ministério Público timorense no site Institucional: http://www.mp.tl/?q=node/1. Acesso em: 05 jun. 2012.

[130] Código de Processo Penal do Timor-Leste, consultar o site: http://www.unmit.org/legal/RDTL-Law/RDTL-Decree-Laws-P/Decree-Law-2005-13.pdf. Acesso em: 05 jun. 2012.

José Frederico Marques, Fernando de La Rua, Julio Maier, Ada Pellegrini Grinover.[131]

Para a constituição do Código Modelo foram utilizadas, basicamente, fontes de leis processuais da França, Espanha, além do Ordenamento Processual da Alemanha Federal.

Ainda para formação dos princípios políticos básicos e em relação aos direitos fundamentais foram levados em consideração aqueles contidos em declarações e pactos internacionais (Declaração Universal dos Direitos Humanos, Declaração Americana dos Direitos e Deveres do Homem, a Convenção para a Proteção dos Direitos Humanos e das Liberdades Fundamentais, Pacto de São José da Costa Rica).

A estrutura do projeto, distribuídos em seis livros, do Código Modelo segue as bases do Código italiano de 1930.

Pelo exposto acima, não é difícil concluir que para o Código Modelo o sistema idealmente melhor é o adotado na Alemanha, em Portugal e na Itália: *sistema acusatório sem juizados de instrução*.

Basicamente, o sistema prima pelo respeito a todas as garantias constitucionais, o processo público e oral, a identidade física do juiz, dentre outras regras e princípios.

O processo será precedido por uma fase de investigação prévia, de conteúdo administrativo, *que será conduzido pelo Ministério Público com a colaboração da Polícia Judiciária* para possibilitar o convencimento ou não de se proceder à acusação, sendo que estes elementos informativos colhidos não poderão ser aproveitados para servir de convencimento do juiz ou do tribunal que julgará o mérito.

Portanto, observa-se que dentre as tendências do processo penal ibero-americano está a atribuição da investigação prévia ao Ministério Público, com a intervenção do juiz na decretação das medidas cautelares.

O Código Modelo, no Título II, que trata dos Sujeitos e Auxiliares do Processo, Capítulo 3, na Seção 1ª, que trata do Ministério Público, em seu artigo 68 reza:

> 68. Função. Ao Ministério Público está confiado o exercício da persecução penal nos crimes de ação pública, dependam ou não dependam de representação ou de uma autorização estatal (art. 229), salvo nos casos

---

[131] Influência do Código de Processo Penal Modelo para a Ibero-América na Legislação Latino Americana. Convergências e Dissonâncias com os Sistemas Italiano e Brasileiro. Ada Pelegrini Grinover. p. 544 e 545. http://biblio.juridicas.unam.mx/libros/2/592/31.pdf. Acesso em: 2 abr. 2012.

expressamente excetuados pela lei. Com este propósito realizará todos os atos necessários para cumprir este fim, conforme as disposições deste Código e a lei que o organiza.

Terá a seu cargo, especificamente, o procedimento preparatório (art. 250 e ss.) e a direção da polícia (art. 261) em sua função judicial.

A polícia, nos termos do Código Modelo, terá um papel de extrema proximidade ao Ministério Público, como se observa dos artigos 73 e 74:

73. Função. A polícia, por iniciativa própria, em virtude de denúncia ou por ordem do Ministério Público, deverá investigar os fatos puníveis perseguíveis de ofício, impedir que os tentados ou os cometidos sejam levados a consequências posteriores, (...).

Os funcionários policiais serão auxiliares do Ministério Público para efetivar o procedimento preparatório.

74. Subordinação. Os funcionários da polícia administrativa, enquanto cumpram atos de policia judicial, executarão suas tarefas sob a superintendência direta do *órgão* do Ministério Público e deverão executar as suas ordens, sem prejuízo a autoridade administrativa *à* qual estejam submetidas.

Deverão cumprir as ordens que, para a tramitação do procedimento, lhe dirijam os Juízes perante os quais tenha andamento do processo.

O Ministério Público supervisionará o correto cumprimento da função judicial da polícia; poderá expedir a ela instruções gerais, cuidando de respeitar sua organização administrativa.

Consta também um dispositivo no qual o Ministério Público possui o poder disciplinar sobre a polícia, conforme reza o artigo 76:

76. Poder Disciplinar. Os funcionários policiais que infrinjam as disposições legais e regulamentares, que omitam ou retardem a execução de um ato próprio de suas funções ou o cumpram negligentemente, serão punidos pelo superior hierárquico do Ministério Público, a pedido do funcionário responsável do caso ou por avocação direta, com prévia informação do interessado, (...).

Pelo Código Modelo o Ministério Público possui legitimidade expressa para realizar as investigações criminais, tendo a seu dispor um procedimento preparatório para o ingresso de ações penais:

Ainda no Código Modelo, no livro segundo, no Título I, em que se trata do procedimento comum, em seu primeiro Capítulo (Da Preparação da Ação Pública), prevê a Persecução Penal Pública nos artigos 229 e 232:

229. Persecução penal. Cabe ao Ministério Público dar início e prosseguir na persecução penal, com o auxílio policial (art. 73 e ss.), sem necessidade de solicitação de terceiros e sem atender a critérios de oportunidade, salvo nos casos expressamente excetuados pela lei penal. (…).

232. Necessidade e alcance da persecução penal. Tão logo o Ministério Público tome conhecimento de uma infração penal, através da notícia do crime ou qualquer outra via em juízo admitida, deve impedir que produza outras consequências e promover a investigação para solicitar a instauração de processo contra o imputado ou para pedir absolvição antecipada, salvo em relação às exceções referidas no art. 229 e às faculdades previstas nos arts. 230 e 231. (…).

Já no Capítulo 4, que trata do Procedimento Preparatório, do mesmo livro e Título acima mencionados, o art. 250 prevê que:

250. Objeto da investigação. Na procura da verdade (art. 232), o Ministério Público deverá praticar todas as diligências pertinentes e úteis para determinar a existência do fato, com todas as circunstâncias de importância para a lei penal, e os autores da infração, procurando identificá-los e conhecer circunstâncias pessoais que sirvam para valorar sua responsabilidade ou que influam na dosagem da pena, verificando também o dano causado pelo delito, ainda quando não tenha sido exercida a ação civil.

Outros dispositivos insertos no Código Modelo fazem referência e norteiam o trabalho investigativo do Ministério Público e seu relacionamento com a polícia, a exemplo, dos artigos 239, 240, 245, 246, 251.

Diversos países já adotaram o Código Modelo como fonte inspiradora de modificações no processo penal moderno, assumindo o modelo acusatório, um referencial na América Latina.

Os Códigos de Processos Penais da Argentina (das províncias de Tucumán, 1991, de Córdoba, 1992 e de Buenos Aires, 1997); Guatemala (1992);[132] Costa Rica (1996);[133] El Salvador (1996); Paraguai (1998); Chile (2000); Bolívia (1999); Honduras (2002); Peru (1991); Venezuela (1998) são exemplos de Códigos Processuais Penais reformados com inspiração no Código Modelo, em que atribuem ao Ministério Público, com a colaboração da polícia judiciária, as funções de investigação preliminar.

---

[132] Adotou na íntegra o Código Modelo.
[133] Adotou na íntegra o Código Modelo.

Já no Brasil, o Código Modelo inspirou e alimentou algumas das recentes reformas do Código de Processo Penal de 1941.

No antigo anteprojeto de Código de Processo Penal do professor Hélio Tornaghi, que depois foi modificado por José Frederico Marques, em 1970, já havia admissão de que o Ministério Público poderia promover atos investigatórios, e poderia até ordenar prisão temporária dos investigados.

Desde então, houve diversas alterações na legislação processual vigente, em sua grande maioria atentando-se para as regras pensadas e idealizadas pelo Código Modelo, como, por exemplo, a Lei nº 9.271/1996 que, dentre outras alterações, impede o prosseguimento da ação penal, com a revelia do acusado; a Lei nº 10.792/2003, dentre outras alterações, prevê a necessidade de advogado, constituído ou nomeado; a Lei nº 11.690/2008, dentre outras alterações, modifica o artigo 155 do CPP, que impede a utilização somente de elementos informativos da investigação para sustentar a condenação, estabelece a oralidade e seus demais corolários (imediação, concentração e identidade física do juiz); entre outras modificações.

Mais recentemente, a Lei nº 12.403/2011 alterou os dispositivos legais envolvendo as prisões cautelares, nos termos em que prevê o Código Modelo.

Como se nota, ainda que vagarosamente, o Brasil caminha para seguir as linhas adotadas pelo Código Modelo de Processo Penal para a Ibero-América, contudo, no que tange à investigação criminal, ainda precisam diversas alterações.

Imprescindível a mudança legislativa para que haja a aproximação do Ministério Público investigativo e a polícia de investigação, como salienta Cláudio Fonteles (FONTELES, 2001):

> A tramitação da investigação preliminar deve acontecer direta e des-burocratizadamente entre Ministério Público e Polícia de Investigação. Com isso, a Polícia de Investigação, no Estado Democrático de Direito, como órgão da Sociedade, e não departamento da estrutura centralizada da Administração Pública, leia-se do Poder Executivo, longe ficará das inevitáveis pressões político-partidárias, e, assim, Polícia e Ministério Público, poderão, juntos, e de forma muito mais célere, efetiva e independente, responder aos anseios de Justiça criminal que não seja seletiva, sempre em detrimento do mais fraco, do excluído, mas que contemple a todos, sem injunções preconceituosas.

Apesar de todas as modificações mencionadas no Código de Processo Penal brasileiro, ao Ministério Público não foi conferido, mas previsto constitucionalmente, controle da polícia para as investigações criminais, nos termos delineados pelo Código Modelo, elaborado e idealizado pelos mais ilustres doutrinadores da América Latina.

5.3 A investigação criminal pelo Ministério Público no estatuto de Roma

O denominado Estatuto de Roma é um instrumento jurídico da comunidade internacional para de forma definitiva, julgar crimes tutelados pela ordem internacional, revelando-se um poderoso instituto voltado à defesa dos direitos humanos.

O objetivo do referido Instrumento é dar um fim à impunidade em relação aos crimes de maior gravidade que ocorrem na comunidade internacional, bem como contribuir para a prevenção de tais crimes.

Para alcançar tal desiderato, o Estatuto de Roma estabelece a composição do denominado Tribunal Penal Internacional, sendo, nos termos do artigo 34, composto basicamente pela: Presidência, Seção de Recursos, Secretaria e um Gabinete do Procurador.

Quando o Estatuto de Roma utiliza o emprego da expressão *Procurador*, segundo lições doutrinárias, estamos diante da Instituição do Ministério Público, fazendo valer a presença de um Ministério Público Internacional.

Nesse sentido explica Antonio Scarance:

> A fase investigatória pode ser iniciada diretamente pelo Ministério Público ou em decorrência de comunicação do crime ao Tribunal Internacional. Incumbe ao Ministério Público coordenar as primeiras diligências com o objetivo de averiguar a existência de elementos que confirmem as suspeitas iniciais. Trata-se, ainda, de uma investigação preparatória (FERNANDES, 2005, p. 102).

O procurador, segundo dispõe o artigo 42 do Estatuto de Roma, atuará de forma independente e será um órgão autônomo do Tribunal, responsável pelas investigações dos crimes previstos no Estatuto de Roma, bem como pela propositura, o exercício, da ação penal.

As investigações serão sempre do procurador que a fará por iniciativa própria ou com base nas informações recebidas de quaisquer indivíduos, governos, dentre outros (princípio da oficialidade). Contudo, o indiciamento deve ser confirmado pelo juiz, antes que ele se torne efetivo.

O procurador agirá sempre de forma independente, pois não está subordinado a nenhum órgão do Tribunal Penal Internacional, nem a qualquer Estado, nem mesmo há qualquer vinculação com entidades internacionais.

O procurador do Tribunal Penal Internacional ao tomar conhecimento de um crime deverá decidir se a Corte Criminal Internacional iniciará ou não a investigação, sendo que senão houver provas suficientes o caso será concluído, mas poderá depois ser reaberto.

O instrumento utilizado pelo procurador para que se procedam às investigações criminais é denominado de *inquérito*, nos termos do artigo 53.

O artigo 54 do Estatuto de Roma elenca algumas das funções de investigação, como reunir e examinar provas.

Ainda dispõe o referido diploma internacional que o investigado possui direitos existentes tanto no curso das investigações, conforme artigo 55, como durante todo o procedimento de acusação.

Como se nota, o Procurador é um órgão que investiga e é o titular da ação penal ao mesmo tempo.

Aos membros do Ministério Público são garantidas as imunidades materiais e formais reconhecidas a chefes de missão diplomática, em relação às palavras e atos praticados no exercício de suas atividades funcionais.

O Estatuto de Roma seguiu a tendência mundial de se conferir ao Ministério Público o controle das investigações criminais.

O Estatuto de Roma é um instrumento de ordem internacional, e por ter sido aprovado em 17.07.1998, pois foi assinado pela República Federativa do Brasil em 07.02.2000, e aprovado pelo Decreto legislativo nº 112 de 2002, promulgado pelo Decreto presidencial nº 4388, de 25.09.2002, *possui validade jurídica no Brasil.*

É de se ressaltar que o Estatuto de Roma é um Instrumento Internacional extremamente garantista e que se originou para a defesa dos direitos humanos.

Vige no Estatuto de Roma o denominado princípio da complementaridade, em que se preserva o sistema jurídico dos países, sendo que o Tribunal Penal Internacional apenas exercerá a sua jurisdição em caso de incapacidade ou omissão dos mesmos, conforme dispõe o art. 1º do Estatuto.

A posição adotada pelo Estatuto, segundo Antonio Scarance, do papel do Ministério Público assumindo a fase investigativa, inspirado no modelo dos Estados Unidos e alguns países da Europa continental, deve influenciar nas reformas legislativas "onde ainda não se reserva função mais relevante ao Ministério Público na investigação, ou onde ainda não se tenha organizado essa instituição" (FERNANDES, 2005, p. 103).

Nota-se, portanto, que *o Brasil já admite dentro de seu sistema jurídico a investigação criminal pelo Ministério Público.*

5.4 O Ministério Público Europeu

O Tratado de Lisboa, em seu art. 69º E, propõe a criação do cargo de *Procurador Europeu.* O Conselho da União Europeia, por deliberação unanimidade, após consenso do Parlamento Europeu, institui o cargo do Promotor Público Europeu. O Tratado prevê a possibilidade de estabelecer um promotor europeu para um número limitado de crimes, podendo incluir as formas graves de criminalidade transfronteiriça.

Assim ficou previsto o art. 69º E do Tratado de Lisboa:

1. A fim de combater as infracções lesivas dos interesses financeiros da União, o Conselho, por meio de regulamentos adoptados de acordo com um processo legislativo especial, pode instituir uma Procuradoria Europeia a partir da Eurojust. O Conselho delibera por unanimidade, após aprovação do Parlamento Europeu.

Caso não haja unanimidade, um grupo de pelo menos nove Estados-Membros pode solicitar que o projecto de regulamento seja submetido ao Conselho Europeu. Nesse caso, fica suspenso o processo no Conselho. Após debate, e havendo consenso, o Conselho Europeu, no prazo de quatro meses a contar da data da suspensão, remete o projecto ao Conselho, para adopção.

No mesmo prazo, em caso de desacordo, e se pelo menos nove Estados-Membros pretenderem instituir uma cooperação reforçada com base no projecto de regulamento em questão, esses Estados-Membros notificam o Parlamento Europeu, o Conselho e a Comissão em conformidade. Nesse caso, considera-se que foi concedida a autorização para proceder à cooperação reforçada referida no nº 2 do artigo 10.º do Tratado da União Europeia e no nº 1 do artigo 280.º-D do presente Tratado, e aplicam-se as disposições relativas à cooperação reforçada.

2. A Procuradoria Europeia é competente para investigar, processar judicialmente e levar a julgamento, eventualmente em articulação com

a Europol, os autores e cúmplices das infracções lesivas dos interesses financeiros da União determinadas no regulamento a que se refere o nº 1. A Procuradoria Europeia exerce, perante os órgãos jurisdicionais competentes dos Estados-Membros, a acção pública relativa a tais infracções.

3. Os regulamentos a que se refere o nº 1 definem o estatuto da Procuradoria Europeia, as condições em que esta exerce as suas funções, as regras processuais aplicáveis às suas actividades e as que regem a admissibilidade dos meios de prova, bem como as regras aplicáveis à fiscalização jurisdicional dos actos processuais que a Procuradoria Europeia realizar no exercício das suas funções.

4. O Conselho Europeu pode, em simultâneo ou posteriormente, adoptar uma decisão que altere o nº 1, de modo a tornar as atribuições da Procuradoria Europeia extensivas ao combate à criminalidade grave com dimensão transfronteiriça, e que altere em conformidade o nº 2 no que diz respeito aos autores e cúmplices de crimes graves que afectem vários Estados-Membros. O Conselho Europeu delibera por unanimidade, após aprovação do Parlamento Europeu e após consulta à Comissão.[134]

Por sua vez, a União Europeia, através do *Regulamento 2017/1939 do Conselho de 12 de outubro de 2017*, disciplinou e instituiu a Procuradoria Europeia. O regulamento estabeleceu normas relativas ao seu funcionamento.[135]

O trabalho não possui o objetivo de realizar um estudo profundo sobre a temática, apena de apresentar a estrutura básica e a evolução da comunidade jurídica europeia ao confirmar a possibilidade e importância da investigação criminal pelo Ministério Público.

A Procuradoria Europeia possui personalidade jurídica e a função de investigar, instaurar a ação penal e deduzir acusação, além de sustentá-la na instrução e no julgamento contra os autores e seus cúmplices nas infrações penais lesivas dos interesses financeiros, previstas na Diretiva (UE) 2017/1371.

Procuradoria Europeia, de forma imparcial e através de todos os meios de provas, fará as investigações e o exercício da ação pública perante os órgãos jurisdicionais competentes dos Estados-Membros, até o seu arquivamento.

---

[134] https://www.stimpostos.pt/wp-content/uploads/2017/08/anexo-d_tratado-de-lisboa.pdf. Acesso em: 02 fev. 2019.

[135] Sobre o Regulamento 2017/1939 do Conselho de 12 de outubro de 2017 da União Europeia, conferir em: https://eur-lex.europa.eu/legal-content/PT/TXT/PDF/?uri=CELEX:32017R1939&from=FR. Acesso em: 02 fev. 2019.

Não serão permitidos atrasos injustificados na abertura e na condução das investigações.

A Procuradoria Europeia é independente, sendo composta pelo:

a) Procurador-Geral Europeu;
b) Procuradores-Gerais Europeus Adjuntos;
c) Procuradores Europeus;
d) Procuradores Europeus Delegados;
e) Diretor Administrativo;
f) os membros do pessoal da Procuradoria Europeia.

A Procuradoria Europeia deverá responder perante o Parlamento Europeu, o Conselho e a Comissão pelas suas atividades gerais, devendo ainda apresentar relatórios anuais, devendo ser entregues ao Parlamento Europeu, aos parlamentos nacionais, bem como ao Conselho e à Comissão.

O Procurador-Geral Europeu deverá comparecer uma vez por ano perante o Parlamento Europeu e o Conselho, e perante os parlamentos nacionais dos Estados-Membros a seu pedido, com a finalidade de informar suas atividades gerais, sem prejuízo do sigilo, quando necessário.

Prevê o regulamento que o Procurador-Geral Europeu pode ser substituído por um dos Procuradores-Gerais Europeus Adjuntos nas audiências organizadas pelos parlamentos nacionais.

Segundo o Regulamento, a Procuradoria Europeia é indivisível e funciona como entidade única com estrutura descentralizada, organizada a nível central e descentralizado.

O nível central é constituído pela Procuradoria Central, composto pelo:

1 – Colégio;
2 – as Câmaras Permanentes;
3 – o Procurador-Geral Europeu;
4 – os Procuradores-Gerais Europeus Adjuntos;
5 – os Procuradores Europeus e o Diretor Administrativo.

O nível descentralizado, por sua vez, constitui-se pelos Procuradores Europeus Delegados, localizados nos Estados-Membros.

O Colégio da Procuradoria Europeia possui previsão no art. 9º do Regulamento, sendo constituído pelo Procurador-Geral Europeu, o qual presidirá às reuniões e responsabiliza-se por sua preparação, e por um Procurador Europeu por cada Estado-Membro.

O art. 9º- 2 dispõe sobre suas atribuições: "O Colégio se reúne regularmente e é responsável pela supervisão geral das atividades da Procuradoria Europeia. Toma decisões sobre questões estratégicas e questões gerais decorrentes de casos individuais, especialmente no intuito de assegurar a coerência, eficiência e coesão da política de ação penal seguida pela Procuradoria Europeia em toda a União, bem como sobre outros assuntos especificados no presente regulamento. O Colégio não se envolve em decisões operacionais tomadas no âmbito de casos individuais. O regulamento interno da Procuradoria Europeia estabelece as modalidades do exercício pelo Colégio das atividades de supervisão geral e das decisões por ele tomadas sobre questões estratégicas e questões gerais, nos termos do presente artigo.".

O Colégio ainda possui a atribuição de nomear dois Procuradores Europeus como Procuradores-Gerais Europeus Adjuntos, por um mandato renovável de três anos, que não pode exceder os períodos dos seus mandatos de Procuradores Europeus. Os Procuradores-Gerais Europeus Adjuntos mantêm o seu estatuto de Procuradores Europeus.

As Câmaras permanentes serão presididas pelo Procurador-Geral Europeu ou por um dos Procuradores-Gerais Europeus Adjuntos, ou por um Procurador Europeu nomeado como presidente nos termos do regulamento interno da Procuradoria Europeia, além de outros dois membros permanentes.

Segundo o Regulamento, o número de Câmaras Permanentes, bem como sua composição e a divisão de competências entre as câmaras serão fixados em função das necessidades operacionais da Procuradoria Europeia e decididos em conformidade com o regulamento interno da Procuradoria Europeia.

Como funções, as Câmaras Permanentes devem acompanhar e orientar as investigações e ações penais conduzidas pelos Procuradores Europeus Delegados, bem como assegurar a coordenação das investigações e das ações penais nos processos transfronteiriços, além de assegurar a aplicação das decisões tomadas pelo Colégio.

Outras atribuições das Câmaras Permanentes estão previstas no art. 10º do Regulamento.

Por sua vez, o Procurador-Geral Europeu dirigirá a Procuradoria Europeia, com atribuição para organizar os trabalhos da Procuradoria Europeia, dirigir suas atividades e tomar decisões de acordo com o regulamento e o regulamento interno da Procuradoria Europeia. Para coadjuvá-lo serão nomeados dois Procuradores-Gerais Europeus Adjuntos, com atribuições para substituí-lo em caso de ausência ou impedimento.

O Procurador-Geral Europeu representará a Procuradoria Europeia perante as instituições da União, os Estados-Membros da União Europeia e terceiros, podendo delegar as suas funções de representação em um dos Procuradores-Gerais Europeus Adjuntos ou ainda para um Procurador Europeu.

O Parlamento Europeu e o Conselho, por deliberação de maioria simples, nomeiam de comum acordo o Procurador-Geral Europeu para um mandato de sete anos, não sendo possível a renovação.

São *requisitos* para a escolha do Procurador-Geral Europeu:

a) Sejam membros no ativo dos serviços do ministério público ou da magistratura judicial dos Estados-Membros, ou Procuradores Europeus em funções;

b) Ofereçam todas as garantias de independência;

c) Possuam as habilitações necessárias para serem nomeados para o exercício das mais altas funções judiciais ou de ministério público nos seus Estados-Membros e tenham experiência prática relevante dos sistemas jurídicos nacionais, de investigações financeiras e de cooperação judiciária internacional em matéria penal, ou tenham exercido funções de Procurador Europeu; e

d) Tenham suficiente experiência de gestão e as habilitações necessárias para o cargo.

Os Procuradores Europeus possuem a função de supervisionar as investigações e ações penais pelas quais são responsáveis os Procuradores Europeus Delegados competentes nos respetivos Estados-Membros de origem. Também apresentam sumários dos processos sob sua supervisão e, sempre que aplicável, propostas de decisões a tomar pelas referidas Câmaras, com base nos projetos de decisão elaborados pelos Procuradores Europeus Delegados.

Cada Estado-Membro designará três candidatos para o cargo de Procurador Europeu entre candidatos que: a) sejam membros no ativo dos serviços do ministério público ou da magistratura judicial do Estado-Membro pertinente; e b) Ofereçam todas as garantias de independência; e c) Possuam as habilitações necessárias para serem nomeados para o exercício das mais altas funções judiciais ou de ministério público nos seus Estados-Membros e tenham experiência prática relevante dos sistemas jurídicos nacionais, de investigações financeiras e de cooperação judiciária internacional em matéria penal.

Após, o Conselho, em votação por maioria simples, seleciona e nomeia os Procuradores Europeus para um mandato de seis anos, não renovável, podendo ser prorrogado por mais três anos.

O Procurador Europeu poderá ser demitido, através de pedido do Parlamento Europeu, do Conselho ou da Comissão, pelo Tribunal de Justiça, caso seja concluído que este deixou de poder exercer as suas funções ou cometeu falta grave.

Já os Procuradores Europeus Delegados possuem e atribuição de agir em nome da Procuradoria Europeia nos respetivos Estados-Membros, possuindo as mesmas competências que os procuradores nacionais no que respeita a investigar, instaurar a ação penal e deduzir acusação e sustentá-la na instrução e no julgamento, além das competências específicas previstas no art. 13º do Regulamento.

O Procurador-Geral Europeu apresentará proposta e o Colégio nomeará os Procuradores Europeus Delegados designados pelos Estados-Membros. Os Procuradores Europeus Delegados devem ser membros no ativo dos serviços do ministério público ou da magistratura judicial dos Estados-Membros que os designam. Devem oferecer todas as garantias de independência e possuir as habilitações necessárias e experiência prática relevante no respetivo sistema jurídico nacional.

A Procuradoria Europeia possui competência para apuração das infrações penais lesivas dos interesses financeiros da União, previstas na Diretiva (UE) 2017/1371.

Segundo prevê o art. 3º da Diretiva (EU) 2017/1371, a fraude lesiva dos interesses financeiros da União será considerada:

a) No que respeita a despesas não relacionadas com contratação pública, os atos ou omissões relativos:

i) à utilização ou à apresentação de declarações ou de documentos falsos, inexatos ou incompletos, que tenha por efeito a apropriação ou a retenção ilegítima de fundos ou de ativos provenientes do orçamento da União ou dos orçamentos geridos pela União ou por sua conta,

ii) a não comunicação de uma informação, em violação de uma obrigação específica, que produza o mesmo efeito, ou

iii) à aplicação ilegítima de tais fundos ou ativos para fins diferentes daqueles para os quais foram inicialmente concedidos;

b) No que respeita a despesas relacionadas com contratação pública, pelo menos quando cometidos tendo em vista um proveito ilícito em benefício do autor da infração ou de terceiros, causando prejuízo aos interesses financeiros da União, os atos ou omissões relativos:

i) à utilização ou à apresentação de declarações ou de documentos falsos, inexatos ou incompletos, que tenham por efeito a apropriação ou a retenção ilegítima de fundos ou de ativos provenientes do orçamento da União ou dos orçamentos geridos pela União ou por sua conta,

ii) a não comunicação de uma informação, em violação de uma obrigação específica, que produza o mesmo efeito, ou

iii) à aplicação ilegítima de tais fundos ou ativos para fins diferentes daqueles para os quais foram inicialmente concedidos, que lese os interesses financeiros da União;

c) No que respeita a receitas distintas das receitas provenientes dos recursos próprios do IVA a que se refere à alínea "d", os atos ou omissões relativos:

i) à utilização ou à apresentação de declarações ou de documentos falsos, inexatos ou incompletos, que tenha por efeito a diminuição ilegal de recursos do orçamento da União ou dos orçamentos geridos pela União ou por sua conta,

ii) a não comunicação de uma informação, em violação de uma obrigação específica, que produza o mesmo efeito, ou

iii) à aplicação ilegítima de um benefício, obtido legalmente, que produza o mesmo efeito;

d) No que respeita a receitas provenientes dos recursos próprios do IVA, os atos ou omissões cometidos no âmbito de esquemas fraudulentos transfronteiriços, relativos:

i) à utilização ou à apresentação de declarações ou de documentos relativos ao IVA falsos, inexatos ou incompletos, que tenha por efeito a diminuição dos recursos do orçamento da União,

ii) a não comunicação de uma informação relativa ao IVA, em violação de uma obrigação específica, que produza o mesmo efeito, ou

iii) à apresentação de declarações relativas ao IVA corretas para fins de dissimulação fraudulenta do não pagamento ou da criação ilícita de direitos a reembolso do IVA.

Caso a infração penal tiver lesado ou for suscetível de lesar os interesses financeiros da União em menos de 10 000 EUR, a Procuradoria Europeia só pode exercer a sua competência nas hipóteses de (art. 25º. 2):

a) O processo tiver repercussões em nível da União que exijam que a Procuradoria proceda a uma investigação; ou

b) Os funcionários ou outros agentes da União Europeia, ou membros das instituições da União, puderem ser suspeitos de ter cometido a infração.

A abertura de investigações de competência das atribuições da Procuradoria Europeia ocorrerá se, de acordo com o direito nacional aplicável, houver motivos razoáveis da infração no âmbito de competência da Procuradoria Europeia está a ser cometida ou foi cometida. Assim, o Procurador Europeu Delegado em determinado Estado-Membro que, de acordo com a legislação nacional, possui a competência para a infração, podendo abrir a investigação e notificá-la no sistema de gestão de processos.

Em regra, o processo será aberto e instruído por um Procurador Europeu Delegado do Estado-Membro onde está centrada a atividade criminosa ou, caso tenham sido cometidas várias infrações conexas abrangidas pelas competências da Procuradoria Europeia, do Estado-Membro em que foi cometida a maior parte das infrações.

O Procurador Europeu Delegado competente para um processo pode executar por sua própria iniciativa as medidas de investigação e outras medidas ou ainda dar instruções às autoridades competentes no seu Estado-Membro.

Em quaisquer das fases das investigações conduzidas pela Procuradoria Europeia, as autoridades nacionais competentes tomam as medidas urgentes, de acordo com a legislação nacional, necessárias para garantir investigações eficazes, mesmo quando não ajam especificamente sob instruções dadas pelo Procurador Europeu Delegado competente.

Nas hipóteses em que as investigações da Procuradoria Europeia envolver pessoas protegidas por um privilégio ou imunidade em razão do direito nacional, o Procurador-Geral Europeu deverá formular por escrito um pedido fundamentado para o levantamento desse privilégio ou imunidade, em conformidade com os procedimentos estabelecidos pelo direito nacional, de forma que as investigações sejam destravadas. Da mesma forma deverá ser procedido nas hipóteses de Protocolo relativo aos Privilégios e Imunidades da União Europeia, porém o procedimento será estabelecido pelo direito da União.

De acordo com o art. 30º do Regulamento, nos casos em que a infração objeto de investigação seja punível com uma pena privativa de liberdade máxima não inferior a quatro anos, os Estados-Membros asseguram que os Procuradores Europeus Delegados têm o direito de ordenar ou pedir uma das seguintes medidas de investigação:

a) Efetuar buscas em quaisquer instalações, terrenos, meios de transporte, casas particulares, vestuário e quaisquer outros bens pessoais ou sistema informático e tomar as medidas cautelares necessárias para preservar a sua integridade ou evitar a perda ou contaminação de meios de prova;

b) Obter a apresentação de qualquer objeto ou documento pertinente quer no formato original, quer noutro formato especificado;

c) Obter a apresentação de dados informáticos conservados, encriptados ou desencriptados, quer no formato original quer noutro formato especificado, incluindo dados de contas bancárias e dados de tráfego, com exceção dos dados especificamente retidos em conformidade com o direito nacional, nos termos do artigo 15º, nº 1, segundo período, da Diretiva 2002/58/CE do Parlamento Europeu e do Conselho;

d) Congelar instrumentos ou produtos de crime, incluindo bens, que se prevejam venham a ser objeto de declaração de perda pelo órgão jurisdicional da causa, sempre que exista razão para crer que o proprietário, o possuidor ou o controlador desses instrumentos ou produtos procure frustrar a decisão judicial de declaração de perda;

e) Intercetar telecomunicações eletrónicas, enviadas ou recebidas pelo suspeito ou pelo arguido, em qualquer meio de comunicações eletrónicas que o suspeito ou o arguido esteja a utilizar;

f) Detetar e rastrear um objeto através de meios técnicos, incluindo entregas controladas de bens.

Ainda o Regulamento estabelece que, além das medidas acima mencionadas, os Procuradores Europeus Delegados têm o direito de pedir ou ordenar quaisquer outras medidas nos seus Estados-Membros que estejam ao dispor dos procuradores nos termos do direito nacional em processos nacionais equiparáveis.

O encerramento das investigações possui previsão no art. 35ºdo Regulamento e assim dispõe:

> Quando o Procurador Europeu Delegado competente der por concluída a investigação, apresenta ao Procurador Europeu supervisor um relatório que inclui um resumo do processo e um projeto de decisão relativa à eventual instauração de uma ação penal perante um tribunal nacional, ao eventual reenvio, arquivamento do processo ou ao procedimento penal simplificado nos termos do artigo 34º, 39º ou 40º. O Procurador Europeu supervisor envia esses documentos, acompanhados da sua própria apreciação se assim o entender, à Câmara Permanente competente. Quando a Câmara Permanente, nos termos do artigo 10º, nº 3, tomar a decisão proposta pelo Procurador Europeu Delegado, este último atua em conformidade.

O Regulamento também prevê as garantias processuais dos suspeitos, com vista a assegurar seus direitos. Prevê o art. 41º 1. que: "As atividades da Procuradoria Europeia são exercidas no pleno respeito pelos direitos dos suspeitos e dos arguidos consagrados na Carta, incluindo o direito a um tribunal imparcial e os direitos de defesa.".

Segundo o Regulamento, os suspeitos e também os acusados envolvidos nos procedimentos penais da Procuradoria Europeia têm, no mínimo, os direitos processuais previstos no direito da União previstos aos direitos dos suspeitos e dos acusados em processo penal, tal como transpostas para o direito nacional, como por exemplo:

a) Direito à interpretação e tradução, nos termos da Diretiva 2010/64/UE;

b) Direito à informação e acesso aos elementos do processo, nos termos da Diretiva 2012/13/UE;

c) Direito de acesso a um advogado e direito de comunicar com terceiros e de os informar em caso de detenção, nos termos da Diretiva 2013/48/UE;

d) Direito de guardar silêncio e direito de presunção de inocência, nos termos da Diretiva (UE) 2016/343; e

e) Direito a apoio judiciário, nos termos da Diretiva (UE) 2016/1919.

Esses são os traços gerais da Procuradoria Europeia, que disciplinam a investigação criminal pelo Ministério Público, situação já solidificada há muitos anos na Europa.

CAPÍTULO 6

O TRABALHO DOS MINISTÉRIOS PÚBLICOS BRASILEIROS NAS INVESTIGAÇÕES CRIMINAIS

Os diversos Ministérios Públicos do Brasil exercem na prática já há algum tempo a investigação criminal, por meio de Grupos Especiais ou mesmo promotorias de justiças especializadas em investigação criminal.

Na maioria dos casos investigados pelos Ministérios Públicos há o envolvimento do crime organizado, quadrilhas, tráfico de drogas, roubos, lavagem de dinheiro, corrupção, crimes praticados por Instituições Policiais e funcionários públicos. A intervenção se justifica em razão de os investigados possuírem ligação com a própria estrutura do Estado, como funcionários públicos, políticos ou agentes políticos, ou mesmo a própria polícia.

Nas modalidades de crimes acima mencionadas, a participação do Ministério Público se torna imprescindível para os esclarecimentos de autoria e materialidade.

Enfim, na maioria dos casos as investigações são iniciadas pelos Ministérios Públicos em razão da própria falta de investigações policiais, quando há a demora nas investigações, ou, como já dito, o crime possui ramificação dentro de órgãos públicos, criminosos com influência política ou mesmo com acentuado poderio econômico, situações estas que, por vezes, intimidam a atuação policial, provocando a ausência das investigações ou mesmo a sua deficiência, necessitando a intervenção ministerial.

Contudo, nos casos de crimes envolvendo policiais quando há a inércia ou o desinteresse de investigar seus pares, o Ministério Público se torna uma das poucas Instituições, ou a única, a poder prosseguir ou iniciar as investigações, exercendo, assim, de fato o controle externo da atividade policial.

A título de exemplificação, a seguir seguem algumas notícias de atuações em investigações criminais dos Ministérios Públicos.

Apesar de toda a discussão jurídica em torno da possibilidade ou não das investigações criminais pelo Ministério Público, fato é que já há muito tempo, com respaldo jurídico nas decisões dos Tribunais Superiores do País, todos os Ministérios Públicos realizam constantemente investigações criminais, impedindo que seja proliferado o sentimento de impunidade que reina no seio social, principalmente quando há o envolvimento de políticos, funcionários públicos, incluindo policiais, criminosos que possuem poder econômico elevado, devolvendo, dessa forma, à sociedade brasileira a tranquilidade e a paz social tão abalada pela prática desenfreada de crimes, especialmente aqueles praticados por quem deveria oferecer a segurança púbica e os oriundos de desvio do dinheiro público.

6.1 A operação Lava Jato

A operação Lava Jato, com início e desenvolvida a partir de 2014, na Justiça Federal em Curitiba, é a *maior investigação de corrupção e lavagem de dinheiro* que o Brasil já teve.[136]

Nessa operação foram investigadas organizações criminosas lideradas por doleiros, que são operadores do mercado paralelo de câmbio, além de grandes empreiteiras organizadas em cartel que pagavam propina para altos executivos da estatal e outros agentes públicos.

Em resumo, foram investigados altos valores de propinas pagos em decorrência de contratos bilionários superfaturados, em que os subornos eram pagos por meio de operadores financeiros do esquema, incluindo doleiros investigados.

No curso das investigações foram desdobradas várias equipes de investigação no Ministério Público Federal. Foi formada uma *força-tarefa no MPF* no Paraná, designada em abril de 2014, formada por

---

[136] Sobre a investigação da Lava Jato conferir o site do MPF: http://www.mpf.mp.br/grandes-casos/caso-lava-jato/atuacao-na-1a-instancia/parana/linha-do-tempo. Acesso em: 23 jan. 2019.

procuradores da República que estão nos trabalhos de investigação na primeira instância da Justiça Federal do Paraná.

Ainda foi formado um *grupo de trabalho na Procuradoria-Geral da República*, por membros do Ministério Público Federal para auxiliar a Procuradoria-Geral da República na análise dos processos em trâmite no Supremo Tribunal Federal, para fins de investigação e acusação de deputados federais, senadores e outras autoridades, atuando de forma paralela à força-tarefa.

Foi também instituída uma *força-tarefa para atuar no STJ*, por meio do Conselho Superior do Ministério Público Federal (CSMPF), atendendo proposta da Câmara de Combate à Corrupção (5ª CCR) do MPF.

Para atuação junto ao *Tribunal Regional Federal da 4ª Região*, foi instituída a *força-tarefa* formada por seis procuradores regionais da República, para atuação tanto nas apelações criminais interpostas a partir das decisões da primeira instância da Justiça Federal quanto em mandados de segurança, exceções de impedimento e de suspeição.

Atuando em São Paulo, há uma *força tarefa do MPF*, formada por procuradores regionais da República e procuradores da República que atuam na primeira instância da Justiça Federal de São Paulo.

Embora a Operação Lava Jato tenha desdobramentos de investigações junto ao STF, a outros Estados da Federação, como Rio de Janeiro, bem como no Distrito Federal, vamos traçar a linha do tempo e dos fatos referentes às *Fases da Lava Jato junto ao Estado do Paraná*:

1ª Fase – 17.03.2014

Primeira operação deflagrada em março de 2014 – investigação apontou atuação de quatro doleiros que comandavam quatro núcleos que trocavam informações e práticas ilícitas entre si. Entre os presos, os quatro doleiros: Nelma Kodama, Raul Srour, Alberto Youssef e Carlos Habib Chater.

28 prisões
19 conduções coercitivas
81 buscas e apreensões

2ª Fase – 20.03.2014

Primeira prisão do ex-diretor de Abastecimento da Petrobras, Paulo Roberto Costa. Apreensão de Land Rover apontou intensa relação entre o engenheiro e o doleiro Alberto Youssef com interesse em diversos negócios ilícitos.

1 prisão
6 buscas e apreensões

3ª Fase – 11.04.2014

2 prisões
6 conduções coercitivas
15 buscas e apreensões

4ª Fase – 11.06.2014

Menos de um mês após ter sido solto, Paulo Roberto Costa é preso pela segunda vez na Lava Jato. A Força-Tarefa Lava Jato pediu a prisão após constatar risco de fuga devido à identificação de contas sob sua titularidade na Suíça com depósitos de até US$ 23 milhões.

5ª Fase – 01.07.2014

1 prisão
1 condução coercitiva
7 buscas e apreensões

6ª Fase – 02.09.2014

1 condução coercitiva
11 buscas e apreensões

7ª Fase: Juízo Final – 14.11.2014

Prisões dos primeiros empreiteiros e novos operadores do esquema de desvio de recursos da Petrobras. Na mesma operação foi decretado o bloqueio de aproximadamente R$ 720 milhões em bens pertencentes a 36 investigados.

27 prisões
9 conduções coercitivas
49 buscas e apreensões

8ª Fase – 14.01.2015

O ano de 2015 começou com a deflagração da oitava fase da operação. No dia 14 de janeiro, ocorreu a prisão do ex-diretor da Área Internacional da Petrobras, Nestor Cerveró, após constatação de transações financeiras suspeitas na tentativa de se desfazer de seu patrimônio, entre elas realizações de transações imobiliárias de forma subfaturada.

1 prisão
4 buscas e apreensões

10ª Fase:[137] Que País é esse? – 16.03.2015

Nessa fase é preso pela segunda vez o ex-diretor de Serviços da Petrobras, Renato de Souza Duque. Investigações apontaram a prática de crimes de associação criminosa, uso de documento falso, corrupção ativa e passiva, além de fraude em processo licitatório e lavagem de dinheiro.

6 prisões
12 buscas e apreensões

11ª Fase: A Origem – 10.04.2015

No mês de abril de 2015 ocorrem as primeiras prisões de ex-políticos dentro da Operação Lava Jato. Em sua décima fase, os investigadores cumpriram mandados de prisão contra os ex-deputados André Vargas, Pedro Corrêa e Luiz Argôlo. Investigação apontou que, além dos fatos ocorridos no âmbito da Petrobras, desvios de recursos também ocorreram em outros órgãos públicos federais.

7 prisões
9 conduções coercitivas
16 buscas e apreensões

---

[137] No site da operação Lava Jato do MPF não consta a 9ª Fase.

12ª Fase[138] – 15.06.2015

O ex-tesoureiro do Partido dos Trabalhadores (PT), João Vaccari Neto, é preso nessa fase, identificado como recebedor de vantagens ilícitas a partir de fraudes em contratos com a Petrobras.

2 prisões
1 condução coercitiva
1 busca e apreensão

14ª Fase: *Erga Omnes* – 19.06.2015

Duas grandes empreiteiras foram o alvo da deflagração da décima segunda fase. No dia 19 de junho, ocorreu a deflagração de operação que resultou na prisão de executivos das duas maiores empreiteiras do país: Odebrecht e Andrade Gutierrez. Entre os presos estão o presidente da Odebrecht, Marcelo Bahia Odebrecht, e o presidente da Andrade Gutierrez, Otávio Marques de Azevedo.

12 prisões
9 conduções coercitivas
38 buscas e apreensões

15ª Fase: Conexão Mônaco – 02.07.2015

Nessa fase é preso o ex-diretor da área internacional da estatal petrolífera, Jorge Luiz Zelada, que precedeu Nestor Cerveró no cargo, inclusive no recebimento de vantagens ilícitas.

1 prisão
4 buscas e apreensões

---

[138] No site da operação Lava Jato do MPF não consta a 13ª Fase.

16ª Fase: Radiotividade – 28.07.2015

Nessa data é deflagrada primeira operação para apurar os crimes formação de cartel e prévio ajustamento de licitações, além do pagamento de propina a empregados de outra empresa estatal, a Eletronuclear. Após decisão do STF o caso foi desmembrado e remetido à Justiça Federal do Rio de Janeiro.

2 prisões
5 conduções coercitivas
23 buscas e apreensões

17ª Fase: Pixuleco – 03.08.2015

O ex-ministro da Casa Civil, José Dirceu de Oliveira e Silva, é alvo dessa fase, junto com outros operadores do esquema de desvio de recursos da Petrobras. Mesmo cumprindo pena relacionada ao processo do Mensalão, foi identificado que o político continuava praticando crimes.

8 prisões
6 conduções coercitivas
26 buscas e apreensões

18ª Fase: Pixuleco II – 13.08.2015

Operação foi uma continuação da Pixuleco, e identificou pagamento de vantagem indevida e desvio de recursos envolvendo contratos de crédito consignado junto ao Ministério do Planejamento. Por decisão do STF o caso foi desmembrado e remetido à Justiça Federal de São Paulo.

1 prisão
10 buscas e apreensões

19ª Fase: *Nessum Dorma* – 21.09.2015

Operação deflagrada a partir dos avanços realizados nas investigações das fases 15ª, 16ª e 17ª e apontou que novos operadores intermediaram pagamentos de vantagens indevidas a agentes públicos e políticos no exterior, em decorrência de contratos celebrados na Diretoria Internacional da Petrobras.

20ª Fase: Corrosão – 16.11.2015

Fase deflagrada a pedido do MPF teve como objetivo buscar provas documentais sobre crimes cometidos dentro da Petrobras. Duas pessoas foram presas temporariamente, um operador financeiro e um ex-gerente executivo da estatal petrolífera.

2 prisões
2 conduções coercitivas
7 buscas e apreensões

21ª Fase: Passe Livre – 24.11.2015

Fase em que foi preso o pecuarista José Carlos Bumlai, e que investigou o pagamento de propina e fraude em licitações na contratação de navios-sonda pela Petrobras. Conforme foi apurado, ocorreram complexas medidas de engenharia financeira realizadas pelos investigados com o objetivo de ocultar a real destinação dos valores indevidos a agentes públicos e diretores da estatal.

1 prisão
6 conduções coercitivas
25 buscas e apreensões

22ª Fase: Triplo X – 27.01.2016

Nessa etapa verificou-se uma estrutura criminosa para proporcionar aos investigados a abertura de empresas *off-shore* e contas no exterior para ocultar e dissimular o produto de crimes de corrupção praticados no âmbito da Petrobras. Além disso, descobriu-se a ocultação de patrimônio através de um empreendimento imobiliário e levantaram-se suspeitas de que uma das empreiteiras valeu-se do negócio para repassar propina a agentes envolvidos do esquema criminoso.

6 prisões
2 conduções coercitivas
15 buscas e apreensões

23ª Fase: Acarajé – 22.02.2016

Medidas cautelares foram cumpridas em relação a três grupos: um empresarial responsável pelo pagamento de vantagens indevidas, um operador, que cuidava do repasse dos valores, e um núcleo recebedor. Nessa fase foram presos João Santana, marqueteiro político, e sua esposa, Mônica Moura, além do operador Zwi Skornicki e outros envolvidos no esquema.

8 prisões
5 conduções coercitivas
38 buscas e apreensões

24ª Fase: *Alethéia* – 04.03.2016

A Operação aprofundou a investigação de crimes de corrupção e lavagem de dinheiro oriundo de desvios de recursos da Petrobras, praticados por meio de pagamentos dissimulados feitos por José Carlos Bumlai e pelas construtoras OAS e Odebrecht a investigados na Lava Jato.

11 conduções coercitivas
33 buscas e apreensões

25ª Fase: Polimento – 21.03.2016

Primeira fase internacional da Operação Lava Jato, a partir da continuidade às investigações de crimes de corrupção e lavagem de dinheiro de recursos oriundos da Petrobras. O empresário Raul Schmidt Felipe Junior foi preso em Portugal, numa atuação conjunta entre autoridades brasileiras e portuguesas.

1 prisão

26ª Fase: Xepa – 22.03.2016

Desdobramento da 23ª fase, a investigação apontou que um dos grupos empresariais envolvidos nos desvios da Petrobras possuía um esquema de contabilidade paralela, destinado ao pagamento de vantagens indevidas a terceiros, vários deles com vínculos diretos ou indiretos com o poder público em diversas esferas.

15 prisões
28 conduções coercitivas
67 buscas e apreensões

27ª Fase: Carbono 14 – 01.04.2016

Nessa operação foram presos Ronan Maria Pinto, dono do Diário do ABC e empresário do setor de transportes, além de Silvio Pereira, ex-secretário do PT. Conforme as investigações, Ronan teria recebido R$ 6 milhões dos R$ 12 milhões obtidos em negócios que envolvem a Petrobras e o Banco Schahin.

2 prisões
2 conduções coercitivas
8 buscas e apreensões

28ª Fase: Vitória de Pirro – 12.04.2016

Investigações apontaram a existência de fortes indícios de que o ex-senador Gim Argello teria atuado de forma incisiva para evitar a convocação de empreiteiros para prestarem depoimento em duas Comissões Parlamentares de Inquérito (CPIs) no ano de 2014. Ele teria cobrado pagamentos indevidos travestidos de doações eleitorais oficiais em favor de partidos de sua base de sustentação.

3 prisões
5 conduções coercitivas
14 buscas e apreensões

29ª Fase: Repescagem – 23.05.2016

Operação prendeu João Claudio Genu, ex-assessor do ex-deputado federal José Janene e tesoureiro do Partido Progressista (PP) que, mesmo já tendo sido condenado no Supremo Tribunal Federal no julgamento do caso Mensalão, continuou recebendo repasses mensais de propina por meio do esquema da Petrobras.

3 prisões
6 buscas e apreensões

30ª Fase: Vício – 24.05.2016

Essa fase apurou a atuação de três grupos de empresas que teriam utilizado operadores e contratos fictícios de prestação de serviços para repassar recursos às diretorias de Serviço e Abastecimento da Petrobras. Também foram cumpridos mandados para apurar pagamentos indevidos a um executivo da Área Internacional da estatal, em contratos firmados para aquisição de navios-sonda.

2 prisões
28 conduções coercitivas
9 buscas e apreensões

31ª Fase: Abismo – 04.07.2016

Operação foi deflagrada para obtenção de provas adicionais de crimes de organização criminosa, cartel, fraudes licitatórias, corrupção e lavagem de dinheiro oriundo de contratos da Petrobras, em especial do contrato celebrado pelo Consórcio Novo Cenpes para construção do Centro de Pesquisas e Desenvolvimento Leopoldo Américo Miguez de Mello, no Rio de Janeiro.

5 prisões
7 conduções coercitivas
23 buscas e apreensões

32ª Fase: Caça Fantasma – 07.07.2016

Nessa fase foram cumpridas medidas cautelares para obter provas adicionais da atuação de organização criminosa internacional. Essa organização praticou crimes financeiros ao operar, no Brasil, sem autorização, o banco panamenho FPB, e usou os serviços da Mossak Fonseca para constituir *offshores* a clientes e ocultar a propriedade dos recursos.

7 conduções coercitivas
10 buscas e apreensões

33ª Fase: 02.08.2016

Investigações indicam que empresários da Queiroz Galvão pagaram valores indevidos em favor de altos funcionários das diretorias de Serviço e Abastecimento da Petrobras. Indícios também apontam pagamento de pelo menos R$ 10 milhões em propinas para evitar que as apurações da CPI de 2009 tivessem sucesso.

3 prisões
6 conduções coercitivas
23 buscas e apreensões

34ª Fase: Arquivo X – 22.09.2016

Alvos dessa fase foram as empresas Mendes Junior e OSX Construção Naval S/A além de executivos envolvidos na contratação das plataformas P-67 e P-70 da Petrobras. Ex-ministro da Fazenda, Guido Mantega, também foi detido mas teve a prisão revogada.

8 prisões
8 conduções coercitivas
33 buscas e apreensões

35ª Fase: Omertã – 26.09.2016

Nova etapa deflagrada prendeu ex-ministro da Casa Civil e da Fazenda, Antônio Palocci, para aprofundar apuração sobre recebimento de propinas. Investigação analisou celulares *e-mails* e arquivos eletrônicos relacionados a executivos da Odebrecht que atuavam no Setor de Operações Estruturadas que existiu na empreiteira.

3 prisões
15 conduções coercitivas
27 buscas e apreensões

36ª Fase: Dragão – 10.11.2016

A pedido da força-tarefa Lava Jato do Ministério Público Federal no Paraná (MPF-PR) são cumpridos nesta quinta-feira, 10 de novembro, mandados de prisão e de busca e apreensão com o objetivo de apreender documentos e outras provas relacionadas à atuação criminosa de Adir Assad e Rodrigo Tacla Duran, operadores financeiros.

2 prisões
18 buscas e apreensões

37ª Fase: Calicute – 17.11.2016

Em ação coordenada entre as forças-tarefas do Ministério Público Federal (MPF) da Operação Lava Jato no Rio de Janeiro e Curitiba, em conjunto com a Polícia Federal e a Receita Federal, foi desencadeada na quinta-feira, 17 de novembro, a Operação Calicute. O objetivo é aprofundar investigações sobre organização criminosa chefiada pelo ex-governador Sérgio Cabral.

3 prisões
14 buscas e apreensões

38ª Fase: Blackout – 23.02.2017

A Operação cumpriu 16 mandados de busca e apreensão e 2 mandados de prisão preventiva no Estado do Rio de Janeiro/RJ. Os investigados responderão pela prática dos crimes de corrupção, fraude em licitações, evasão de divisas, lavagem de dinheiro dentre outros. A ação policial tem como alvo principal a atuação de operadores financeiros identificados como facilitadores na movimentação de recursos indevidos pagos a integrantes das diretorias da Petrobras.

2 prisões
16 buscas e apreensões

39ª Fase: Paralelo – 28.03.2017

Essa fase evidencia a sofisticação dos esquemas de lavagem de dinheiro utilizados para o pagamento de propina decorrente de contratos da Petrobras. Com reforço especial de provas obtidas por meio de cooperação com autoridades suíças, foram expedidos um mandado de prisão preventiva e cinco mandados de busca e apreensão para cumprimento no Rio de Janeiro. Os alvos dessa fase são o ex-gerente executivo da estatal petrolífera, Roberto Gonçalves, e pessoas físicas e jurídicas ligadas à corretora de valores Advalor Distribuidora de Títulos e Valores Mobiliários Ltda. (Advalor).

1 prisão
5 buscas e apreensões

40ª Fase: Asfixia – 04.05.2017

A Polícia Federal, a pedido da força-tarefa do Ministério Público Federal no Paraná (MPF/PR), cumpriu mandados de prisão preventiva, temporária, buscas e apreensão e condução coercitiva em nova fase da Operação da Lava Jato. O foco são três ex-gerentes da área de Gás e Energia da Petrobras, suspeitos de receberem mais de R$ 100 milhões em propinas de empreiteiras que eram contratadas pela estatal, além de operadores financeiros que utilizaram empresas de fachada para intermediar propina. São investigados crimes de fraude à licitação, corrupção, lavagem de dinheiro e evasão de divisas em mais de uma dezena de licitações de grande porte da Petrobras que foram fraudadas pelo grupo criminoso.

4 prisões
5 conduções coercitivas
16 buscas e apreensões

41ª Fase: Poço Seco – 26.05.2017

Polícia Federal (PF) cumpre mandados da 41ª fase da Operação Java Jato em Brasília, Rio de Janeiro e São Paulo na manhã da sexta-feira (26). A operação foi batizada de "Poço Seco". Foram expedidos 13 mandados judiciais, sendo oito de busca e apreensão, um de prisão preventiva, um de prisão temporária e três mandados de condução coercitiva, que é quando a pessoa é levada para prestar depoimento. De acordo com o Ministério Público Federal (MPF), os focos principais da operação são um ex-gerente da área internacional e um ex-banqueiro, suspeitos de terem recebido mais de US$ 5,5 milhões em propinas da empresa Companie Beninoise des Hydrocarbures SARL (CBH).

2 prisões
3 conduções coercitivas
8 buscas e apreensões

42ª Fase – Cobra – 27.07.2017

O ex-presidente do Banco do Brasil e da Petrobras, Aldemir Bendine, é preso na operação deflagrada pela PF a pedido do MPF/PR. Bendine é suspeito de receber R$ 3 milhões da Odebrecht para favorecer a empresa em contratos junto a estatal petrolífera. PF prendeu outras duas pessoas, suspeitas de operar a propina para Bendine: os irmãos André Gustavo Vieira da Silva e Antônio Carlos Vieira da Silva Junior.

3 prisões
11 buscas e apreensões

43ª e 44ª Fases: Sem fronteiras e Abate – 18.08.2017

Em novas fases da operação Lava Jato, deflagradas nesta sexta-feira (18), são cumpridos mandados de busca e apreensão, condução coercitiva e prisões temporárias decorrentes de duas investigações envolvendo corrupção de empresas estrangeiras na Petrobras. A primeira é referente à facilitação da contratação de armadores gregos para o fretamento de navios, tendo como contrapartida o pagamento de vantagens indevidas aos envolvidos; e a segunda relativa à contratação do fornecimento de asfalto pela empresa estrangeira Sargeant Marine à estatal petrolífera, mediante o pagamento de propinas a funcionários públicos e agentes políticos.

6 prisões (3 prisões cumpridas, 2 em suspenso porque alvos estão no exterior e 1 mandado revogado)
11 conduções coercitivas
29 buscas e apreensões

45ª Fase: Abate II – 23.08.2017

Em nova fase da operação Lava Jato, foram cumpridos quatro mandados de busca e apreensão decorrentes do aprofundamento das investigações da 44ª fase da operação, envolvendo corrupção de empresas estrangeiras na Petrobras. Investiga-se a atuação de outros envolvidos na contratação, mediante o pagamento de propinas a funcionários públicos e agentes políticos, do fornecimento de asfalto pela empresa estrangeira Sargeant Marine.

4 buscas e apreensões

46ª Fase – 20.10.2017

A pedido do MPF/PR a Polícia Federal deflagrou a 46ª fase da Lava Jato em Curitiba no dia 20 de outubro. Com o aprofundamento das investigações, revelou-se a prática de crimes de corrupção e de lavagem de dinheiro em contratos firmados pela empreiteira Odebrecht com a Petroquímica Suape e com a Citepe, ligadas à Petroquisa, um braço petroquímico da Petrobras. Pagamento de propinas no exterior ultrapassa R$ 32 milhões; pagamentos sob investigação foram feitos entre 2008 e 2014.

1 prisão preventiva
1 prisão temporária
1 condução coercitiva
4 buscas e apreensões

47ª Fase: *Sothis* – 21.11.2017

Operação teve como alvo o ex-gerente da Transpetro, José Antonio de Jesus. Ele e seus familiares são suspeitos de negociar o recebimento de R$ 7 milhões em propinas pagas pela empresa NM Engenharia, em troca de ser favorecida em contratos com a subsidiária da Petrobras. O valor, conforme o MPF, foi pago mensalmente em benefício do Partido dos Trabalhadores (PT) e recebido entre setembro de 2009 e março de 2014.

1 prisão temporária
5 conduções coercitivas
8 buscas e apreensões

48ª Fase: Integração – 22.02.2018

Os alvos dessa fase da Operação Lava Jato são servidores públicos e empresas investigadas por corrupção, lavagem de dinheiro, associação criminosa e peculato, suspeitos de participar de um esquema de fraude na gestão das concessões rodoviárias federais no Estado do Paraná. As diligências ocorrem nos municípios de Londrina, Curitiba, Jataizinho, Paranavaí, Balneário Camboriú, Rio de Janeiro e São Paulo.

6 prisões temporárias
55 buscas e apreensões

49ª Fase: *Buona Fortuna* – 09.03.2018

A operação deflagrada nesta data foi para cumprir 10 mandados de busca e apreensão em Curitiba, São Paulo, Guarujá (SP) e Jundiaí (SP). As investigações apontam o pagamento de propina no valor de R$ 135 milhões em obras que envolveram a construção da Usina de Belo Monte, no Pará. Entre os alvos de mandados de busca e apreensão estão a casa e o escritório de Antônio Delfim Netto, ex-ministro da Fazenda, da Agricultura e do Planejamento e ex-deputado federal.

9 buscas e apreensões

50ª Fase: *Sothis II* – 22.03.2018

A partir de pedidos formulados pelo Ministério Público Federal (MPF), a Polícia Federal cumpriu três mandados de busca e apreensão durante a 50ª fase da operação Lava Jato, batizada de Sothis II. As medidas estão sendo cumpridas nos estados de São Paulo e Bahia, e são um complemento da 47ª fase, deflagrada em novembro do ano passado. Um dos focos da investigação é a empresa do ramo de engenharia Meta Manutenção e Instalações Industriais Ltda., suspeita de efetuar pagamentos de propinas que totalizaram a quantia de R$2.325.000,00 em benefício do ex-gerente da Transpetro, José Antônio de Jesus, que se encontra atualmente cumprindo prisão preventiva em Curitiba.

3 buscas e apreensões

51ª Fase: *Deja Vu* – 08.05.2018

Além de diversos mandados de busca e apreensão, também são cumpridos quatro mandados de prisão preventiva e dois de prisão temporária contra três ex-funcionários da Petrobras e três operadores financeiros. Um dos operadores se apresentava como intermediário de valores destinados a políticos vinculados ao então Partido do Movimento Democrático Brasileiro (PMDB). As investigações apontaram pagamento de propina que se estendeu de 2010 até pelo menos o ano de 2012 e superou o montante de US$ 56,5 milhões, equivalentes atualmente a cerca de R$ 200 milhões. Essas vantagens indevidas relacionam-se à obtenção fraudulenta de contrato de mais de US$ 825 milhões, firmado em 2010 pela Petrobras com a construtora Norberto Odebrecht.

6 prisões
17 buscas e apreensões

52ª Fase: *Greenwich* – 21.06.2018

A pedido da força-tarefa Lava Jato do MPF/PR, foram cumpridos na quinta-feira, 21 de junho, nove mandados de busca e apreensão, um mandado de prisão preventiva e um mandado de prisão temporária. As medidas estão relacionadas com a investigação de crimes de corrupção e de lavagem de dinheiro que envolvem o ex-diretor da Petroquisa, Djalma Rodrigues de Souza, e seus familiares. Com o aprofundamento das investigações decorrentes da 46ª fase da Lava Jato, deflagrada em outubro de 2017, foram encontrados indícios de envolvimento de outros agentes nos crimes praticados por Djalma Rodrigues, incluindo integrantes de sua família.

2 prisões
9 buscas e apreensões

53ª Fase: Piloto – 11.09.2018

O objetivo desta fase é aprofundar investigações sobre a prática de crimes de corrupção, lavagem de dinheiro e fraude à licitação referente à duplicação da PR-323, favorecendo a empresa Odebrecht. Conforme apontaram as investigações e a denúncia recentemente oferecida pelo MPF, empresários do grupo Odebrecht realizaram, no primeiro semestre de 2014, um acerto de subornos com o ex-chefe de gabinete do ex-governador Beto Richa, para que este limitasse a concorrência da licitação para duplicação da PR-323, entre os municípios de Francisco Alves e Maringá. Em contrapartida, a Odebrecht pagaria R$ 4 milhões a ele e ao seu grupo.

3 prisões
32 buscas e apreensões

54ª Fase: Conexão Lisboa – 25.09.2018

A partir de um pedido de cooperação internacional feito pelo Ministério Público Federal, foi realizada a segunda etapa da Lava Jato no exterior. A fase foi deflagrada para cumprir mandados de busca e apreensão em endereços ligados ao operador financeiro Mario Ildeu de Miranda, que já tinha sido alvo da 51ª fase da operação, realizada no dia 8 de maio. Investigações revelaram o pagamento de propina superior a US$ 56,5 milhões entre 2010 e 2012 pela Odebrecht, com o auxílio de Miranda.

5 buscas e apreensões

55ª Fase: Integração II – 26.09.2018

Fase foi deflagrada para aprofundar as investigações sobre a prática de crimes de corrupção, lavagem de dinheiro, sonegação fiscal, estelionato e peculato em esquema relacionado à administração das rodovias federais no Paraná. Os alvos das medidas são as seis concessionárias que administram o Anel de Integração do Paraná: Econorte, Ecovia, Ecocataratas, Rodonorte, Viapar e Caminhos do Paraná, além de intermediadores e agentes públicos corrompidos, beneficiários do esquema.

19 prisões
73 buscas e apreensões

Apesar da grandiosidade dessa investigação até agora demonstrada, certo é que as investigações ainda continuam tanto na primeira instância como nos Tribunais Superiores.

Fonte: http://www.mpf.mp.br/grandes-casos/caso-lava-jato/entenda-o-caso.

A operação Lava Jato foi resultado de uma operação em conjunto, um trabalho integrado entre o Ministério Público Federal e a Polícia Federal.

Outros órgãos também trabalharam junto ao Ministério Público Federal para que a investigação obtivesse resultados positivos e expressivos. Mediante demanda do Ministério Público, auditores da receita federal analisaram diversos dados, possibilitando aos membros do Ministério Público um mapa do fluxo da propina e da movimentação do dinheiro suspeito. Ainda o Conselho de Controle das Atividades Financeiras (COAF) prestou informações sobre as movimentações financeiras suspeitas e atípicas, contribuindo, assim, para um efetivo direcionamento na condução dos trabalhos investigativos.

Ainda a Controladoria-Geral da União (CGU) e o Conselho Administrativo de Defesa Econômica (CADE) contribuíram com a análise de dados e a proteção aos colaboradores.

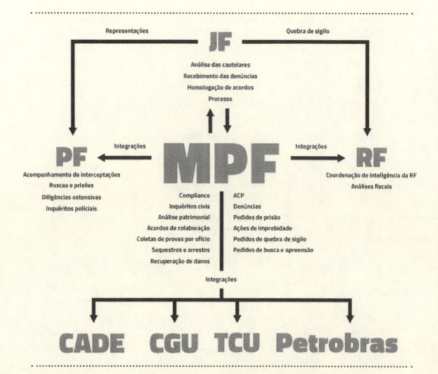

Fonte: http://www.mpf.mp.br/grandes-casos/caso-lava-jato/entenda-o-caso.

O Departamento de Recuperação de Ativos e Cooperação Jurídica Internacional (DRCI), trabalho conjunto com a Secretaria de Cooperação Jurídica (SCI) do Ministério Público Federal, promoveu o encaminhamento e o recebimento de pedidos de cooperação jurídica internacional, bem como as tratativas com autoridades estrangeiras.

A Petrobras, uma das vítimas, também colaborou com o envio de documentos e informações ao Ministério Público.

É certo que os órgãos de persecução criminal encontram dificuldades em investigações que envolvam crimes de corrupção e de lavagem de dinheiro, haja vista a complexidade e a sofisticação dos esquemas criminosos.

As técnicas de investigações utilizadas nesse caso, aliadas à formação de equipes em conjunto com a polícia federal, poderão proporcionar um resultado efetivo nessa operação, promovendo assim, a já histórica devolução da quantia de R$ 10 bilhões de reais aos cofres públicos.

O Ministério Público modernizou técnicas de investigações, criando sistemas próprios e específicos para análises de quebras de sigilos fiscais, telemáticos, telefônicos e bancários, aliados ainda aos acordos de leniência e de colaboração premiada que possibilitaram os investigadores a conhecerem o esquema criminoso.

Ainda a cooperação internacional alcançada pela Lava Jato obteve mais de 279 pedidos, entre ativos (176) e passivos (103), em torno de 40 países.

Fonte: http://www.oas.org/juridico/PDFs/mesicic5_br_29_beunaspr_lavjato.pdf. Acesso em 01/02/2019.

Fonte: http://www.oas.org/juridico/PDFs/mesicic5_br_29_beunaspr_lavjato.pdf. Acesso em: 01 fev.2019.

Como resultado das investigações realizadas pela Operação Lava Jato, até a data de 15 de outubro de 2018:

RESULTADOS DA OPERAÇÃO LAVA JATO

2.476 PROCEDIMENTOS INSTAURADOS

**1.237 MANDADOS DE BUSCAS E APREENSÕES,
227 MANDADOS DE CONDUÇÕES COERCITIVAS,
161 MANDADOS DE PRISÕES PREVENTIVAS,
155 MANDADOS DE PRISÕES TEMPORÁRIAS E
6 PRISÕES EM FLAGRANTE**

754 PEDIDOS DE COOPERAÇÃO INTERNACIONAL, SENDO 334 PEDIDOS ATIVOS PARA 45 PAÍSES E 420 PEDIDOS PASSIVOS COM 36 PAÍSES

184 ACORDOS DE COLABORAÇÃO PREMIADA **FIRMADOS COM PESSOAS FÍSICAS**

11 ACORDOS DE LENIÊNCIA E
1 TERMO DE AJUSTAMENTO DE CONDUTA

99 ACUSAÇÕES CRIMINAIS
CONTRA 438 PESSOAS (SEM REPETIÇÃO DE NOME), SENDO QUE EM 50 JÁ HOUVE SENTENÇA, **PELOS SEGUINTES CRIMES:**
- CORRUPÇÃO
- CRIMES CONTRA O SISTEMA FINANCEIRO INTERNACIONAL
- TRÁFICO TRANSNACIONAL DE DROGAS
- FORMAÇÃO DE ORGANIZAÇÃO CRIMINOSA
- LAVAGEM DE ATIVOS, ENTRE OUTROS

ATÉ O MOMENTO SÃO 244 CONDENAÇÕES CONTRA 159 PESSOAS, CONTABILIZANDO 2.249 ANOS, 4 MESES E 25 DIAS DE PENA

10 ACUSAÇÕES DE IMPROBIDADE ADMINISTRATIVA **CONTRA 63 PESSOAS FÍSICAS,** 18 EMPRESAS E 3 PARTIDOS POLÍTICOS PEDINDO O PAGAMENTO DE R$ 18,3 BILHÕES

VALOR TOTAL DO RESSARCIMENTO PEDIDO (INCLUINDO MULTAS): R$ 40,3 BILHÕES

OS CRIMES JÁ DENUNCIADOS ENVOLVEM PAGAMENTO **DE PROPINA DE CERCA DE R$ 6,4 BILHÕES** R$ 13 BILHÕES **SÃO ALVO DE RECUPERAÇÃO POR ACORDOS DE COLABORAÇÃO,** SENDO R$ 846,2 MILHÕES OBJETO DE REPATRIAÇÃO R$ 3,2 BILHÕES EM BENS DOS RÉUS JÁ BLOQUEADOS

dados atualizados até 5 de julho de 2019

Fonte: http://www.mpf.mp.br/para-o-cidadao/caso-lava-jato/atuacao-na-1a-instancia/parana/resultado.

A Operação Lava Jato demonstra, além da capacidade técnica, a importância do Ministério Público na investigação criminal, apresentando resultados que asseguram o fortalecimento da democracia existente no País e registrando a importância do Ministério Público no combate à corrupção.

6.2 Ministério Público do Estado de São Paulo

Seguem algumas notícias do Ministério Público de São Paulo:

Dez presos por fraude na venda de álcool[139]
Operação investiga esquema de sonegação de ICMS de mais de R$ 200 milhões, que envolve empresários do setor e funcionário da Cosan
18 de agosto de 2010 | 0h 00

O Estado de S.Paulo
A Polícia Federal e o Ministério Público de São Paulo desencadearam ontem a Operação Anhanguera – investigação sobre suposto esquema de sonegação de ICMS por fraudes na compra e venda de álcool. Segundo a PF, a fraude fiscal supera R$ 200 milhões. Os fraudadores negociavam 1 milhão de litros por mês. A PF prendeu dez suspeitos, entre empresários do setor, laranjas e um funcionário da Cosan.

As detenções ocorreram em seis municípios de São Paulo – Campinas, Piracicaba, Tietê, Charqueada, Torrinha e Embu. Foram cumpridos 17 mandados de busca e apreensão no Rio Grande do Sul e 8 no interior de São Paulo. Um dos alvos da investigação é Luiz Carlos Polli, que trabalha há 15 anos na Cosan. Segundo a PF, ele falsificava notas fiscais. O golpe consistia em gerar créditos do ICMS.

Embora se tratasse de álcool neutro 96%, Polli lançava na nota de saída produto de baixo teor que conta com o benefício tributário do diferimento – o recolhimento do imposto não é realizado na saída da empresa mas depois, quando a distribuidora revende o produto.

A Operação Anhanguera mobilizou cem agentes federais. Gilmar Antonio Marcello é apontado como líder e mentor da organização criminosa.

No Rio Grande do Sul ficam os principais clientes do esquema, segundo a PF. Dos 18 mandados de busca executados em Caxias e em Canoas, 15 tinham como alvo empresas de bebidas e vinícolas. Foram apreendidos caminhões e automóveis, além de computadores com arquivos de anotações contábeis.

---

[139] Conferir no site: http://www.estadao.com.br/noticias/impresso,dez-presos-por-fraude-na-venda-de-alcool,596517,0.htm. Acesso em: 30 maio 2012.

O promotor de Justiça Rogério Sanches Cunha, coordenador da Anhanguera, apurou que a organização não efetuava pagamento do tributo. "Uma empresa produzia álcool de alto teor e o vendia como se fosse de baixo teor para a indústria de bebidas no Sul."

O promotor abriu investigação em janeiro quando análise feita pela Inteligência das Secretarias de Fazenda de São Paulo e do Rio Grande do Sul identificou a fraude. Uma força-tarefa foi constituída pela PF, Ministério Público Estadual, Secretaria da Fazenda e Procuradoria-Geral do Estado (PGE) de São Paulo.

Cunha integra o Grupo de Atuação Especial de Combate ao Crime Organizado, braço do Ministério Público paulista. A força-tarefa investiga a ligação de diretores de uma grande produtora de álcool com a organização. Segundo a PGE, os débitos em dívida ativa poderão ser recuperados – R$ 220 milhões em ICMS sonegados e multas.

Laranjas. A Secretaria da Fazenda efetuou recentemente inspeção em empresas citadas na investigação. Nessas empresas controladas pela organização, que fazem intermediação das operações entre vendedoras e compradoras de álcool, já foram lavrados autos de infração exigindo o ICMS, em valores atualizados, de R$ 122, 2 milhões.

O principal artifício empregado pelos fraudadores consistia na utilização de empresas-ponte ou intermediárias formadas por sócios interpostos ou laranjas. Em um dos casos, a organização usou o nome de um morto para ocultar a identidade da usina fornecedora do álcool hidratado, descrito nos documentos fiscais como destilado alcoólico, em operações aparentemente não oneradas pelo imposto.

Segundo a PF, na fraude apurada a empresa que comprava o álcool para incorporar ao seu produto simplesmente o vendia a empresas no Rio Grande do Sul, que se beneficiavam do crédito do ICMS. Os sócios dessas empresas adquiriam o álcool como se fosse insumo para a fabricação de bebidas, mas o produto era de fato álcool combustível, com teor de 96%, "apto a ser utilizado para fins carburantes".

A PF informou que a empresa vendedora, em São Paulo, devedora do ICMS, "desaparecia sem pagar o tributo e esse mesmo papel passava a ser desempenhado por outras empresas abertas para esse fim". Pelo menos cinco caminhões-tanque eram diariamente carregados na usina fornecedora. A PF estima que a quadrilha atuava desde 2005. O delegado da PF em Campinas, Sebastião Augusto de Camargo Pujol, disse que o grupo teria criado uma moeda escritural que era repassada na cadeia de compra e venda de álcool. "É uma técnica bastante sofisticada."

Vítima. A Cosan se diz vítima das supostas fraudes arquitetadas por Luiz Carlos Polli. / Tatiana Fávero, Bruno Tavares e Fausto Macedo.

Guardas fariam parte de grupo de extermínio em SP[140]
30 de março de 2012 | 19h 10
Tatiana Fávaro – *Agência Estado*

Três guardas municipais e um investigador de polícia foram presos em Amparo e Santo Antônio de Posse, região de Campinas, interior de São Paulo, suspeitos de integrarem um grupo de extermínio. As prisões ocorreram na madrugada desta sexta-feira durante operação conjunta da Corregedoria da Polícia Civil, Grupo de Atuação Especial de Combate ao Crime Organizado (Gaeco) do Ministério Público de São Paulo e Grupo Armado de Repressão a Roubos e Assaltos (Garra) da Polícia Civil.

Segundo informou o Ministério Público, por meio de assessoria de imprensa, os quatro homens, que não tiveram seus nomes divulgados até a tarde desta sexta-feira, são suspeitos de envolvimento em um grupo que seria responsável pelo homicídio de um traficante de Amparo em fevereiro.

Nem a polícia nem o Gaeco informaram quantos mandados de prisão e de busca e apreensão foram e ainda serão cumpridos, mas informaram que durante a madrugada também foram apreendidas armas, munições e computadores nas duas cidades. Por meio da assessoria de imprensa da Secretaria do Estado da Segurança Pública, a Corregedoria informou que não divulga detalhes da operação para não atrapalhar as investigações.

A Prefeitura de Amparo, cidade na qual foram presos dois guardas e um investigador, informou que a Guarda Municipal instaurou sindicância para apurar o comportamento de seus integrantes detidos e, se houver provas de má conduta, serão tomadas as providências cabíveis. A reportagem não conseguiu contato com o comando da Guarda Municipal de Santo Antônio de Posse, onde um integrante da corporação foi detido.

NOTA À IMPRENSA
Investigações do MP sobre o servidor público Hussain Aref Saab[141]

Com relação a supostas irregularidades cometidas pelo servidor público do Município de São Paulo Hussain Aref Saab, diretor do APROV-G, o Ministério Público esclarece que as atividades do servidor vêm sendo apuradas pela Promotoria de Justiça do Patrimônio Público e Social, pela Promotoria de Justiça de Habitação e Urbanismo, e pelo Grupo de Atuação Especial de Combate ao Crime Organizado (GAECO).

---

[140] Conferir no site: http://www.estadao.com.br/noticias/geral,guardas-fariam-parte-de-grupo-de-exterminio-em-sp,855624,0.htm. Acesso em: 06 jun. 2012.

[141] Conferir no site:http://www.mp.sp.gov.br/portal/page/portal/noticias/publicacao_noticias/2012/maio_2012/C00681933155A0DEE040A8C0DD013C91. Acesso em: 06 jun. 2012.

O trabalho do Ministério Público foi originário de fraudes em processos de outorga onerosa para aumento do potencial construtivo na Capital, com envolvimento de construtoras, que teriam participado e se beneficiado de esquema fraudulento. As guias para pagamento do tributo, de responsabilidade das construtoras, eram fraudadas na autenticação bancária, em razão de que constava o pagamento, mas, na verdade, o dinheiro não era recolhido aos cofres públicos. Segundo o apurado pelo MP, o prejuízo causado com a fraude, inicialmente estimado em R$ 30 milhões, hoje já supera R$ 70 milhões.

Essa investigação, feita pelo GAECO, em conjunto com a Corregedoria-Geral do Município, iniciada no primeiro semestre de 2011, gerou o oferecimento de denúncia criminal (acusação formal) à Justiça em face de 20 empresários e outras pessoas envolvidas com o esquema. A denúncia – oferecida no dia 14 de setembro de 2011 – foi recebida pela Justiça, que decretou a prisão preventiva de todos os envolvidos que, depois, obtiveram o benefício da liberdade provisória em *habeas corpus* perante o Tribunal de Justiça. Esta ação penal encontra-se em fase de instrução na 1ª Vara Criminal da Capital, sob segredo de Justiça.

Esse procedimento desencadeou outras investigações do GAECO, iniciadas em outubro do ano passado, para apurar eventual participação de funcionários públicos no esquema, além do envolvimento de empresários de outras construtoras beneficiárias. Essas investigações ainda estão em andamento.

Em outra frente, o Ministério Público está investigando, por meio da Promotoria de Justiça do Patrimônio Público, lesão ao patrimônio público municipal, decorrente do esquema, além de eventual participação de servidores públicos, para verificação de eventual prática de ato de improbidade administrativa e necessidade de reparação de danos ao erário. Essa investigação, instaurada no segundo semestre de 2011, continua em andamento.

Também na Promotoria de Patrimônio Público foi distribuído, nesta segunda-feira (14), procedimento para apuração de enriquecimento ilícito por parte do servidor público Hussain Aref Saab, com base em documentos sigilosos existentes nos autos do procedimento anterior, que forneciam informações patrimoniais do diretor do APROV-G, além de informações jornalísticas publicadas recentemente.

As investigações reúnem documentos de caráter sigiloso, o que impossibilita o fornecimento de maiores detalhes no momento. Outras frentes de investigação podem ser abertas, dependendo da necessidade de apuração de fatos conexos.

A Promotoria de Justiça de Habitação e Urbanismo, por sua vez, tem duas ações propostas contra Hussain Aref Saab em primeira instância. São ações de improbidade administrativa propostas em 2009 por aprovações irregulares ocorridas em 2004, por parte da Câmara Técnica de Legislação

Urbana (CTLU), órgão colegiado secretariado por Aref. Uma delas, em tramitação na 2ª Vara da Fazenda Pública, envolve a realização do evento Casa Cor de 2004, que teria sido aprovado com ofensa à legislação de zoneamento, porque foi realizado em zona residencial. Esta ação tem mais duas dezenas de réus, entre eles o ex-secretário municipal de Planejamento Jorge Wilhein, da gestão Marta Suplicy.

A outra ação, na qual Aref é réu juntamente com outros 17 integrantes da CTLU, questiona a legalidade da construção de um edifício de alto padrão pela Lindencorp Empreendimentos Ltda., na rua Tutoia, e foi ajuizada na 8ª Vara da Fazenda Pública, após a conclusão de inquérito civil instaurado por provocação da Ouvidoria-Geral do Município, denunciando as irregularidades. Nas duas ações a Promotoria pede condenação de Aref nas penas máximas, que vão desde a perda dos direitos políticos ao pagamento de indenização. As ações estão em fase de citação dos réus, para que ofereçam contestação.

6.3 Ministério Público do Estado de Minas Gerais

No Ministério Público de Minas Gerais:

Operação Laranja Lima levou oito pessoas à prisão[142]
09 de agosto de 2011
Foram cumpridos mandados em Minas e São Paulo. Os prejuízos em Minas, já autuados, estão na ordem de R$ 40 milhões.

A Operação Laranja Lima, realizada hoje, 9 de agosto, pelos Ministérios Públicos, Secretarias de Estado de Fazenda e Polícias Civil e Militar de Minas Gerais e de São Paulo, levou oito pessoas à prisão. O objetivo foi desarticular uma quadrilha especializada na sonegação de tributos

---

[142] Conferir no site: http://www.mp.mg.gov.br/portal/public/noticia/index/id/27586. Acesso em: 28 maio 2012.

relativos à comercialização de açúcar. Ainda há mandados a serem cumpridos, sendo que dois empresários considerados os principais membros da organização criminosa já são considerados foragidos.

Em Minas Gerais estão sendo cumpridos mandados de busca e apreensão em 15 endereços, sendo nove empresas e seis residências, e 13 ordens de prisão. Quatro pessoas foram presas. Em São Paulo também houve quatro prisões e estão sendo cumpridos mandados de busca e apreensão em oito empresas, três residências e um escritório contábil.

O esquema fraudulento gerou, em Minas Gerais, prejuízos já autuados e julgados da ordem de R$ 40 milhões. Em São Paulo, somente em 2010, R$ 93 milhões em operações de saídas deixaram de ser declarados, o que representa cerca de R$ 10 milhões em Imposto sobre Circulação de Mercadorias e Serviços (ICMS).

Participaram da operação em Minas Gerais dois promotores de Justiça, cerca de 60 policiais civis e militares e 65 fiscais da Receita Estadual. O Ministério Público de Minas Gerais participou por meio do Centro de Apoio Operacional das Promotorias de Justiça de Defesa da Ordem Econômica e Tributária (Caoet) e pela Promotoria de Justiça de Contagem.

Investigações

As investigações tiveram início em de São Paulo a partir de levantamentos realizados na Assistência de Inteligência Fiscal da Secretaria de Estado de Fazenda de São Paulo (Sefaz/SP). Apurou-se a existência de um esquema fraudulento de distribuição interestadual de açúcar, que teria causado um prejuízo milionário aos erários de São Paulo e Minas Gerais. O relatório produzido pela Sefaz/SP foi encaminhado ao promotor de Justiça de Ribeirão Preto Flávio Okamoto, integrante do núcleo regional do Grupo de Atuação Especial no Combate ao Crime Organizado (Gaeco). Como o esquema possui ramificações em Minas Gerais, o relatório foi encaminhado à Polícia Civil, ao Ministério Público de Minas Gerais (MPMG) e à Secretaria de Estado de Fazenda de Minas Gerais (SEF/MG). Apurou-se que, em Minas Gerais, o esquema de sonegação envolvia cinco empresas sediadas em Contagem. Tais empresas são as principais destinatárias do açúcar comercializado por quatro empresas paulistas. A figura central da organização criminosa é um empresário que gerencia todo o esquema de sonegação. Ele é especialista na criação de empresas de fachada, em nome de *laranjas*, para intermediar vendas de açúcar, café, bebidas e outros produtos a empresas atacadistas para que estas soneguem impostos. Esse empresário foi preso no Espírito Santo, em maio de 2010, acusado de participação em esquema de falsificação de documentos públicos, falsidade ideológica, estelionato e sonegação fiscal. Ele possuía quatro CPFs e responde a inúmeros inquéritos policiais em Minas Gerais. Algumas das empresas envolvidas no esquema foram criadas por ele, mas estão em nome de *laranjas*.

Apurou-se ainda que outro empresário, considerado um dos mais ricos e importantes comerciantes das Centrais de Abastecimento de Minas Gerais (Ceasa), participa ativamente do esquema criminoso. Ele transferiu para o nome de *laranjas* o imóvel onde está instalada atualmente uma das empresas envolvidas, além de ter feito outras transferências de imóveis como forma de ocultação de seu patrimônio. Dessa forma, sendo o verdadeiro dono de duas das empresas envolvidas no esquema, não consta no quadro social de nenhuma delas e é o principal cliente da Cia. de Armazéns e Silos do Estado de Minas Gerais (Casemg).

Entenda o esquema de sonegação

Empresas mineiras enviam ordens de compra de açúcar para usinas situadas em São Paulo. Em seguida é enviada uma correspondência a uma das empresas intermediárias em São Paulo, criadas pela figura principal da quadrilha em nome de *laranjas* para mediar a transação entre as usinas paulistas e os atacadistas mineiros. A usina paulista emite na mesma data uma nota fiscal de venda para a empresa intermediária e outra para o destinatário. Esse sistema é conhecido como venda à ordem. Dessa forma, a usina de São Paulo ganha por vender com ICMS menor, 7%, quando a alíquota correta seria de 12%. Tendo um diferencial competitivo, pode, portanto, vender com preço menor. Já o atacadista mineiro compra com preço superfaturado e recebe o mesmo crédito de 12% que receberia em compra direta da usina. Ao receber créditos por preços superfaturados, paga menos ICMS. A empresa intermediária ganha comissão pelo serviço e não paga ICMS, pois foi criada em nome de *laranjas* para absorver prejuízos e ter vida curta.

Resultado da Operação Lobos será apresentado hoje, às 14h, na Polícia Civil, na Av. Afonso Pena 235[143]

Serão apresentados 5 presos, a droga, veículos e celulares apreendidos na operação em BH e em cidades do interior de Minas

12 de dezembro de 2011

O Grupo de Combate a Organizações Criminosas (GCOC/PC/MP), que atua junto ao Centro de Apoio Operacional de Combate ao Crime Organizado (CAO-Crimo/MPMG), em conjunto com o Departamento de Investigações Antidrogas (DIA) e a Delegacia Adjunta de Tóxicos e Entorpecentes da Primeira Regional de Governador Valadares, apresentam hoje, 12, às 14 horas, na Av. Afonso Pena, 235, em Belo Horizonte, o resultado da Operação Lobos, realizada dia 26 de novembro, no KM 406 da BR 106, em Governador Valadares, com o objetivo de combater o tráfico de drogas na capital e em cidades do interior de Minas.

---

[143] Conferir no site: http://www.mp.mg.gov.br/portal/public/noticia/index/id/31096. Acesso em: 06 jun. 2012.

Durante as investigações foram descobertos os crimes de tráfico de drogas e associação ao tráfico, executados por indivíduos liderados pelo detento Roniwelson Zeferino de Souza, que cumpre pena na penitenciária Nelson Hungria, em Contagem/MG.

Roniwelson e seus comparsas qualificados e presos negociaram a compra de grande quantidade de pasta base de cocaína. A droga seria transportada de Mirassol d'Oeste/MT por Edmur Hipólito Lobo e seria recepcionada em Governador Valadares/MG pelos demais que, por sua vez, providenciariam a venda em diversos pontos do Estado.

Eles foram flagrados em um motel com os produtos e imediatamente encaminhados à Delegacia Regional de Governador Valadares.

Em outubro de 2010, Ronywelson Zeferino de Souza e outros dez traficantes foram presos, através da operação denominada *Fox*, que apreendeu, entre outros bens, aproximadamente 2,4 toneladas de maconha. Eles foram condenados pela 1ª Vara Especializada de Tóxicos de Belo Horizonte a um total de 190 anos de reclusão.

Bens apreendidos:

23,7 Kg de pasta base de cocaína;

Toyota Corolla XEI 18VVT, placa JQJ-9979 de Governador Valadares-MG, com Valdete Clementino dos Santos;

VW/GOL 1.0, placa NJL-4886 da cidade Mirassol d'Oeste-MT, com Edmur Hipolito Lobo;

VW/ GOL CL, placa CWR-7994 da cidade de Governador Valadares-MG, com Weverson Ferreira de Souza;

Motocicleta Honda Twister CBX 250, placa HGK-5712 da cidade de Governador Valadares-MG, com Charlesson da Silva Borges;

R$ 4.050,00 em moeda corrente com Charlesson da Silva Borges;

R$ 575,00 em moeda corrente com Edmur Hipolito Lobo;

Notebook Intelbras, mod. i551, com Edmur Hipolito Lobo;

8 aparelhos de telefone celular;

Assessoria de Comunicação do Ministério Público de Minas Gerais

Fonte: CAO-Crimo

6.4   Ministério Público do Estado de Rio Grande do Sul

No Ministério Público do Rio Grande do Sul também diversas investigações criminais já foram realizadas, seguem algumas:

Operação prende soldado e taxista em Caxias do Sul[144]
29 de maio de 2012 – Crime

---

[144] Conferir no site: http://www.mp.rs.gov.br/imprensa/noticias/id28457.html. Acesso em: 29 maio 2012.

Por Jornalista Celio Romais
Arquivo MP/RS

Promotoria de Caxias do Sul

Onze pessoas presas e quatro carros que eram usados no tráfico apreendidos. Este é o balanço da Operação Drive Thru, que o Ministério Público e Brigada Militar realizaram na madrugada desta terça-feira, 29, em Caxias do Sul.

Entre os presos está um soldado da Brigada Militar. Foram cumpridos, com 100% de sucesso, 11 mandados de prisões e 11 de busca e apreensão. Cerca de 50 policiais participaram da operação que finalizou uma investigação do Ministério Público que estava em andamento desde o começo do ano, comandada pelos promotores de Justiça Alexander Gutterres Thomé e Sílvia Regina Becker Pinto.

Além do policial, a mulher dele, a cunhada e o concunhado foram presos. O soldado já havia sido afastado do trabalho desde o começo do mês, quando policiais militares apreenderam drogas na casa dele. Na ocasião, ele não estava na residência e ficou livre da prisão em flagrante. Também foi preso um taxista, que trabalha na área central da cidade. Ele seria o responsável por distribuir parte da droga. Os 11 capturados estão com prisão preventiva decretada e foram encaminhados à Delegacia de Polícia Civil.

CARROS

Dos quatro carros usados no tráfico que foram apreendidos, a Promotoria de Justiça pediu que um deles tenha a custódia provisória destinada ao CRPO-Serra e os outros três sejam utilizados por entidades que combatem a drogadição na Serra, sendo uma delas a Pastoral de Apoio ao Toxicômano Nova Aurora – Patna. "Assim, o patrimônio do narcotráfico, que estava sendo colocado a serviço da inteligência policial, agora começará também a ser usado na recuperação de usuários de drogas e outras entidades de combate ao narcotráfico e de assistência à saúde", destaca a promotora Sílvia Regina Becker Pinto.

Operação prende quadrilha de roubo e desmanche de veículos[145]
14 de maio de 2012 – Crime
Por Jornalista Marjuliê Martini
Fotos/Especializada Criminal

Capacetes, celulares e rádio transmissores foram encontrados com os criminosos.
A Promotoria de Justiça Especializada Criminal de Porto Alegre, com apoio do Pelotão de Operações Especiais do 18º BPM e do Batalhão de Operações Especiais da Brigada Militar, cumpriu 12 mandados de busca e apreensão e seis de prisão nos municípios de Viamão e Alvorada. A Operação *Velozes e Furiosos* foi desencadeada na manhã desta segunda-feira, 14. Nove pessoas foram presas, todas integrantes de uma quadrilha especializada em roubo, clonagem e desmanche de veículos, além de roubos a propriedades.
Os mandados foram expedidos pela 1ª Vara Criminal de Viamão em virtude das investigações, realizadas pela Promotoria Especializada e conduzidas pelo promotor de Justiça Ricardo Felix Herbstrith, juntamente com o titular do Comando de Policiamento Metropolitano e da agência de Inteligência do 18º BPM, coronel Silanus Serenito de Oliveira Mello. Após três meses de investigações, foi descoberto que um mesmo grupo atuava em territórios às margens da ERS-118, nos municípios de Viamão, Alvorada, Gravataí, bem como na área rural de Viamão (distritos de Águas Claras e Itapuã). A quadrilha também atuava no extremo sul de Porto Alegre, nos bairros Restinga e Lami.
A Operação apreendeu, também, capacetes, celulares, rádios transmissores, armas de fogo, documentos de veículos, um carro roubado e clonado e uma motocicleta roubada. Na residência do líder da quadrilha,

---

[145] Conferir no site: http://www.mp.rs.gov.br/criminal/noticias/id28281.html. Acesso em: 05 jun. 2012.

foi recuperada uma pistola calibre 40, modelo 24/7, roubada de um coronel da Brigada Militar na noite de 8 de maio deste ano, no bairro Lami, quando a vítima teve seu veículo roubado pela quadrilha.

6.5 Ministério Público do Estado de Santa Catarina

No Ministério Público de Santa Catarina investigações criminais foram feitas:

GAECO de Joinville prende dois fiscais de obras de Barra do Sul[146]
16 de maio de 2012 – Criminal, Informações e Pesquisas, Moralidade Administrativa
Dois fiscais de obras do município de Balneário Barra do Sul foram presos em ação do Grupo de Atuação Especial de Combate às organizações Criminosas de Joinville (GAECO) – força-tarefa coordenada pelo Ministério Público de Santa Catarina (MPSC), com participação das Polícias Militar e Civil. A operação, denominada *Ajustamento de Conduta*, contou com apoio dos GAECOs de Florianópolis e Itajaí e do Instituto Geral de Perícias (IGP).
As investigações do GAECO/Joinville, que iniciaram há quatro meses, apuram a participação dos dois fiscais de obras em eventuais irregularidades na autorização para construções, reformas e instalação de água e luz em áreas de preservação permanente, irregulares ou embargadas, mediante a exigência e solicitação de vantagens indevidas. No decorrer das investigações surgiram indícios da prática de crimes contra a administração pública, o meio ambiente e o ordenamento urbano.
Na Operação *Ajustamento de Conduta*, que contou com a participação de 22 policiais e dois peritos criminais, foram cumpridos dois mandados de prisão e seis mandados de busca e apreensão, expedidos pelo Juízo de Araquari.

15/05/2012 – Criminal, Informações e Pesquisas, Moralidade Administrativa
Operação *Bola de Neve* prende 19 por suposta fraude de licitações[147]
A ação conjunta dos Grupos de Atuação Especial de Combate às Organizações Criminosas (GAECOs), força-tarefa composta pelo Ministério Público de Santa Catarina (MPSC), Polícias Civil e Militar e Secretaria Estadual da Fazenda, prendeu até o momento 19 pessoas e

---

[146] Conferir no site: http://portal.mp.sc.gov.br/portal/webforms/Interna.aspx?campo=108063& secao_id=164. Acesso em: 29 maio 2012.

[147] Conferir no site: http://portal.mp.sc.gov.br/portal/webforms/Interna.aspx?campo=108059& secao_id=164. Acesso em: 29 maio 2012.

CAPÍTULO 6
O TRABALHO DOS MINISTÉRIOS PÚBLICOS BRASILEIROS NAS INVESTIGAÇÕES CRIMINAIS | 297

apreendeu documentos, dinheiro e computadores nos municípios de Anita Garibaldi, Cerro Negro, Porto Belo e São Joaquim. A operação, batizada de *Bola de Neve*, investiga supostos crimes de formação de quadrilha, fraudes de licitações e crimes contra a administração pública. Ao todo, foram expedidos pelo Tribunal de Justiça e pelos Juízos de Anita Garibaldi e São Joaquim 30 mandados de prisão e 52 de busca e apreensão, que estão sendo cumpridos desde ontem (14/5) pelos GAECOS da Capital, Lages, Itajaí, Joinville, Criciúma e Chapecó, com o apoio da Polícia Civil (Deic, PC de São Joaquim e Lages), da Polícia Militar (ACI e PM de Lages) e do Instituto Geral de Perícias (IGP).

As investigações, que iniciaram há oito meses pela Comarca de São Joaquim, apuravam eventuais irregularidades em licitações vinculadas à aquisição de serviços de reparo, manutenção e entrega de peças de veículos e máquinas pesadas. No decorrer das investigações, surgiram indícios da ocorrência da prática de todos os crimes, tanto em São Joaquim como nas Prefeituras de Anita Garibaldi, Cerro Negro e Porto Belo.

Por que Operação Bola de Neve: em decorrência das supostas fraudes de um dos municípios mais frios do Brasil e da sua possível extensão para outros municípios – o que faz o efeito bola de neve.

6.6 Ministério Público do Estado do Paraná

Notícias de investigações do Ministério Público do Paraná:

Curitiba prende policial militar acusado de tráfico de drogas[148]
Cabo da PM e mulher seriam chefes da quadrilha; também foram apreendidas drogas, armas, munição e dinheiro
23 de dezembro de 2011 – OPERAÇÃO PARIGOT – GAECO
Uma quadrilha de traficantes de drogas que agia na região do Sítio Cercado, em Curitiba, e que era chefiada por um policial militar e sua mulher, foi desarticulada nesta sexta-feira, 23 de dezembro, em ação coordenada pela unidade da capital do GAECO (Grupo de Atuação Especial de Combate ao Crime Organizado). Na chamada Operação Parigot foram cumpridos, por ordem da Vara de Inquéritos Policiais de Curitiba, 10 mandados de prisão temporária e nove de busca e apreensão, além de sequestro de bens. Entre os presos está um cabo da PM, sua mulher e seu enteado. Uma curiosidade – no passado, o policial teria prendido a mulher por tráfico. Depois, veio a envolver-se com ela e passou a atuar na criminalidade.

---

[148] Conferir no site. http://www.mp.pr.gov.br/modules/noticias/article.php?storyid=2129& tit=23122011-OPERACAO-PARIGOT-GAECO-Curitiba-prende-policial-militar-acusado-de-trafico-de-drogas. Acesso em: 29 maio 2012.

Na casa do PM foram efetuadas quatro prisões (incluindo o policial) e apreendidas duas armas e carregadores com capacidade total de 120 disparos. Nos demais lugares, foram presas outras seis pessoas e apreendidos cerca de meio quilo de crack (quantidade equivalente a R$ 6 mil da droga), armas, munição e dinheiro (cerca de R$ 15 mil). Também foi encontrado um aparelho de rádio que era usado para a comunicação da quadrilha e várias tocas balaclava. Foram cumpridos mandados de sequestro de oito veículos utilizados pelo bando.

Assaltos – Alguns integrantes da quadrilha são suspeitos de participação em pelo menos dois assaltos: um ocorrido em uma distribuidora de bebidas de Curitiba, em que quatro assaltantes levaram 60 barris de chopp (carga estimada em R$70 mil). O segundo, de um caminhão, para o transporte desse material.

A ação teve apoio do BOPE (Batalhão de Operações Policiais Especiais), do COE (Comandos e Operações Especiais), do Canil da Polícia Militar e do 10º Distrito Policial da capital. O GAECO é constituído por integrantes do Ministério Público do Paraná e das polícias Civil e Militar.

Operação Tentáculos – Ação do Gaeco – Maringá desmonta quadrilha de desmanches[149]

30 de agosto de 2011

A unidade de Maringá do GAECO – Grupo de Atuação Especial de Combate ao Crime Organizado, constituído pelo Ministério Público do Paraná e pelas polícias Civil e Militar, realizou na última semana (26 de agosto) ação que desbaratou uma organização criminosa especializada em desmanches de veículos roubados, adulteração de chassis e agregados de veículos e para revenda de peças desmontadas. Foram cumpridos mandados de prisão temporária e busca e apreensão em duas empresas. As investigações começaram em dezembro do ano passado, a partir da elucidação de um roubo de veículo pelo GAECO. Três pessoas tiveram a prisão temporária decretada.

O MP-PR também apresentou denúncia criminal contra sete pessoas do mesmo bando pela prática dos crimes de formação de quadrilha armada, falsidade ideológica, lavagem de dinheiro, receptação qualificada e adulteração de chassis de veículos automotores, rompimento de lacre e crime de desobediência. Foi proposto, ainda, denúncia contra dois policiais civis, pelo crime de prevaricação, porque mesmo sabendo do esquema, frequentavam o local e não tomaram nenhuma providência. As investigações prosseguirão em relação a diversos veículos possivelmente adulterados. Os processos tramitam pela 1ª Vara Criminal de Maringá.

---

[149] Conferir no site: http://www.mp.pr.gov.br/modules/noticias/article.php?storyid=1858&tit=30082011-OPERACAO-TENTACULOS-Acao-do-GAECO-Maringa-desmonta-quadrilha-de-desmanches. Acesso em: 29 maio 2012.

6.7 Ministério Público do Estado do Espírito Santo

No Ministério Público do Espírito Santo:

Operação Zebulon II: Chefe de tráfico de drogas é preso[150]
11 de janeiro
O Ministério Público do Estado do Espírito Santo (MPES) informa que Kin Jun Pereira de Jesus, o *Kimim*, apontado como chefe do tráfico de drogas da Ilha do Príncipe, foi preso pela Polícia Militar nesta data (10/01), após dar entrada no Hospital Santa Casa, em Vitória. O traficante era procurado desde setembro de 2011, quando o MPES, por meio do Grupo Especial de Trabalho Investigativo – GETI e a Polícia Militar realizaram a segunda fase da Operação Zebulon, desencadeada para desbaratar uma organização criminosa que controlava o tráfico na região, da qual *Kimin* comandava um dos grupos mais poderosos, e responsáveis por inúmeros crimes.

Kimin é suspeito, ainda, segundo os levantamentos realizados pelo GETI, de liderar uma tentativa de retomada de pontos de venda de drogas na Ilha do Príncipe. Ele teria sido baleado durante confronto com quadrilhas rivais que disputam o controle do tráfico de drogas na região da Ilha do Príncipe, conhecida como a *Cracolândia Capixaba*. Trata-se de uma alusão à região da Cracolândia, que funciona no Centro de São Paulo e que é alvo, há alguns dias, de uma operação policial para combater o tráfico de drogas e os crimes praticados por viciados que frequentam o local.

MPES e Sesp detalham Operação Magogue[151]
01 de dezembro
O Ministério Público do Estado do Espírito Santo (MPES), por meio do procurador-geral de Justiça, Fernando Zardini Antonio, e o secretário de Segurança Pública, Henrique Herkenhoff, concederam entrevista coletiva à imprensa na quinta-feira (01/12), no auditório do edifício-sede da Procuradoria-Geral de Justiça para falar da Operação Magogue. O objetivo da operação foi cumprir uma série de mandados de busca e apreensão, além de mandados de prisão em Iúna e outros municípios do Sul do Estado e Região do Caparaó, em função do cometimento de crimes como pistolagem, formação de quadrilha e lavagem de dinheiro, dentre outros.

O nome da operação *Magogue* é uma referência bíblica ao Apocalipse, e trata de uma perseguição ao reino de Deus promovida por parte do

---

[150] Conferir no site: http://www.mpes.gov.br/conteudo/interna/noticia.asp?cod_noticia_evento=2642&tipo=1. Acesso em: 29 maio 2012.

[151] Conferir no site: http://www.mpes.gov.br/conteudo/interna/noticia.asp?cod_noticia_evento=2606&tipo=1. Acesso em: 29 maio 2012.

dragão simbólico, o Satanás ou Diabo. O Livro de Ezequiel menciona a cidade de Magogue, local de prática de crimes e que foi restaurada pela Justiça.

Em princípio, o inquérito policial foi instaurado para apurar a morte do suposto traficante de drogas Juninho Mariano. O corpo do traficante foi encontrado alvejado com disparos de arma de fogo em um cafezal no município de Iúna, região do Caparaó.

Com o aprofundamento das investigações, evidenciou-se o envolvimento de policiais militares e outras pessoas com crimes comuns (homicídios, extorsão, formação de quadrilha, dentre outros) e ainda crimes militares, cujas penas máximas somadas podem chegar a 69 anos.

Dentre os principais suspeitos de integrar o grupo criminoso estão o empresário Eduardo Gomes de Matos e o Ten. Cel. Weliton Virgílio, que comandava o 14º BPM, que estaria ligado a atividades ilícitas, sempre com o apoio dos policiais militares Sandrão, Vinicius, Melo, dentre outros. Informações dão conta de que Junior Antônio Reis Silva foi executado por participar de um assalto à fazenda de propriedade de Eduardo, em Iúna, e tal crime teria sido cometido pelos investigados.

Apurou-se que o grupo criminoso agia de forma articulada e permanente, de modo a garantir na região hegemonia econômica e política. Os investigados usurpavam de suas funções para praticar o terror sobre a população local, por meio da chamada *lei do silêncio*.

6.8 Ministério Público do Estado de Mato Grosso

No Ministério Público de Mato Grosso:

CUIABÁ

Gaeco desencadeia operação Ergástulo com prisão de agentes públicos[152]
Por Cristina Gomes
Quarta, 20 de abril de 2011, 09h28

O Ministério Público do Estado de Mato Grosso, por intermédio do Grupo de Atuação Especial Contra o Crime Organizado (GAECO), deflagrou nesta quarta-feira (20.04), a *Operação Ergástulo* (cadeia pública), com objetivo de desmantelar uma quadrilha de criminosos que atuava nas imediações e dependências da Penitenciária Central do Estado (antigo Pascoal Ramos) intermediando o tráfico de drogas.

Além de pessoas que cumprem pena no presídio, traficantes, policiais militares e agentes prisionais também faziam parte do esquema. As investigações demonstram que a organização criminosa, com a ajuda

---

[152] Conferir no site: http://www.mp.mt.gov.br/conteudo.php?sid=58&cid=52639&parent=58. Acesso em: 29 maio 2012.

da polícia, era responsável por fazer a distribuição da droga dentro do presídio. Entorpecentes, aparelhos celulares e até mesmo armas entravam sem que houvesse a mínima fiscalização.

De acordo com o promotor de Justiça Sérgio Silva da Costa, as investigações tiveram início em maio de 2010. Na ocasião, após dia de visita, policiais encontraram uma bolsa abandonada no pátio da Penitenciária com 6,6Kg de maconha, 200g de cocaína, 12 celulares, 1 balança digital e 7 chips de celular. Na época foi constatado o envolvimento do policial militar Fábio Barbosa Duarte, preso em flagrante no dia 15.05.2010.

Segundo o coordenador do Gaeco, Procurador de Justiça Paulo Roberto Jorge do Prado, foi comprovado que todos os envolvidos possuem relação direta com tráfico de drogas e devido à fragilidade do sistema prisional. "Acredito que o Governador do Estado de Mato Grosso deva traçar urgentemente com todas as instituições envolvidas um plano de fortalecimento, modernização, aparelhamento e seleção criteriosa dos agentes públicos lotados nesse sistema prisional, pois o crime organizado continua a operar de dentro do presídio", afirmou Prado.

Diário de Cuiabá
Policial preso por corrupção e tráfico[153]
Quinta, 05 de maio de 2011, 12h02
Adilson Rosa
Da Reportagem

O policial civil Edivaldo dos Santos Moraes, o *Montanha*, de 34 anos, foi preso quando tentava extorquir uma mulher que tinha a prisão preventiva decretada pela comarca de Cuiabá por tráfico de drogas. Ele estaria cobrando R$ 10 mil para não prendê-la, mas a vítima acabou procurando o Grupo de Ação Contra o Crime Organizado (Gaeco) que preparou a consumação do flagrante.

Assim que o policial foi preso, em Várzea Grande, agentes do Gaeco revistaram a viatura usada pelo acusado e se depararam com uma mala com 14,5 quilos de maconha. Montanha estava lotado na Delegacia de Homicídios e Proteção à Pessoa (DHPP). A prisão ocorreu anteontem à tarde, em local próximo à ponte Sérgio Mota, do lado de Várzea Grande, após o policial receber a propina e colocá-la na jaqueta. Assim que saiu com a viatura, foi seguido pelos outros policiais.

Segundo o coordenador do Gaeco, procurador de justiça Paulo Prado, o policial praticou o crime de concussão (que é praticado por um funcionário público aproveitando-se do cargo) e tráfico de drogas, que é mais grave.

---

[153] Conferir no site: http://www.mp.mt.gov.br/conteudo.php?sid=44&cid=52829&parent=44. Acesso em: 29 maio 2012.

"Para nós foi uma surpresa encontrar entorpecente dentro de um carro público, pois investigávamos somente o caso de concussão contra uma pessoa que nos procurou", frisou o coordenador em entrevista coletiva, que teve a presença do corregedor-geral da Polícia Civil, delegado Gilmar Dias Carneiro.

Conforme o Gaeco, o policial procurou uma pessoa que está com a prisão preventiva decretada pela Justiça e pediu R$ 10 mil para que não fosse preso. A pessoa, então, procurou o Gaeco, que entendeu se tratar de concussão, mas precisava de uma prova para dar materialidade ao crime. A vítima de corrupção então marcou um local próximo à ponte Sérgio Motta, em Cuiabá. Lá, com uma câmera oculta, gravou a entrega do dinheiro recebido pelo policial, que saiu do local na viatura. Em seguida, os policiais abordaram Montanha, que ainda tentou resistir à prisão. "Ele chegou a tirar a jaqueta para descaracterizar o crime", explicou o procurador.

Com a materialidade, o policial civil foi levado para o Gaeco, onde seria confeccionado o flagrante. Ao checar a viatura, os policiais se depararam com a mala de entorpecente. "A partir daí, o caso foi para a Corregedoria da Polícia Civil", explicou Paulo Prado. Gilmar Carneiro informou que, com a apreensão da droga, a Corregedoria vai investigar como a maconha chegou até o policial e se essa é a primeira vez que a viatura é usada para o transporte de entorpecente.

6.9 Ministério Público do Estado do Rio de Janeiro

No Ministério Público do Rio de Janeiro:

GAECO e Polícia Militar combatem tráfico no Estado do Rio[154]
11 de abril de 2012, 15h10
O Grupo de Atuação Especial de Combate ao Crime Organizado (GAECO) do Ministério Público do Estado do Rio de Janeiro (MPRJ) e a Coordenadoria de Inteligência (CI) da Polícia Militar do Estado do Rio de Janeiro (PMERJ) deflagraram, nesta quarta-feira (11/04), a Operação Conexão Mandela, com o objetivo de cumprir 19 mandados de prisão preventiva e 20 de busca e apreensão nos Municípios do Rio, Duque de Caxias, Teresópolis, Araruama, Rio das Ostras e em São Paulo. Os denunciados pelo GAECO são acusados de associação para o tráfico de entorpecentes, corrupção ativa e tráfico de drogas. Até às 17h30, 13 pessoas haviam sido presas e dois menores apreendidos.

---

[154] Conferir no site: http://www.mp.rj.gov.br/portal/page/portal/Internet/Imprensa/Em_Destaque/Noticia?caid=293&iditem=20996354. Acesso em: 29 maio 2012.

Cerca de 500 policiais militares do Batalhão de Operações Especiais (BOPE), do Batalhão de Polícia de Choque (BPChoq), da CI, do Grupamento Aéreo e Marítimo (GAM), do Batalhão de Ações com Cães (BAC), do Grupo de Apoio aos Promotores (GAP), do 30º BPM (Teresópolis) e do GAECO/SP, além de quatro Promotores de Justiça do GAECO do MPRJ participaram da operação. "Mais uma operação com êxito do GAECO em parceria com a Polícia, no Rio. Este é o caminho. Parceria e integração. Deve servir de norte para nossos Parlamentares que cuidam da PEC 37, que pretende restringir o poder de investigação do Ministério Público", ressalta o Procurador-Geral de Justiça, Cláudio Lopes.

"Esta parceria do GAECO com a CI permitiu o desmantelamento da quadrilha e a identificação de uma das principais rotas de entrada e de distribuição de drogas no Estado do Rio", afirmou Promotor de Justiça Fabio Miguel de Oliveira, integrante do GAECO.

As investigações, segundo o GAECO e a CI, começaram em novembro do ano passado, em Teresópolis, após traficantes tentarem subornar policiais militares para que o tráfico na região não fosse reprimido. Os PMs levaram o caso ao MPRJ. O trabalho realizado em conjunto pelo Ministério Público e PMERJ apontou a Favela Mandela como um dos principais pontos de distribuição de drogas para diferentes bairros e municípios do Rio de Janeiro.

De acordo com a denúncia, "a investigação demonstrou, ainda, que em razão da implementação das Unidades de Polícia Pacificadora (UPPs), e a prisão de muitos integrantes da facção criminosa Comando Vermelho – CV, traficantes constituíram um aliança com o famigerado Primeiro Comando da Capital – PCC, em São Paulo, de onde passaram a importar grande parte do material entorpecente, que começou a ser distribuído não apenas nas Favelas Mandela e do Jacarezinho, no Rio de Janeiro, e da Coreia, em Teresópolis, mas, também, nos municípios de Rio das Ostras e Araruama".

A Favela Mandela, de acordo com as investigações, serve como entreposto da droga, recebendo as substâncias ilícitas de São Paulo e distribuindo para as regiões Serrana e dos Lagos, além de Niterói, São Gonçalo, Duque de Caxias, Campo Grande e demais favelas do Rio dominadas pela mesma facção criminosa.

Participaram da operação os Promotores de Justiça Claudio Varela, Coordenador do GAECO, Marcelo Maurício Barbosa Arsênio, Subcoordenador do GAECO, e Décio Luiz Alonso Gomes.

Dois helicópteros, um blindado, uma retroescavadeira, uma pá mecânica e um caminhão munk da PM foram utilizados na operação.

COINPOL e GAECO desarticulam quadrilha instalada em Delegacia de Polícia[155]
29 de março de 2012, 16h

A Corregedoria Interna da Polícia Civil (COINPOL) e o Grupo de Atuação Especial de Combate ao Crime Organizado (GAECO) do Ministério Público do Estado do Rio de Janeiro (MPRJ) deflagraram, nesta quinta-feira (29/03), a Operação Macabu, com o objetivo de cumprir seis mandados de prisão preventiva e nove de busca e apreensão expedidos pelo Juízo da Vara Única de Conceição de Macabu contra um delegado e três inspetores de Polícia Civil, além de um advogado e um guarda municipal do Município de Carapebus, no Norte Fluminense. O bando é acusado de extorsões mediante sequestro, formação de quadrilha armada, roubo, extorsões e usurpação de função pública na forma qualificada. Todos os denunciados foram presos ainda no início da manhã. Um Promotor de Justiça, delegados e agentes da COINPOL e do Grupo de Apoio aos Promotores (GAP) cumpriram os mandados de prisão e os de busca e apreensão nos municípios de Três Rios, Valença, Resende, Conceição de Macabu e Macaé.

"Mais uma vitória do GAECO no combate ao crime organizado, em parceria com a Secretaria de Estado de Segurança Pública", afirmou o Procurador-Geral de Justiça do Estado do Rio de Janeiro, Cláudio Soares Lopes.

De acordo com as investigações da COINPOL e do GAECO, os denunciados montaram um esquema de arrecadação de vantagens ilícitas na 122ª Delegacia de Polícia Civil, em Conceição de Macabu, norte do Estado do Rio. A quadrilha, segundo denúncia do GAECO, simula a existência de ilícitos, privando da liberdade o suposto criminoso e levando-o até o interior da delegacia. "Para, a partir de então, sempre com muita violência e gravíssimas ameaças, passar a exigir dos familiares da pessoa ilegalmente acautelada e da própria vítima altas somas de dinheiro, com a falsa promessa de deixar de lavrar o ilegal auto de prisão em flagrante e, em consequência, liberá-la", descreve texto da denúncia.

A organização criminosa era liderada por Roldenyr Alvez Cravo, delegado titular da 122ª DP à época dos delitos, segundo a denúncia. A quadrilha começou a ser constituída, de acordo com o GAECO, quando o Roldenyr assumiu a titularidade da DP de Conceição de Macabu, em meados de julho de 2011, trazendo com ele sua equipe de confiança, os inspetores de Polícia Civil Dennes Garcia Moreno Júnior, Marcos Vinícius Lopes e Claudio José de Faria, todos denunciados.

Segundo o GAECO, o denunciado Pedro da Costa Linhares usava a profissão de advogado para pressionar as vítimas a pagar os valores exigidos, fazendo-as crer que essa era a melhor maneira, senão a única,

---

[155] Conferir no site: http://www.mp.rj.gov.br/portal/page/portal/Internet/Imprensa/Em_Destaque/Noticia?caid=293&iditem=20833134. Acesso em: 29 maio 2012.

de conseguir a liberdade. As investigações demonstraram, ainda, que o também denunciado guarda municipal de Carapebus José Eduardo Santos usurpava função pública de policial civil lotado na 122ª DP, dirigindo viatura oficial da unidade e realizando atividade típica de Polícia.

De acordo com a denúncia do GAECO, em uma das ações criminosas, em agosto do ano passado, a quadrilha privou a liberdade de um comerciante e, por intermédio do guarda municipal, exigiram a quantia de R$ 25 mil em dinheiro como condição para liberá-lo. "Na ocasião, o denunciado José Eduardo Santos, dirigindo uma viatura oficial da 122ª DP, compareceu à oficina da vítima, onde afirmou que aquele local era utilizado para desmanche de veículos roubados. Obrigada a comparecer à referida delegacia munida de toda a documentação que comprovasse a regularidade do seu estabelecimento comercial, a vítima foi colocada em uma sala no fim do corredor, onde permaneceu com a liberdade restringida. A vítima somente depois de se comprometer a pagar R$ 1.500 foi libertada", relata texto da denúncia. Em outubro do ano passado, o mesmo comerciante, segundo o GAECO, foi novamente vítima dos criminosos.

A quadrilha exigiu o pagamento de R$ 12 mil em dinheiro para que seu depósito de areia não fosse interditado. Os denunciados também exigiram a transferência, por meio de contrato, de todo o maquinário empenhado em sua atividade empresarial, como preço para garantir que o depósito de areia da vítima não fosse interditado.

A apuração das atividades da quadrilha armada foi iniciada a partir de relatório enviado pelo Promotor de Justiça titular de Conceição de Macabu, Ricardo Zouein, ao Procurador-Geral de Justiça do Estado do Rio de Janeiro, que acionou a Secretaria de Segurança Pública e o GAECO para investigar os fatos noticiados.

Assinam a denúncia os Promotores de Justiça Claudio Varela, Coordenador do GAECO; Marcelo Maurício Arsênio, Subcoordenador do GAECO; Fabio Miguel de Oliveira; Tulio Caiban Bruno e Paulo Roberto Mello Cunha Junior.

6.10 Ministério Público do Distrito Federal e Territórios

Ministério Público do Distrito Federal:

MPDFT, por meio do NCOC, denuncia policiais civis[156]

---

[156] Conferir no site: http://www.mpdft.gov.br/portal/index.php/imprensa-menu/noticias/notcias-2011/3490-mpdft-por-meio-do-ncoc-denuncia-policiais-civis. Acesso em: 29 maio 2012.

Detalhes

25 de fevereiro de 2011, 14h04

O Ministério Público do Distrito Federal e Territórios, por intermédio do Núcleo de Combate de Organizações Criminosas (NCOC), após trabalho investigativo conjunto com a Divisão de Investigações da Corregedoria-Geral de Polícia (CGP), no dia 18.02.2011, requereu busca e apreensão, prisão cautelar e ofereceu *denúncia* em face de 03 (três) Agentes Penitenciários da Polícia Civil do DF e mais 35 (trinta e cinco) internos do Centro de Progressão Penitenciária (CPP), pelos crimes de corrupção ativa, corrupção passiva e formação de quadrilha.

Os policiais civis envolvidos solicitavam e aceitavam vantagem indevida em troca de benefícios ilícitos tais como *liberar* os internos do recolhimento.

Ministério Público e Polícia Civil fazem operação conjunta na Agência de Fiscalização do DF[157]

Detalhes

23 de setembro de 2011, 06h36

O MPDFT, por meio do Núcleo de Combate às Organizações (NCOC), em conjunto com a PCDF, por meio de sua Divisão de Combate ao Crime Organizado (DECO), realizaram na manhã de hoje o cumprimento de 13 mandados de prisão temporária e 22 mandados de busca e apreensão expedidos pela 1ª Vara Criminal de Taguatinga- DF.

Trata-se de investigação envolvendo organização criminosa composta por Fiscais da AGEFIS – Agência de Fiscalização do DF, empresários, corretores de imóveis e grileiros. Dentre os delitos investigados estão os crimes de corrupção, concussão (extorsão praticada por servidor público) e tráfico de influência. O grupo criminoso atuava prioritariamente na região de Águas Claras, Taguatinga e Ceilândia.

6.11 Ministério Público do Estado de Rondônia

Ministério Público do Rondônia:

MP move primeira ação penal e denuncia Valter Araújo e mais nove por formação de quadrilha[158]

---

[157] Conferir no site: http://www.mpdft.gov.br/portal/index.php/imprensa-menu/noticias/notcias-2011/4151-ministerio-publico-e-policia-civil-fazem-operacao-conjunta-na-agencia-de-fiscalizacao-do-df. Acesso em: 26 mar. 2012.

[158] Conferir no site: http://www.mp.ro.gov.br/web/guest/pagina-inicial/-/journal_content/56/10102/1916647. Acesso em: 29 maio 2012.

CAPÍTULO 6 — O TRABALHO DOS MINISTÉRIOS PÚBLICOS BRASILEIROS NAS INVESTIGAÇÕES CRIMINAIS | 307

28 de novembro de 2011

O Ministério Público de Rondônia, por meio do Grupo de Atuação Especial de Combate ao Crime Organizado (Gaeco) e o Centro de Atividades Extrajudiciais (Caex), ajuizou nesta segunda-feira (28) a primeira ação penal contra o Presidente da Assembleia Legislativa de Rondônia, Valter Araújo, e mais nove investigados da Operação Termópilas, deflagrada pelo MP e Polícia Federal no último dia 18. O grupo foi denunciado pelo crime de formação de quadrilha em organização criminosa, previsto no artigo 288 do Código Penal, combinado com a Lei nº 9034/95.

Além de Valter Araújo, foram denunciados pelo MP o secretário adjunto de Saúde, José Batista da Silva, Rafael Santos Costa (assessor parlamentar), Éderson Souza Bonfa (empresário), Júlio César Fernandes Martins Bonache (empresário), José Miguel Saud Morheb (empresário), Esmeraldo Bastista Ribeiro (servidor público), José Milton de Souza Brilhante (assessor técnico especial da Secretaria de Estado da Saúde), Rômulo da Silva Lopes (assessor parlamentar) e Regineusa Maria Rocha de Souza (servidora pública). A exemplo de Valter Araújo, todos os agentes públicos foram afastados pela Justiça.

De acordo com o Ministério Público, o grupo, capitaneado por Valter Araújo, instalou de forma estável e permanente verdadeira organização criminosa no Poder Público Estadual. A quadrilha formada pelos denunciados tinha por finalidade cometer crimes de toda ordem contra a Administração Pública, a exemplo de corrupção ativa, corrupção passiva, tráfico de influência, advocacia administrativa, extorsão, falsidade ideológica, fraude a licitações, peculato e lavagem de dinheiro, dentre outros, no intuito primordial de enriquecer ilicitamente com recursos dos cofres públicos. Cada um dos denunciados desempenhava tarefas e atos para o alcance dos objetivos da organização criminosa.

Para o MP, os denunciados incorreram nas sanções do artigo 288 do Código Penal e demais dispositivos da Lei nº 9.034/1995. Com relação a Valter Araújo, incide também o artigo 62, inciso I, do Código Penal, que é circunstância agravante da pena, em razão de ele ser o líder do grupo. Outras ações penais e ações civis públicas de improbidade administrativa deverão ser propostas nos próximos dias.

Operação Magnífico – MP ajuíza ações relativas às *investigações sobre desvio de verbas da Riomar*[159]

17 de outubro de 2011

A Fundação Rio Madeira, entidade de apoio à Universidade Federal de Rondônia, encontra-se desviada de sua função e servindo primordialmente para a prática de crimes. Esta é a constatação do Ministério

---

[159] Conferir no site: http://www.mp.ro.gov.br/web/guest/pagina-inicial/-/journal_content/56/10102/1778336. Acesso em: 29 maio 2012.

Público de Rondônia, através de investigação realizada pelo Grupo de Atuação Especial de Combate ao Crime Organizado (GAECO).

Dentre as várias irregularidades detectadas estão o pagamento de diárias, ajudas de custo, suprimentos de fundos e viagens sem comprovação da legalidade, funcionários fantasmas, utilização de *laranjas*, bem como compras e serviços superfaturados ou simplesmente não executados, contratados junto a empresas de fachada criadas especialmente para isso. Alguns dos suspeitos eram responsáveis por captar projetos que gerassem convênios com verbas para a Universidade Federal de Rondônia. A Fundação era utilizada para receber as verbas, sob o pretexto de agilizar e desburocratizar os trâmites legais, o que na verdade facilitava o desvio. Quase todos os envolvidos são pessoas ligadas ao reitor José Januário Oliveira Amaral, também suspeito de envolvimento no esquema. Uma das peças-chave da organização criminosa, segundo testemunhas, era Oscar Martins Silveira, ex-diretor da Fundação e que já está com seus bens bloqueados por determinação da Justiça estadual, a pedido do Ministério Público.

Várias ações já foram ajuizadas pelo Ministério Público de Rondônia, mas as investigações devem prosseguir além do previsto em razão da grande quantidade de irregularidades descobertas, inclusive a criação de mais uma Fundação, para a qual migraram vários dos suspeitos, o Instituto de Pesquisa de Rondônia (IPRO).

Se condenados, os suspeitos podem receber penas que variam entre dois e dez anos de prisão, por apropriação indébita, formação de quadrilha e falsidade ideológica.

As condutas dos suspeitos também se enquadram na Lei de Improbidade Administrativa, já que a Fundação Riomar, embora entidade privada, tem mais da metade de seu patrimônio composto de verbas públicas, o que pode acarretar condenação a perda de cargo público, suspensão dos direitos políticos, proibição de contratar com o poder público, ressarcimento aos cofres da Fundação, além de condenação ao pagamento de multa.

Investigações realizadas pelo MP-RO resultam em prisões em São Francisco[160]

Ministério Público do Estado da Rondônia – 05 de maio de 2011

Três mandados de prisão requeridos ao Judiciário em São Francisco do Guaporé pelo Ministério Público de Rondônia foram cumpridos na segunda-feira, dia 2 de maio. As prisões decorrem de investigações realizadas pelo MP-RO, por meio de procedimento investigatório criminal, que investigava desvio de dinheiro destinado ao transporte escolar.

---

[160] http://mp-ro.jusbrasil.com.br/noticias/2673067/investigacoes-realizadas-pelo-mp-ro-resultam-em-prisoes-em-sao-francisco. Acesso em: 30 maio 2012.

Apurou-se que várias rotas de transporte escolar tinham quantidade de quilômetros menor que o declarado nos processos de licitação desencadeados para contratação do mencionado serviço, nos anos de 2009 e 2010, causando grande prejuízo aos cofres públicos.

As investigações iniciaram-se em dezembro de 2010 e culminaram com oferecimento de denúncia contra quatro pessoas, dentre servidores públicos e empresários, aos quais foram imputados crimes de falsidade ideológica, estelionato, frustração de caráter competitivo de licitação e formação de quadrilha. Ainda resta cumprir o mandado de prisão contra um dos denunciados, que ainda não foi encontrado.

Autor: Ascom MPRO

6.12 Ministério Público do Estado de Roraima

O Ministério Público de Roraima já realizou também investigações criminais:

OPERAÇÃO MÁCULA:

Investigação do MP de Roraima leva à *prisão de acusados em fraudar licitações de verbas para saúde*[161]

O Ministério Público do Estado de Roraima e Ministério Público de Contas coordenaram, no início da manhã desta quarta-feira (16), com apoio da Polícia Federal e Força Nacional, o cumprimento de 21 mandados de busca e apreensão, além de 16 mandados de prisão contra servidores públicos estaduais que atuavam na Comissão Permanente de Licitação, no setor de Planejamento e no Departamento de Assistência Farmacêutica (DAF) da Secretaria Estadual de Saúde, além do proprietário e do procurador da empresa Cardan, principal fornecedora de medicamentos e produtos médico-hospitalares para o Estado. Todos os pedidos foram expedidos pelo juiz da 2ª Vara Criminal, Jarbas Lacerda.

A operação denominada *Mácula*, que contou também com a participação do Ministério Público Federal, Tribunal de Contas e Controladoria-Geral da União, é resultado de investigação do Ministério Público de Roraima e Ministério Público de Contas para desarticular suposto esquema de superfaturamento de medicamentos e materiais médico hospitalares fornecidos para unidades de saúde em Roraima.

A promotora de Justiça de Defesa da Saúde, Jeanne Sampaio, esclareceu que a ação é um procedimento investigatório criminal. "Apesar de haver outros procedimentos, neste específico, existem elementos que motivaram o Ministério Público de Roraima a pedir, com o Ministério Público de

---

[161] Conferir no site: http://www.mp.rr.gov.br/conteudos/view/311. Acesso em: 29 maio 2012.

Contas, esses mandados de buscas e prisões temporárias. Esse fato atual permitiu que nós, realmente, avançássemos nas investigações".

Segundo a promotora, as pessoas que foram presas estão diretamente envolvidas no esquema, por isso o pedido de prisão temporária. "Temos elementos tanto da empresa, que fraudava as licitações, como de servidores públicos que propiciavam esses desvios de dinheiro público. Vamos interrogá-los e analisar os documentos que foram apreendidos, ouvir testemunhas e verificar se já há elementos suficientes para oferecimento de denúncia ou necessidade de novas diligências", disse.

Além da DAF, os policiais estiveram no depósito e na sede da Cardan e residências dos envolvidos no suposto esquema fazendo revistas e recolhendo documentos para análise. As investigações têm foco em sobrepreço ou superfaturamento na compra de medicamentos e produtos médico-hospitalares e falsificação de documentos públicos. Lavagem de dinheiro também seria alvo da apuração. Os servidores e empresários são acusados ainda de peculato e formação de quadrilha.

CIRURGIA PLÁSTICA:
MPRR investiga mortes em procedimentos realizados na Unimed Boa Vista[162]
As recentes mortes ocorridas no hospital Unimed Boa Vista, em decorrência de procedimentos cirúrgicos, realizadas pelo médico e cirurgião plástico, Henrique José Schiaveto, motivaram o Ministério Público do Estado de Roraima (MPRR) a instaurar procedimento investigatório para apurar o que teria levado a óbito duas pacientes que se submeteram à cirurgia plástica, dentre elas uma defensora pública.

Na manhã de hoje, 9, a Procuradoria-Geral de Justiça (PGJ), preocupada com a gravidade dos fatos, designou o Grupo Especial de Combate ao Crime GAECO/RR, para que, junto com a 1ª Promotoria de Justiça Criminal e a Promotoria de Justiça de Defesa da Saúde, proceda às investigações pertinentes acerca de mortes ocorridas em procedimentos envolvendo cirurgias plásticas no estado de Roraima.

Para o Procurador-Geral de Justiça, Fábio Bastos Stica, "a designação do grupo se faz necessária em função da gravidade da situação, fato que coloca em risco parcela da população que busca esse tipo de serviço no Estado".

---

[162] Conferir artigo no site: http://www.mp.rr.gov.br/conteudos/view/516. Acesso em: 29 maio 2012.

6.13 Ministério Público do Estado do Acre

Ministério Público do Acre:

MPE e DECCO desmontam esquema envolvendo fiscais da Fazenda[163]

24 de março de 2012

Após dois meses de investigação, membros do Grupo de Atuação Especial de Combate ao Crime Organizado (GAECO) em conjunto com a Promotoria de combate à evasão fiscal do Ministério Público do Estado do Acre (MP/AC) e policiais da Delegacia Especial de Repressão ao Crime Organizado (DECCO) desmontaram, na tarde de ontem, 23, um esquema envolvendo fiscais da Secretaria da Fazenda.

Dois fiscais foram detidos, em cumprimento a mandados de prisão preventiva. São eles: Darlan Cunha Brigido e Welligton Wanderley Nobre de Souza que foram presos acusados por crime de concussão. O terceiro investigado é Sérgio David de Souza, intermediário das propostas dos fiscais.

Foram realizadas buscas e apreensões em cinco lugares e diversos documentos e computadores foram arrecadados.

A denúncia partiu do próprio empresário extorquido. Os funcionários públicos tentaram receber cerca de 400 mil reais de propina. Os três estão presos e serão encaminhados ao presídio estadual.

Os cheques entregues pelo empresário ao intermediário dos fiscais foram apreendidos em poder do próprio intermediário no momento da sua prisão, quando este saía do estabelecimento bancário após a tentativa frustrada de sacar os valores.

Na mochila de um dos fiscais, a polícia encontrou cópias dos cheques emitidos pelo empresário para pagar a propina exigida. As cópias eram dos mesmos cheques que foram apreendidos com o intermediário no momento da sua prisão ao sair do banco.

O inquérito policial visa a investigar a prática dos crimes de quadrilha e concussão, cujas penas somadas podem alcançar 11 anos de prisão.

MP/AC instaura procedimento para investigar vídeo pornográfico de adolescente em Cruzeiro do Sul[164]

27 de março de 2012

O Ministério Público do Estado do Acre (MP/AC), por meio dos promotores de Justiça Ildon Maximiano Peres Neto e Iverson Rodrigo

---

[163] Conferir artigo no site: http://webserver.mp.ac.gov.br/mpe-e-decco-desmontam-esquema-envolvendo-fiscais-da-fazenda/. Acesso em: 29 maio 2012.

[164] Conferir artigo no site: http://webserver.mp.ac.gov.br/mpac-instaura-procedimento-para-investigar-video-pornografico-de-adolescente-em-cruzeiro-do-sul/. Acesso em: 29 maio 2012.

Monteiro Bueno Cerqueira, instaurou procedimento investigativo para apurar um vídeo pornográfico gravado com uma adolescente em Cruzeiro do Sul.

A menina aparece se exibindo na *webcam*. Ela teria gravado o vídeo para agradar ao namorado.

"O armazenamento, a transmissão e divulgação de vídeo pornográfico com imagens da adolescente J. S.M., gravadas em *webcam*, conforme relatado por ela própria e por seu genitor, em depoimento colhido no dia 15 de março de 2012. O crime teria ocorrido pela gravação do vídeo em telefone celular e sua respectiva divulgação na internet nos sites www.youtube.com e www.facebook.com. A divulgação no primeiro *site* teria ocorrido em agosto do ano passado, ao passo que a segunda em fevereiro deste ano", diz um trecho da portaria que instaurou a investigação.

Ministério Público faz devassa na Prefeitura de Sena em busca de Fantasmas
Disponível em: http://www.acrealerta.com/.
Uma operação caça fantasmas. Assim pode ser definida a ação realizada pelo Ministério Público do Acre (MPAC) na prefeitura de Sena Madureira. (…) Com o apoio da Polícia Civil, investigadores cumpriram mandados de busca e apreensão na sede da prefeitura em busca de provas que comprovassem a suposta inclusão de pessoas na folha de pagamento do município, mas que jamais bateram o ponto nos órgãos. A investigação é conduzida pela promotora da cidade Vanessa de Macedo Muniz. Segundo ela, as investigações foram iniciadas em abril, após relatos, na imprensa local, de fantasmas na prefeitura. Desde então, o MP tem solicitado o envio de documentos com a relação de servidores. A maioria das solicitações não foi atendida. Quando havia resposta, ocorria de forma insatisfatória. Com o mandado expedido pela comarca de Sena, o MP fechou o cerco (…) e foram apreendidos documentos, discos rígidos e computadores. Toda a papelada e os equipamentos serão periciados pelo NAT, do MPAC. Em entrevista a um *site* de Rio Branco, o advogado da prefeitura Roberto Duarte Júnior informou que o município não tem nada a temer.

6.14 Ministério Público do Estado da Bahia

Ministério Público baiano já investigou criminalmente diversos fatos, como por exemplo:

Preso durante "Operação Gandu/Pojuca", delegado denunciado pelo MP é demitido[165]

---

[165] Conferir artigo no site: http://www.mp.ba.gov.br/visualizar.asp?cont=3615. Acesso em: 29 maio 2012.

CAPÍTULO 6
O TRABALHO DOS MINISTÉRIOS PÚBLICOS BRASILEIROS NAS INVESTIGAÇÕES CRIMINAIS | 313

15 de fevereiro de 2012

Preso durante a *Operação Gandu/Pojuca*, deflagrada conjuntamente pelo Ministério Público estadual, por intermédio do Grupo de Atuação Especial de Combate às Organizações Criminosas e de Investigações Criminais (Gaeco), e pela Secretaria de Segurança Pública (SSP) em abril de 2011, o delegado Madson dos Santos Barros foi demitido pelo Estado hoje, dia 15. A demissão decorreu de procedimento administrativo instaurado pela Corregedoria da Polícia Civil após a SSP e o MP darem início a investigações criminais que resultaram em duas denúncias apresentadas contra o delegado de Gandu e outros integrantes da quadrilha acusada de *executar* Marcos José dos Santos Barbosa.

As denúncias foram ajuizadas por promotores de Justiça do Gaeco e da Comarca de Gandu. Em uma delas, o MP acusou o delegado e mais sete comparsas de crime de homicídio. Segundo o documento, sob o pretexto de "diligenciar no sentido de localizar um fugitivo que estava na cidade", ele ordenou o assassinato de Marcos Barbosa, um homem que teve a sua casa invadida em maio de 2009 e foi morto enquanto dormia. Por esse crime foram denunciados também os agentes de proteção especial da 2ª Vara da Infância e Juventude de Salvador, Edmilson Ramalho, Ângelo Salles, João Carlos Neto, José Sérgio de Jesus e Sérgio Ribeiro; o soldado PM Manoel Souza; e Jimi Jardim. Como ficou constatado que o delegado promoveu a falsificação de auto de resistência para alterar a verdade sobre o homicídio, *acobertando o crime*, ele foi denunciado ainda por crime de falsidade ideológica, além de formação de quadrilha, crime pelo qual também foram denunciados os sete comparsas, além de Milton de Jesus e Vanderley.

Quatro pessoas presas na "Operação Caribe" desencadeada na manhã de hoje em Mucuri e Nova Viçosa[166]

22 de dezembro de 2011

Desencadeada na manhã desta quinta-feira, dia 22, a *Operação Caribe* já cumpriu seis mandados de prisão nos municípios de Mucuri e Nova Viçosa, localizados no extremo-sul baiano. Promovida pelo Ministério Público estadual, Polícia Civil e Polícia Militar/Companhia de Policiamento Especializado da Mata Atlântica (Cipe-Mata Atlântica), a operação visa a desbaratar um esquema de corrupção existente na Câmara de Vereadores de Mucuri, referente a pagamento por empresário do ramo imobiliário de vultosas quantias e na doação de bens imóveis a, pelo menos, seis vereadores de Mucuri, os quais, como contraprestação, comprometeram-se a aprovar e apressar a votação de projeto de lei de interesse do setor urbanístico, independentemente de qualquer

---

[166] Conferir notícia no site: http://www.mp.ba.gov.br/visualizar.asp?cont=3548. Acesso em: 29 maio 2012.

consideração acerca do interesse público relacionado à questão, informa a promotora de Justiça titular de Mucuri, Milena Moreschi, que está atuando na operação em conjunto com o promotor de Justiça Pablo Antônio Cordeiro de Almeida, além dos promotores de Justiça Ariomar Figueiredo e Marcos Pontes e policiais do Grupo de Atuação Especial de Combate às Organizações Criminosas e de Investigações Criminais (Gaeco), que é coordenado pela promotora de Justiça Ediene Lousado. Os sete mandados de prisão preventiva foram expedidos tendo em vista requerimento do MP, o qual propugnou pela prisão de seis dos nove vereadores do Município de Mucuri, entre eles o presidente da Casa, além de empresário do ramo imobiliário da Nova Viçosa e Mucuri. A promotora de Justiça lembra que o procedimento investigativo foi iniciado na última segunda-feira, dia 19, após ela ter recebido representação de um vereador de Mucuri, da qual constavam a gravação da proposta de corrupção e um pacote com R$ 5 mil recebido pelo edil. O esquema fraudulento consistia no pagamento total de R$ 25 mil a cada edil ou pagamento em dinheiro de R$ 5 mil mais um lote. "Como havia fortes indícios de corrupção ativa, solicitamos de imediato os mandados de prisão e de busca e apreensão", destaca Milena Moreschi.

Já estão presos o empresário Arlei Francisco Vescov; o presidente da Câmara de Vereadores de Mucuri, Carlos Gonçalves de Souza (conhecido como *Tavinho*); e os vereadores Roberto Correia Bastos (*Nicó*) e Gisele Aparecida Seguro Gazzinelli. Encontram-se foragidos os vereadores Roberto Alves dos Santos, Márcio de Jesus Machado (*Marcinho da Divisa*) e Wilson Pereira Cabral (*Wilsinho da Pinheiro Móveis*). Os presos estão sendo encaminhados para a sede da Polícia Civil do município de Teixeira de Freitas (localizada na Euclides da Cunha, s/n, Bairro Nova Teixeira), onde será concedida uma entrevista coletiva às 16h30.

6.15 Ministério Público do Estado do Ceará

No Ministério Público do Ceará:

MP desarticula quadrilha de saidinhas bancarias[167]
14 de novembro de 2011
O juiz de Direito da 2ª Vara Criminal da Comarca de Fortaleza Antônio José de Norões Ramos julgou, dia 26/09/2011, procedente a ação penal proposta pelo Ministério Público do Estado do Ceará, através do promotor de Justiça Pedro Olímpio Monteiro Filho, e condenou os réus Alessandro de Souza Ferreira; Denílson Borges Gonçalves; Flávio Vilharba Brito (o

---

[167] Conferir no site: http://www.pgj.ce.gov.br/servicos/asscom/releases.asp?icodigo=1305. Acesso em: 29 maio 2012.

CAPÍTULO 6
O TRABALHO DOS MINISTÉRIOS PÚBLICOS BRASILEIROS NAS INVESTIGAÇÕES CRIMINAIS | 315

mesmo Flávio Kernd Ribeiro); Rafael Lima Barros Pereira; Valdiano dos Santos Sousa; Meirilene Lima de Sousa Biserra; Francisco das Chagas da Silva Freitas; Francisco José Oliveira do Nascimento; Geison Xavier de Paula; Josué Gonçalves da Costa; e Danilo dos Reis Gomes.
Parte dos integrantes da organização criminosa especializada em saidinhas bancárias é envolvida em homicídio, sequestro, tráfico de drogas, tráfico de armas e roubos. Os réus também foram condenados por crimes de lavagem de dinheiro praticados por organização criminosa, porte de armas e quadrilha ou bando.
A investigação foi levada a efeito por membros do Grupo de Apoio Especializado de Combate ao Crime Organizado (GAECO) e agentes da Coordenadoria de Inteligência (Coin) da Secretaria de Segurança Pública e Defesa Social (SSPDS). Além das prisões, a operação sequestrou automóveis, motocicletas, joias, equipamentos de informática e armas. O processo criminal foi conduzido pelo promotor de Justiça Pedro Olímpio Monteiro Filho, titular da 2ª promotoria Criminal de Fortaleza. Segundo a ação, as *saidinhas bancárias* – evento criminoso que consiste em ação perpetrada geralmente por quadrilhas armadas, que surpreendem suas vítimas à saída de agências bancárias, normalmente logo após efetuarem saques em dinheiro, seguindo-as, abordando-as e roubando-as, com o uso de violência ou grave ameaça – eram consumadas por um bando de assaltantes com forte atuação nos Estados do Ceará, Piauí, Maranhão e Pará. Acrescenta, ainda, que a forma de atuação da organização dificultava sobremaneira o trabalho preventivo e investigativo, justamente porque não se tinha, até aquele momento, conhecimento da real identidade dos criminosos.

6.16 Ministério Público do Estado do Maranhão

Ministério Público do Maranhão:

SÃO LUÍS – MPMA inicia investigação para apurar responsabilidade criminal por omissão de socorro[168]
O Ministério Público do Maranhão abriu Procedimento Investigatório Criminal, nesta quinta-feira (15), para investigar a responsabilidade penal dos profissionais envolvidos na omissão de atendimento ao pedreiro Cristino Sousa. Ele faleceu no dia 12 de março, após a família

---

[168] Conferir no site: http://www.mp.ma.gov.br/index.php/lista-de-noticias-gerais/4355-sao-luis-mpma-inicia-investigacao-para-apurar-responsabilidade-criminal-por-omissao-de-socorro. Acesso em: 30 maio 2012.

dele ligar para o Serviço de Atendimento Médico de Urgência (Samu), em São Luís, e não obter socorro.

A 14ª Promotoria de Justiça Especializada de Defesa da Saúde requisitou à coordenação do Samu a escala de profissionais, inclusive dos médicos reguladores, que trabalhavam no horário da ocorrência, o nome do atendente da ligação e a cópia das gravações das ligações feitas pelos familiares da vítima.

O MPMA requisitou, ainda, à Delegacia de Polícia do 16º Distrito Policial a instauração de Inquérito Policial para apurar os fatos noticiados na imprensa. A denúncia teve repercussão nacional após veiculação no Jornal Nacional da Rede Globo de Televisão.

Também foi solicitada ao Conselho Regional de Medicina (CRM) a abertura de sindicância para apurar a omissão de socorro médico. "O fato é grave e terá tramitação prioritária no âmbito do Ministério Público. Por envolver uma situação de emergência e urgência, com agravante de morte, vamos dar celeridade à investigação", informou o promotor de Justiça Herberth Costa Figueiredo. Na avaliação dele, houve omissão de agentes públicos e isso deve ser apurado com rigor.

O depoimento dos familiares da vítima no Ministério Público foi marcado para o dia 27 de março.

Redação: Johelton Gomes (CCOM-MPMA)

6.17 Ministério Público do Estado de Alagoas

Ministério Público de Alagoas:

Agente penitenciário é preso depois de investigação do MPE[169]
09 de janeiro de 2012

O agente penitenciário William José de Araújo Santos foi preso na quinta-feira (5), às 16h30, no Presídio Baldomero Cavalcanti, com mandado expedido pela 17ª Vara Criminal da Capital, a pedido do Grupo de Atuação Especial de Combate ao Crime Organizado (Gaeco), do Ministério Público Estadual. Ele é acusado de vender aparelhos celulares, carregadores e outros materiais ilícitos para reeducandos da unidade prisional onde trabalhava.

A prisão foi efetuada por uma guarnição do Batalhão de operações Especiais (Bope) da Polícia militar, comandada pelo tenente Barbosa. O agente foi encaminhado agora a pouco à Central de Polícia, no bairro do Prado. Em seguida deve ser levado para exames no Instituto Médico Legal.

---

[169] Conferir artigo no site: http://www.mp.al.gov.br/noticias/index.asp?vCod=11392&idioma=pt. Acesso em: 30 maio 2012.

Em dezembro de 2011, uma operação conjunta entre a Superintendência-Geral de Administração Penitenciária e a Polícia Militar realizada dentro do presídio Baldomero Cavalcante encontrou 26 aparelhos celulares, cinco carregadores, 18 chips e cinco baterias de telefones com os presos, além de 134 armas artesanais.

William José de Araújo Santos vinha sendo investigado pelo Gaeco com a participação da Superintendência-Geral de Administração Penitenciária.

Gecoc desmantela quadrilha especializada em tráfico de drogas[170]

30 de setembro de 2011

O Grupo Estadual de Combate às Organizações Criminosas (Gecoc) conseguiu a prisão, na manhã desta sexta-feira (30), de quatro acusados de envolvimento no assassinato do agente penitenciário Gilmar Santos – morto no último dia 18 de setembro, na porta de casa no Eustáquio Gomes. Os mandados foram cumpridos pela Divisão Especial de Investigação e Capturas (DEIC), em parceria com o 10º Distrito Policial. Os mandados foram expedidos pela 17ª Vara Criminal da Capital a pedido do Gecoc.

O promotor Luiz Vasconcelos, coordenador do Gecoc, explicou que a quadrilha desmantelada era especializada no tráfico de drogas na região do Tabuleiro. Todo o trabalho de inteligência e monitoramento foi realizado pelo Gecoc ao longo da última semana. Em razão de já haver um inquérito policial em andamento e devido à parceria existente, as informações foram partilhadas com o DEIC – o que demandou no cumprimento com sucesso das ordens judiciais.

"As nossas parcerias com o objetivo de intensificar o combate ao crime organizado apresentam cada vez mais resultados. Em pouco mais de uma semana conseguimos localizar, prender e desmanchar um grupo criminoso que começava a aterrorizar gente humilde e pacata", disse o coordenador. Estão presos José Leandro Monteiro, o *Léo Bracinho*, Aristides Perciliano de Araújo Neto, e apreendidos dois menores de 15 e 17 anos. Outros dois mandados de prisão estão em aberto.

Ministério Público Estadual consegue a prisão preventiva do prefeito de Traipu[171]

22 de novembro de 2011

O prefeito afastado de Traipu, Marcos Santos, foi preso na manhã desta terça-feira (22), após a denúncia do Ministério Público Estadual sob a acusação de oito crimes no âmbito da improbidade administrativa. Fraude e dispensa ilegal de licitações; falsificação de documentos;

---

[170] Conferir artigo no site: http://www.mp.al.gov.br/noticias/index.asp?vCod=11272&idioma=pt. Acesso em: 30 maio 2012.

[171] Conferir no site: http://www.mp.al.gov.br/noticias/index.asp?vCod=11340&idioma=pt. Acesso em: 30 maio 2012.

peculato; corrupção ativa; apropriação de bens e rendas públicas; nomeação de servidores contra o que diz a lei e formação de quadrilha. Outras 18 pessoas também foram denunciadas pela prática de delitos da organização criminosa. Se somadas todas as penas, ele pode pegar mais de 100 anos de prisão. Ao todo os desvios somam mais de R$ 7,3 milhões. Só em relação a uma empresa prestadora de serviço o desvio é de R$ 3 milhões.

Marcos Santos se apresentou na sede da Delegacia-Geral de Polícia Civil, após ter sua prisão preventiva decretada no último sábado, pelo desembargador Sebastião Costa Filho, presidente do Tribunal de Justiça de Alagoas. Santos foi encaminhado à Casa de Custódia da Polícia Civil. Segundo o procurador-geral de Justiça, Eduardo Tavares, "o prefeito tomou conta do dinheiro público como se fosse dele". A investigação iniciada há cerca de 90 dias, localizou uma série de desvios nos recursos do Fundo de Participação dos Municípios (FPM) e do ICMS. "Ele montou um esquema com a abertura de empresas e a criação de programas sociais que não funcionavam na legalidade, servindo apenas para desviar recursos públicos", destacou durante uma coletiva no prédio-sede do MPE.

O Ministério Público Estadual informou que a investigação agora será feita em cima da participação do prefeito em assassinatos registrados em Traipu. "É bom deixar bem claro que o Ministério Público trabalha de forma apartidária e que não existe essa história de que a denúncia tem conotação política como chegou a ser especulado. A denúncia foi feita pelo Ministério Público porque existem provas robustas de que o prefeito praticou todos os crimes relacionados", afirmou Tavares, lembrando que a ação também foi subscrita pelos procuradores de Justiça Sérgio Jucá e Afrânio Roberto e pelos promotores Luiz Vasconcelos, Karla Padilha e Luiz Tenório.

Segundo o promotor de Justiça Luiz Vasconcelos, coordenador do Grupo Estadual de Combate às Organizações Criminosas do Ministério Público Estadual (Gecoc), uma série de empresas foram criadas para favorecer o esquema fraudulento. "Ele criou empresas com sócios 'laranjas', que sempre ganhavam as licitações; locava veículos de assessores que jamais prestavam serviços; comprava combustível para carros que não eram abastecidos e utilizava notas fiscais frias para justificar as mais variadas fraudes, entre outros meios de práticas criminosas. A maior parte do patrimônio do acusado está em nome de terceiros", contou.

De acordo com o procurador-geral substituto, Sérgio Jucá, a ação penal contra o prefeito afastado tramitará perante o Tribunal de Justiça. Já a que envolve os 18 integrantes da organização criminosa será julgada pelo juiz da Comarca de Traipu ou pelos integrantes da 17ª Vara Criminal – especializada em quadrilhas. A expectativa é de que o decreto de prisão deles saia ainda esta semana. Na coletiva, Jucá destacou a integração operacional do MPE com as demais instituições que estão atuando coletivamente no combate ao crime organizado e aos crimes do *colarinho branco* em Alagoas. "Estamos diante de um contumaz dilapidador do patrimônio público de Traipu e por isso estamos agindo com o rigor que a lei permite", assegurou.

Marcos Santos ficou foragido por quase dois meses, depois que a Polícia Federal desencadeou a Operação Tabanga, cujo objetivo era cumprir mandados de prisão e busca e apreensão em Traipu. O prefeito é acusado de comandar um esquema que desviou recursos públicos federais relacionados à educação em mais de R$ 8 milhões. Ele foi afastado do cargo pela Justiça Federal. No entanto, conseguiu um *habeas corpus* no Tribunal Regional Federal da 5ª Região, na semana passada, que permitiu o seu retorno ao Estado.

6.18 Ministério Público do Estado de Pernambuco

Ministério Público de Pernambuco:

Operação Cafua mobiliza MPPE e SDS contra tortura[172]
Segunda-feira, 30 de abril de 2012, 16h05
Com o objetivo de investigar a prática de tortura em internos do Centro de Atendimento Socioeducativo (Case) de Abreu e Lima, o Ministério Público de Pernambuco (MPPE) e a Polícia Civil realizaram a operação Cafua na manhã da sexta-feira (27). Das 5h ao meio-dia, 240 policiais civis executaram 13 mandados judiciais de busca e apreensão expedidas pela juíza de Abreu e Lima, Ana Maria Silva. Eles foram cumpridos nas cidades Abreu e Lima, Recife, Olinda, Paulista, Jaboatão dos Guararapes e Araçoiaba.

Também foram efetuadas quatro prisões em flagrante. Toda a operação foi acompanhada por 18 promotores de Justiça das cidades que receberam a ação policial e o material apreendido servirá de subsídio às investigações que apuram as denúncias, em tramitação na Promotoria de Abreu e Lima. A operação contou com apoio do Grupo de Atuação Especial de Combate às Organizações Criminosas (Gaeco) e do Núcleo de Inteligência do MPPE. Doze mandados foram cumpridos nas casas de agentes da Fundação de Atendimento Socioeducativo (Funase) acusados de tortura e um na própria unidade. Os policiais apreenderam dois revólveres, munições, cassetetes e algemas. Uma das armas, apreendida dentro da Case, estava com um agente, mas a lei proíbe que eles estejam armados nas unidades.

---

[172] Conferir no site: http://www.mp.pe.gov.br/index.pl/cafua_blano. Acesso em: 27 maio 2012.

Apenas um dos investigados, que detinha munição de uso restrito das forças armadas – de calibre 762 -, foi encaminhado ao Centro de Triagem (Cotel), em Abreu e Lima. Os demais foram liberados após pagamento de fiança. Além das prisões, foram abertos dois Termos Circunstanciados de Ocorrência (TCOs) contra duas pessoas por criarem dificuldades à atuação do Ministério Público. Logo após a operação, a Funase atendeu recomendação do MPPE e afastou os investigados de suas funções.

As denúncias de tortura chegaram ao MPPE no final de março. No dia 29 daquele mês, os promotores da 6ª Promotoria de Justiça de Defesa da Cidadania do Recife, Katarina Gusmão, Maxwell Vignoli e Isabela Bandeira, realizaram uma inspeção no Case e encontraram adolescentes lesionados e 26 barrotes que seriam usados para bater em internos.

Segundo o promotor de Abreu e Lima, Roberto Brayner, esta não foi a primeira vez que se denunciaram espancamentos de adolescentes nas unidades da Funase. Ele também enfatizou a mudança de postura do MPPE com a operação Cafua. "O método convencional de investigação, com depoimentos das vítimas, testemunhas e denunciados, não tem sido eficaz para produzir prova robusta dos crimes praticados intramuros, o que pode resultar em impunidade. Então decidimos pela busca e apreensão na intenção de obter outras provas materiais das infrações penais", explicou.

Os promotores envolvidos no caso informaram que no inquérito que apura os crimes há exames de corpo de delito realizados pelo Instituto de Medicina Legal (IML) que atestam as lesões corporais nos internos.

Parceria – A Polícia Civil irá enviar todo o material coletado na operação para a Promotoria de Abreu e Lima. Outros agentes podem ser incluídos no rol dos investigados durante a tramitação do inquérito, que não tem prazo para seu encerramento devido à complexidade do caso e das provas a serem analisadas.

No balanço que fez da operação, a parceria entre MPPE e Polícia Civil foi destacada pelo chefe de gabinete da Procuradoria-geral de Justiça, Ulisses de Araújo Sá, e pelo diretor de operações da Polícia Civil, Osvaldo Morais.

"O MPPE vem se empenhando em firmar parcerias como essa (da operação Cafua). Com o trabalho em parceria, quem ganha é a sociedade", avaliou Ulisses. "É a primeira operação de grande vulto entre as duas instituições e estou muito satisfeito com o resultado. A interação foi muito importante", afirmou Morais.

6.19 Ministério Público do Estado da Paraíba

Ministério Público da Paraíba:

MP denuncia 16 pessoas envolvidas na Operação Laços de Sangue[173]
Qui, 19 de janeiro de 2012, 17h01
Dezesseis pessoas foram denunciadas pelo Ministério Público da Paraíba acusadas de homicídio na região de Catolé do Rocha. A maior parte dos acusados foi presa durante a operação *Laços de Sangue*, desencadeada pelas polícias Civil e Militar em parceria com o Grupo de Atuação Especial contra o Crime Organizado (Gaeco), do Ministério Público, no dia 27 de setembro do ano passado, que prendeu integrantes de três famílias da Paraíba, do Rio Grande do Norte e do Ceará por suspeita de integrarem grupos de extermínio.

A denúncia foi assinada pelos promotores de Justiça José Leonardo Clementino Pinto e Artemise Leal, que participam do Mutirão do Poder Judiciário. "Os cinco processos criminais referentes às Operações Laços de Sangue I e II já se encontram com denúncia apresentada e prisões preventivas decretadas, estando em fase de notificação dos réus para apresentação de suas defesas. A previsão é de que a instrução criminal (interrogatório e oitiva de testemunhas) ocorra no mês de fevereiro", informou o promotor José Leonardo.

Foram denunciados Kléber do Nascimento Neres, Micherlande Venâncio da Silva, José Ganzert Mendes, Janaína Michaela de Mesquita, Maria Lemos da Silva, Luciano Suassuna Brilhante, Grimailsson Alves de Mesquita, José Damião Oliveira, Marcelo Oliveira da Silva, Evandro Pimenta de Oliveira, Isac Cosme de Lira, Jeneton Alves de Mesquita, João Gomes da Silva, Magnólia Alves de Mesquita, Humberto Suassuna e Chateaubriand Suassuna Barreto.

O caso ganhou repercussão nacional, sendo matéria do programa Fantástico, da Rede Globo, que destacou a guerra entre as famílias Suassuna e os Batista Mesquita, que já dura mais de 30 anos e teria a morte de quase 100 pessoas, no Sertão paraibano.

Segurança
Segundo o Promotor de Justiça José Leonardo Clementino Pinto, a presença maciça das instituições na cidade de Catolé do Rocha, com mais Promotores de Justiça, Juízes de Direito e defensores públicos designados para impulsionar os processos criminais, aliado ao aumento do efetivo das Polícias Militar e Civil na região, inclusive através de seus grupos de operações especiais, tem propiciado uma redução drástica nos

---

[173] Conferir no site: http://www.mp.pb.gov.br/index.php?option=com_content&view=articl e&id=3165%3Amp-denuncia-16-pessoas-envolvidas-na-operacao-lacos-de-sangue&catid =34%3Agerais&Itemid=1. Acesso em: 30 maio 2012.

índices de criminalidade na cidade de Catolé do Rocha. "Desde o início do regime especial (mutirão penal), no dia 07 de novembro de 2011, a cidade não registrou mais nenhum crime violento, como homicídio ou roubo", disse o promotor.

Ele explicou que o serviço de inteligência do Ministério Público e das polícias Civil e Federal está operando com fornecimento contínuo de informações e disponibilizando todas as medidas de segurança necessárias para que os processos tenham rápida tramitação e os mandados de prisão expedidos pela Justiça sejam cumpridos com a máxima eficiência e celeridade, inclusive em outros Estados.

"Somente na semana passada, com o reinício do regime especial, uma grande força policial deu cumprimento a mais de 100 mandados de busca e apreensão, resultando na apreensão de dezenas de armas de fogo e prisões, inclusive de acusados foragidos de crimes de homicídio que não conseguiram fugir da cidade devido ao aparato policial em operação", destacou José Leonardo, acrescentando que o Ministério Público já começou a apresentar denúncias referentes a esta operação.

Mutirão

Com relação aos dados do mutirão, já foram realizadas desde 07 de novembro mais de 240 audiências, 07 Júris (seis condenações). Foram prolatadas até o momento 288 sentenças. "Semanalmente dezenas de novas ações penais estão sendo promovidas pelo Ministério Público da Paraíba, isto porque a Polícia Civil com o incremento de seus quadros na cidade tem conseguido dar vazão às centenas de inquéritos policiais que se encontravam nas delegacias de polícia da região", declarou o promotor.

Transferência

José Leonardo Clementino informou ainda que o Ministério Público está cruzando informações com vistas à transferência de aproximadamente 30 apenados que cumprem pena no Presídio Regional de Catolé do Rocha. "As informações são de que o presídio local recebeu cerca de 30 presos de outras unidades que não possuem qualquer vínculo processual ou familiar na região e muitos deles passaram a relacionar-se com organizações criminosas locais, inclusive subjugando presos da região, o que também contribuiu para o aumento dos índices de violência na região. O MP estará requerendo nos próximos dias a imediata transferência desses apenados para as penitenciárias de origem, o que reforçará ainda mais a segurança pública na região", afirmou.

O promotor destacou também que o Ministério Público vem trabalhando no sentido de quebrar a ligação existente entre alguns presos denunciados e o Estado. "Existem informações repassadas pela própria polícia e inclusive confirmada pelos acusados no sentido de que chegavam até mesmo a receber proteção policial proveniente do Comando do Batalhão da Polícia Militar local. Trata-se de um fato de extrema gravidade que

CAPÍTULO 6
O TRABALHO DOS MINISTÉRIOS PÚBLICOS BRASILEIROS NAS INVESTIGAÇÕES CRIMINAIS | 323

já está recebendo o tratamento adequado no âmbito das instituições públicas e o Ministério Público está vigilante na resolução dessa situação", concluiu.

Gaeco, PRF e Detran deflagram Operação Medusa[174]
Qui, 05 de maio de 201, 08h49
Até o momento 15 pessoas foram presas, entre donos de autoescolas e funcionários do Detran
O Grupo de Atuação Especial Contra o Crime Organizado (Gaeco), a Polícia Rodoviária Federal e o Detran realizam, nesta quinta-feira (5), uma operação denominada Medusa, nas cidades de Campina Grande, Alhandra, Umbuzeiro, Sousa e Taperoá, para prender supostos envolvidos em fraudes de carteiras de habilitação. Segundo informações do Gaeco, 15 pessoas foram presas e duas armas foram apreendidas, além de documentos e computadores. Às 10h, será concedida uma entrevista coletiva na sede do Ministério Público em Campina Grande. Participam da Operação Medusa mais de 200 policiais, entre Policias Rodoviários Federais, Civis e Militares, além de servidores do Ministério Público da Paraíba e da Corregedoria do Detran/PB. Os alvos são funcionários do Detran, despachantes e proprietários de autoescolas envolvidos em fraudes na concessão da carteira nacional de habilitação (CNH). O objetivo é cumprir 40 mandados, entre ordens de prisão e de busca e apreensão.
As investigações do Ministério Público, da Polícia e do Detran detectaram que documentos eram emitidos de forma fraudulenta para analfabetos e até para pessoas de outros estados que não precisaram vir à Paraíba para se submeterem às provas. Cada carteira saía por, em média, R$ 1,5 mil. Os responsáveis por inserir os dados falsos e fornecer os documentos seriam os servidores do Detran.
A operação Medusa é uma continuidade da *Espelho de Prata*, realizada em junho do ano passado pelo Gaeco e pela Polícia Civil, e que terminou no cumprimento de 41 mandados de prisão e 52 de busca e apreensão em cidades da Paraíba, Pernambuco, Rio de Janeiro e Ceará.

6.20 Ministério Público do Estado do Amapá

No Ministério Público do Amapá noticia-se:

MPE e Polícia Civil mostram resultados da operação Pedra do Vale[175]

---

[174] Conferir no site: http://www.mp.pb.gov.br/index.php?option=com_content&view=articl e&id=2242%3Agaeco-prf-e-detran-deflagram-operacao-medusa&catid=54%3Agaeco&Ite mid=1. Acesso em: 30 maio 2012.

[175] Conferir no site: http://www.policiacivil.ap.gov.br/noticiasoutubro.php. Acesso em: 30 maio 2012.

O delegado Leandro Moisés de Sousa titular da delegacia do município de Vitória do Jari, região sul do Estado do Amapá, instaurou inquérito contra pessoas envolvidas com tráfico de drogas na cidade.

A Polícia Civil trabalhou em conjunto com promotores do Ministério Público do Estado (MPE) e Polícia Militar (Bope) no cumprimento de 18 mandados de prisão que envolvia inclusive policiais militares e funcionário da Prefeitura local e pessoas comuns.

Foram dois dias de ação policial nos municípios de Laranjal e Vitória do Jari além de Almerim no Pará, onde a investigação descobriu pessoas responsáveis pela prática de delitos que transportavam o produto.

Na manhã desta sexta-feira, 28, membros da Promotoria de Investigação Cível e Criminal (PICC), o delegado Leandro Moisés e a Procuradora-Geral de Justiça do MPE Ivana Cei concederam entrevista sobre a operação denominada *Pedra do Vale* no auditório da PICC.

Na ocasião foi mostrado um gráfico sobre como a quadrilha estava organizada em solo brasileiro para administrar o comércio de drogas, oriunda de países como a Colômbia.

O promotor Weber Penafort fez uma declaração alarmante aos jornalistas sobre algumas pessoas no município com pretensão a concorrer a cargos políticos nas próximas eleições, e que seriam financiadas com verba do crime organizado no Amapá.

Leandro Moisés disse que observou conduta estranha de alguns policiais quando as ações eram feitas, ou seja, a polícia não tinha êxito na prisão de suspeitas foi quando decidiu levar o caso à promotoria para investigar servidores.

Segundo o promotor Eder Abreu a investigação ocorreu durante doze meses nos Estados do Amapá, Pará e Rondônia com intuito de combater o tráfico de entorpecentes e armas com envolvimento direto de agentes de segurança pública.

Os policiais apreenderam vários veículos adquiridos com dinheiro do tráfico, além de aparelhos eletrônicos, 500 gramas de cocaína, balanças de precisão e R$ 8 mil em espécie.

Ministério Público requer prisão de Ten. PM por abuso de autoridade e crimes de tortura[176]

Ministério Público do Estado do Amapá – 25 de agosto de 2011

A Promotoria de Justiça de Oiapoque recebeu diversos relatos de pessoas da comunidade, dentre elas de um adolescente, os quais teriam sido vítimas dos crimes de tortura e de abuso de autoridade praticados pela Tenente PM Eneida.

---

[176] Ver o site: http://mp-ap.jusbrasil.com.br/noticias/2816280/ministerio-publico-requer-prisao-de-ten-pm-por-abuso-de-autoridade-e-crimes-de-tortura. Acesso em: 30 maio 2012.

Diante dos relatos, o MP-AP determinou a instauração de inquéritos policiais e instaurou procedimentos administrativos para apuração dos fatos, quando foi constatado que a oficial da PM estaria ameaçando as vítimas, testemunhas e as coagindo para modificar os seus depoimentos. Inclusive, uma vítima apresentou cópia de dois depoimentos prestados, pois o segundo teria sido apresentado *pronto* pela policial militar, somente para a testemunha assinar, relatou o promotor de Justiça Laércio Mendes. O promotor Jander Vilhena, também atuante na ação, informou que o Ministério Público do Amapá requereu perante o Juiz Criminal de Oiapoque, Luiz Grott, a prisão preventiva da Tenente PM Eneida, com o argumento de garantia da instrução criminal, visto que a investigada se encontrava embaraçando a investigação e a apuração dos fatos.

A justiça acatou o pedido do MP-AP e a prisão preventiva da Ten. foi decretada no dia 11 de agosto de 2011.

Nesta terça-feira (23), foram ofertadas duas denúncias pela prática de dois crimes de tortura e crime de abuso de autoridade, bem como ainda existem alguns casos em apuração, que está em processo de investigação.

6.21 Ministério Público do Estado Rio Grande do Norte

Ministério Público do Rio Grande do Norte:

MP e PM deflagram operação Pecado Capital[177]
12 de setembro de 2011, 09h10
por Assessoria de Imprensa do MPRN
O Ministério Público Estadual e a Polícia Militar deflagraram nas primeiras horas da manhã desta segunda-feira (dia 12/09) a Operação *Pecado Capital*, dando cumprimento a mandados de sequestro de bens, de busca e apreensão e de prisão, expedidos pela Justiça contra o ex-diretor do Instituto de Pesos e Medidas do Estado do Rio Grande do Norte (IPEM/RN), Rychardson de Macedo Bernardo, familiares seus e ex-funcionários da autarquia.

Entre os crimes investigados pelo Ministério Público, estão os de quadrilha, peculato, corrupção ativa e passiva, de lavagem de dinheiro com uso de empresas de comércio de veículos e de alimentos, bem como de fraude a licitações.

Entre as irregularidades investigadas estão a obtenção de recursos públicos através da contratação de funcionários fantasmas; obtenção de recursos públicos através da concessão indiscriminada de diárias; obtenção de recursos públicos através de fraudes em licitações; e obtenção de recursos públicos através de recebimento de propinas oriundas da

---

[177] Conferir no site: http://www.mp.rn.gov.br/noticias.asp?cod=1680. Acesso em: 30 maio 2012.

atividade de (não) fiscalização; e criação de empresas para lavagem de recursos públicos.

A Operação se refere a investigações que são conduzidas há aproximadamente um ano por Promotores de Justiça das Promotorias de Justiça de Defesa do Patrimônio Público da Comarca de Natal e do Grupo de Atuação Especial de Combate ao Crime do MPRN – GAECO.

A Operação contou com a participação de 21 Promotores de Justiça e mais de cem policiais militares.

Após a coleta dos dados e realização de interrogatórios, o Ministério Público analisará as evidências de provas produzidas, de modo a oferecer ao Poder Judiciário a manifestação pertinente, especialmente para a responsabilização daqueles tidos por autores dos crimes investigados. Para obter mais informações sobre o caso, os interessados podem acessar o *site* www.mp.rn.gov.br, em que estão disponíveis petição e áudios de interceptação telefônica relacionados à investigação, os quais estão sendo divulgados com autorização judicial.

Operação prende policiais e empresários acusados de corrupção[178]
4 de julho de 2011, 08h36
por Assessoria de Imprensa do MPRN

Uma operação conjunta batizada de *Batalhão Mall*, deflagrada nas primeiras horas da manhã desta segunda-feira, dia 04 de julho, pelo Ministério Público Estadual e a Polícia Militar, prendeu Policiais Militares e empresários acusados de corrupção nas cidades de Assu, Pendências, Paraú e Mossoró, além da capital Natal.

Mais de 80 homens e 11 Promotores de Justiça envolvidos na Operação deram cumprimento a 15 mandados de prisão e seis mandados de busca e apreensão expedidos pela Justiça contra 12 Policiais Militares, incluindo um Tenente-Coronel e um Major, além de três empresários, acusados respectivamente de recebimento e pagamento de propina.

A Operação *Batalhão Mall* teve o objetivo de desarticular a organização criminosa responsável pelo cometimento reiterado de crimes de corrupção ativa, passiva e peculato contra a Administração Pública Militar, através de negociatas com pontos bases de viaturas e vendas do serviço policial, especificamente: vendas de escolta de transporte de valores e de vigilância 24 horas, tudo com o uso de viaturas, estrutura da Polícia Militar e policiais em serviço, e também mediante apropriação de combustível extraído ilicitamente de viatura.

O esquema investigado funcionava com policiais do 10º Batalhão da Polícia Militar, baseado em Assu/RN. A Operação foi deflagrada simultaneamente com cumprimento de mandados em Natal, Assu,

---

[178] Conferir no site: http://www.mp.rn.gov.br/noticias.asp?cod=1467. Acesso em: 30 maio 2012.

Pendências, Paraú e Mossoró. As prisões e buscas foram decretadas pela Auditoria Militar do Estado e pela Vara Criminal de Assu.

Além de desarticular a organização criminosa, o Ministério Público Estadual pretende, com a Operação, cumprir a missão de prevenção geral do sistema punitivo, de modo a inibir práticas semelhantes, bem como somar aos esforços do Comando Geral da PM para reforçar a necessidade de probidade no exercício da função policial, especialmente no que tange a padrões éticos e assépticos na relação Polícia Militar e iniciativa privada.

A Operação *Batalhão Mall* se refere a investigações conduzidas há aproximadamente nove meses por Promotores de Justiça do Grupo de Atuação Especial de Combate ao Crime (GAECO) e Núcleo de Controle Externo da Atividade Policial (NUCAP).

6.22 Ministério Público do Estado do Amazonas

No Ministério Público do Amazonas:

MP-AM apresenta resultados das investigações em Parintins[179]
Ter, 08 de novembro de 2011, 13h50
Nesta segunda-feira, 07 de novembro, o coordenador do CAO-CRI-MO (Coordenação do Centro de Apoio Operacional de Inteligência, Investigação e Combate ao Crime-Organizado), Promotor de Justiça Fábio Monteiro apresentou resultados do mês de outubro referentes às investigações no município de Parintins.

Fábio Monteiro fez uma visita ao município, onde constatou irregularidades como superfaturamento em obras, dispensa de licitações e enriquecimento rápido de pessoas próximas ao prefeito. A denúncia aponta ainda desvio de recursos do contrato firmado entre a prefeitura de Parintins e a SEINF (Secretaria de Estado de Infraestrutura), para a pavimentação de 34 ruas do município, sendo que a empresa contratada para executar a obra realizou apenas 20% do total.

A Prefeitura, por sua vez, alegou que não seria necessária a publicação de licitação por ser uma obra de urgência, tendo em vista a proximidade, à época, do Festival Folclórico de Parintins, sendo que as obras tiveram início apenas no mês de julho.

A empresa Tercon, contratada para fazer o serviço, recebeu o valor de R$ 1 milhão referente à primeira parcela do valor total de R$ 2.195 milhões orçados para a obra.

---

[179] Conferir no site: http://mp.am.gov.br/index.php/noticias/3170-mp-am-apresenta-resultados-das-investigacoes-em-parintins. Acesso em: 04 jun. 2012.

"A prefeitura faz o projeto, capta a verba da 1ª parcela referente ao início da obra, a obra não acontece e o dinheiro é embolsado. Vou encaminhar a denúncia para o Procurador-Geral e sugerir o afastamento do prefeito até o fim das investigações" disse Monteiro.

Cao-Crimo investiga concurso da Defensoria Pública[180]
Qua, 03 de agosto de 2011, 09h05
Na manhã desta terça-feira, 02 de agosto de 2011, o coordenador do Centro de Apoio Operacional de Combate ao Crime Organizado do Ministério Público do Estado do Amazonas (Cao-Crimo), Promotor de Justiça Carlos Fábio Monteiro, concedeu uma entrevista coletiva à imprensa para prestar informações sobre os procedimentos que investigam o concurso da Defensoria Pública do Estado do Amazonas, que está sob suspeita de fraude.
Dois mandados de busca e apreensão foram expedidos pela justiça do Estado do Amazonas nesta terça-feira devido às suspeitas. O concurso foi lançado no dia 13 de abril de 2011, e eram oferecidas 60 vagas para defensor público em Manaus e no interior. A primeira etapa do processo seletivo foi realizada no último 26 de junho, em Manaus, e ontem, 01 de agosto de 2011, o concurso foi anulado após as suspeitas de fraude ter sido denunciada. Por ordem do Procurador-Geral de Justiça, Francisco Cruz, a investigação deve ir a fundo. "Não vamos admitir fraude em certame público. A coordenadoria vai investigar e os responsáveis serão punidos na forma da lei. O Ministério Público ficará atento e dará resposta a sociedade!", disse o PGJ.

6.23 Ministério Público do Estado de Goiás

No Ministério Público de Goiás:

Operação Biópsia prende cinco pessoas e apura desvios na ACCG[181]
Ministério Público do Estado de Goiás, 07 de fevereiro de 2012
Promotores de Justiça do Grupo de Atuação Especial de Combate ao Crime Organizado (Gaeco) e no Centro de Segurança Institucional e Inteligência (CSI) do Ministério Público concederam entrevista coletiva hoje (8/2), na sede da instituição, para esclarecer algumas informações sobre a Operação Biópsia, que visa a apurar desvio de recursos públicos na Associação de Combate ao Câncer em Goiás (ACCG).

---

[180] Conferir no site: http://mp.am.gov.br/index.php/noticias/2568-cao-crimo-investiga-concurso-da-defensoria-publica. Acesso em: 05 jun. 2012.

[181] Conferir no site: http://mp-go.jusbrasil.com.br/noticias/3013332/operacao-biopsia-prende-cinco-pessoas-e-apura-desvios-na-accg. Acesso em: 05 jun. 2012.

CAPÍTULO 6
O TRABALHO DOS MINISTÉRIOS PÚBLICOS BRASILEIROS NAS INVESTIGAÇÕES CRIMINAIS | 329

Deflagrada pelo Ministério Público, com o apoio do Comando de Operações Especiais (COE) da Polícia Militar, a operação resultou no cumprimento de cinco mandados de prisão temporária e sete mandados de busca e apreensão, com o recolhimento de documentos e CPUs de computadores. Foram presos quatro integrantes da ACCG e um empresário, residentes na Região Metropolitana de Goiânia. Entre os documentos apreendidos estão notas fiscais e contratos.

Atendimento

Na coletiva, os promotores esclareceram que o Centro de Apoio Operacional da Saúde do MP irá exigir que não haja interrupção do atendimento médico no hospital. Conforme destacado pelos promotores, a operação pretende sanar as irregularidades da associação para que os pacientes tenham acesso igualitário ao serviço de saúde, como prevê a *Constituição Federal*.

A operação é resultado de investigação criminal instaurada pelo Gaeco, que há cerca de seis meses tem apurado indícios de diversas irregularidades em relação à ACCG. Entre as práticas já comprovadas estão o uso de notas frias, o pagamento de produtos que não foram entregues, além do pagamento de supersalários.

Citando as situações encontradas na instituição, estavam a prática recorrente de nepotismo, a autocontratação da ACCG para a prestação de serviços e até o pagamento de pensão alimentícia ao filho de um dos servidores da associação.

Por estar ainda em fase de apuração, os promotores não divulgaram os nomes dos investigados nem casos concretos em relação às irregularidades encontradas no órgão.

Prejuízo aos pacientes

Segundo destacado pelo coordenador do Gaeco, promotor Denis Bimbati, apesar de a investigação não estar concluída, há indicativos de que as irregularidades afetaram diretamente o atendimento médico no Hospital Araújo Jorge, que é mantido pela Associação de Combate ao Câncer em Goiás.

Uma das principais consequências da má gestão foi o atendimento deficiente dos pacientes, que colocou em desigualdade aqueles que puderam pagar por uma consulta de forma particular e aqueles que tiveram que aguardar a atendimento por meio de convênios públicos. Tivemos comprovação de pacientes que pagaram e foram atendidos imediatamente, enquanto outros aguardaram até seis meses por um atendimento ou retorno, afirmou Denis Bimbati. Ele acrescentou ainda que, pelo que já foi apurado na investigação, há indícios claros de que, na ACCG, formou-se uma organização criminosa.

Parceria contínua

Ressaltando a parceria entre o MP e a Polícia Militar, o coronel Urzeda destacou que não houve resistência à prisão por parte de nenhum dos suspeitos, nem sequer foi necessário o uso de algema. Para esta e outras operações de combate a organizações criminosas, que deverão ser deflagradas pelas duas instituições, o Ministério Público irá contar com o apoio da inteligência da PM e do COE.

Na ação realizada hoje estiveram envolvidos 40 homens do Comando de Operações Especiais, e outros 15 do setor de inteligência da PM. O trabalho foi acompanhado diretamente pelos promotores de Justiça.

Também participaram da entrevista coletiva os promotores José Carlos de Miranda Nery Júnior, coordenador do Centro de Segurança Institucional e Inteligência (CSI); Juan Borges, Luís Guilherme Guimenes, Walter Tiyozo, Vinícius Marçal e Eduardo Prego. *(Texto: Cristina Rosa – fotos: João Sérgio / Assessoria de Comunicação Social do MP-GO)*

Fotos Entrevista coletiva foi realizada na sede do Ministério Público goiano Promotor Denis Bimbati falou em nome dos promotores de Justiça Material foi recolhido no início da manhã de hoje com investigados.

Operação Sexto Mandamento prende militares em Goiás[182]

Ministério Público do Estado de Goiás – 15 de fevereiro de 2011

A partir de uma série de denúncias sobre a existência de grupos de extermínio em vários estados brasileiros, e com base em investigações iniciadas pelo Ministério Público estadual (MP-GO), foi deflagrada nesta manhã (15/2) pela Polícia Federal em Goiás (PF) a Operação Sexto Mandamento, com o objetivo de desarticular uma organização criminosa com alto poder de influência e de intimidação composta por Policiais Militares de Goiás. Há mais de uma década o MP tem investigado e processado vários militares envolvidos em ações criminosas e, diante da constatação de limitações dos aparelhos de investigação estatal, em dezembro de 2009 solicitou ao Ministro da Justiça a intervenção da Polícia Federal, fato concretizado a partir de abril de 2010.

Nota da PF informa que a Operação Sexto Mandamento cumprirá 19 mandados de prisão preventiva e oito mandados de prisão temporária, bem como mandados de busca e apreensão. Foram compostas 18 equipes, totalizando 131 policiais federais e 12 oficiais da Polícia Militar de Goiás. O total de alvos são 19, sendo 13 em Goiânia e seis no interior do Estado, já que alguns dos envolvidos possuem mais de um de mandado de prisão.

A nota reitera que, segundo as investigações, a organização criminosa tinha como principal atividade a prática habitual de homicídios com a simulação de que os crimes foram praticados em confrontos com as vítimas. As investigações demonstraram ainda que outros homicídios foram praticados pela organização criminosa, inclusive durante o horário de serviço e com uso de viaturas da corporação, de maneira clandestina e sem qualquer motivação que legitimasse a ação policial

---

[182] Conferir no site: http://mp-go.jusbrasil.com.br/noticias/2565836/operacao-sexto-mandamento-prende-militares-em-goias. Acesso em: 20 maio 2012.

CAPÍTULO 6
O TRABALHO DOS MINISTÉRIOS PÚBLICOS BRASILEIROS NAS INVESTIGAÇÕES CRIMINAIS | **331**

dos investigados. A organização criminosa especializou-se ainda na ocultação de cadáveres.

Os próximos passos do Ministério Público goiano nesta investigação serão detalhados pelo procurador-geral de Justiça, Eduardo Abdon Moura, na entrevista coletiva realizada hoje (15/2), às 15 horas, na Superintendência Regional da PF (Av. Edmundo Pinheiro de Abreu nº 826, S. Pedro Ludovico).

Assessoria de Comunicação Social do MP-GO
Promotores esclarecem esquema de fraudes deflagrado pela Operação Propina Verde[183]

Extraído de: Frente de Mobilização Municipalista – 15 de dezembro de 2010

Em entrevista coletiva realizada hoje (14/12) no Ministério Público de Goiás (MP-GO), integrantes da instituição e o titular da Delegacia Estadual de Repressão a Crimes Contra a Administração Pública (Derccap), Celso Euzébio Ferreira esclareceram a apuração de atos de corrupção e fraude no âmbito da Secretaria Estadual de Meio Ambiente e Recursos Hídricos (Semarh). Participaram da coletiva o procurador-geral de Justiça, Eduardo Abdon Moura, os coordenadores do Centro de Apoio Operacional Criminal e de Meio Ambiente, José Carlos Nery Júnior e Sandra Garbelini e promotores do Grupo de Repressão ao Crime Organizado (GRC) do MP de Goiás. Segundo destacou José Carlos Nery, as investigações da ação denominada *Operação Propina Verde*, tiveram o envolvimento de dez promotores de Justiça e 20 servidores da área de inteligência do MP-GO, das Polícias Civil e Militar, além de 20 delegados de polícia e 130 policiais civis e militares. Até o momento 25 mandados de prisão foram expedidos, sendo cumpridos 24 – dois em flagrante por posse ilegal de arma de fogo. Também foram cumpridos 24 mandados de busca e apreensão de documentos e equipamentos. Além disso, foram apreendidos R$ 765 mil, incluindo cheques e dinheiro em espécie. Além de Goiânia, ocorreram prisões em Anápolis (2), Anicuns (2), Caçu (1), Niquelândia (1) e Vianópolis (1). Os 24 presos foram transferidos para a Delegacia Estadual de Repressão a Narcóticos (Denarc).

O delegado Celso Euzébio afirmou que as investigações foram feitas com foco na Superintendência de Fiscalização da Semarh, para a apuração da cobrança indevida por vistorias, para a emissão de alvará, entre outras irregularidades. Outro setor investigado foi a Gerência de Biodiversidade, área encarregada da aprovação de averbação da reserva legal.

O promotor Adriano Godoy Firmino, coordenador das investigações, apontou que houve casos de processos parados por até oito anos,

---

[183] Conferir no site: http://fmm.jusbrasil.com.br/politica/6386658/promotores-esclarecem-esquema-de-fraudes-deflagrado-pela-operacao-propina-verde. Acesso em: 20 maio 2012.

enquanto outros tiveram aprovação em sete minutos. Ele acrescentou que foi delineada a atuação de três grupos: o de servidores públicos do órgão; de intermediários, pessoas que tinham livre trânsito na secretaria, cobravam agilidade nas aprovações e exigências fora dos requisitos legais, além dos chamados *RTs* ou responsáveis técnicos, profissionais como engenheiros agrônomos, agrimensores e corretores de imóveis que faziam locações de terras para averbação da reserva legal.

Ele citou os municípios de Planaltina, Cavalcante, Nova Roma e Caiapônia como sendo os que receberam a maioria das averbações de reserva extrapropriedade, com o *aluguel* das áreas, para que constassem como sendo de fato a área averbada, além da averbação fora da bacia hidrográfica a que pertence a propriedade, prática ilegal. Também foram apurados casos em que os termos de averbação foram concedidos sem que houvesse o processo, assim como a inexistência de termo de averbação. "Apesar de haver quem se beneficiasse desse esquema lucrativo, muitos proprietários rurais estavam sendo coagidos a fazer pagamentos indevidos", afirmou Adriano Godoy.

Reserva Legal

A promotora Sandra Garbelini esclareceu que a averbação da reserva legal é prevista na legislação visando a preservar, em áreas de Cerrado, 20% da vegetação. "O não cumprimento dessa exigência, portanto, causa um prejuízo ambiental incomensurável", reiterou.

Ela acrescentou ainda que o Ministério Público tem acompanhado a tentativa de mudança no quadro de servidores da secretaria, que em sua quase totalidade é composta por servidores comissionados ou cedidos de outros órgãos. No ano passado, foi realizado um concurso público para aumentar o quadro de servidores efetivos, já que a última seleção para o órgão foi feita em 1988.

A coordenadora enfatizou a importância das denúncias por parte da população "Caso alguém tenha alguma denúncia sobre a atuação da Semarh, que procure o Ministério Público para que seja feita a devida investigação", alertou.

(Texto: Cristina Rosa – foto: João Sérgio/Assessoria de Comunicação Social do MP-GO)

6.24 Ministério Público do Estado de Sergipe

No Ministério Público de Sergipe:

Força tarefa realiza operação na "Feira das Trocas"[184]
02 de junho de 2012, 12h49

---

[184] Conferir no site: http://www.atalaiaagora.com.br/conteudo.php?c=28335&sb=1&t= FORCA+TAREFA+REALIZA+OPERACAO+NA+%2FEIRA+DAS+TROCAS%22. Acesso em: 05 jun. 2012.

Uma força tarefa coordenada pelo Ministério Público de Sergipe com a participação das policias civil e militar, Corpo de Bombeiros, Secretaria de Estado da Fazenda, Emsurb e SMTT, realizou uma operação durante toda manhã deste sábado (02) na "Feira das Trocas" em Aracaju.

Segundo Ministério Público, a operação foi motivada pelas informações de irregularidades na Feira das Trocas, como: irregularidade da ocupação do lugar, desde 2008; registros nas Varas Criminais e nas polícias civil e militar referente à comercialização de armas; comercialização de produtos de crime, principalmente aparelhos eletrônicos; indícios de sonegação fiscal e comércio clandestino de animais silvestres.

A assessoria do Ministério Público informou que serão apresentados detalhes da operação na próxima segunda-feira (04).

6.25 Ministério Público do Estado do Tocantins

No Ministério Público do Tocantins:

TOCANTINS: MPE investiga suspeita de fraude em obras públicas de Prefeitura[185]

Postado por Agência Araguaia CAPC em 5 de julho de 2011 em Tocantins

O Ministério Público Estadual (MPE) investiga suspeita de fraude em licitação realizada pela prefeitura de Palmeirópolis, 458 km de Palmas, na região sul do Estado.

De acordo com o promotor de Justiça da comarca de Palmeirópolis, Pedro Moreira de Melo, o ministério recebeu denúncia de vereadores de que a prefeitura teria realizado licitação para a construção de obras de bueiros e meios-fios da cidade, mas estaria usando os serviços dos próprios servidores da prefeitura e não da empresa licitada.

Segundo o promotor, as obras tiveram início no final do ano passado e equivalem a um montante de aproximadamente R$ 700 mil, contudo, ele frisou que ainda não se sabe se houve a deliberação de todo esse dinheiro por parte da prefeitura.

De acordo com Melo, o MPE pediu à prefeitura um levantamento contábil sobre as obras. "O Ministério Público já requisitou os documentos para análise e assim que receber a promotoria vai analisar a documentação e ver se ajuíza ou não uma Ação Civil Pública", enfatizou.

O promotor ainda destacou que esse levantamento foi solicitado na última sexta-feira e, portanto, o município tem seis dias úteis para apresentar ao MPE, uma vez que essa data vence na próxima segunda-feira. O

---

[185] Conferir no site: http://www.folhadobico.com.br/07/2011/tocantins-mpe-investiga-suspeita-de-fraude-em-obras-publicas-de-prefeitura.php. Acesso em: 05 jun. 2012.

município está sendo investigado pelo Grupo de Atuação Especial de Combate ao Crime Organizado (Gaeco). (Jornal do Tocantins)

6.26 Ministério Público Federal

No Ministério Público Federal inúmeras outras investigações criminais foram realizadas:

MPF/MA denuncia 30 pessoas por fraudes no recebimento do seguro DPVAT[186]
10 de abril de 2012
A quadrilha era especializada em fraudes para o requerimento, recebimento e posterior saque do seguro DPVAT, com intensa atividade em Imperatriz (MA) e cidades vizinhas.
O Ministério Público Federal (MPF) em Imperatriz (MA) denunciou trinta pessoas por envolvimento com fraudes no requerimento e recebimento de valores do Seguro para Danos Pessoais Causados por Veículos Automotores de Via Terrestre (DPVAT). Segundo o MPF, a quadrilha era especializada em fraudes para o requerimento, recebimento e posterior saque do seguro DPVAT, com intensa atividade em Imperatriz e cidades vizinhas.
O MPF começou a investigar a fraude após a abertura e a movimentação de contas bancárias abertas fraudulentamente na Caixa Econômica Federal, as quais se destinaram ao recebimento indevido de seguros do DPVAT. As diversas diligências realizadas durante a investigação e as quebras de sigilo telefônico permitiram a identificação da quadrilha.
A quadrilha é composta pelos denunciados Adonias Rocha (Dodô), Willames Oliveira Miranda, João Batista Alves Guida Lima (João Péron), Palmério dos Santos Silva (Gordo), Marcos Antônio da Silva Santos; Tonynaser Sousa Santos (Tony), Plínio Coelho Franco, Miriã da Silva Rocha, Nival Alves de Carvalho Filho (Doutor), Jakeline Rocha Bandeira, Elissandro Carvalho dos Santos, Wlissis Jackson Rocha Bandeira (Jean), Samuel Orlando da Rocha, Roseana Ribeiro Sousa (Rose), Ronaipe da Conceição Silva, Elizabeth Rocha da Silva (Bete); Vandeilton da França Rodrigues (Vando), Erismar dos Santos Cavalcante, Edemilson de Matos Lima, Cristiane Cavalcante Melo, David Lima Pereira e Elson Teotônio Pereira.
De acordo com a denúncia, todos os membros da quadrilha, em momentos diversos, de forma direta ou indireta, falsificavam documentos públicos e particulares, realizavam falsidades ideológicas e usavam

---

[186] Conferir no site: http://noticias.pgr.mpf.gov.br/noticias/noticias-do-site/copy_of_criminal/mpf-ma-denuncia-30-pessoas-por-fraudes-no-recebimento-do-seguro-dpvat/?searchterm=investigação criminal mpf. Acesso em: 01 jun. 2012.

O TRABALHO DOS MINISTÉRIOS PÚBLICOS BRASILEIROS NAS INVESTIGAÇÕES CRIMINAIS

esses documentos ora para instruir o requerimento de seguro DPVAT, ora para promover a abertura de contas bancárias na Caixa Econômica Federal e outras instituições financeiras destinadas a receber os valores. Ainda, segundo a denúncia, cada integrante da quadrilha colaborava com uma ou mais funções específicas na estrutura da organização e todos se beneficiavam dos resultados criminosos.

Para o MPF, a quadrilha, ao agir dessa forma, induzia em erro tanto as próprias instituições financeiras, que abriam contas em nome de pessoas que na verdade não haviam requerido as aberturas, quanto as seguradoras, que realizavam indevidamente o pagamento do seguro.

A quadrilha contava também com outro esquema, no qual a abertura de contas mediante uso de documentos falsos não era necessária, pois arregimentavam pessoas para emprestarem suas contas e documentos pessoais verdadeiros para instrução e recebimento do seguro indevido. Nesses casos, apenas o processo de requerimento do seguro era instruído com documentos falsos relativos ao acidente (boletins de ocorrência, perícias médicas etc.), mas o valor era depositado na conta de seu verdadeiro titular, que recebia da quadrilha uma porcentagem do valor do seguro, de forma que apenas a seguradora figurava como vítima do estelionato.

Também foram denunciados: Thiago Pimentel Cordeiro; Nailson Moreira da Silva; José João do Nascimento; Hellisson Carvalho dos Santos; Maria Deuzimar dos Santos Souza; Maria Fhiama Dina de Sousa; Fernando de Sousa Pereira e Noé de Sousa Pereira.

Prisões decretadas – Apuradas as investigações da Polícia Federal, o MPF requereu da Justiça que os envolvidos nas práticas de estelionato, falsidade ideológica e formação de quadrilha, fossem presos preventiva ou temporariamente. Nove prisões preventivas e quatro prisões temporárias foram decretadas pela Justiça, no início do mês de março deste ano.

Oito pessoas ainda estão presas

A atuação do bando durou até que fossem cumpridos 12 mandados de prisão. Diversos mandados de busca, apreensão e sequestros também foram expedidos. Apenas um mandado de prisão não foi cumprido, pois o acusado, Willames Oliveira Miranda, está foragido.

A quadrilha falsificava documentos como carteiras de identidade, procurações, declarações de residência, boletins de ocorrência sobre acidentes automobilísticos e perícias médicas. O prejuízo causado é estimado em R$ 1,5 milhão somente no ano de 2011.

MPF/RS denuncia 11 por tráfico internacional de drogas
10 de novembro de 2011
Investigação da "Operação Açores" mapeou quadrilha que trazia maconha do exterior para o Brasil

O Ministério Público Federal em Novo Hamburgo (RS) denunciou 11 pessoas por tráfico internacional de drogas e associação para o tráfico. As duas denúncias foram encaminhadas para a Subseção Judiciária Federal de Novo Hamburgo.

As denúncias resultam das investigações feitas dentro da *Operação Açores* executadas na Procuradoria da República de Novo Hamburgo desde fevereiro de 2011. Os oito meses de trabalho resultaram em três flagrantes que resultaram na apreensão de mais de meia tonelada de maconha. As duas peças encaminhadas para o conhecimento da Justiça Federal contêm farta documentação do modo de operar da quadrilha.

Clênio Tomczak e Pedro Arnaldo Deleone foram apontados como líderes da quadrilha. Ambos cumprem pena na Penitenciária de Alta Segurança de Charqueadas e mesmo de dentro da cadeia "tratavam da articulação dos membros do grupo, organizando e distribuindo-lhes tarefas, além de cuidarem da arrecadação do dinheiro para a compra das drogas, do transporte, da guarda e da entrega dos carregamentos para os traficantes no varejo", conforme foi assinalado em uma das denúncias.

Clênio, Pedro e outras sete pessoas responderão por infrações aos artigos 33 (tráfico) e 35 (associação para o tráfico) do Estatuto Repressivo ao Tráfico Ilícito de Drogas (Lei nº 11.343/06) e podem sofrer condenações que variam de 8 a 25 anos de reclusão. Já José Claudir Bedatti e Valdir de Freitas, denunciados pelos artigos 35 e 36 (financiamento ao tráfico) da Lei nº 11.343/06, podem ser condenados a penas de 11 a 30 anos de prisão.

Flagrantes – O trabalho de investigação dos procuradores da República resultou em apreensões de droga em diferentes pontos do Rio Grande do Sul. Já na primeira ação, em março de 2011, a Polícia Federal pôde prender em flagrante um dos integrantes da quadrilha (Rodrigo Babinski) no município de Ronda Alta portando cerca de 365 kg de maconha trazida do Paraguai, além de armamento e munição.

Um segundo flagra foi efetuado em abril, em Porto Alegre, quando foram apreendidos quase 250 kg da droga oriunda da Argentina e do Paraguai, além de armas municiadas. Na ocasião, mais quatro integrantes do bando foram autuados em flagrante – os líderes Clênio e Pedro, além de Éder Galvão do Amaral e Adriano Brandão Palini.

O terceiro flagrante ocorreu em junho, em Novo Hamburgo. Ligiane Luciana Bonfim Vieira e Kelly Veridiana Bonfim Vieira foram presas portando 8 kg de maconha.

A investigação do MPF/RS, levada a cabo pelos procuradores da República Júlio Carlos Schwonke de Castro Jr e Celso Antônio Tres, concluiu que mesmo após o encarceramento, em abril, Clênio e Pedro continuaram a atuar nas atividades criminosas, "utilizando-se, para

CAPÍTULO 6 — O TRABALHO DOS MINISTÉRIOS PÚBLICOS BRASILEIROS NAS INVESTIGAÇÕES CRIMINAIS | **337**

tanto, de terminais telefônicos móveis (celulares) no interior de suas guarnições prisionais".

Também foram denunciadas pelo MPF/RS as seguintes pessoas: Carla Francieli Dalla Valle Tomczak (esposa de Clênio), Ivanor Darci Loch, Elton José dos Santos, Jackson Rodrigo Colombo e Tiago Fernando Melo Krummenauer.

MP pede bloqueio de US$ 2,8 mi de contas no exterior[187]
28 de novembro de 2005, 15h30, atualizado às 15h39
O Ministério Público Federal, através de uma força tarefa que atua no Paraná, pediu o bloqueio de US$ 2,864 milhões das contas de 17 brasileiros no exterior. Os donos das contas foram denunciados por crimes contra o sistema financeiro nacional, inclusive evasão de divisas e lavagem de dinheiro. Treze dos acusados também foram denunciados por formação de quadrilha.

Entre os clientes do esquema, de acordo com as investigações do MPF, aparece o empresário José Torzillo, que fez operações pela conta Farswiss. A Procuradoria- Geral do Estado da Bahia investigou Torzillo juntamente com o ex-secretário de administração Sérgio Moyses, por suspeita de improbidade administrativa.

Até agora, a Operação Zero Absoluto já conseguiu o bloqueio de cerca de US$ 11,5 milhões em contas dos empresários Antônio Pires de Almeida, Hélio Renato Laniado, Eliott Maurice Eskinazi, Renato Bento Maudonet Junior e Dany Lederman.

6.27 Ministério Público Militar

As investigações criminais também ocorrem no Ministério Público Militar:

PJM Rio denuncia militares e civis por desvio de R$ 11 milhões em licitações do IME[188]
Por Assessoria de Comunicação Institucional - Última modificação 01 de julho de 2011, 08h52
O 2º Ofício da Procuradoria de Justiça Militar no Rio de Janeiro ofereceu denúncia contra seis militares do Exército e nove civis por desvio de recursos públicos em licitações realizadas pelo Instituto Militar de

---

[187] Conferir no site: http://noticias.terra.com.br/brasil/noticias/0,OI774098-EI306,00-MP+pede +bloqueio+de+US+mi+de+contas+no+exterior.html. Acesso em: 05 jun. 2012.

[188] Conferir o artigo no site: http://www.mpm.gov.br/mpm/acontece/pjm-rio-denuncia-militares-e-civis-por-desvio-de-r-11-milhoes-em-licitacoes-do-ime/. Acesso em: 30 maio 2012.

Engenharia (IME), nos anos de 2004 e 2005. O prejuízo aos cofres públicos gerados pelas fraudes está orçado em R$ 11 milhões. Os envolvidos foram denunciados pela prática do crime de peculato, art. 303 do Código Penal Militar.

Em dezembro de 2009, a PJM Rio instaurou Procedimento de Investigação Criminal (PIC) para apurar informações recebidas em *e-mail* relacionadas a processos licitatórios e contratos realizados no Instituto Militar de Engenharia, nos anos de 2004 e 2005, referentes a convênios celebrados com o Departamento Nacional de Infraestrutura de Transportes (DNIT). Em seguida, este PIC foi apensado ao Inquérito Policial Militar aberto em 13 de maio de 2010, pelo Departamento de Ciência e Tecnologia para apurar eventuais fraudes em licitações e contratos ocorridos no âmbito do IME, no referido período.

Nas investigações, o MPM analisou 88 procedimentos licitatórios, todos considerados ilícitos e produzidos com o objetivo de desviar recursos públicos. De acordo com cálculos do Centro de Apoio à Investigação (CPADSI), órgão do Ministério Público Militar, e da 1ª Primeira Inspetoria de Contabilidade e Finanças do Exército, o prejuízo aos cofres públicos é estimado em R$ 11 milhões, sem atualização monetária.

Os 15 denunciados, o MPM os subdivide em três grupos, com atuações distintas nas fraudes. Um grupo é formado pelos integrantes da coordenação dos convênios DNIT/IME, um coronel do Quadro de Engenheiros Militares e um major da área de Administração. Outro, é composto pelos civis, empresários, *laranjas* e um contabilista, responsáveis pelas empresas que participavam dos procedimentos licitatórios. Finalizando, no terceiro estão os integrantes da administração do IME, dois coronéis, um tenente-coronel e um capitão, que, no período, se revezaram nas funções de ordenador de despesas, tesoureiro, almoxarife e integrante da Comissão Permanente de Licitações.

Apurou-se que os 88 procedimentos licitatórios analisados foram direcionados para que fossem vencidos pelas empresas participantes do esquema. Relatório da Comissão Regional de Obras da Primeira Região Militar apontou que, em 70 procedimentos licitatórios, houve fragmentação de despesas. Isso para que o certame fosse realizado na modalidade convite e ficasse restrito às empresas dos denunciados.

Os auditores da 1ª Primeira Inspetoria de Contabilidade e Finanças do Exército, designados pela Secretaria de Economia e Finanças do Exército para realizar a Tomada de Contas Especial (TCE) constataram que, em todos os procedimentos, até o presente momento analisados, houve ilicitudes e prejuízos ao erário, notadamente por fatos recorrentes nesses certames licitatórios: pagamentos antecipados, adicionais e outros realizados sem a devida comprovação da execução dos serviços, ou seja, configurando-se apenas repasse, desvio de recursos.

CAPÍTULO 6
O TRABALHO DOS MINISTÉRIOS PÚBLICOS BRASILEIROS NAS INVESTIGAÇÕES CRIMINAIS | 339

Alguns exemplos de irregularidades: nos convites 35 e 40/2004, o prazo de execução do serviço era de até 90 dias, no entanto, foi pago 80% em 4 dias e 20% em 11 dias (ou seja, 100% em 15 dias). Além disso, houve um reforço de pagamento de 18% em 9 dias e 24% em 10 dias, tudo sem comprovação da execução do serviço ou da necessidade de serviço adicional. No convite 43/2004, cuja execução do serviço seria de até 30 dias, foi pago 90,4% em cinco horas – tempo decorrido entre a emissão da Nota de Empenho e da Ordem Bancária – e o restante em 10 dias. Já no convite 58/2004, foi empenhado valor de 205% acima do adjudicado. Os certames licitatórios analisados no IPM tinham sempre a participação das mesmas oito empresas. Foi apurado que a constituição dessas empresas foi elaborada por dois empresários com o assessoramento de um contabilista, todos denunciados. Seis dessas empresas foram criadas em 2004, pouco ou imediatamente antes da grande incidência de licitações realizadas no IME, a fim de atender aos objetivos dos convênios com o DNIT. Os dois empresários são antigos conhecidos do major denunciado, pois forneciam bens e serviços ao IME quando ele era chefe do setor de materiais. Ressalte-se que o major é concunhado de um dos empresários denunciados.

Analisando a formação societária e a administração das oito empresas envolvidas na trama delituosa, percebe-se entre os sócios: parentes, amigos e parentes de amigos do major, do contabilista e dos empresários denunciados. Os empresários figuram ainda como sócios, mesmo que temporariamente, de algumas delas.

Para viabilizar estes procedimentos ilícitos, entre setembro de 2004 e dezembro de 2005, foram emitidas 253 declarações ideologicamente falsas, atestando serviços que não foram realizados, o que possibilitou aos gestores de recursos públicos do IME – que tinham conhecimento das irregularidades – implementarem as medidas para o pagamento indevido, dando a falsa ideia de que tudo foi realizado dentro da legalidade.

Para o MPM, pelos fatos descritos, o coronel-coordenador dos convênios, o major, os dois empresários e o contabilista incorreram no crime de peculato, artigo 303, *caput* e §1º, do Código Penal Militar, em 236 oportunidades.

Os outros civis também contribuíram nos aludidos certames licitatórios, aceitando figurar como sócios das empresas apontadas, emitindo e assinando documentos, concorrendo para a emissão de notas fiscais falsas, sendo também beneficiados com o desvio de recursos públicos. Por essa razão, foram denunciados pela prática do mesmo crime de peculato, cada um com a respectiva quantidade de vezes em que fraudou os certames.

No mesmo tipo penal, peculato, foram ainda denunciados os agentes administrativos militares: o ordenador de despesa, o tesoureiro, o almoxarife e os integrantes da comissão permanente de licitação. Todos eles verificando-se o número de vezes em que participaram de cada procedimento licitatório.

Nos depoimentos colhidos durante as investigações, todos, militares e civis, tentam justificar suas condutas, aduzindo que agiram dentro do previsto na legislação em vigor. Contudo, como argumenta a PJM Rio, o conjunto probatório é totalmente desfavorável, notadamente pela forma como conduziram os atos tanto na homologação dos certames licitatórios, como na fase de liquidação das despesas e do efetivo pagamento. Em todas as fases houve problemas e todos fingiram que estava tudo dentro da maior regularidade. "Ora, se seguissem o que recomenda a legislação pertinente, teriam evitado o desvio de recursos públicos em proveito próprio e alheio", escreve o membro do MPM.

A denúncia oferecida pelo MPM é referente a apenas uma parte da empreitada criminosa. Infelizmente, os procedimentos ilícitos nas licitações não cessaram com o término do convênio DNIT/IME. Em 2006, o Exército Brasileiro firmou acordo com o Ministério dos Transportes, mediante uma parceria entre o Departamento de Engenharia e Construção (DEC) e o DNIT. Para tanto, foi criado o Centro de Excelência em Transportes (CENTRAN), sob a coordenação técnica e administrativa do coronel-coordenador e do major denunciados. Ou seja, os dois oficiais continuaram nesse encargo no período de março de 2006 a abril de 2009, quando foram afastados após sindicância realizada no DEC, em razão de denúncias semelhantes às que deram origem ao presente IPM. Tais fatos foram inicialmente apurados em procedimento investigativo do 5º Ofício da PJM-RJ, cujos autos foram encaminhados à Procuradoria-Geral de Justiça Militar, em razão da atribuição específica deste órgão ministerial. Não obstante, recentemente foi instaurado um Inquérito Policial Militar no Departamento de Engenharia e Construção, para apurar os mesmos procedimentos.

Além desses, outros três IPMs apuram possíveis ilícitos relacionados a licitações no IME. Um deles, em trâmite na 2ª Aud/1ªCJM, apura a participação de servidor civil do IME na eliminação de documentos referentes a licitações ocorridas em 2004 e 2005. Outro, em curso na 1ª Aud/1ªAud, verifica irregularidades na descarga de materiais permanentes no IME, no ano de 2004, sendo indiciados quatro militares, dentre os quais o major denunciado. O último, também na 1ª Aud/1ªAud, é um IPM instaurado, mediante requisição do 5º Ofício da PJM/RJ, em razão de fraudes em licitações e dispensa de licitação na execução de contrato, no período de 2008/2010, envolvendo empresa de propriedade de dois dos civis denunciados neste IPM.

6.28 Ministério Público do Estado de Mato Grosso do Sul

Algumas notícias do Ministério Público de Mato Grosso do Sul:

Apreensão

GAECO de Mato Grosso do Sul e de São Paulo fazem operação conjunta contra o tráfico de drogas[189]
O GAECO de Mato Grosso do Sul em ação conjunta com o GAECO de Campinas (SP), auxiliados pela equipe da Força Tática do 3º Batalhão da Polícia Militar de Dourados, na última sexta-feira (04), por volta das 15h, apreendeu 1.038 kg de maconha que estava escondida em um fundo falso da carroceria do caminhão Mercedez Benz, branco, placas GON 0611 de Campo Grande que se encontrava ali estacionado para reparos há alguns dias.
Segundo o Promotor de Justiça e coordenador da operação, José Cláudio Baglio, as investigações já vinham sendo conduzidas pelo GAECO de Campinas há pelo menos oito meses, desencadeando a operação *Poeira* que desmantelou uma organização criminosa que agia em Atibaia (SP), que se dedicava à prática de crimes de tráfico ilícito de drogas. Na mesma data foram efetuadas 13 prisões em cinco cidades, inclusive do líder da organização criminosa, Pedro Nicastro, que trazia a droga de Mato Grosso do Sul, o qual foi preso na capital paulista. Um homem, encarregado de cuidar do estoque da droga na cidade de Mairiporã foi morto em confronto com a polícia.
Na oportunidade foram cumpridos 17 mandados de busca e apreensão, sendo apreendidos 22 celulares, vinte mil reais, quatro mil guaranis, 600 dólares, dois quilos de cocaína, duas armas de fogo, balança de

---

[189] Conferir notícia no site: http://www.mp.ms.gov.br/portal/principal/notall.php?pg=1&id=9092. Acesso em: 27 maio 2012.

precisão, 200 gramas de crack, além de mais de uma tonelada de maconha apreendida pelo GAECO em Dourados.

Resultado

GAECO divulga o balanço da Operação ORFEU[190]
Nos dias 09 e 10 de maio foi deflagrada pelo Grupo de Atuação Especial de Repressão ao Crime Organizado (GAECO), conjuntamente com a Delegacia Especial de Combate ao Crime Organizado (DECO), Agência Central de Inteligência da Polícia Militar (PM2) e Companhia Independente de Gerenciamento de Crises e Operações Especiais (CIGCOE), a operação policial batizada de *ORFEU*, que teve como propósito o cumprimento de 32 mandados de busca e apreensão expedidos pelo Poder Judiciário, comarca de Campo Grande.

A operação é resultado de investigação desenvolvida pelo GAECO, que durante cerca de três meses apurou as atividades de integrantes de organização criminosa dedicada à exploração ilegal de jogos de azar, à exploração de máquinas de música não licenciadas, bem como a prática de diversos outros delitos.

Identificou-se que tal organização criminosa seria composta também por agentes policiais da ativa e aposentados, que davam suporte para a prática de ilícitos, assim como por pessoas que já foram alvo de investigação nas operações *Xeque-Mate*, desenvolvida pela Polícia Federal em 2007, e *Las Vegas*, desenvolvida pelo GAECO em 2009.

Durante a operação foram fechados diversos cassinos clandestinos que funcionavam em residências da Capital, gerando com isso a apreensão de 37 (trinta e sete) máquinas caça-níquel, além de mobiliários, documentos com a contabilidade da atividade e anotações com referência a endereços de pontos de jogos, frequentadores e responsáveis pela contravenção.

---

[190] Conferir no site: http://www.mp.ms.gov.br/portal/principal/notall.php?pg=1&id=9105. Acesso em: 28 maio 2012.

Foram fechadas, ainda, duas fábricas clandestinas, bem como apreendidas 31 (trinta e uma) máquinas de música (*jukebox*) não licenciadas, 32 (trinta e duas) carcaças e diversos componentes utilizados para a montagem dos equipamentos, bem como para a montagem de máquinas caça-níquel. Também foram recolhidos, para análise e investigação, 04 (quatro) CPUs, 5 (cinco) HDs externos e 03 (três) notebooks, que passarão por perícia. Foram conduzidas até a Delegacia de Polícia 30 (trinta) pessoas, sendo que 18 (dezoito) delas foram presas em flagrante delito e liberadas depois do pagamento de fiança, ao passo que contra as demais foi lavrado Termo Circunstanciado de Ocorrência. Dentre os presos em flagrante está um Investigador de Policia Civil lotado na Delegacia de Ordem Política e Social – DEOPS.

Ainda, foram apreendidos R$ 3.929,00 em espécie, diversas folhas de cheque, 200 (duzentas) munições calibre 40 e 84 (oitenta e quatro) munições calibre 38, algumas delas de origem estrangeira, bem como dois revólveres também calibre 38.

Por fim, cumpre ressaltar que diversamente do que inicialmente divulgado por alguns veículos de comunicação, a operação *ORFEU* teve como principal propósito o combate à atuação de organização criminosa dedicada à prática de diversos ilícitos, dentre os quais a exploração de jogos de azar, e não apenas a repressão de crime de violação a direito autoral.

As investigações, portanto, prosseguirão com o propósito de identificar os demais integrantes desse grupo criminoso, que serão oportunamente levados à Justiça, para o devido julgamento, conforme as leis brasileiras vigentes.

Marcos Alex Vera de Oliveira
Promotor de Justiça do GAECO e Coordenador da Operação *ORFEU*

Ação
GAECO realiza operação na fronteira e prende paraguaio "pistoleiro"[191]
No início da tarde desta quinta-feira (16), na cidade de Coronel Sapucaia, agentes do Grupo de Atuação Especial de Repressão ao Crime Organizado (GAECO), com apoio da Polícia Militar, realizaram uma operação que resultou na prisão do paraguaio Jacinto Ramon Cristaldo Ramirez, por força de Mandado de Prisão expedido pela Vara Criminal da Comarca de Ponta Porã em 12/09/2011.

Jacinto Ramon é apontado de trabalhar como *Pistoleiro* do traficante paraguaio Felipe Baron Escurra, conhecido como *Barão da Maconha*, e também é acusado de praticar vários homicídios a mando do mesmo na região de fronteira do Brasil com o Paraguai.

---

[191] Conferir no site: http://www.mp.ms.gov.br/portal/principal/notall.php?pg=1&id=8765. Acesso em: 28 maio 2012.

A prisão de Ramon foi realizada em sua residência localizada à rua Amador Flores Sobrinho, no bairro Vila Nova em Coronel Sapucaia, sendo que no momento da abordagem dos Agentes do GAECO e dos Policiais Militares, ele portava uma pistola semiautomática de cal. 9mm e dois carregadores com 26 munições do mesmo calibre. Foi apreendida na casa dele uma motocicleta Honda/Tornado 250cc, sem placa.

Jacinto Ramon, tido como pessoa de alta periculosidade, também tem em seu desfavor um Mandado de Prisão expedido pela justiça paraguaia pelo crime de homicídio, bem como é indiciado no Inquérito Policial que está sendo conduzido pela Delegacia de Polícia Civil do município, em que é apontado como autor de um duplo homicídio ocorrido na linha internacional entre as cidades de Coronel Sapucaia e Capitan Bado-PY em 23/10/2010.

Após a sua prisão, Ramon foi encaminhado para a Delegacia de Polícia Civil de Coronel Sapucaia, juntamente com a pistola, as munições e a motocicleta apreendida, para ser lavrado o flagrante por porte ilegal de arma de fogo. A pistola semiautomática cal. 9mm apreendida será periciada pela Polícia Civil para ser confrontada nos homicídios onde foram utilizados arma desse mesmo calibre, ocorridos na região da fronteira do Brasil com o Paraguai.

Câmara Secreta
GAECO deflagra operação na Capital e no interior[192]
O GAECO (Grupo de Atuação Especial de Repressão ao Crime Organizado), com o apoio da Polícia Militar, deflagrou hoje a operação denominada *Câmara Secreta*, visando ao cumprimento de 04 prisões preventivas na cidade de Dourados e 10 (dez) mandados de busca e apreensão, sendo 07 (sete) na cidade de Dourados, 02 (dois) na cidade de Campo Grande e 01 (um) em Vicentina, comarca de Fátima do Sul, todos expedidos pelo Juízo da 1ª Vara Criminal da Comarca de Dourados, pela prática de crimes de falsificação de documento público e uso de documento público falsificado, peculato e formação de quadrilha.

As investigações iniciaram-se no final do ano de 2010 na 16ª Promotoria de Justiça de Dourados, com base em depoimentos de 05 (cinco) ex-servidores comissionados da Câmara Municipal de Dourados que denunciaram um *esquema* de fraudes na contratação de empréstimos consignados.

Segundo as declarações, os servidores foram nomeados pelo então Presidente da Câmara Sidlei Alves a pedido do ex-vereador Humberto Teixeira Júnior, com a finalidade exclusiva de contratação de empréstimos consignados, cujos valores foram repassados para o ex-vereador. Ocorre

---

[192] Conferir no site: http://www.mp.ms.gov.br/portal/principal/notall.php?pg=1&id=7573. Acesso em: 29 maio 2012

O TRABALHO DOS MINISTÉRIOS PÚBLICOS BRASILEIROS NAS INVESTIGAÇÕES CRIMINAIS

que os holerites dos servidores eram falsificados pelo então Diretor financeiro da Câmara, a mando dos dois vereadores, constando valores até 5 vezes maiores do que os efetivamente pagos, com o objetivo de aumentar a margem consignável e, com isso, conseguir maiores empréstimos.

Dos denunciantes, dois deles eram servidores-fantasmas, pois jamais trabalharam na Câmara Municipal de Dourados. Uma delas trabalhava efetivamente na assessoria de Teixeira Júnior e outros recebiam *gorjetas* mensais diretamente do ex-vereador e lhes prestavam serviços de caráter pessoal.

Toda a intermediação dos empréstimos entre a Câmara e as instituições bancárias era conduzida por Rodrigo Terra, vulgo *Tapado*, assessor de Teixeira Júnior, que participava instruindo a falsificação de documentos públicos e conduzia os servidores até os bancos. Assim que os empréstimos eram liberados, os servidores entregavam todo o valor para *Tapado* que os recebia em nome de Teixeira Júnior.

Alguns empréstimos eram pagos pelos próprios vereadores Teixeira Júnior e Sidlei Alves. Em outros, apurou-se, as parcelas eram descontadas do servidor-fantasma e pagas ao banco.

Segundo as declarações dos ex-servidores, inclusive valores referentes a rescisões de contrato teriam sido apropriados indevidamente pelo ex-vereador, por intermédio de seu assessor.

Gravações autorizadas pela justiça dão conta de que um dos ex-servidores, que está sob proteção policial, foi procurado por pessoa ligada a Teixeira Jr., que lhe pagou uma *propina* no valor de R$ 5.000,00 (cinco mil reais – valor este depositado em juízo) para que não denunciasse os fatos ao Ministério Público Estadual e, ainda, firmasse declaração em cartório de que os dois empréstimos feitos em seu nome foram utilizados pelo próprio ex-servidor.

GAECO divulga balanço da Operação HOLAMBRA[193]

O GAECO (Grupo de Atuação Especial de Repressão ao Crime Organizado) divulgou o balanço da Operação Holambra, destinada a cumprir 34 mandados de busca e apreensão domiciliar, 9 mandados de busca e apreensão de veículos, 8 mandados de prisão preventiva, 12 mandados de prisão temporária, dentre outras diligências, a fim de ser coletado material probatório relacionado a uma quadrilha composta por civis e policiais militares da região de Sidrolândia.

A operação foi realizada nas cidades de Campo Grande, Sidrolândia, Dois Irmãos do Buriti e em Rondonópolis, com o auxílio do GAECO de Mato Grosso, e participaram das diligências policiais militares do

---

[193] Conferir no site: http://www.mp.ms.gov.br/portal/principal/noticias.php?pg=1&id=8360. Acesso em: 28 maio 2012.

GAECO, da Agência Central de Inteligência, do CIGCOE, do 14º Batalhão da Polícia Militar Rodoviária, da Força Tática dos 1º, 9º e 10º BPM, da Corregedoria da PM, auditores fiscais do NUREP e Promotores de Justiça do GAECO.

O resultado final da Operação Holambra com medidas cautelares e administrativas cumpridas foram:

Mandado de busca e Apreensão: 15 em Campo Grande, 13 em Sidrolândia, 1 em Dois Irmãos do Buriti e 1 em Rondonópolis, totalizando 30.

Mandado de Prisão Preventiva: 4 em Campo Grande, 4 em Sidrolândia, total 8.

Mandado de Prisão Temporária: 3 em Campo Grande, 4 em Sidrolândia, 1 em Dois Irmãos de Buriti e 1 em Rondonópolis totalizando 9.

Auto de Prisão em Flagrante Delito – Campo Grande 2, Sidrolândia 2, total 4.

Veículos Apreendidos – 3 em Campo Grande.

Fonte: GAECO – Grupo de Atuação Especial de Repressão ao Crime Organizado

MP apresenta balanço sobre operações do GAECO

O Procurador-Geral de Justiça, Paulo Alberto de Oliveira, presidiu na tarde de quarta-feira, 27, entrevista coletiva para apresentar um balanço das duas operações realizadas nesta semana pelo Ministério Público Estadual, por intermédio do GAECO (Grupo de Atuação Especial de Repressão ao Crime Organizado), em várias cidades de Mato Grosso do Sul, com o objetivo de combater quadrilhas formadas por policiais militares que facilitavam o contrabando.

A coletiva aconteceu no auditório da Procuradoria-Geral de Justiça e contou com a participação ainda do Coordenador do GAECO, Procurador de Justiça, João Albino Cardoso Filho; da Promotora de Justiça também do GAECO, Jiskia Sandri Trentin; e do Comandante-Geral da Polícia Militar, Coronel Carlos Alberto David dos Santos. A Promotora de Justiça do GAECO explicou como funcionava o esquema em que policiais militares recebiam propina para facilitar o contrabando.

Nas duas operações realizadas pelo Ministério Público com o apoio da Polícia Militar e da Receita Federal, sendo uma na segunda-feira (24), denominada de *Holambra* e a outra na quarta-feira (27), chamada de *Fumus Malus*, foram presas 29 pessoas, entre civis e policiais militares. Na operação *Fumus Malus* foram cumpridos 20 mandados de prisão, sendo 12 de prisão preventiva de policiais militares, cinco de prisão temporária também de policiais militares e três de prisão temporária de civis. Ainda, foram cumpridos 28 mandados de busca e apreensão que resultou na apreensão de seis veículos, sendo duas motos e quatro carros e também foram apreendidas duas armas irregulares. A operação, articulada pelo Conselho Nacional dos Procuradores-Gerais dos Estados e da União (CNPG), por intermédio do Grupo Nacional de Combate às Organizações Criminosas (GNCOC), foi comandada por Mato Grosso do Sul, envolvendo as cidades de Naviraí, Iguatemi, Mundo Novo, Eldorado, Sete Quedas, Itaquiraí, Amambai, Batayporã e Campo Grande. A mesma operação foi realizada nos estados do Rio Grande do Sul, Minas Gerais, Pernambuco, Goiás e Amapá.

Os trabalhos em Mato Grosso do Sul tiveram início na segunda-feira, dia 24 de outubro de 2011, quando foi deflagrada a Operação Holambra nas cidades de Sidrolândia, Campo Grande, Dois Irmãos do Buriti, e ainda em Rondonópolis, contando com o apoio do GAECO do vizinho estado de Mato Grosso, em que foram cumpridos 30 mandados de busca e apreensão, oito mandados de prisão preventiva, nove mandados de prisão temporária, três veículos apreendidos, também visando à repressão de outra quadrilha de policiais envolvidos em esquemas de corrupção.[194]

Gaeco cumpre mandado de busca e prisão de acusado de pedofilia[195]
O *Grupo de Atuação Especial de Repressão ao Crime Organizado (GAECO)* deflagrou nesta manhã a Operação Peter Pan, destinada a cumprir um mandado de prisão temporária de Daniel Batista Paniago de Miranda e um mandado de busca e apreensão em sua residência por ser suspeito por prática de pedofilia.

De acordo com as investigações realizadas pelo grupo há pouco mais de quatro meses, o homem aliciava crianças e adolescentes do sexo feminino para manterem relações sexuais, em troca de benefícios materiais, caracterizando o crime de estupro de vulnerável ou de exploração sexual de vulnerável, a depender da idade da menina.

A investigação teve início em 19 de outubro de 2009, a partir de declarações de pessoa que não quis se identificar, que relatou ao Promotor de Justiça da Infância e Juventude Sérgio Fernando Harfouche as práticas do suposto pedófilo, a partir do que foi solicitado apoio do GAECO.

A prisão de Daniel se destina a possibilitar o aprofundamento das investigações, sem que ele perturbe a colheita de provas, enquanto que a busca visa a apreender objetos pertinentes à prova dos crimes praticados pelo referido investigado.

Participaram da operação os Promotores de Justiça do GAECO, o Promotor de Justiça da Vara da Infância e Juventude Sérgio Fernando Harfouche e policiais militares do GAECO.

---

[194] Conferir no site: http://www.mp.ms.gov.br/portal/principal/notall.php?pg=1&id=8384. Acesso em: 29 maio 2012.

[195] Conferir no site: http://www.mp.ms.gov.br/portal/principal/noticias.php?pg=1&id=5995. Acesso em: 28 maio 2012.

GAECO

Operação Ali Babá cumpre mandados de prisão contra policiais[196]

Nesta manhã do dia 26 de maio de 2010, o GAECO – Grupo de Atuação Especial de Repressão ao Crime Organizado, a CGPC – Corregedoria-Geral da Polícia Civil e a PM2 deflagram a operação denominada *Ali Babá*, destinada a cumprir quatro mandados de prisão temporária de membros de uma quadrilha chefiada pelo investigador de polícia da 5ª DP desta capital Mahmod da Silva Degaiche e integrada pelo também investigador de polícia da 3ª DP desta capital Delson Silva Silveira, pelo soldado da polícia militar da Companhia de Guarda e Escolta desta capital Vilmo Vitor Chimenez e pelos civis Felipe Moreira Barreto e Juarez Pereira da Silva (este último já se encontra preso), os quais se associaram para o fim de cometer crimes de extorsão e outros, com atuação profícua há vários meses nesta capital, prisões essas que visam ao aprofundamento das investigações, sem que os envolvidos perturbem a colheita de provas.

Durante a operação também será realizado o cumprimento de mandados de busca e apreensão em quatro residências, visando a apreender veículos e outros bens e valores auferidos pelos investigados de maneira ilícita, além de documentos que constituam elementos de prova de seus crimes. Os trabalhos investigatórios tiveram início na Corregedoria-Geral da Polícia Civil em abril deste ano, contando com a sequente participação do GAECO a partir de solicitação de apoio daquele órgão, especialmente em razão da condição ostentada pelos investigados, ou seja, de se utilizarem do cargo para praticarem crimes, organizando-se de tal forma que era preciso uma atuação conjunta de várias instituições, aí incluindo a PM2. Participam da operação Promotores de Justiça do GAECO, a Promotora de Justiça da Auditoria Militar Tathiana Correa Pereira S. Façanha, Delegados de Polícia da CGPC e investigadores de polícia, além de policiais militares do GAECO e da PM2.

Gaeco, PF e PM

Operação Las Vegas cumpre 40 mandados de busca e apreensão e 19 de prisão[197]

O Grupo de Atuação Especial contra o Crime Organizado (Gaeco), a Polícia Militar e Polícia Federal realizaram hoje a operação Las Vegas em Campo Grande e Corumbá para cumprir 40 mandados de busca e apreensão e 19 mandados de prisão temporária de integrantes de uma organização criminosa comandada pelo major da Polícia Militar Sérgio Roberto de Carvalho. A organização vinha funcionando há três anos com a exploração de jogos de azar, por meio das máquinas eletrônicas *caça-níquel*, com um braço na Bolívia.

---

[196] Conferir no site: http://www.mp.ms.gov.br/portal/principal/notall.php?pg=1&id=6466. Acesso em: 28 maio 2012.

[197] Conferir no site: http://www.mp.ms.gov.br/portal/cao/padrao/exnoteve.php?id=5158. Acesso em: 28 maio 2012.

Cento e quarenta e seis profissionais participaram da operação em 40 endereços, sendo dois cassinos; três escritórios (um de contabilidade e dois depósitos e oficinas de máquinas caça-níqueis); 13 pontos comerciais, tipo bares; 19 residências e uma empresa de material de construção.

6.29 Ministério Público do Estado do Piauí

Operação Mercadores prende empresários, advogados e magistrados por grilagem de terra (http://www.meionorte.com/efremribeiro/divulgado-primeiro-nome-de-preso-durante-operacao-mercadores-144763.html)

A Superintendência da Polícia Federal divulgou que, em conjunto com o Ministério Público Estadual, o GAECO (Grupo de Atuação Especial Contra o Crime Organizado) e o Tribunal de Justiça, deflagrou na manhã desta sexta-feira (19) a Operação Mercadores, a qual tem a finalidade de cumprir dez mandados de prisão, quatro mandados de condução coercitiva e 19 mandados de busca e apreensão. Todos os mandados foram expedidos pelo desembargador Luís Gonzaga Brandão de Carvalho, no qual é investigado grupo criminoso especialista em grilagem de terras, falsidade documental, estelionato, tráfico de influência, corrupção ativa e passiva. Entre os presos está o magistrado Carlos Henrique e o empresário João Batista. Há ainda outros empresários, lobistas, um advogado e um magistrado do Estado do Piauí. Os mandados foram cumpridos nas cidades de Corrente, Paranaguá, Barreiras (BA), Governador Valadares (MG). Participaram diretamente da operação 63 policiais federais, um promotor de justiça da GAECO e um juiz designado pelo Tribunal de Justiça. "Todos os presos virão de avião para Teresina ate meio dia", declarou Luís Carlos Fontenele, coordenador de comunicação da PF.

Observa-se das notícias veiculadas pela imprensa a importância da investigação criminal realizada diretamente pelo Ministério Público.

São fatos, em sua grande maioria, que dificilmente seriam investigados pela polícia, pois a própria polícia seria a investigada.

Não há dúvida de que as polícias investigam todos os tipos de crimes, aí incluindo os praticados pela própria corporação, mas não se pode deixar de esquecer que, por vezes, em razão de ingerências de cunho administrativo/hierárquico ou mesmo político, uma investigação criminal pode ser obstada de prosseguir.

Nota-se que hoje o Ministério Público investiga em todos os Estados da Federação, prestando serviços de natureza incalculável para a manutenção da democracia e o respeito aos direitos constitucionais previsto no Texto Supremo.

CONCLUSÃO

A investigação criminal e a direção da polícia é, à evidência, tendência dos Ministérios Públicos no mundo.

Pode-se notar na pesquisa realizada que nos Ministérios Públicos espalhados pelo mundo é patente a condução de investigações criminais realizadas pela Instituição.

No presente trabalho demonstrou que o Ministério Público brasileiro é apto a conduzir investigações criminais, com fundamento na Constituição Federal e outras leis esparsas, incluindo o Código de Processo Penal.

Não foi objetivo da presente pesquisa realizar a delimitação de casos e hipóteses em que o Ministério Público conduzirá as investigações criminais.

Em verdade, foi objeto da pesquisa desmitificar os argumentos que, em tese, proíbem a Instituição do Ministério Público investigar criminalmente. Não se pode chegar a outra conclusão, através da interpretação sistemática jurídico vigente neste país, que é legítima a possibilidade da condução de investigações criminais pelo Ministério Público. Essa é a conclusão após detido estudo sobre a possibilidade dessa atribuição que representa, em verdade, uma garantia ao cidadão e garantia da sociedade.

Com esta atribuição à Instituição poderá cumprir a determinação constitucional prevista no artigo 127 da Carta Magna, atribuição da defesa da ordem jurídica e do regime democrático.

Se considerarmos a impossibilidade de o Ministério Público realizar a investigação criminal, além de caminhar na contramão da tendência mundial, trata-se de uma afronta ao regime democrático.

Percebe-se, entrementes, que o Ministério Público não detém de forma exclusiva a ação penal, nos termos do art. 5º, inc. LIX da Constituição Federal, podendo o ofendido ingressar com a ação penal se esta não for intentada no prazo legal, qual o sentido da investigação criminal ser legitimada a um único órgão?

A legitimação da investigação criminal para um único órgão é temerária ao Estado Democrático de Direito, vez que nas investigações poderiam ocorrer situações de abusos, desvios, inércias, dentre outras situações em que a sociedade seria prejudicada, além do prejuízo da vítima e a impunidade do infrator.

Aliás, são noticiados rotineiramente casos de bárbaros crimes praticados não investigados, falta de estrutura policial, falta de vontade de policiais, excesso de outros, envolvimento de policiais em práticas de extermínio, abusos de autoridade, tortura etc.

Também não nos parece correto destinar ao Ministério Público todas e quaisquer investigações, de modo a esvaziar as atribuições das polícias, órgão também constitucionalmente responsável pelas investigações criminais.

Parece-nos que a atribuição da Instituição deverá ser subsidiária, embasada em casos específicos relacionados à gravidade da infração penal, da demora no procedimento policial, em casos envolvendo abusos e violência policial, dentre outros, ou seja, casos em que não possa se permitir que a sociedade sofra prejuízos, por quaisquer razões que sejam.

Ao realizar investigações criminais, há a possibilidade de o Ministério Público fiscalizar a atividade policial, uma espécie de freio e contrapeso tão imprescindíveis no Estado Democrático de Direito.

Dentro dos Tribunais Superiores já existem diversas decisões pela possibilidade da investigação pelo Ministério Público, restando apenas ao Supremo Tribunal Federal decidir definitivamente a questão.

Enquanto isso, no campo político, propostas e mais propostas, inclusive de emenda a Constituição Federal, tramitam pelo Congresso Nacional com a finalidade de retirar do Ministério Público a possibilidade de investigar criminalmente, ou seja, amordaçar a Instituição e impedi-la de exercer seu *mister* com independência funcional sua precípua e histórica função: a de promover a ação penal. Desde suas origens até os dias atuais o Ministério Público realiza investigações criminais, ou mesmo investigações civis que são utilizadas para a propositura de ações penais.

CONCLUSÃO | 353

Aliás, a doutrina e jurisprudência afirmam que a ação penal pode ser proposta sem a existência de um inquérito policial, através de elementos informativos fornecidos pela vítima ou mesmo decorrentes de uma investigação civil, enfim, pode o *parquet* requisitar diligências e provas dentro inquérito policial.

Por meio das análises dos julgados nas altas Cortes deste País, podemos perceber que a discussão sobre a investigação criminal pelo Ministério Público se deu após diversos trabalhos investigativos espalhados pelos mais diversos membros do país, que atingiram políticos corruptos, policiais criminosos, empresários poderosos, deixando transparecer um intuito claro de minar as atribuições da Instituição, em evidente prejuízo da sociedade.

O incômodo ainda aumentou após os Ministérios Públicos de todo o País se estruturarem e investirem, criando promotorias especializadas em investigações criminais, além de garantir ao promotor de justiça criminal um suporte material e humano para o desempenho da missão constitucional de defesa da sociedade.

É fato que todos os argumentos contrários podem ser afastados, permitindo, assim, com respaldo legal e constitucional a atribuição da investigação criminal pelo Ministério Público. A permissão da investigação criminal pelo Ministério Público é instrumento inserto no regime democrático e extremamente garantista, aliás, como prevê o Estatuto de Roma, por isso possui aplicação no Brasil, do contrário, devemos partir do entendimento de que não vivemos em uma democracia.

Há um apego desenfreado no termo *investigação* para que se possa afirmar quem pode ou não investigar. Pesquisa-se o termo *investigação*: Quem pode investigar é só quem a lei textualmente afirma que pode investigar.

Ao que parece não é essa a melhor interpretação que fornece a Constituição Federal e a legislação processual penal vigente.

A investigação, ainda criminal, pode ficar a cargo de qualquer pessoa ou mesmo Instituição, desde que respeitados todos os direitos e garantias, especialmente as previstas na Constituição Federal.

Ora, se uma pessoa sofrer uma difamação, crime previsto no Código Penal, através de uma correspondência assinada pelo autor, um desafeto, sendo que para a confirmação do crime, ainda que em tese, a vítima *pesquise* entre seus conhecidos, através de sua rede de amigos e *descobre* testemunhas que confirmam que seu desafeto quem praticou a difamação.

Em mãos, através de pesquisa (investigação), a vítima possui elementos de autoria do crime, sem o Ministério Público e a polícia.

E mais, sem sequer ter-se dirigido a uma Delegacia de Polícia ou mesmo ter conversado com um membro do Ministério Público, a vítima ingressa com uma ação penal, buscando a responsabilização criminal do ofensor, com autorização expressa do art. 145 do Código Penal.

Nota-se que houve a busca de elementos do crime pela própria vítima, ou seja, uma investigação criminal.

A diferença entre a polícia na condução da investigação criminal e a do particular ou outras Instituições que investigam é que a polícia possui o *dever* de investigar, e os outros apenas a faculdade.

A investigação criminal pela polícia é um poder-dever, por isso que a Constituição Federal e as leis atribuem tal função aos órgãos policiais. Nada mais do que lógico. A obrigação da investigação tem que recair sobre um órgão estatal, no caso as polícias.

Pois bem, a conclusão do trabalho nos revela não só a permissão, como a necessidade de investigação criminal pelo Ministério Público.

Observa-se das investigações realizadas pelo Ministério Público brasileiro que a maioria dos fatos atenta contra o Estado Democrático, e se não fosse a intervenção da Instituição muitos crimes ainda poderiam estar ocorrendo nos Estados brasileiros até hoje, inclusive com a participação de órgão responsável pelas instigações.

A legislação processual penal brasileira segue as tendências latino-americanas e mundial do Ministério Público investigativo. Aliás, como já dito, a formulação do Código-Modelo de processo penal para a América Latina foi elaborado também por renomados juristas brasileiros, e mais, o Brasil aceitou em seu regime jurídico o Estatuto de Roma, razão pela qual está previsto no Direito Brasileiro a possibilidade da investigação criminal pelo Ministério Público.

O trabalho ainda se voltou a demonstrar a relação da investigação criminal pelo Ministério Público no mundo moderno. Observou-se que no mundo, a relação dos Ministérios Públicos com as polícias decorre das mais diferentes formas, mas sempre com a intensa participação do Ministério Público que em determinados países a Instituição possui a direção e o comando da polícia.

Por fim, por todo o exposto, conclui-se, indiscutivelmente que há a legitimidade do Ministério Público em conduzir as investigações criminais.

REFERÊNCIAS

ANDRADE, Mauro Fonseca. *Ministério Público e sua Investigação Criminal*. 2. ed. Curitiba: Juruá, 2008.

ARAS, Vladimir. Acordos Penais no Brasil: uma análise à luz do direito comparado. *In:* CUNHA, Rogério Sanches; BARROS, Francisco Dirceu de; SOUZA, Renee do Ò; CABRAL, Rodrigo Leite (Coord.). *Acordo de não persecução penal*: Resolução nº 181/2017 do CNMP com as alterações feitas pela Resolução nº 183/2018. 2. ed. Salvador: Juspodium, 2010.

ÁVILA, Thiago André Pierbom de. *Investigação criminal:* o controle externo de direção mediata pelo Ministério Público. Curitiba: Juruá, 2016.

BUENO, José Antônio Pimenta. *Apontamentos sobre o processo criminal brazileiro*. 3. ed. Rio de Janeiro: Garnier, 1899.

CABRAL, Rodrigo Leite Ferreira. Investigação Criminal pelo Ministério Público: Resolução nº 181/2017 do CNMP. *In:* CUNHA, Rogério Sanches; PINTO, Ronaldo Batista; SOUZA, Renee do Ó (Coord.). *Leis penais especiais comentadas artigo por artigo*. Salvador: Juspodium, 2018.

CALABRICH, Bruno. *Investigação criminal pelo Ministério Público:* fundamentos e limites constitucionais. São Paulo: Revista dos Tribunais, 2007.

CAPPELLETTI, Mauro; GARTH, Bryant. *Acesso à justiça*. Trad. Ellen Gracie Northfleet. Porto Alegre: Sérgio Fabris, 1988.

CAPEZ, Fernando. *Curso de Processo Penal*. 17. ed. São Paulo: Saraiva, 2010.

CARNEIRO, Reinaldo Guimarães. *O Ministério Público e suas investigações independentes:* reflexões sobre a inexistência de monopólio na busca da verdade real. São Paulo: Malheiros, 2007.

CAVALCANTI, Danielle Souza de Andrade e Silva. *A investigação preliminar nos delitos de competência originária*. Rio de Janeiro: Lumen Juris, 2011.

DEMERCIAN, Pedro Henrique; MALULY, Jorge Assaf. *Curso de Processo Penal*. 6. ed. rev., ampl. e atual. Rio de Janeiro: Forense, 2010.

FEITOZA, Denilson. *Direito Processual Penal:* teoria, crítica e práxis. 6. ed. rev., ampl. e atual. Niterói: Impetus, 2009.

FISCHER, Douglas. Investigação criminal pelo Ministério Público: sua determinação pela Constituição brasileira como garantia do investigado e da sociedade. *In:* CUNHA, R. S; TAQUES, P; GOMES, L. F.; *Limites constitucionais da investigação*. São Paulo: Revista dos Tribunais, 2009. p. 46-71.

FERNANDES, Antônio Scarance. *Processo Penal Constitucional*. 6. ed. rev. atual. e ampl. São Paulo: Revista dos Tribunais, 2010.

FERNANDES, Antônio Scarance. *Teoria Geral do Procedimento e o Procedimento no Processo Penal*. São Paulo: Revista dos Tribunais, 2005.

GARCIA, Emerson. *Ministério Público*: organização, atribuições e regime jurídico. 2. ed. rev., ampl. e atual. de acordo com a EC nº 47, de 5/7/2005. Rio de Janeiro: Lumen Juris, 2005.

GREGO, Rogério. *Atividade policial*: aspectos penais, processuais penais, administrativos e constitucionais. 2. ed. Niterói: Impetus, 2010.

GRINOUVER, Ada Pellegrini. *O processo*: estudos e pareceres. São Paulo: Perfil, 2005.

GUIMARÃES, Rodrigo Régnier Chemim. *Controle externo da atividade policial pelo Ministério Público*. 2. ed. rev. e atual. Curitiba: Juruá, 2009.

JARDIM, Afrânio Silva. *Direito Processual Penal*. 11. ed. rev. e atual. Rio de Janeiro: Forense, 2002.

JATAHY, Carlos Roberto de C. *O Ministério Público e o Estado Democrático de Direito*: perspectivas constitucionais de atuação institucional. São Paulo: Lumen Juris, 2007.

LIMA, Renato Brasileiro. *Legislação criminal especial comentada*. 3. ed. Salvador: Juspodium, 2015.

LIMA, Marcellus Polastri. *Ministério Público*: investigação e instauração da ação penal – na forma da Constituição de 1988, Lei Federal nº 8.625/93, Lei Complementar nº 75, Lei nº 9.099/95 (Juizados Especiais Criminais e Lei nº 9.503/97). 2. ed. rev. e atual. Rio de Janeiro: Lumen Juris, 1998.

LYRA, Roberto. *Teoria e prática da promotoria pública*. 2. ed. – texto inalterado, com atualização ortográfica. Notas dos Professores Sérgio Gilberto Porto e Tupinambá Pinto de Azevedo. Rio Grande do Sul: Sergio Antonio Fabris, 1989.

LOPES JR., Aury. *Direito Processual Penal e sua conformidade constitucional*. 5. ed. rev. e atual. Rio de Janeiro: Lumen Juris, 2010. v. 1.

LOPES JR., Aury; GLOECKNER, Ricardo Jacobsen. *Investigação preliminar no processo penal*. 5. ed. rev. e atual. São Paulo: Saraiva, 2013.

LOPES, Júlio Aurélio Vianna. *O novo Ministério Público brasileiro*. Rio de Janeiro: Lumen Juris, 2000.

MACHADO, Antônio Alberto, *Curso de Processo Penal*. 3. ed. rev. e atual. São Paulo: Atlas, 2010.

MACHADO, Antônio Alberto. *Teoria do Processo Penal*. São Paulo: Atlas, 2009.

MACHADO, Antônio Cláudio da Costa. *A intervenção do Ministério Público no processo civil brasileiro*. 2. ed. São Paulo: Saraiva, 1998.

MARQUES, José Frederico. *Elementos de Direito Processual Penal*. Campinas: Brookseller, 1998. v. 1.

MARUN, Jorge Alberto de Oliveira. *Ministério Público e direitos humanos*. Campinas: Bookseller, 2006.

MAZZILLI, Hugo Nigro. *O inquérito civil*. São Paulo: Saraiva, 1999.

MAZZILLI, Hugo Nigro. *Introdução ao Ministério Público*. São Paulo: Saraiva, 1997.

REFERÊNCIAS | 357

MAZZILLI, Hugo Nigro. *O acesso à justiça e o Ministério Público*. 3. ed. rev., ampl. e atual. São Paulo: Saraiva, 1998.

MENDRONI, Marcelo Batlouni. *Curso de investigação criminal*. São Paulo: Juarez de Oliveira, 2002.

MIRABETE, Julio Fabbrini. *Código de Processo Penal interpretado*. 7. ed. São Paulo: Atlas, 2000.

MUCCIO, Hidejalma. *Curso de Processo Penal 1*. Bauru, SP: Edipro, 2000.

MORAES, Alexandre de. *Constituição do Brasil interpretada e legislação constitucional*. 8. ed. atual. até a EC nº 67/10. São Paulo: Atlas, 2011.

NOGUEIRA, Carlos Frederico Coelho. *Comentários ao Código de Processo Penal – e a partir dele, aos dispositivos correlatos de toda a legislação especial, inclusive ao Código de Processo Penal Militar: atualizado até a Lei nº 10.259, de 12.07.2001 e a Emenda Constitucional nº 35, de 20.12.2001 – volume I* (arts. 1º ao 91). Bauru, SP: Edipro, 2002.

NUCCI, Guilherme de Souza. *Manual de Processo Penal e execução penal*. 5. ed. rev., ampl. e atual. São Paulo: Revista dos Tribunais, 2008.

OLIVEIRA, Eugênio Pacelli de Oliveira. *Curso de Processo Penal*. 10. ed. atual. de acordo com a Reforma de Processo Penal de 2008 (Leis 11.689, 11.690 e 11.719). Rio de Janeiro: Lumen Juris, 2008.

OLIVEIRA, Francisco da Costa. *A defesa e a investigação do crime*. Coimbra: Almedina, 2004.

PASSOS, Paulo Cezar dos. *Uma visão crítica da iniciativa acusatória*. 2007. 164 f. Dissertação (Mestrado em Direito Processual e Cidadania) – Universidade Paranaense, Umuarama, 2007.

PENA, Ivana Farina Navarrete. Atuação do Ministério Público no Exercício de suas atribuições constitucionais: algumas lacunas a preencher. *In:* RIBEIRO, Carlos Vinicius Alves (Org.). *Ministério Público*: reflexões sobre os princípios e funções institucionais. São Paulo: Atlas, 2010.

PIERANGELLI, José Henrique. *Processo Penal*: evolução histórica e fontes legislativas. Bauru, SP: Javoli, 1983.

RANGEL, Paulo. *Investigação criminal direita pelo Ministério Público*: visão crítica. Rio de Janeiro: Lumen Juris, 2003.

RIBEIRO, Diaulas Costa. *Ministério Público*: dimensão constitucional e repercussão no processo penal. São Paulo: Saraiva, 2003.

RITT, Eduardo. *O Ministério Público como instrumento de democracia e garantia constitucional*. Porto Alegre: Livraria do Advogado, 2002.

SADEK, Maria Tereza (Org.). *O Ministério Público e a justiça no Brasil*. São Paulo; Sumaré: Idesp, 1997.

SANTIN, Valter Foleto. *O Ministério Público na investigação criminal*. Bauru, SP: Edipro, 2001.

SANTIN, Valter Foleto. *Controle Judicial da Segurança Pública*: eficiência do serviço na prevenção e repressão ao crime. São Paulo: Revista dos Tribunais, 2004.

SAUWEM FILHO, João Francisco, *Ministério Público brasileiro e o estado democrático de direito*. Rio de Janeiro: Renovar, 1999.

STRECK, Luiz Lenio; FELDENS, Luciano. *Crime e Constituição*: a legitimidade da função investigatória do Ministério Público. 3. ed. rev. e atual. Rio de Janeiro: Forense, 2006.

TORNAGHI, Hélio, *Compêndio de Processo Penal*. Rio de Janeiro: José Kofino, 1967. t. 1.

TOURINHO FILHO, Fernando da Costa. *Processo Penal 1*. 21. ed. rev. e atual. São Paulo: Saraiva, 1999.

TRINDADE, Daniel Messias da. *O garantismo penal e atividade da polícia judiciária*. Porto Alegre: Núria Gabris. 2012.

VALLADÃO, Alfredo. *O Ministério Público, quarto poder do Estado e outros estudos jurídicos*. Rio de Janeiro: Freita Bastos, 1973.

Revistas e Artigos

BRASIL. Projeto Emenda a Constituição Federal, nº 37/2011. Disponível em: http://www.camara.gov.br/proposicoesWeb/fichadetramitacao?idProposicao=507965. Acesso em: 13 ago. 2011.

BRASIL. Projeto Emenda a Constituição Federal, nº 109/1995. Disponível em: http://www.camara.gov.br/proposicoesWeb/fichadetramitacao?idProposicao=14394. Acesso em: 20 set. 2011.

BARROSO, Luís Roberto. *Investigação pelo Ministério Público*. Argumentos contrários e a favor. A síntese possível e necessária. Parecer disponível em: http://webserver.mp.ac.gov.br/wp-content/files/Investigacao-pelo-Ministerio-Publico.pdf. Acesso em: 20 ago. 2011.

BONSAGLIA, Mario Luiz. O Ministério Público e a investigação pré-processual. *Boletim dos Procuradores da República*, a.1, n. 11, p. 23, mar. 1999.

CARVALHO, Juliana Pinheiro. Efetividade da jurisdição do Tribunal Penal Internacional. Disponível em: http://www.unibrasil.com.br/arquivos/direito/20092/juliana-pinheiro-carvalho.pdf: Acesso em: 21 nov. 2011.

CHOUKR, Fauzi Hassan. Investigação criminal e Ministério Público. *Âmbito Jurídico*, Rio Grande, VIII, n. 22, ago 2005. Disponível em: http://www.ambito-juridico.com.br/site/index.php?n_link=revista_artigos_leitura&artigo_id=435. Acesso em: maio 2012.

CLÈVE, Clémerson Merlin. Investigação Criminal e Ministério Público. *Revista Eletrônica de Direito do Estado*, Salvador, Instituto de Direito Público da Bahia, nº 1, janeiro 2004. Disponível em: http://www.direitodoestado.com. Acesso em: 10 maio 2012.

CÓDIGO Orgânico processual penal da Venezuela – Apresentação dos motivos do Código Orgânico de Processo Penal: http://www.oas.org/juridico/MLA/sp/ven/sp_ven-int-descodepenal.html. Acesso em: 01 jun. 2012.

COGAN, Arthur. Investigação Particular. *Justitia*, n. 130, 3º trimestre de 1985.

COGAN, José Damião Pinheiro Machado. Do poder investigatório do Ministério Público no Brasil e no mundo. Publicado no site da Associação Paulista do Ministério Público em 21/09/2004. Disponível em: http://www.apmp.com.br/juridico/artigos/art_juridicos2004.htm. Acesso em: 12 jun. 2011.

DELEGADOS confirmam pressão de Arruda para fornecer informações sigilosas. Reportagem disponível em: http://www1.folha.uol.com.br/folha/brasil/ult96u703418.shtml. Acesso em: 10 maio 2012.

REFERÊNCIAS | 359

ESTADO "perde" mil inquéritos – papelada se perde em meio ao caos dos distritos de polícia. Reportagem disponível em: http://gazetaweb.globo.com/noticia.php?c=312440&e=12. Acesso em: 07 maio 2012.

FONTELES, Cláudio. Investigação preliminar: significado e implicações. Disponível em: http://www.escolamp.org.br/arquivos/17_03.pdf: Acesso em: 02 abr. 2012.

FREITAS, Vladimir de Passos. Justiça e Ministério Público em Cuba. publicado no Instituto Brasileiro de Administração do Sistema Judiciário. Disponível em:http://www.ibrajus. org.br/revista/artigo.asp?idArtigo=144. Acesso em: 06 jun. 2012.

GOMES, Luiz Flávio. Ministério Público não tem poder para presidir investigação. *Consultor Jurídico*, 20 maio 2004.

GRINOVER, Ada Pellegrini; BARBOSA, José Carlos, colaboradores. Atualidades internacionais. *Revista de Processo*, nº 61, p. 109-143, jan./mar. 1991.

GRINOVER, Ada Pellegrini; BARBOSA, José Carlos, colaboradores. Atualidades internacionais. *Revista de Processo*, nº 62, p. 170-193, abr./jun.1991.

GRINOVER, Ada Pellegrini; BARBOSA, José Carlos, colaboradores. Atualidades internacionais. *Revista de Processo*, nº 63, p. 103-143, jul./set. 1991.

GRINOVER, Ada Pellegrini; BARBOSA, José Carlos, colaboradores. Atualidades internacionais. *Revista de Processo*, nº 64, p. 108-144, out./dez. 1991.

GUIMARÃES JR., Renato. Juristas estrangeiros repudiam STF proibir promotor de investigar. Publicado no site da Associação Paulista do Ministério Público em 04/10/2004. Disponível em: http://www.apmp.com.br/juridico/artigos/art_juridicos2004.htm. Acesso em: 12 jun. 2011.

LOPES, Fábio Motta. O Ministério Público na Investigação Criminal. *Revista Ibero-Americana de Ciências Penais*, ano 6, nº 11, p. 137-166, jan.-jun. 2005.

LOPES, José Mouraz; CAMÕES, I. P. *Manual de gestão para a investigação criminal no âmbito da criminalidade organizada, corrupção, branqueamento de capitais e tráfico de estupefacientes.* Projeto de Apoio à Consolidação do Estado de Direito. Lisboa, 2017.

MARQUES, João Benedito de Azevedo. O papel do promotor na sociedade democrática. *Justitia*, São Paulo: APMP, v. 42, p. 138-141, jul.-set. 1980.

MELO, André Luís Alves de. O Ministério Público no Mundo. Disponível em: http://www.idcb.org.br/documentos/OMinisterioPubliconoMundo.pdf. Acesso em: 04 jun. 2012.

OLIVEIRA, Márcia Vogel Vidal de. O poder investigatório do Ministério Público. Disponível em: http://bdjur.stj.jus.br/xmlui/bitstream/handle/2011/18746/O_Poder_Investigat%C3%B3rio_do_Minist%C3%A9rio_P%C3%BAblico.pdf?sequence=2. Acesso em: 02 maio 2012.

POLÍCIA Bandida. *Revista Veja*, 04 de agosto de 1999. Reportagem disponível em: http://veja.abril.com.br/040899/p_084.html. Acesso em: 15 fev. 2011.

PONTES, Manuel Sabino. Investigação criminal pelo Ministério Público: uma crítica aos argumentos pela sua inadmissibilidade. *Jus Navigandi*, Teresina, ano 11, nº 1013, 10 abr.2006. Disponível em: http://jus.com.br/revista/texto/8221. Acesso em: 3 jun. 2012.

RELATÓRIO ICJ BRASIL 1º TRIMESTRE DE 2012. FGV Disponível em: http://bibliotecadigital.fgv.br/dspace/bitstream/handle/10438/9799/Relat%c3%b3rio%20ICJBrasil%201%c2%ba%20Trimestre%20-%202012.pdf?sequence=1. Acesso em: 20 maio 2012.

RELATÓRIO ICJ BRASIL 4º TRIMESTRE DE 2011. FGV Disponível em: http://bibliotecadigital.fgv.br/dspace/bitstream/handle/10438/9282/Relat%c3%b3rio%20ICJBrasil%204%c2%ba%20Trimestre%20-%202011.pdf?sequence=1. Acesso em: 18 fev. 2012.

RELATÓRIO ICJ BRASIL 3º TRIMESTRE DE 2011. FGV http://bibliotecadigital.fgv.br/dspace/bitstream/handle/10438/8773/Relat%C3%B3rio%20ICJBrasil%203%C2%BA%20Trimestre%20-%202011.pdf?sequence=1. Acesso em: 18 fev. 2012.

SANGUINÉ, Odone; SANGUINÉ, Paloma de Maman. A investigação criminal pelo Ministério Público no direito comparado e o retrocesso do Projeto de Emenda Constitucional (PEC) nº 37. Disponível em: https://www.ibccrim.org.br/tribunavirtual/artigo/13-A-investigacao-criminal-pelo-Ministerio-Publico-no-direito-comparado-e-o-retrocesso-do-Projeto-de-Emenda-Constitucional-(PEC)-nº-37. Acesso em: 03 fev. 2019.

SANTIN, Valter Foleto. Universalização da investigação e Ministério Público. *Jus Navigandi*, Teresina, ano 10, nº 557, 15 jan. 2005. Disponível em: http://jus.com.br/revista/texto/6189. Acesso em: 2 maio 2012.

SANTIN, Valter Foleto. A investigação criminal e o acesso à justiça. Tese apresentada e aprovada no XIV Congresso Nacional do Ministério Público em Recife, 2001. Publicado em: http://www.apmp.com.br/juridico/santin/artigos/a%20investigacao%20criminal%20e%20o%20processo%20a%20justica.htm. Acesso em: 20 out. 2011.

VERHAGE, Antoinette; PONSAERS, Paul. Do secretário de Polícia à Unidade de Justiça Criminal: as relações entre o Ministério Público e a Polícia nos Países Baixos e na Inglaterra. *Revista do Conselho Nacional do Ministério Público*, Brasília: CNMP, v. 1, nº 2, julho/dezembro, 2011.

VIECILI, Jerusa. Lava Jato e modernização da investigação criminal no Brasil. Disponível em: https://www.huffpostbrasil.com/anpr/lava-jato-e-modernizacao-da-investigacao-criminal-no-brasil_a_23245207/. Acesso em: 27 jan. 2019.

Esta obra foi composta em fonte Palatino Linotype, corpo 10
e impressa em papel Offset 75g (miolo) e Supremo 250g (capa)
pela Rona Editora.